桃李芬芳

（第三辑）

TAO LI FEN FANG

顾　　问	李应军				
主　　编	孙启军　张重才				
副 主 编	胡　薇　冯振兴				
编写人员	（按姓氏音序排列）				

策冬冬	陈　阳	陈　勇	董　根	冯振兴	龚　婷
胡红霞	胡　薇	康　群	李胜杰	李宣扬	刘静静
刘兰兰	刘蒙蒙	陆　峰	罗明利	单婷婷	苏　莹
万丽芳	王俊耀	韦燕兰	闻玉强	伍廉松	徐世超
鄢宇航	俞继东	张重才	张赛田	张世瑾	张昕悦
张　昭	赵兴雪	郑　策			

华中科技大学出版社
http://press.hust.edu.cn
中国·武汉

图书在版编目(CIP)数据

桃李芬芳.第三辑/孙启军,张重才主编.—武汉：华中科技大学出版社,2023.9
ISBN 978-7-5680-9968-4

Ⅰ.①桃…　Ⅱ.①孙…　②张…　Ⅲ.①长江大学-校友-事迹　Ⅳ.①K820.7

中国国家版本馆 CIP 数据核字(2023)第 157072 号

桃李芬芳(第三辑)　　　　　　　　　　　　　　　　　　　孙启军　张重才　主编
Taoli Fenfang (Di-san Ji)

策划编辑：聂亚文	
责任编辑：黄嘉欣	
封面设计：孢　子	
责任监印：朱　玢	
出版发行：华中科技大学出版社(中国·武汉)	电话：(027)81321913
武汉市东湖新技术开发区华工科技园	邮编：430223
录　　排：武汉创易图文工作室	
印　　刷：武汉市洪林印务有限公司	
开　　本：787 mm×1092 mm　1/16	
印　　张：21	
字　　数：472 千字	
版　　次：2023 年 9 月第 1 版第 1 次印刷	
定　　价：62.00 元	

本书若有印装质量问题,请向出版社营销中心调换
全国免费服务热线：400-6679-118　　竭诚为您服务
版权所有　侵权必究

序 1

Preamble One

校友永远是母校的骄傲
——写在长大合并组建二十周年之际

韶光流转,岁月如歌。和着青春的节拍,迈着坚实的步履,长江大学即将迎来她合并组建二十周年。这是长江大学发展史上的重要里程碑,也是全校师生、海内外校友以及社会友人翘首以盼的一大盛事。

二十年勠力同心,打造了长大的坚韧和执着;二十年踔厉奋发,铸就了长大的辉煌和腾飞。二十年前,长大由诞生于抗日烽火、缓解新中国石油工业人员严重缺乏、落实新中国卫生工作三大基本方针和致力于新时期拨乱反正的在荆四所高校合并组建而成,秉承前辈先贤的光荣传统,依托千年古城的文化积淀,谱写了一部可歌可泣、催人奋进的创业史、奋斗史、发展史。

春风化雨,陶铸群英;灼灼英华,于斯为盛。学校办学以来,为社会培养了大批人才,近 50 万校友遍布在祖国的大江南北、各行各业,成为我国经济社会发展、科学技术研究以及石油、农业、教育、医疗等战线的中坚力量。他们中有至今仍以实业报国、心系母校的矿机 1950 级校友顾正,毕业留校任教多年又走出江汉的中国科学院院士、地质 1953 级校友王铁冠,中国工程院院士、地质 1981 级校友邓运华,还有俄罗斯工程院外籍院士、数学 1977 级校友谢胜利,美国人类生态研究院院士、农学 1978 级校友李百炼,澳大利亚技术科学与工程院院士、农学 1981 级校友李承道,国际欧亚科学院院士、钻井 1990 级校友李中等;有危急时刻主动赴险"勇当人质"、荣获"见义勇为最美人物"、第九届全国"人民满意的公务员"称号的水产1992级校友王林华,荣获"全国脱贫攻坚先进个人"称号的农工1995级校友邹俐、数学2005级校友游亮,荣获全国五一劳动奖章的计科2002级校友熊先钺,荣获"全国优秀共产党员""全国抗击新冠肺炎疫情先进个人"荣誉称号的油工2013级硕士研究生校友白登文,"男人堆里成长起来"的全国劳模、盛开在江汉大地的"石油之花"美术2000级校友艾晓慧,湖北青年五四奖章获得者广新2009级校友王丹,喜获"湖北省百名优秀女性科技创新人才"称号的秭归县农业局教授级高级农艺师、植保1984级校友易继平和潜江市水产技术推广中心主任、人称"虾城皇后"的水产1987级校友王淑娟等。除此以外,还有参与研发和精心打造"金刚钻"、助力嫦娥五号地外天体采样任务的校友企业——深圳新速通石油工具有限公司,等等。

  特别是在庚子之春新冠肺炎疫情"家园保卫战"中,许许多多校友投身抗疫的感人场面至今仍让我们眼含热泪,让我们骄傲,让我们深切体会到长大学子在国家与民族危难时的责任与担当。农教1989级校友胡竞选的雅斯特酒店集团,紧急动员全国各地500多家酒店,为一线医护人员、部队官兵以及隔离在外地的湖北籍老乡提供免费住宿;农教1989级校友程新华的东呈国际集团,调用超200家酒店作为各级政府防疫指定接待酒店,同时调用武汉及周边城市酒店客房近万间,在广东区域推出"无忧客房"9000多个间夜,累计接待68家医院一线医护人员2万人次以上;经管1999级校友刘运红的荆州龙帝良运运输公司累计有46名员工参与抗疫一线工作,投入运输车辆18辆,行驶超14.45万公里,运输物资13 585吨,等等。

  校友和母校是一种天然的且天长地久的"情感共同体""价值共同体"和"命运共同体"。2021年度各地校友会工作会议提出,校友工作将在推进服务对象"三个转向"的基础上,全面落实好工作机制的"三个转型",努力构建学校和校友事业发展共同体的构想。这标志着我校校友工作进入一个以校友文化凝聚广大校友共识,以互联互通、资源共享构建校友与校友、校友与母校事业发展共同体,助力校友事业和学校"双一流"建设的新阶段。多年来,学校领导坚持定期走访地方校友会,倾听校友心声,对接校友成长需求已成为工作常态。校友总会始终秉持育人工作全校"一盘棋"的工作思路,以奖助学金和"一对一"育人行动计划等形式,把"尊重学生""以生为本"的办学理念落到实处。

母校的发展也凝聚了广大校友的心血和智慧。2018年,当得知母校被列为湖北省"双一流"建设高校时,各地、各行业校友会纷纷为母校募集资金近2000万元;中国工程院院士、地质1981级校友邓运华受聘为我校"双聘院士",并积极与母校开展科研合作;物理1998级校友、原东南大学博士生导师杨文星,欣然加盟母校,出任物理与光电工程学院院长,带动量子光学与精密测量学科跨越式发展。此外,分布在各地校友企业的校外教学实习基地、科研合作基地、"百企百站"专业硕士校外实践教育培养基地等的建设,使众多校友参与到学校本科和研究生教育教学工作中来。

校友是母校亮丽的名片。一直以来,广大校友始终秉承"求实、进取、创业、报国"的校风,始终致力于实现"长大长新"的美好愿景,把个人的成长成才融入祖国建设和民族复兴的伟大事业之中,以实际行动向世人昭示长大校友的勇于担当、回报社会的家国情怀,敢闯敢试、敢为人先的创新精神,严谨求实、勇攀高峰的治学风范,感恩母校、铭记师恩的赤子之心,以及互帮互助、合作共赢的协同意识。这些也是全体长大人共有的精神品质。广大校友为国家、为社会作出了贡献,为母校赢得了荣光!你们永远是母校的骄傲!

校友工作是学校育人工作的延伸。关心关爱校友成长,充分培育好、发展好和运用好校友资源,构建校友和母校事业发展共同体,是我们校友工作的出发点和落脚点。2022年,湖北省委、湖北省人民政府发布《关于全面推进高等教育强省建设的意见》,明确提出支持长江大学等高校打造省属高水平大学。这是省委、省政府对我校办学成就和办学水平的充分肯定,同时也是对我校"十四五"事业发展提出的新期盼、新要求。因此,更好地凝聚校友力量,更加充分地培育和利用好校友资源助力学校建设,将成为我校奋力实现高水平大学建设目标的关键一招。

2023年是全面贯彻落实党的二十大精神的开局之年,是扎实推进学校"十四五"建设发展规划的承上启下之年,也是学校开展学科建设、向高水平大学迈进的攻坚克难之年,我们将以长大合并组建20周年为新的起点,将深入学习贯彻习近平新时代中国特色社会主义思想，牢记立德树人使命，秉持"全员参与永远是校友工作的第一保障，服务校友永远是校友工作的第一要务，压实工作责任永远是校友工作的第一抓手"的工作理念，开拓进取，创新求变，继续团结带领各地、各行业校友会，与母校同舟共济、并肩奋斗，凝聚起推动发展的磅礴力量，共同创造母校的美好明天！

衷心祝愿各位校友事业鹏程万里、人生永远精彩！

长江大学党委书记
2023 年 4 月

序 2
Preamble Two

我们一起奋斗向未来

古城相伴,荆江之滨。巍巍学府,傲然耸立。

2023年,以母亲河命名的长江大学将迎来她合并组建20周年。20世纪90年代中期以来,国家实施科教兴国战略和人才强国战略,对高等教育的改革与发展不断做出新的部署。1995年7月19日,国务院办公厅转发国家教委《关于深化高等教育体制改革的若干意见》,提出在实践中要以五种改革形式,即"共建""合作""合并""协作""划转",抓好高等教育管理体制的改革。20世纪90年代以来,我国逐步建立了中央和省两级管理、以省级政府统筹管理为主的新体制,扩建形成了一批学科综合和人才汇聚的新的综合性大学和多科性大学。2003年5月,经教育部批准,位于荆州的四所高校(江汉石油学院、湖北农学院、荆州师范学院以及湖北省卫生职工医学院)顺应我国高等教育体制改革的历史潮流,合并组建为长江大学。

二十年来,长江大学在湖北省人民政府管理的体制下,以积极进取的姿态,争取湖北省人民政府与中国石油天然气集团有限公司、中国石油化工集团有限公司、中国海洋石油集团有限公司共建以及湖北省人民政府与中华人民共和国农业农村部共建,极大地丰富了学校的办学资源,拓展了学校的办学空间。目前,长江大学是湖北省属高校中规模最大、学科门类较全的综合性大学,为湖北省重点建设的骨干高校,是"国家教育强国推进工程"入选高校、国内一流大学建设高校。

二十年来，长江大学不忘立德树人初心，牢记"为党育人，为国育才"的初心使命，坚持德智体美劳"五育并举"，努力培养奋斗在社会主义建设主战场上的主力军；科学研究方面积极回应国家发展战略和实践之需、时代之问，聚焦能源和粮食"两个安全"、着力教育和医疗"两个民生"、融入长江大保护和碳达峰碳中和"两个战略"，倡导广大教师把论文写在祖国大地上；社会服务方面以主动融入地方经济社会发展的姿态，立足湖北，主动向周边地市周边省市辐射，彰显出开放、融合、担当的办学理念，赢得了社会的广泛认可；文化传承方面作为社会文化的风向标和文明传承的引领者，在发挥荆楚文化学术优势、弘扬高雅艺术文化的同时，引领社会风尚的长大贡献不断在自觉中凸显。

二十年来，长大人以"长大长新"的创新精神和"求实、进取、创业、报国"的家国情怀，与国家、民族的发展同频共振，在教育、科技和人才自立自强的使命中不断谱写新篇。二十年来，学校充分发挥石油、农学、教育、医疗等特色学科群优势，在深入贯彻落实立德树人根本任务的基础上，形成"培根、固本、铸魂"三位一体的创新创业教育目标，建立了"思创融合、通创融合、专创融合、赛创融合、扶创融合"的"五创融合"创新创业教育内容模块和教育体系，走出了一条地方高校人才培养的特色之路。学校科研工作始终坚持科技强校、科技报国的使命，形成了一批高质量、关键性、标志性科技成果组合。能源学部以创新突破"卡脖子"技术壁垒，实现了页岩气开发油基钻井液国产化，技术成果成功应用于国内1000余口油气井的钻井施工，研发的数字岩芯扫描仪器系列产品在与德国同类产品的竞争中胜出，常年占有国内该领域90%以上的市场。农学院依托主要粮食作物产业化湖北省协同创新中心，选育出强竞争力的优质、高产、多抗和特用粮食作物新品种50余个，选育的新品种推广、新技术应用累计7800余万亩，新增社会经济效益70亿元以上。在湖北"百校联千企""万人攻万项"等活动中，学校与湖北省内的13个地方政府和企业签订战略合作协议40多份，在18个县、市建设了示范基地，建立近百个校企合作平台，700多名科技人员（团队）走访近千家企业，为500多家企业解决相关技术难题，获批湖北省教育厅"百校联百县——高校服务乡村振兴科技支撑行动计划"60多项。特别是近年来，学校石油与天然气工程学科在第五轮学科评估中获得佳绩；以学校为第一单位获得知识产权4000余件；两个水稻品种通过国家审定，全年签订科技成果转化合同 100 余项,合同收益超 1300 万元,到账金额近 400 万元;部省共建重点实验室成功获批立项建设,参与国家重点实验室重组工作取得实质性进展;科研项目总经费再创历史新高,到账经费达 3.2 亿元,稳居省属高校之首;在全国大学生"挑战杯"和"互联网+"大赛中,我校学生斩获特等奖和金奖,实现历史性突破;许明标教授、杨冬教授入选国家级重大人才项目;陈晓光、曾欢迎老师分获第二届全国高校教师教学创新大赛(湖北省赛区)决赛一等奖,张菲菲教授荣获湖北青年五四奖章,等等。这些办学成就的取得和发展目标的实现,为我们营造了一个信心满满、干劲十足的发展环境。

　　回望过往的奋斗路,眺望前方的奋进路,我们对长江大学的明天充满无限美好的憧憬。奋斗者永青春。站在中华民族伟大复兴的新征程,站在高质量发展的新起点,长江大学将深入学习贯彻党的二十大精神,坚定不移以习近平新时代中国特色社会主义思想为指导,牢记使命,落实立德树人根本任务,持续聚焦能源和粮食"两个安全"、着力教育和医疗"两个民生"、融入长江大保护和碳达峰碳中和"两个战略",坚持走特色发展、融合发展之路,加快建成高水平大学。全体长大人将沿着习近平总书记指引的办学方向,强化使命引领、问题导向,心怀"国之大者",始终保持奋进者的姿态、"赶考者"的清醒,奋力开创长江大学高质量发展的新局面!

　　征途漫漫,奋斗以成;道阻且长,行则将至。祝愿承载着一代人的光荣与梦想的长江大学风头正劲,风鹏正举!让我们一起奋斗向未来!

长江大学校长
2023 年 8 月 31 日

前言
Preface

校友是母校历史积淀中最宝贵的财富，是学校精神的化身，也是弘扬母校精神最励志的榜样。如把校史看作母校建设与发展的一条纽带，那么，校友则是镶嵌在这条纽带上的一颗颗闪亮的明珠，母校因"明珠"而熠熠生辉。

自长江大学合并组建以来，校友总会高度重视校友文化建设，始终将校友及其事迹和精神进行搜集、归纳、升华和广泛宣传，以确立和明晰长大精神，作为文化立校的重要工作。

特别是近几年来，为让这些优秀校友的优秀事迹和精神品质更直接、更深刻地感染、引导长大学子，让杰出校友的人生经历、奋斗足迹成为教育、激励全体师生弘扬"求实、进取、创业、报国"长大精神的生动范例，让长大基因在广大校友中代代相传。在学校各学院、相关职能部门和广大校友的大力支持与配合下，校友总会组织力量对全国各地的近百名校友进行了采访，并在校友总会微信公众号、抖音、网站等自媒体渠道及《校友通讯》会刊上进行了广泛宣传报道。这些优秀校友的先进事迹得到了广大师生、校友及关注关心长大发展的社会人士的充分认可和"点赞"，部分校友事迹通讯的点击阅读人数达到上万人次。如描写一位在校就开始创业、毕业不到5年就为母校捐资20多万元的校友的通讯《武鹏：奋斗者的青春最美丽》发表后，就有校友留言："长大出品，创业榜样！""自小雄心立壮志，长大求学成英才，创业路上踔厉行，回馈母校是典范！"记叙由会计电算化专业毕业后醉心摄影并成为名噪海内外的青年长城摄影师的校友的通讯《杨东：在长城上追历史的云》获留言："正好（中央电视台）这一期《开讲啦》看过，当时这期主题是长城保护，觉得青年代表拍的长城很美还特意截图了，没想到居然是长大的师兄！"对介绍一个从材料成型及控制工程专业跨入数量经济学专业的博士、教授和博士生导师的校友的通讯《曾燕：用努力和坚持收获成长》，有校友留言感叹："最厉害的是他还是国家社科基金重大项目首席专家。他是我们机械学子的榜样，坚持获得成功的典范。"对毕业留校任教、选育出建校以来的首个自主选育并拥有知识产权的国审中稻品种"春两优长70"的校友的通讯《李志新：深耕育种责任田，踏出一条好"稻"路》，校友留言："一晃十年过去了，虽然现在没有从事农业方面的事情,但依然关注着母校,希望母校越来越好。记得上学那会,水稻这块的专家主要是田老师、邢老师,主要是研究栽培方向,育种方向挺难。李老师也带过我们课程,他是很好沟通的老师,现在看到李老师取得的成就,为他感到高兴。希望老师们都越来越好!"这些留言,无不体现读者对校友们所取得的不凡业绩的敬佩、骄傲与自豪,对母校办学水平和育人质量的充分认可。相关通讯增强了广大校友对母校的情感认同、价值认同和归宿认同。

在长江大学合并组建二十周年之际,校友总会决定出版校友通讯集《桃李芬芳》第三辑。编委会辑录了60余位校友的先进事迹,按照工作岗位和性质的不同,分成学术翘楚、工程专家、行业先锋、育人楷模、商界精英等类别,全方位、多角度、深层次地展现了他们的人生轨迹,给广大读者展现了一幅幅反映校友家国情怀、高尚情操、拼搏精神和人生经历的多彩画卷。他们中有全国和省、自治区、直辖市的劳动模范、五一劳动奖章获得者、岗位创新创业能手、巾帼英雄、抗疫先锋和脱贫攻坚积极分子,有科研领域的学术翘楚,有几十年如一日扎根三尺讲台、潜心教学的人民教师,有弄潮商界的企业高管、自主创业的民企"大咖",还有坚持"人民至上、生命至上"的基层保健医生,等等。还有许多优秀校友因工作性质和岗位特点,其先进事迹没能收录进来。

《桃李芬芳》第三辑的出版,既是长大校友文化建设接力的见证,又是广大长大校友为母校献上的一笔宝贵的精神财富。通过对这些校友事迹的了解,我们可以看到学校精神脉络的逐步形成,看到学校精神的薪火相传、生生不息,也可以看到长大精神在他们身上得到充分展现和诠释。

站在新的历史起点,面对建设高水平大学的新时代、新征程、新任务,校友总会将进一步加强校友文化建设探索,并以这些校友的事迹为典范,发现和挖掘校友中的先进集体和个人,概括和提炼具有长大特色的校友精神和校友文化。同时我们也号召全体长大人以优秀校友为人生标杆和楷模,从中获得精神力量、人生启示和前行的动力。让我们在习近平新时代中国特色社会主义思想的指引下,在校党委的坚强领导下,团结和带领海内外校友踔厉奋发,勠力同心,为创造长江大学美好明天而共同奋斗!

目录
Contents

一、学术翘楚 ········· 1
曾燕：用努力和坚持收获成长 ········· 2
黎大勇：徜徉在灵长类动物研究的"王国"里 ········· 7
王菊芳："美女学者"的美丽人生 ········· 13
庄永兵：聚酰亚胺"家族"的探索者 ········· 17
冉茜：与"核"共舞的"防原"女将 ········· 22
周雪媚：在殡葬科研上一路"狂飙" ········· 27
刘琦：跨界解码水稻种子"芯片" ········· 31
李志新：深耕育种责任田，踏出一条好"稻"路 ········· 36

二、工程专家 ········· 40
张建荣：在油气勘探的路上绽放精彩人生 ········· 41
窦立荣：洒向荒原的挚爱 ········· 45
瞿建华：大漠戈壁"找油匠" ········· 51
曾大乾：把论文写在祖国大地上 ········· 56
肖明国：用担当吹响生命救援的"集结号" ········· 61
王占生：乐为祖国"献石油" ········· 66

三、行业先锋 ········· 71
艾晓慧：男人堆里成长起来的女劳模 ········· 72
李美德：全国模范护士的侠者情怀 ········· 77
李立君：环评"执剑人" ········· 83
徐世超：一位武警战士的报国情怀 ········· 89

王学民:在非洲种水稻的中国酋长 … 94
张兴虎:"小所长"的"大作为" … 99
汪应涛:"白衣外交官" … 105
王淑娟:"虾城皇后"的虾稻情缘 … 111
高剑华:让恩施土豆"跑"进"国家队" … 116
胡国山:迎"峰"而上的水文尖兵 … 122
李志辉:让所有村民都有"医"靠 … 128
易继平:屈原故里的"柑橘医生" … 134
卢文博:困境人群的"四叶草" … 140
范氏碧芳:做一位名符其实的"中国通" … 145
杨东:在长城上追历史的云 … 148
王斌:做一只永不停歇的"极乐鸟" … 153
黎佰胜:抗疫"侦察兵" … 158
眭立:多面伊人绽放多面光彩 … 162
刘妍娟:以真挚情怀成就人生梦想 … 168
张志胜:"不信邪"助我前行 … 174
路飞:愿梦想像雅万高铁一样飞驰 … 179
黄国涛:"文艺范"律师是如何炼成的? … 183
长大校友的"家园保卫战" … 189

四、育人楷模 … 197

韩晓乐:科普让她自信自强 … 198
关甜:边境线上栀子香 … 203
徐华铮:三尺讲台的守望 … 207
邓桂秀:乡村女教师的美丽绽放 … 213
刘朗:从"如沐春风"到"风雨同舟" … 218

五、商界精英 … 223

徐锋:"奔腾"的人生 … 224
李树光:"一束光"的困境突围 … 230
武鹏:奋斗者的青春最美丽 … 236
李俊良:热心公益的暖心大哥 … 242
郭亮:影视"顽主"的创业传奇 … 246
魏阿玲:她在皇菊丛中笑 … 251
胡竞选:在放弃与选择中不断挑战自我 … 256
王川:一"川"奔涌直向前 … 261

吕新河:从"麋鹿之乡"到"东方巴黎" ⋯⋯⋯⋯⋯⋯⋯⋯⋯⋯⋯⋯⋯⋯ 267
席绍雄:诗意的"花匠"人生 ⋯⋯⋯⋯⋯⋯⋯⋯⋯⋯⋯⋯⋯⋯⋯⋯⋯ 272
郑玉鸿:跨境电商领域的"拓荒牛" ⋯⋯⋯⋯⋯⋯⋯⋯⋯⋯⋯⋯⋯⋯ 278
刘运红:充满激情的"奔跑者" ⋯⋯⋯⋯⋯⋯⋯⋯⋯⋯⋯⋯⋯⋯⋯⋯ 284
夏林威:你好,世界!(哈乐沃德) ⋯⋯⋯⋯⋯⋯⋯⋯⋯⋯⋯⋯⋯⋯ 289
李有坤:从行业追赶者到领跑人 ⋯⋯⋯⋯⋯⋯⋯⋯⋯⋯⋯⋯⋯⋯⋯ 294
占学平:"种"出一片有温度的"钢铁森林" ⋯⋯⋯⋯⋯⋯⋯⋯⋯⋯⋯ 298
贺荣:自动化行业的"贺大侠" ⋯⋯⋯⋯⋯⋯⋯⋯⋯⋯⋯⋯⋯⋯⋯⋯ 303
方世松:园林景观设计的追梦人 ⋯⋯⋯⋯⋯⋯⋯⋯⋯⋯⋯⋯⋯⋯⋯ 309
陈俊勇:"专揽瓷器活"的"金刚钻" ⋯⋯⋯⋯⋯⋯⋯⋯⋯⋯⋯⋯⋯⋯ 315

后记 ⋯⋯⋯⋯⋯⋯⋯⋯⋯⋯⋯⋯⋯⋯⋯⋯⋯⋯⋯⋯⋯⋯⋯⋯⋯⋯⋯ 320

一、学术翘楚

曾燕：用努力和坚持收获成长

　　曾燕，中山大学岭南学院教授、博士生导师，我校材料成型及控制工程专业2001级校友。主要从事金融工程、风险管理、保险精算等领域的研究，是国家社科基金重大项目"数字普惠金融的创新、风险与监管研究"的首席专家、爱思唯尔2020年中国高被引学者（应用经济学）、广东省高校青年珠江学者、广东省自然科学基金（杰出青年项目）获得者、广东省高校"千百十人才培养工程"培养对象、中国决策科学青年科技奖获得者。主持了国家自然科学基金面上项目等10余项课题；在本领域著名期刊上发表学术论文80余篇，其中SCI/SSCI收录40余篇；研究成果获得第八届高等学校科学研究优秀成果奖（人文社会科学）二等奖（部级）、广东省哲学社科优秀成果一等奖（省级）、第七届高等学校科学研究优秀成果奖三等奖（部级）等。

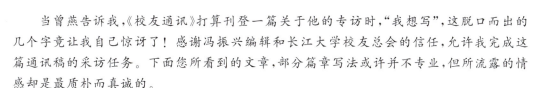

当曾燕告诉我,《校友通讯》打算刊登一篇关于他的专访时,"我想写",这脱口而出的几个字竟让我自己惊讶了!感谢冯振兴编辑和长江大学校友总会的信任,允许我完成这篇通讯稿的采访任务。下面您所看到的文章,部分篇章写法或许并不专业,但所流露的情感却是最质朴而真诚的。

我是曾燕的妻子,认识他近20年,看着他从青涩渐至中年,也见证了他的学术成长之路。从曾燕的简历中,会自然提取到"年轻教授""珠江学者""省杰青",等等,而在我心中,唯有两个字格外清晰,那就是——"坚持"。我知道他的普通与平凡。

坚持是什么?我们看过读过许多坚持的人和故事,但并不一定能真切地感受到它。在曾燕身边的这些年,我渐渐体会着这份坚持的力量。这是一种润物无声的流淌,却有着披荆斩棘的力量。坚持就像磁石,渐渐地吸引到越来越多的力量,引导你、帮助你、支持你、肯定你。我曾问曾燕:你被自己的坚持感动过吗?或许,他已觉得是一种常态,一种习以为常的自然,但你的坚持,真的会悄悄打动身边人……

砥砺拼搏,不负青春韶华

当我们回忆一个人时,通常他的形象便会出现在脑海里。一双白布鞋、一条运动裤、一件大衬衫,小小的个子,这是我对曾燕最初的印象。为什么我对这双鞋记得真切?我总觉得他的脚似乎不知道疲倦,坐着学习,站着奔跑。他的脚没有任何特别,却让我感受到了跋涉和攀登的力量。

曾燕出生在江西一个普通的农村家庭,是伴随着读书、放牛、割水稻等一天天长大的。那时,他虽然对大学充满了向往,但要读一个什么样的大学,选一个什么样的专业,在曾燕的头脑里并不清晰。只是因为在他高考那会儿,村里有个玩伴在长江大学(原江汉石油学院)读书,于是父亲就给他填报了长江大学机械工程学院材料成型及控制工程专业。

大学四年,曾燕早起学习、坚持锻炼、保持规律作息,出色地完成了本专业的学习,获得了多项荣誉和奖学金,还自学了数学相关课程。临近毕业,他也曾迷茫过未来的人生和职业。后来,在老师的指导下,他遵从内心,放下工作机会,再次选择考研。他吸取了第一次考研失败的经验与教训,最终以初试第一的成绩考取了中山大学数学学院运筹学与控制论专业。

至此,在长江大学的求学暂告一段落。如果问,这段经历他收获了什么,以下便是答案。

师生情、同窗谊,任时光流逝,历久弥新,这是占据我们心灵的小珍贵。哪怕容颜已变,音讯久无,再相见时,一句"我是长大人"就会立刻唤醒青春岁月的记忆,一股暖流涌进心中,那种珍贵的感觉不言而喻。

学习的热情、抗挫的能力,在大学四年的生活锻炼中,逐渐融入曾燕的身体里,成为他的一种习惯和能力。所以,曾燕在学术的道路上总是积极探索,主动学习,不惧新知,不畏艰难。这为之后他的快速成长提供了养分和动力。

执着向前，感受科研魅力

先是一流名校的本科生，再成为洋博士，接着是高薪引进的海外高层次人才……这类人们耳熟能详的"学术大牛"成长史中的典型桥段并不适合曾燕。也正因为如此，曾燕的学术成长之路，才更贴近你我，更能引起我们思考和行动。

初入中山大学时，名校毕业的学生比比皆是，曾燕深感学术上的压力和差距。除了努力追赶别无他法。硕博学习的经历，于曾燕而言，是一个从"自卑"到"自信"的过程。

"记得导师给我布置第一个研究课题时，我完全不知道如何入手，只能每天泡在图书馆里，阅读大量相关文献，一年下来啃了不少学术论文……做科研就像写诗，熟读唐诗三百首，不会作诗也会吟……要先看别人怎么做，慢慢地就会有自己的想法……"当谈及科研之初的感受时，曾燕如是说。

在导师的精心指导下，曾燕在科研的路上越走越坚定，也越来越从容。

2011年，曾燕获得博士学位后留校，在岭南学院风险管理与保险学系从事教学与科研工作。

要想在人才济济的中山大学做出一些成绩实属不易。曾燕坚信，尽管他是圈子里"垫底"的那个人，但只要他不放弃，努力追赶，就一定赶得上。经过时间的磨砺，他对科研工作更加得心应手。为了使研究更具应用价值，他积极探索新的研究方法，研读相关文献。"均值-风险准则与随机波动率框架下保险公司最优再保险与投资策略研究""长寿风险的管理与定价研究""偏好变化下的保险公司最优再保险投资与分红问题研究"等一系列研究成果先后出炉。

2014年，曾燕被评为副教授。尽管取得了一些成绩，但他时刻保持清醒，深知自己与真正的"学术大牛"还有很大差距。他说："做科研要有敬畏之心，它在鞭策我前行的同时，也在提醒我不要投机取巧地去做一些研究。"

2015年，曾燕申请去香港大学做访问学者。2016年，他前往美国麻省理工学院访学。2017年，他前往香港大学、加拿大滑铁卢大学访学。2018年，他前往新加坡国立大学访学。他从未放松过对本领域学术前沿的探索。

访学的同时，他的科研也没有停歇。"基于背景风险与行为因素的养老基金投资策略研究"项目获得国家自然科学基金支持，"时间不一致性投资决策问题的理论及保险实践应用研究"项目获得广东省自然科学基金杰出青年项目资助，"时间不一致性养老保险基金投资问题研究"项目获得霍英东教育基金高等院校青年教师基金支持，等等。

2018年，他破格晋升为教授。从副教授到教授，他只用了不到四年的时间。

截至目前，他主持了国家自然科学基金面上项目等省部级以上项目13项，已在国内外重要期刊发表论文80余篇，其中SCI/SSCI收录近40篇，出版著作7本。

"拥有一颗耐得住寂寞的心，尽最大努力做一些高品质的研究。怎样做好的研究呢？

就是要立足民族实情、面向国家战略需求,做一些有意义的研究。做研究不能好高骛远,要多了解自己所在学科领域最前沿的研究,然后确定自己的研究方向。把研究落到实处,就一定会出成果。"曾燕心中这样想着,也是这样做的。当研究紧扣时代脉搏,有了家国责任时,他对科研的热情也就再也挡不住了。

以身作则,相伴学生成长

这一路走来,曾燕遇见了许多好老师。从他们身上,曾燕深刻体会到不能只做科研的管理者,更要做学术上的行家里手,同时,作为一名高校教师,还必须肩负起育人的责任。

无论是做科研还是育人,曾燕的原则都是脚踏实地、求真务实,不投机取巧。

在学生眼里,曾燕对待科研上的每一件事都一丝不苟。每次收到学生的论文,他通常是先通读一遍,然后再认真推敲,顺着学生的想法理清自己的思路:这个研究方法是否可行?研究内容能否进一步深化?研究过程能否进一步凝练?对于这些问题,他总是反复推敲,力求精益求精。

纸上得来终觉浅,绝知此事要躬行。曾燕一直认为,好的研究不仅要汲取书本中的养分,更要结合实践、服务实践。他经常带着学生到企业调研,帮助学生了解行业现状,把握行业发展方向,提高学生对行业的认知度与敏锐度。调研前,他用心熟悉企业情况,结合正在进行的研究把希望了解和探讨的问题一一罗列出来,认真对待每次的调研工作,做到不虚此行,同时也为企业带去启迪。

曾燕"下苦功夫,做实在人"的态度感染着自己的学生。办公室白天夜里总有学生的身影,学生也经常在早上5点钟收到他的回复邮件。曾燕高强度的研究工作让学生们感受到了压力。大浪淘沙,才能英雄辈出。有一些学生因为承受不住压力而选择退出,但仍然有一些人选择坚持。当被问及坚持的理由时,学生们给出了不同答案:

"因为老师曾说过,我们这些学生其实是拿着纳税人(百姓)的钱在读书,就应该去感恩和回报社会。""曾老师的研究最具有前沿意识,他本人又有能力,关键是一直都在努力。这样的老师能够引导我们成长。""曾老师总是充满激情,他就像个永远在激情奔跑着的少年。""他是我见过最有执行力、最勤奋的老师!"诸如此类,不胜枚举。

曾燕说,高校教师最大的责任是培养国家需要的人才,要挖掘每个学生的潜力,帮助他们达到甚至突破自己的期望。他时常告诫学生,一定要规划好自己的未来,要积极传播正能量,把个人理想与国家命运紧密相连,脚踏实地、奋进求实,做利国利民、建设国家的时代栋梁。

永不停步,跑出生命活力

如果有人问起曾燕干什么去了,我的回答几乎都是"工作去了""跑步去了"。我记不起他跑了多远,只觉得一直在路上;我记不起他参加了多少赛事,但家里有一大箱的奖牌。

在农村长大的曾燕,大概从小就习惯了奔跑!跑着跑着,跑进了马拉松,跑上了茫茫戈壁,跑过了山川与河流、城市与乡村、高原与平地。他越跑越快,越跑越好,越跑越远。我自是无法体会他奔跑的乐趣。好吧,就让他享受带来幸福的多巴胺与排解压力的内啡肽!

  这些年,我对"跑步"二字,从无感,到无所谓,到微烦,到难受,再到平和与释然。奔跑在春暖花开的阳光里,抑或是繁星烁烁的夜空下,又或者是一望无垠的沙滩上,总有那么一刻,"跑步"会让人心动!我看着,也感受着!

  繁忙的工作中,曾燕一直坚持跑步,也实现了全程马拉松成绩破3小时的挑战。跑步仿佛是他的一种生命的状态,看似简单,实则不易。只有不断坚持、真正经历的人才能与他人、与自己有更深入的交流。这种坚持和锻炼的结果会潜移默化地融入一个人的精气神里,使人散发出坚毅与能量。

  新年了,当我们贴对联、挂灯笼、送祝福来迎接时,曾燕会跑个新年里程来庆贺;过生日了,当我们吃蛋糕、唱生日歌、亲朋相聚时,曾燕会跑个生日数字送给你……渐渐地,他带着学生,带上孩子,跑起步、爬上山。

  喜欢跑马拉松的人,会不自觉把经历化作马拉松。在曾燕心中,科研就像马拉松,要耐得住寂寞,咬紧牙关奔跑,听得到与寂寞过招的风声,感受得到与执着同行的心跳。人生亦如参加一场马拉松赛事,用双脚一步一步去解读自己,是一种诠释;在平实的生活里,一点一滴谱写出的人生路迹,是真实而深刻的历练。再多的坎坷又如何?下一步,就在脚下;迈出去,就是出发!

  如今,将近不惑之年的他依旧保持着科研的初心,坚定着为国效力的决心。他用自己的经历证实,无论是求学、做学问,还是攻关、做科研,只要坚持,总会比别人早一步、快一步,也总能比别人看得高一点、远一点。

  清晨的校园,一片宁静,鸟啼声隐约散落在各个角落。曾燕已坐在办公桌前,在工作中等待第一缕阳光照进窗户;抑或奔跑在校园里,迎接第一缕阳光。他的眼睛里始终充盈着坚定与希冀,追梦的脚步从未停歇!

刘兰兰/文

黎大勇：徜徉在灵长类动物研究的"王国"里

黎大勇，1979年生，理学博士，西华师范大学生命科学学院教授，我校农学专业1998级校友。"天府万人计划"科技菁英，四川省第十二批学术和技术带头人后备人选，中组部"西部之光"访问学者，世界自然保护联盟物种存续委员会（IUCN SSC）灵长类专家组成员，获"全国林业学科发展先进个人""全国优秀青年动物生态学工作者"称号。长期从事灵长类动物行为生态学和我国西南地区生物多样性保育研究，先后主持国家自然科学基金项目4项、国家重点研发计划子课题1项、第二次青藏高原综合科学考察研究项目子课题1项、第三次新疆综合科学考察项目子课题1项、多项省部级项目，获得横向课题经费达1400多万元，发表学术论文80多篇，SCI收录50余篇。

江汉平原的初秋,天高气爽,凉风徐徐,树木葱茏,是一年中的好景致。一阵风拂过,偶尔有一两片树叶挣脱树枝如蝴蝶乱舞。不知不觉间,汽车已穿过古城西门,徐徐驶入他心心念念的母校——长江大学西校区。

  这情景既是那样的熟悉,又充满了新鲜,坐在车里的他,不由得想起了自己的大学校园:笔直的水杉、葱郁的香樟、圆润的柑橘,还有那一块接一块种有农作物亲本的试验田以及在田地里忙碌的老师与同学的身影,向他迎面扑来。

  我们的主角是农学1998级校友、西华师范大学教授、灵长类动物研究与保护专家黎大勇。这天是2021年10月20日。这天的校园,也因为他的回归增添了几分热闹。

书到用时"真太少"

  这是黎大勇毕业后第一次回母校,是应长江大学农学院之约,为2021级新生做专业思想教育讲座而来。

  "晕"进专业、寻找金丝猴遗迹等一段段感人的故事,马鹿、藏羚羊、藏野驴、白唇鹿、岩羊、藏原羚等一组组精美的照片,个体迁移模式、家域重叠、群间关系等一个个新鲜的名词,从他的口中娓娓道来,让听众耳目一新。面对同学们的提问他从容应答。

  "希望在十年以后,能够在世界学术舞台上看到在座同学的身影。"这是黎大勇作为学长对学弟学妹们的殷殷期盼。凝望着一张张青春的面孔,黎大勇无比感慨和激动:当年我学农爱农、献身农业的理想不也是在这里萌芽的吗?1998年夏天,黎大勇如愿被长江大学农学院录取。出生在湖北荆门的他,从小对农作物司空见惯,也有着浓浓的兴趣,这也是他填报农学专业的原因。对专业,他是认真的,每天上课,他神情专注,决不放过任何一个疑难问题。对专业之外的知识,他同样充满好奇。

  大二开始他便跟着余泽高老师做小麦夏繁研究,做实验、比对数据、查阅资料,忙得不亦乐乎。作为班干部,他还带领同学们一起对棉花、油菜等作物的全生育进程和栽培措施做田间观察,时常还要从事一些生产劳动。平凡枯燥的田间生产实习、实验室数据整理等不仅没有挫伤他的锐气,反而使他的学习生活充满了乐趣。

  大学四年的学习,给予了黎大勇充分的信心,让他养成了主动思考问题、解决问题的习惯,也是在一次次的实习和实验中,他学会了组织管理、协调各方的本领。

  他说,学农,就是要一显身手,就要去祖国最需要的地方。毕业分配时,黎大勇带头报名前往新疆生产建设兵团农七师。此前,他从来没有去过那么遥远的地方。关于新疆的描述,他是从书本上看到的:新疆是著名的瓜果之乡,吐鲁番的葡萄、鄯善的甜瓜、伊犁的苹果、库尔勒的香梨、库车的白杏都享誉全国。对这一切,他倍感好奇,也充满幻想。

  一年来,黎大勇下田间、蹲地头、采样本、做分析,还为农民开展技术培训、现场辅导,夜以继日地忙碌着。可随着乡亲们的"为什么"越来越多,他明显地感到了力不从心。"书到用时方恨少",黎大勇此刻深深地体会到了这一点。他第一次有了对知识匮乏的无奈,

黎大勇：徜徉在灵长类动物研究的"王国"里

于是，一个大胆的想法冒了出来：停下工作去考研。

"误"入金丝猴王国

决心已定，说干就干。上天总是眷顾勤奋之人。2004年，黎大勇成功考上了西华师范大学野生动植物保护与利用专业的研究生，师从四川省学术和技术带头人彭正松教授，从事小麦花发育遗传学研究和半夏资源研究。此时，他仿佛已经看到三年后自己在学科领域一展科研才华的风采。对导师交代的工作，他丝毫不敢懈怠。为了获得翔实、准确且具有连续性的科研数据，他与同门师兄弟常常成天扎在"上晒下蒸"的小麦试验田里，吃住也经常在实验室里。

本科阶段练就的科研本领和面对问题从不退缩的拼劲，为黎大勇后来很快适应研究生学习并独当一面承接老师安排的科学实验打下了扎实的基础。在科研过程中，他对流程进行设计的娴熟妥当、人员配备和操作的有条不紊、实验数据的真实可信，深受师兄弟们的赞许，而彭教授更加看到了藏在他身上的那种对科研的执着以及天赋和前途。然而，一次偶然的机会，让黎大勇的研究"误"入了一个全新的领域。2005年的某天，彭教授的同学、保护生物学专家魏辅文教授来访。魏教授有备而来，告知彭教授他想在西华师大物色一位从事野生动物保护的研究生。彭教授眼前一亮就想到了黎大勇。

黎大勇心思单纯，一心只想做好科研，心想老师的举荐肯定是有道理的，并且多一个老师终归是好事情。于是，他就这样走进了中国科学院动物研究所，成为中国科学院和西华师范大学的联培研究生。

然而，当黎大勇满怀期待踏入研究所大门时，他才意识到魏教授是从事濒危动物保护生物学研究的专家。这和自己之前的研究方向截然不同：一个是静止的，一个是动态的。这意味着，自己要重新选择研究方向甚至是研究领域。虽然有困难，但他认为，国家的需要就是自己的努力方向，既然选择了就得矢志不移、踔厉笃行。经过几番思索并征求导师意见，他最终选择把金丝猴（滇金丝猴与川金丝猴）作为研究对象。

对金丝猴（滇金丝猴与川金丝猴）进行研究丝毫不像研究小麦那样，只要守着试验田和实验室就能出结果，现在的研究必须去现场与金丝猴"交朋友"。谈及于此，黎大勇调侃道："搞科研，就像是谈恋爱，必须要常见面、常互动、常交流，才能碰出火花。既然选择了金丝猴这个'恋爱'对象，那就努力吧。"

目标既定，"干"就是了

巍峨的云岭群峰连绵，白雪皑皑。终年积雪的主峰，犹如一匹奔驰的白马。黎大勇野外实习的第一站就是这里。

在画家和诗人的笔端，美丽的白马雪山常常会给人带来无限的遐想。黎大勇也一样，出发前他在忐忑的同时满是兴奋，把自己想象成了一只在丛林中恣意穿行的金丝猴，享受着大自然的美好。他从北京出发,一路南下,先是乘飞机,再是坐大巴车,换乘越野车和拖拉机。山路越来越陡峭,也越来越难走,最后那条逼仄的山路还长满了杂草,只能由当地的骑行高手用摩托车驮着他前行。

从小在平原长大,自诩体质一向不错的黎大勇,折腾了好几天后,被晕晕乎乎地"驮"上了观测点。那是一个仅有9户人家的傈僳族村庄。

还没缓过神来,他就被瑞士博士Cyril C. Grueter拽着,颤颤巍巍地走向了丛林深处。丛林深处基本上是没有路的,还有密密麻麻的蚊虫时常会扑面而来"欢迎"你。他最后被Cyril C. Grueter扶着走出丛林,他的包自然也是Cyril C. Grueter背着的。他调侃地说,进山要历经三重境界:先让别人帮忙背包,别人扶着走;再到自己背包,被人扶着走;最后自己背包,自己走。大山是神秘的,也是无情的,人必须学会适应它。面对各种挑战,黎大勇抓住一切机会进山锻炼。17个月后,他终于和"帮扶"说再见了。即使在狂风暴雪面前,他仍然可以泰然处之,安然入睡。"一盒白米饭、一瓶老干妈、一根火腿肠、一包榨菜,这就是一餐。没地方洗澡,还要面对蚊虫肆虐。山里没信号,要和外界通上一个电话都需要来回跑6公里的山路。在这样的环境里近距离观察猴群的生活习性,我们要比猴子起得早、睡得晚,才能获取真实的信息资料。"

野外考察不仅艰苦还常常伴随着危险。2006年2月,黎大勇所在的海拔2400米的营地被大雪覆盖,白茫茫的一片。他和同事驻扎在这里近一个月了,还没有看见一只猴子。他的内心十分不安与焦虑,于是他决定和同事们主动寻找。

他们一行踏着没膝深的积雪,冒着零下40摄氏度的极寒天气寻找金丝猴的踪迹。林海茫茫,山路崎岖。身穿厚厚的羽绒服、脚穿靰鞡鞋、头戴狗皮帽子的他们每前进一步,都是深一脚浅一脚,无比艰难。饿了,啃一口冻得硬邦邦的干粮;渴了,抓一把冰凉的白雪塞进嘴里。直到翻过海拔3700米高山的崖口时,他们终于发现了一群猴子。他们顿时眼前一亮,心里也松了一口气,竟不约而同地倒在雪地里哈哈大笑起来。

有一次,他们带着满身疲惫返回营地时已近天黑,冰封的小路上断木残枝横七竖八,每走一步都十分困难。他一不留神就踩进深雪里,整条腿被两根残木卡住,钻心的疼痛让他半天没缓过神来。前面的同事专心赶路,没有注意到黎大勇的情况,自顾前行。周围一片寂静,冰冻的树枝在微风中咯吱作响,他叫了半天也没有人回应。够了半天他才从雪里摸出一段残枝,使出浑身的力气,挣开一点点缝隙,勉强把脚拔出来。他瘫坐在雪地里好一会儿,解开鞋带,倒掉冰碴,再慢慢跟上队伍,回到营地时已经是晚上12点钟。这次他们翻山越岭一整天,整个行程有40多公里。

"远看像打猎的,近看是搞野生动物研究的。"曾经的艰辛,成为今天幸福的自嘲。

"野外考察虽然辛苦,但当我们找到了一直苦苦追寻的物种时,那种兴奋和喜悦难以言表。"黎大勇笑着说。

这些就是黎大勇野外观测的真实写照。如今的黎大勇已在这里坚持了十八载,成就了他丰富的学术人生。

科研要用"心"更要用"情"

既然选择,就要从一而终地热爱,这是黎大勇坚定的科研信条。在他看来,自己对金丝猴的研究虽然小有成就,但要进入一个更高的研究层次还必须继续深造,争取成为该研究领域的顶端学者。于是,他再次踏上求学之路,攻读博士学位。当时西北大学李保国教授的团队是全国从事金丝猴宏观生态学研究水平最高的队伍,他把目光投向了那里。

在魏辅文教授的鼓励下,2007年他考取了李保国教授的博士研究生。如同彭正松教授对他的评价,在李保国老师的眼里,黎大勇务实、笃学,是一棵好苗子。李老师对他寄予厚望,科研上,对他想继续从事滇金丝猴研究的想法给予了全力支持,并多次来四川和云南对他的研究工作进行现场指导。李老师的人格魅力和学识品质深深地影响着黎大勇,他悟出了一个科研工作者该有的严谨和专注,悟出了一个师者该有的温暖和宽容。

他认识到,野生动物多样性研究就是要立足民族实情、面向国家战略需求。只要不畏艰险、勇于创新、潜心研究,就必有收获。

正是基于这种家国情怀和"虽九死而无悔"的科研拼劲,一个又一个科研成果先后涌现。他主持了"滇金丝猴个体迁移模式及其行为机制研究""雌性滇金丝猴的繁殖策略""家域重叠的滇金丝猴种群生境利用和群间关系的生态学研究"等4项国家自然科学基金项目,承担了国家重点研发计划珍稀动物濒危机制及保护技术研究项目子课题、第二次青藏高原综合科学考察研究项目子课题、第三次新疆综合科学考察项目子课题等,积极服务国家生态文明建设,在国内外重要期刊发表论文50余篇,起草地方标准2部。

当研究紧扣时代脉搏,有了家国责任时,黎大勇对科研的热情也就如打开闸门的洪水,再也挡不住了。随着他的科研不断深入,一系列的荣誉也接踵而至:2012年获"全国优秀青年动物生态学工作者"称号,2015年获批四川省杰出青年科技基金,2017年获"全国林业学科发展先进个人"称号,2018年入选四川省学术和技术带头人后备人选,2019年成为中组部"西部之光"访问学者并入选"天府万人计划"科技菁英,2022年当选为中国动物学会灵长类学分会副理事长。

此后,黎大勇便步入人们所说的"开挂的人生",在宏观和微观相结合的滇金丝猴科研道路上一路高歌,成了国内赫赫有名的灵长类动物研究专家。

教学要培养学生面对不确定未来的能力

大自然不仅是黎大勇进行科学研究的场所,还是他育人的课堂。

2010年,黎大勇博士毕业后,他坚定选择到西华师范大学继续从事滇金丝猴的研究与教学工作。"西华师范大学有从事野生动物研究的优良传统,在全国享有盛誉。只有在那里,我才能坚定自己的理想。"黎大勇说。

一路走来,他深受多个老师的影响,他认识到科研与教学犹如车之两轮、鸟之两翼。

他说:"站在讲台上就有一种责任感,讲不好就对不起学生。"谈及教学感想时,他说:"师生的缘分很珍贵,教学相长亦是彼此最大的成全。我一定要尽自己最大的努力让他们学到知识。"

如今的黎大勇虽然拥有很多身份和头衔,但对他来说,教书育人仍然是教师最根本的使命。他担任"森林生态学""生态学研究进展""动物生态学""高级生态学"等多门课程的主讲教师。他说:"作为老师,你就要把你的科研成果穿插到你的课程内容里面去。这样才能让学生在学习基本知识的同时,真正了解学术的发展前沿。一定要告诉学生怎么学,培养他们分析问题、提炼问题和解决问题的能力。"

学生们都很喜欢上他的课,他上课新奇、生动、精彩,就仿佛是在神秘的大山深处挖掘知识的宝藏。

黎大勇还坚持用高尚的人格魅力感染和带动学生,用模范言行引导学生把握正确的人生方向,用良好师德做学生修身立德的楷模。他说:"一个合格的老师除了教授知识外,最关键的是要以自己的人格魅力来感染学生,让学生有能力面对不确定的未来。"

他所带的研究生和其他研究生不一样,需要在野外待一年甚至更长的时间。黎大勇结合自己的经验为学生制订了不一样的学习计划。对于野外观测点的生活环境,他一般都会提前安排好,让学生去那里实习没有后顾之忧;他还定期与学生在网上见面,讨论学术问题,交流研究心得与生活感悟。他说:"在野外做研究是一个寂寞的过程,一定要学会排遣内心的孤独。"

作为生命科学学院最年轻的教授之一,黎大勇曾担任2017级9、10班班主任,两个班共有学生47人,今年保送和考取硕士研究生共计28人,考研录取率达到59.57%。"在新生开学的第一次班会上,黎老师就告诉我们无论是否打算读研,每位同学都应当去参加考试,因为只有树立了目标,大学才会过得充实、有意义。"今年已被东北林业大学录取的2017级9班学生杜雨梅,至今仍对第一次见到黎大勇老师时他所说的话记忆犹新。

自任教以来,黎大勇多次获得优秀班主任称号。在学生的心目中,黎大勇就是"水泵",给予他们压力,赋予他们动能,让他们激荡起青春的水花!

总结近二十年从事滇金丝猴等灵长类动物的教学与科研工作,他认为,自己虽然取得了一定的成绩,但野生动物多样性的研究仍是自己的"软肋"。作为业内专家,他深知野生动物研究工作任重道远。他热切期盼着,全社会携起手来保护环境、亲近自然,还野生动物一个充满阳光的明天。

冯振兴/文

王菊芳："美女学者"的美丽人生

　　王菊芳，1973年生，湖北松滋人，教授，华南理工大学生物科学与工程学院博士生导师，我校农学专业1990级校友。1997年获得华南农业大学硕士学位；2000年获得华南理工大学博士学位，并留校任教，任教期间，先后两次赴美国麻省理工学院做访问学者。2010年被评为教授并成功入选2010年度"教育部新世纪优秀人才支持计划"。自2007年以来共发表SCI、EI及ISTP论文50余篇；主持863计划重点项目1项、国家自然科学基金项目2项、省部级项目7项、市级项目2项；申请发明专利6项、获得发明专利1项，并获得广东省和广州市科学技术奖励各1项。

"这位松滋妹子永远惦记着她的梦开始的地方,那就是她的母校——湖北农学院,如今的长江大学。"

——题记

身着白色长裙、红色外套,清新又不失庄重,举手投足之间分外优雅,言谈之间,总挂着淡淡的微笑……很难想象,我眼前这位看起来有些柔弱的美女学者,三十四岁即成为国家科技部大型项目的负责人,三十六岁就当上了教授,三十七岁就成为华南理工大学的博士生导师。

5月17日,一个初夏的下午,在风景优美的华南理工大学大学城校区,刚刚开完会的校友王菊芳老师虽然略显疲惫,但依然很热情地跟我们讲述了她的求学故事和人生经历。

虽然王菊芳并没有用更多的语言来讲述她的成绩,但是从她的娓娓道来之中,我们感觉到,因为她的执着、勤奋,在经历了一次次关于美的"发酵"之后,无论教学、科研还是家庭,这位"美女学者"把自己的人生演绎得美丽动人。

求学:从荆州起步的完美"升级"

1990年,17岁的湖北松滋少女王菊芳考入湖北农学院(现长江大学),人生开始了崭新的一页,众多的亲朋好友也都为她感到开心。

但是,在古城荆州西边的大学校园里,这位聪慧的少女并不满足于读完大学就匆匆找份工作然后平淡一生。她为自己的未来勾勒了一幅非常清晰而美好的蓝图。

这幅蓝图的主线就是"求学、治学",读硕士、读博士,今后要当老师、做科研。

1990年从荆州起步,2000年在华南理工大学拿到博士学位并留校任教,王菊芳用十年时间将蓝图变成现实。

时隔20多年,在华工的办公室谈及当年在湖北农学院的学习经历,王菊芳坦言,"那时候就是十分单纯地学习"。因为她心里已经埋下了一颗种子,种子要发芽,要成长为大树,必须要辛勤地耕耘,努力地吸收阳光和营养。

所谓一分耕耘一分收获,本科阶段,王菊芳的学习成绩每学期基本上都是全年级第一,她收获了各种荣誉,最后还是当年的优秀毕业生。

"学霸"王菊芳在这个时候也表现出她对生活的热情,她不是那种乏味的"学霸",这或许也可以为她现在对时尚的理解找到注脚。学业优秀的王菊芳还是一名学生干部,学院举办民族舞、时装表演等活动的舞台上,也留下了王菊芳青春靓丽的身影。

王菊芳说:"做学生干部很好,能得到锻炼,但首先要对自己的生活、学习做好规划,不能为学生工作放弃学业,这是非常不明智的。要在学有余力的情况下多多参加社团组织,这样才能学习生活两不误。"

27岁留在国内知名大学任教,31岁时,受聘为副教授,所在的发酵工程专业在国内同行中已经是响当当的学术龙头了,她在同龄人之中,已是佼佼者。但是王菊芳并没有感到安逸和满足。

治学：科研之路的永无止境

华南理工大学校园新闻网2010年刊载的一篇专访这样写道："她说，当时如果再不出国看看，学习一下，真的感觉遇到了瓶颈，自己的科研思路十分局限了，于是，她积极筹备，争取到了去美国麻省理工学院做公派访问学者的难得机会。"

跟所有成功者背后都有鲜为人知的辛酸故事一样，王菊芳虽然争取到了这个难得的机会，但是内心也经历了艰难的挣扎。那就是当时儿子尚不满两岁，时隔至今，回忆起当时与儿子分别的情形，她依然内疚。

离开广州那一天，不到两岁的儿子和王菊芳隔着车窗挥手道别，她泪流满面。从广州到香港机场，王菊芳整整哭了一路，她心疼年幼的孩子，也为自己的狠心感到内疚。

但是王菊芳从来没有动摇过继续研修的想法，因为她觉得要想搞好科研必须去看一看外面先进的科研水平，这个机会自己说什么也不能放弃。

在做访问学者的一年里，王菊芳没有休过一个完整的周末，每天从早上七点到晚上十一二点，一头扎进实验室，废寝忘食地投入科研。

晚上回到住处，王菊芳还要打开电视听英语新闻，练习听力。每当夜深人静的时候，累了一天的王菊芳就会偷偷地抹眼泪，她想念远方的亲人，于是下定决心一定要多学些东西回去。

这一年的访问学者经历，也为她今后的道路做好了铺垫。

从国外回来后，学校就委以重任，让当年才34岁的她去申报一个国家级的大型科研项目。这个项目持续了四年的时间，王菊芳也从一个只会做科研的高校副教授，成长为一位成功的大型项目"操盘手"。

王菊芳说："作为一名科研工作者，最欣慰的事莫过于看到自己的科研成果转化为社会效益。这个项目的成功运作刚好完成了我的科研梦。"

鉴于王菊芳在科研工作方面的突出贡献，2009年华南理工大学正式聘任年仅36岁的她为教授，至此王菊芳终于实现了自己的教授梦。

一个心怀美丽之梦的人，她的生活，绝不会有苟且，而是有更多的诗和远方。

"原来以为当上了教授，就没有职称的压力了，就可以优哉游哉一下啦，"王菊芳曾经回忆说，"结果发现自己的责任更重了，科研这条路是没得停的。"

随后王菊芳以更大的热情投入工作中，先后主持多项国家级项目和省部级项目，发表SCI、EI及ISTP论文50余篇，并成功入选了2010年"教育部新世纪优秀人才支持计划"。

生活：学生心目中的"时尚女王"

"时尚女王"与教授，这似乎是"绝缘"的两种角色。但是，在王菊芳身上，这两种角色能够结合得自然而完美。

当然,"时尚女王"的称号,并非来自时尚界或娱乐圈,而是来自她的学生。在课堂上她是学生尊敬的师长,课余她还是校园里的时尚风向标。能得到学生的这种评价,可见王菊芳颠覆了我们心目中传统学者的形象。

"爱美是女人的天性",对于"时尚"这个话题,王菊芳很快表现出她作为女性柔软的一面。在她的眼中,自己除了是个做事很有规划的科研工作者外,还是一个追求时尚、享受生活、热爱家庭的"小女人"。

从下面这些生活细节中,我们便能感受到这位严谨学者的另一面。

周末的时候,王菊芳也喜欢逛逛街,买上几条自己喜欢的长裙。她庄重、典雅的装扮,常常成为女学生私下热议的话题。

对待专业问题,她对自己要求严格,对学生们也一刻不放松。但在私底下,她和学生们是无话不谈的好朋友,会跟学生们一起打球、一起唱卡拉OK,完全没有老师的架子。

2015年,荆州电视台《荆州骄傲》摄制组在华南理工大学见到王菊芳时,他们用这样的词汇描述她:"她刚从美国第二次做访问学者归来。白色绣花小洋装,清新又不失庄重,实验室里的研究生们,和她就像朋友一样。"

"人在某一个阶段必须知道自己最想要的是什么,这样就会有源源不断的动力去得到自己想要的东西。就像选择去美国留学一样,那是当时我最想做的事,所以不得不把家庭暂时先放一边。"

2015年,王菊芳再次以访问学者的身份出访美国麻省理工学院,不过这次她带上了儿子。谈及与儿子在美国的点点滴滴,王菊芳脸上从头到尾都洋溢着幸福的笑容。

王菊芳说:"朋友、家人就是我的加油站,我也常常会感到疲倦、失去动力,但是他们总能让我放下压力、给我鼓劲,这样我又能很好地投入工作了。"

这就是我们的校友王菊芳,虽然工作与美丽并没有必然的关联,但她人生的每一个角色都是那样完美。

这里谨以2015年荆州电视台《荆州骄傲·青春之歌之王菊芳:松滋妹子的学者之路》中的最后一段台词作为结尾:"这位松滋妹子永远惦记着她的梦开始的地方,那就是她的母校——湖北农学院,如今的长江大学。"

刘蒙蒙/文

庄永兵：聚酰亚胺"家族"的探索者

庄永兵，工学博士，我校化学专业1997级校友。中国科学院过程工程研究所研究员，博士生导师，中国科学院大学岗位教师。主要研究方向为高耐热聚合物（如聚酰亚胺）的设计与合成、制备及应用。2011年6月博士毕业于四川大学高分子科学与工程学院（高分子材料工程国家重点实验室），在《Progress in Polymer Science》《Nature Communications》《Macromolecules》《Journal of Membrane Science》等高分子科学及膜科学领域期刊上发表论文多篇，申请中国专利20多项；参编著作一部。2016年获得日本学术振兴会（JSPS）外国人特别研究员奖学金，2017年入选中国科学院过程工程研究所"BR计划"，曾兼任多家高新技术企业技术顾问，担任中国电工技术学会绝缘材料与绝缘技术专委会委员、《膜科学与技术》通讯编委。

> 白日不到处，
> 青春恰自来。
> 苔花如米小，
> 也学牡丹开。
>
> ——《苔》清·袁枚

古人云："十年树木，百年树人。"一棵树的成长至少需要十年，在这十年里，树木在阳光雨露的滋养下，不断地成长，刻画出一道道时光印记的年轮。十年的时间是人生的十分之七八，如果是人生的重要阶段，十年的时光则更加弥足珍贵。本文的主人公，用两个十年的时间，潜心于聚酰亚胺（PI）的研究，徜徉在这一被誉为"比黄金还珍贵"的高性能聚合物材料的世界中，研究它的科学实验、转化应用，不断钻研突破，解决了我国在先进制造领域长期以来的"卡脖子"问题。

在中国科学院过程工程研究所里，我初见庄永兵博士。除了惯常的科学家、"工科男"形象外，庄永兵还给人一种亲和、空灵的感觉，尤其是了解了他的成长经历后，这种感受尤为深切。这不禁让我想起性灵派诗人袁枚的《苔》这首诗，清新、淡雅但生命力又极强的苔，在有限的阳光雨露的滋润下，努力生长，像极了庄永兵二十年来在无边的科研世界的不懈探索。庄永兵曾求学以及教书育人的江汉平原，正是开创性灵派学说的"公安三袁"的故里。这种清闲淡雅、空灵超然的人生态度浸润了长江浩荡绵延的"气蒸云梦泽"，自然也使生息在这里的人们有了坚忍不拔、向下扎根和向上生长的顽强气质。

力行不辍，做聚酰亚胺"家族"的探索者

什么是聚酰亚胺？聚酰亚胺（polyimide，PI）是指分子结构主链中含有酰亚胺结构的高分子聚合物。同时，聚酰亚胺又是一个非常庞大的家族，高性能PI的主链大多以芳环和杂环为主要结构单元。PI具有最高的阻燃等级（UL-94），良好的电气绝缘性能、机械性能、化学稳定性、耐老化性能、耐辐照性能，以及低介电损耗，且这些性能在很宽的温度范围（-269～400℃）内不会发生显著变化，因此PI被誉为"二十一世纪最有希望的工程塑料之一"，可以说"没有聚酰亚胺就不会有今天的微电子技术"，其性能居于高分子材料金字塔的顶端。

庄永兵向我们介绍，在众多的聚合物中，聚酰亚胺是可在众多领域应用且都显示出突出性能的聚合物。聚酰亚胺材料用途广泛，分别以薄膜、纤维、光敏材料、泡沫和复合材料的形式应用于柔性屏幕、轨道交通、航空航天、防火材料、光刻胶、电子封装、风机叶片、军舰、汽车等若干领域。而这些领域的发展长期由美国、德国、日本、韩国等国家掌控，迄今为止仍有多个领域我们面临着"卡脖子"的问题。

与聚酰亚胺的结缘，要回溯到二十年前。庄永兵从荆州师范学院（长江大学前身之一）毕业后，先是被分配至国营9603厂的子弟学校做教师。这里曾是我国三线建设的

重点项目,为国防事业研发和生产了大批重要战略物资。面对国家对科技和人才的渴求,几年后,庄永兵选择了继续深造——考研。"前面已经工作了四五年了再选择考研,其难度之大可想而知。那时候我用了近一年的时间,一边工作一边复习,把要考试的课程重新捋了一遍。"庄永兵回想起那段艰苦的时光时说,"只要你有想法,并付诸行动,坚定地朝着目标去努力,终将到达理想的彼岸。"功夫不负有心人。第二年,庄永兵如愿考取湖北省化学研究院(先后隶属于中国科学院和湖北省科技厅)的硕士研究生。在读研期间,庄永兵开始接触到聚酰亚胺这一研究领域,参与了柔性覆铜板用聚酰亚胺薄膜的产品开发。那时,这一技术基本被日本等的国外研究机构完全垄断。这一被动局面激发了庄永兵在这一领域潜心钻研的动力和勇气,并激励他在这一研究领域做出成绩。

硕士研究生毕业后,他考入四川大学高分子科学与工程学院攻读博士学位,并先后在韩国、加拿大及日本从事博士后研究。他以"咬定青山不放松"的毅力,坚定地选择了在聚酰亚胺这一科研领域继续深耕。

科研的过程是曲折、寂寞的,有时还会走进死胡同,被质疑,但这都不影响目标坚定的庄永兵在这条道路上的坚持。有志者事竟成。潜心研究20载,庄永兵在国际高分子科学及膜科学领域期刊上发表了多篇有影响力的论文,申请了20多项专利。尤其近年来,他在科研成果转化方面取得了多项突破,其成果广泛应用于新能源、"双碳"、光电等领域。他先后兼任多家高新技术企业的技术顾问。

产研结合,聚焦应用领域的成果转化

"核心技术国外掌控,国内市场需求依赖进口,国产化进程任重道远",这一说法曾是我国科学技术领域长期以来的状况。起步晚、发展慢,以及外国的技术封锁,导致我国在聚酰亚胺领域的成果运用长期受到制约。对这一封锁的突破,既需要在科学研究领域的长期投入,也需要广大科技工作者在应用领域的长期坚守和不懈探索。庄永兵正是我国在该领域的成千上万科研工作者的代表。

庄永兵介绍,当时聚酰亚胺这一聚合物材料的研发重点是解决"卡脖子"的技术和产品的应用问题。可喜的是,当前我国有些技术成果已经在多个先进制造领域开始应用,比如航空航天、深海潜艇、手机等。

"我们当前仍面临许多的应用瓶颈。有些问题国际上解决了,但是国内没有,就容易受制于人。这就需要我们从源头上展开设计和开发,尤其是要积极响应国家的先进制造战略,比如清洁能源分离、集成电路和关键领域的材料缺陷等问题要组织力量重点攻关和突破。"庄永兵说,"当前我们已经聚焦于创新材料的国产替代,来打破国外的技术封锁,真正实现国产化的目标。"

要解决产品替代,就需要解决产品研发的问题。多年来,庄永兵长期专注于高耐热聚合物(如聚酰亚胺)的设计与合成以及聚合物膜材料的制备及应用(气体分离膜、介电薄膜、光学薄膜等)。虽然聚酰亚胺有非常高的耐温等级,但在应用于特定的领域时,其相关性能也需要进行改善。例如，常规的聚酰亚胺树脂难溶解、难熔融，透气系数低，因而其在工业上的广泛应用受到了限制。

庄永兵针对聚酰亚胺材料在气体分离膜、介电膜及光学膜等领域的应用所面临的问题，提出了分子结构设计、改性方案，以优化聚酰亚胺材料的相关应用性能，并针对聚酰亚胺膜材料结构设计、制备及应用做出了诸多成果，相关研究成果被众多综述论文正面引用和评价，相关科技成果得到应用和转化。针对常规聚酰亚胺材料在膜分离等应用领域的性能限制，庄永兵提出了脂肪/脂环结构改性及其功能性概念，研发出了应用于CO_2分离、氢气提纯、燃料电池等的聚酰亚胺分离膜及具有荧光-磷光双发射性能的透明韧性聚酰亚胺膜材料，并开发了自具微孔聚酰亚胺批量化制备路线。

然而科研的道路上并不是一帆风顺的，遇到瓶颈的时候，如何才能坚持下去呢？庄永兵说："兴趣是最好的老师，也是陪伴你穿越暗夜的明灯。科研不是一时的心血来潮，成果也不会轻而易举地就能取得。现实是，很多的研究都没有结果，有时候还是好几年没有结果，但只要坚持不懈地钻研下去，总会有所突破。努力只是成功的一部分，选对了方向，靠着坚持和毅力，再凭借一点点的运气和偶然，才有可能取得成功。"

在研究方向的选择上，庄永兵非常注重实际应用问题，重点围绕基础领域和产业化，针对实际应用需要，注重新的应用端的研发。"以前提倡的是'弯道超车'，现在是'换道超车'。面对技术封锁，我们可以换一个思维，只要能解决实际应用问题就行。"近年来，庄永兵通过国家科研基金、自主选择和企业委托等多个途径，在燃料电池耐高热、生物沼气分离、中药固废清洁等领域取得了诸多突破性成果。

"挫折是暂时的，有问题是正常的，没问题才是不正常的。在科研的道路上，许多问题要靠时间的沉淀来解决。就像一个人的成长，需要时间来检验。"庄永兵总结说，这也正是他在科研道路上不断突破的最佳注解。

教学相长，做研究领域坚定的行动派

如何能够在科研的道路上走得更远？庄永兵认为，培养独立思考的治学精神非常重要。因此，他在指导学生的时候会更看重其独立思考、解决问题的韧性等品质。"任何人做任何事情，有目标和韧性都是非常重要的，要做到胜不骄、败不馁。"

他深谙教学相长的道理。他认为，与学生和团队的交流既是一个自己思考的过程，更是与大家进行灵感碰撞的过程，能够对科研起到正向的促进作用。庄永兵认为，基础学科的培养，尤其是逻辑思维的历练非常重要。本科阶段要注重基础知识的积累，把公式原理弄清楚，硕士阶段要注重解决实际问题的能力，博士研究生阶段则更聚焦于创新领域和研究方向上的突破。

谈及对母校师弟师妹的建议时，庄永兵提到，一定要有乐观积极向上的人生观，坚持自己的兴趣和爱好，才能在逆境中坚定目标、持续努力。同时，要树立远大的目标，比如在科研的道路上，不能一味地追逐热点，而是要耐得住寂寞，安于坐冷板凳，做科研领域坚定的行动派,立志于解决现实中的问题。

最后,庄永兵建议母校未来能够发挥优势学科和专业的"领头羊"作用,创新交叉学科,为祖国培养更多能解决各行业和领域"卡脖子"的生产和技术难题的拔尖人才。

晏子曰:"为者常成,行者常至。"这样的话语一直告诫和鼓励着古今的人们,要敢于开拓创新,要敢于直面挫折,要持之以恒地前行,才能实现人生的目标,抵达成功的彼岸。在北京,与庄永兵的一番对话,让我们更加深入地了解了中科院科研人员的精神品格,也对我国的科技与教育事业更加充满信心。因为有"庄永兵们"的相携同行,相信我们为则必成、行则必至!

策冬冬/文

冉茜：与"核"共舞的"防原"女将

冉茜，1983年生，研究员，国家"优青"、重庆市"杰青"，我校生物工程专业2002级校友，现任陆军军医大学第二附属医院检验医学中心副主任、特聘教授、博士生导师。2009年于西南大学获硕士学位，2017年于陆军军医大学获博士学位。主要研究方向为辐射致造血微环境结构和功能损伤及干预措施，获得国家自然科学基金优秀青年科学基金、重庆市杰出青年科学基金等多项资助，发表SCI论著20余篇。获重庆市科学技术奖科技进步一等奖1项、中国人民解放军医疗成果奖二等奖1项，获国家授权专利5项。担任中国毒理学会特种医学毒理专委会常务委员、重庆市医学会输血学专委会副主任委员、重庆市中西医结合学会精准医疗与分子诊断专委会常务委员、《Blood and Genomics》期刊副主编、《Stem Cell Research & Therapy》期刊审稿人等。

冉茜：与"核"共舞的"防原"女将

  搞科研工作要坐得住冷板凳，沉下心来，埋头苦干，与困难博弈，与时间赛跑，纵使路途遥远，相信你终将抵达。

——题记

  说起核辐射，大家想到的可能就是核爆炸、核战争、核泄漏、核污染……很多人对核医学感到陌生，甚至"谈核色变"。

  很难将眼前这位眉目清秀的气质女孩和致力于核辐射致病机制与防护措施研究这个"冷门"学科的"仰望星空者"联系起来，更难想象她从28岁起连续获得国家自然科学基金资助，34岁获聘副教授，38岁就成为博士生导师，她的团队获批多项国家级和省部级课题项目，发表SCI论文20余篇，多次荣获重庆市和军队科技奖励。

  在与"核"共舞的科学探索中，这位年纪不大却硕果满枝的科研新秀带领团队一路披荆斩棘，攻坚克难，立下医学报国之志。她，就是生物工程专业2002级校友、陆军军医大学特聘教授、博士生导师冉茜。

  十月，山城重庆秋景如画。一个平常而忙碌的周末，在陆军军医大学第二附属医院检验医学中心的一间紧凑而整洁的办公室里，刚刚参加完学术会议的冉茜热情地向我们讲述了她的求学经历和人生感悟。她轻妆淡抹，朝气蓬勃，一袭素色长裙，优雅而知性，娓娓道来的故事中透露着她勇攀科学高峰的执着与热情。

一粒"种子"悄然萌发

  2002年，19岁的重庆姑娘冉茜考入长江大学生命科学学院，成为生物工程专业的第一届学生。

  初入校园，冉茜就被这里浓厚的学习氛围和严谨的科研氛围所感染：古朴的校园远离浮华喧嚣，晨曦下书声琅琅，自修室座无虚席，图书馆一桌难求，实验室灯火通明，考研学子披星戴月，授业老师一丝不苟，潜心科研的老教授甘为人梯诲人不倦。

  "长江大学是读书治学的净土，是逐梦奋进的热土，我要在这里挥洒汗水，不负青春。"适应大学环境后，冉茜便一门心思扑在学习上，不慕虚荣，不图虚名，图书馆、教室、宿舍"三点一线"的生活填满了她的整个大学时期。四年来，她没有游览过荆州的知名景点，更没有去武汉逛一逛。一分耕耘一分收获，冉茜的"学霸本色"也逐渐显露——各科成绩一直名列年级前茅，荣获"长江大学优秀毕业生"称号。

  在浓郁的学术氛围熏陶下，投身科研的梦想在冉茜心中悄然发芽。长江大学生命科学学院拥有湖北省淡水产品质量安全研发检测共享平台、中央与地方共建微生物与发酵工程实验室、食品加工与安全和基础生物学实验教学中心以及湿地生态与农业利用教育部工程研究中心等一批科研平台和一支优秀的师资队伍，任课老师有哈佛大学的博士后，有中科院的研究员，有上市公司的高管，还有潜心科研的基层科技工作者，老师们朴实无华、严谨治学的榜样力量时至今日仍激励着冉茜踔厉奋发、勇毅前行。

进行本科毕业设计时,在导师严谨负责的手把手带教下,冉茜体会到了科研的魅力,她至今仍记得每一次实验新发现带来的内心喜悦,那是任何物质条件都满足不了的快乐,甚至无法用语言来形容。就这样,在一次次的实验中,冉茜立下了为科研奋斗一生的坚定志向。

在冉茜看来,大学期间的学习成绩固然重要,但更重要的是找到自己的人生梦想,做出合理的职业规划。梦想启航,扬帆万里。研究生期间她选择攻读微生物与生化药学专业,在科研之路上一路追光。

扎根"冷门"防原逐梦

硕士毕业后,冉茜加入陆军军医大学(原第三军医大学)第二附属医院输血科大家庭。陆军军医大学是一所具有悠久历史和光荣传统的全国重点大学、军队重点建设院校、全国首批博士学位授权单位,是"红色军医精神"的积极倡导者和传承者,也是"白求恩精神"的发祥地。

在医院为新入职人员安排的名师课堂上,冉茜聆听了我国防原医学的主要开拓者和领军人物、被誉为"核盾将军"的程天民院士的授课,她被程院士不顾核辐射危险,曾14次奔赴戈壁滩参加核试验,跟随防化兵的辐射侦察车深入堪称"死亡之海"的核爆禁区开展生物效应研究,为我国建立起完整的核防护理论体系的事迹所打动,萌生了沿着老一辈军医光辉足迹、做放射损伤研究的念头。

冉茜的脑海中经常浮现这样的镜头:大漠戈壁"蘑菇云"横空出世,中国人挺起脊梁,老一辈医学防护科研工作者义无反顾冲入禁区,同病理决战,与死神共舞,用生命当量熔铸"生命盾牌"。"新时代的有为青年要传承和发扬'两弹一星'精神,不畏艰险矢志报国。"冉茜暗下决心,要让自己的核防护医学研究造福人民。

2014年,冉茜考取"长江学者"李忠俊教授的博士研究生。李忠俊教授正是程天民院士的学生,薪火传承,继往开来。

防原医学亦称核武器损伤防护医学,是一门综合性很强的医学学科,主要研究战时核武器、核爆炸和平时电离辐射所致的人体伤害医学防护及其临床救治,它与基础医学、临床医学和军事医学等学科都有紧密联系。这是一项复杂又充满危险的研究。

当冉茜提出想研究辐射致造血微环境结构和功能损伤的机制时,导师李忠俊非常欣赏冉茜的志向,但同时也给她打了"预防针":这是一个"冷门"且不容易出成果的方向,选择这个方向就要沉得下心,耐得住寂寞,要有长期坐冷板凳的心理准备和足够的毅力。

信念如同种子,一旦扎下根,就会成为毕生追求的信仰。尽管前路漫漫未可知,但冉茜仍坚定自己的选择,用自己的青春年华开启了一场"冷门"的逐梦之旅。

在许多人看来,基础性的科学研究是一件既艰苦又枯燥的工作,更何况是令人望而生畏的"冷门"。

冲在医学防护的最前沿,一次次熬夜攻关,一次次经历挫折,这些都没有打败冉茜。2014年的跨年夜,凌晨12点半才做完动物辐射实验的她拎着小白鼠,独自步行到动物房时才发现门锁早已关闭,在寒风冷雨中,冉茜只好原路返回实验室与小白鼠共同迎接新的一年。功夫不负有心人,这项在跨年夜还令她放心不下的研究,最终成果发表在世界上极负盛名的学术杂志之一——《美国国家科学院院刊》上。

"最开始以为,取得一些阶段性成果可以稍稍歇口气,但结果发现科研道路就像经典的DNA双螺旋结构,总有一种无形的力量推着你不停前行,没有终点。"冉茜坦言,"选择了科研,就意味着要不停奔跑。"

"谁说站在光里的才算英雄。"冉茜最近很喜欢《孤勇者》这首歌。这首年轻人唱给自己、唱给未知远方的"战歌",也是她赠给自己的话语。

在冉茜看来,科研就要心无旁骛,埋头苦干,甘坐冷板凳,肯下苦功夫,把论文书写在祖国大地上,把科研融入增进民生福祉的初心中。

个人的梦想汇入时代洪流之中,蓬勃的青春就会与爱国情怀共振,青春的底色在立志报国的奋斗中会更加闪亮。

"无论实验有多么艰难,无论过程中受到多大打击,我从来没有动摇过。"冉茜说,"脚踏这片热土,在我身边有许多献身防原医学事业的前辈楷模,如程天民院士、余争平教授、粟永萍教授和李忠俊教授等,他们在个人得失与祖国利益面前,都毅然选择了后者,他们坚守科研报国的理想信念,永远是我学习的榜样。"

朝夕不倦,奔赴新征程

34岁获聘副教授,38岁晋升博导,4次获得国家自然科学基金资助,获评国家"优青"、重庆市"杰青"……这些贴在冉茜身上的闪亮标签,让同龄人艳羡,同事们也总喜欢戏称她为"幸运女神"。

而在冉茜看来,哪有什么一夜成名,不过是百炼成钢;哪有什么人生"开挂",不过是厚积薄发。冉茜常说,失败的原因千万条,成功的关键只有一个,那就是要付出超乎常人的勤奋。和所有成功者背后都有汗水和泪水一样,冉茜把自己的"幸运"归功于努力、努力再努力。

从本科到硕士,冉茜心无旁骛的勤奋让沿途一路生花。读博期间,冉茜获得了难得的海外深造机会。在洛杉矶一年多的访问学习时间里,冉茜就像拧紧的发条一样,凭着一股"拼命三郎"的劲头,不知疲倦,勤奋研读。

留美期间,冉茜没去过星光大道,也没去过环球影城,更没逛过迪士尼。她总是没日没夜地泡在实验室里,风雨无阻、年节无休。基础实验耗时漫长,一次实验动辄一两天,其中还常常出现失败重做的情况,由于过于投入,忘记三餐是常有的事。除了面对安排得满满的实验和学习,让冉茜最放松的事就是和两岁半的女儿视频通话。

远隔重洋,万里海天。冉茜把对家人的思念之情理在心底,转化为工作中的满满动能,迅速成长为学术骨干,在相关领域扛起了大梁。

人生就是如此,经得起打磨,下得了功夫,耐得住寂寞,才能最终有所成就。不管是实验操作、数据分析、文章撰写还是课题申请,冉茜认为,只要把自己能做好的事情做到极致,自然会有好的结果。

记得第一次申请国家自然科学基金优秀青年科学基金时,没有申报经验,也没有固定的模板,又赶上疫情肆虐,这让冉茜心里多少有些忐忑。"没有参考,只能自己做好!"就这样,按照精益求精、尽善尽美的自我要求,冉茜一遍遍不厌其烦地优化完善申请书,先后改了30多个版本,PPT汇报练到每一张都掐点到秒。项目顺利审批后,冉茜平静地说:"万事功到自然成,努力的人运气往往都不会太差。"

星光不负赶路人。刚开始从事科研工作时,她连一张实验桌都没有,没有一项省部级以上课题,没有一篇SCI论文。时至今日,冉茜已组建起自己的科研团队,获批多项国家级和省部级课题,发表SCI论文20余篇,并多次获得重庆市和军队科技奖励,在防原医学领域崭露头角,一展芳华。

负笈求学志,拳拳报国心。随着陆军军医大学第二附属医院放射生物学实验室的挂牌成立,冉茜肩上的担子又重了几分。作为辐射病研究的科研工作者,冉茜萌生了一个更大的科研梦——突破目前重度急性放射病无药可医的窘境,在防原医学领域核心地带占有一席之地。

重任在肩,号角催征。与"核"共舞的冉茜正带领年轻的科研团队扛起医学强军、为国奉献的责任,致力于拨开辐射病迷雾,以蓬勃向上的生气、勇攀高峰的锐气,一往无前地挥洒青春力量!

(部分素材来源于陆军军医大学官微。)

闻玉强/文

周雪媚：在殡葬科研上一路"狂飙"

　　周雪媚，1975年生，湖北蕲春人，我国殡葬行业第一位女博士，研究员，我校淡水渔业专业1995级校友。2006年7月到民政部一零一研究所工作，从事殡葬科研工作，于2015年获研究员技术职称。获2014年度"全国巾帼建功标兵"、2015年度全国三八红旗手等称号。2019年被民政部列为"学习身边人"榜样。

二月的最后一天,白天还是阳光明媚的上海,晚上突然下起了小雨。临近子夜,结束一天工作的周雪媚和同事们走出实验室。路面微湿,倒映出城市的霓虹灯,别有一番风味。她不禁拿起手机拍下这画面,并在微信朋友圈发文感慨道:"刚做完实验,快凌晨了!重温上学时光!"

从进入殡葬科研领域以来,这是她熬过的第多少个夜晚,周雪媚自己也记不清了,但这些年她收获了很多荣誉:知名殡葬科研专家,2015 年度全国三八红旗手,先后主持多项国家级和省部级科研项目,多项专利技术落地……这些成绩,无不体现着她对殡葬研究的满腔热忱以及推动殡葬行业健康发展的执着追求。对周雪媚来说,十余年科研,她一路"狂飙",未曾懈怠。

科研要有温度——做殡葬事业的探索者

2006 年,从中国农业大学动物预防医学专业博士毕业的周雪媚,进入民政部一零一研究所从事殡葬研究。作为一名共产党员,她牢记党的初心使命,希望自己能为殡葬行业做出一些有贡献、有价值的事。"遗体是冷冰冰的,但我希望我的学术是有温度的,能够为这个行业、为殡仪职工做点什么。"

看着从殡仪馆及殡仪职工手部采集的细菌数据,周雪媚忧心不已,开始密切关注殡仪职工卫生防护状况。随着"我国殡葬行业预防与控制传染病技术研究""我国殡仪场所重要病原微生物污染与干预措施研究"等项目持续推进,她调研检测了 80 多家殡仪馆的微生物污染状况,采集了上万份样品进行分析,获得了我国殡葬行业生物性污染的大量基础数据。在此基础上,她先后主持国家"十四五"重点研发计划课题"殡仪场所生物安全防控技术与治理装备"、中央级科学事业单位升级改造项目"殡仪场所智能消毒实验装备升级改造"、国家"十二五"科技支撑计划课题"殡仪场所生物性污染综合控制技术研究""新型无甲醛遗体防腐剂研究"等,探索适用于殡仪场所抗菌除臭的除味抗菌剂,筛选以植物提取物为主要成分的复方植物消毒剂、高效环保型的遗体防腐剂,研制声控式具有遗体清洗、辅助更衣、整容化妆和台面空气收集净化功能的智能化遗体操作台,研究具备空间分析、路径规划与活物研判的智能化空间消毒机器人、汽化过氧化氢消毒机器人和二氧化氯消毒机器人,研究殡仪场所空气净化技术和污水综合控制技术。每一项技术的突破,都来源于周雪媚对整个行业需求最敏锐的观察、对殡仪工作者最深切的关怀,以及对逝者、对生命的崇高敬畏。这些科研成果的示范应用极大地提升了殡葬行业生物性污染源治理水平,保障了殡仪职工和丧葬群众的身体健康,并支撑着绿色殡葬高质量发展。

周雪媚深入基层、深入一线,在项目实施过程中不怕苦不怕累。2020 年的一天晚上 10 点多,为了现场试验消毒机器人的消毒效果,她带领研究室的另外两名女同事,在殡仪馆内的整容化妆间进行采样检测分析。2021 年,为了现场试验研制的新型无甲醛遗体防腐剂的防腐效果,她带领课题组人员在湖北省武汉市汉口殡仪馆和黄石市殡仪馆进行了遗体现场防腐试验。当时汉口殡仪馆为他们提供了9具非正常死亡的遗体进行实验。9月的湖北气温高达38摄氏度,这9具遗体大都已经腐败,其中还有一具已是白骨了。试验前一天,他们需要对遗体进行解冻。无法想象,9具腐败的遗体放在一间密闭的屋子里进行解冻,第二天屋子里的气味和场景是什么情况。如果未进行除臭处理,恐怕试验是无法进行的。当时汉口殡仪馆的馆长特别感动,他说,周雪媚是京城来的博士,大家以为她最多只会到防腐间参观一下,没想到她还真的动刀动手,展现了一位科研工作者的本色,因此,他对课题组人员非常敬佩。

在黄石市殡仪馆做实验的时候,有一具遗体在家里死亡3天才被发现,是属于水肿的高腐败遗体。由于操作中不仅要灌注,还要对遗体进行引流、消肿,腐败的气味、引流的血腥味迅速弥漫了整个空间。她在这样的环境中一待就是3个小时。她时不时处在恶心与呕吐的边缘,当天晚上,她失眠了。

谈起曾经的实验经历,周雪媚感慨道:"殡葬研究是务实的,是充满人文关怀的。虽然这条路很累,也需要克服初入行时的恐惧感,但十余年的坚持,我觉得很有价值。"

推动成果转化——做"冲在最前面"的人

"我觉得我在殡葬科研领域的路越走越宽了。"谈起这十余年的科研经历,周雪媚言语中透露着兴奋,"我们一零一所平台好,科研氛围浓厚,我有很多同行者,大家在一起攻坚克难。特别是看到我的研究真正促进了殡葬行业的发展,我觉得自己还可以为这个行业做得更好、更多。"

周雪媚笑称自己是推动殡葬科研成果转化"冲在最前面"的人。她说:"研究的最终目的是应用,我希望可以引入更多先进技术,推动殡葬行业向更专业、更规范、更绿色环保、更健康文明的方向发展。"为殡仪馆提供技术服务方案、起草技术标准、开展工作人员培训,等等,周雪媚不断推动实验室里的科研成果"走出去",转化为行业的生产力和服务力。她积极参加所内的基层调研,探索一零一所与基层殡葬管理服务机构务实合作及成果转化机制,先后参与所内与安徽省民政厅、浙江省民政厅、黄石市民政局、宁海县人民政府及民政部门、上海市殡葬服务中心、芜湖市殡仪馆、安庆市殡葬管理所等民政主管部门及殡葬单位合作协议的签署,为芜湖市殡仪馆、安庆市殡仪馆、上海市殡葬服务中心等提供多项技术服务方案,完成了遗体防腐剂、遗体消毒剂、空气净化、污水处理等多项专利成果的转化与应用,真正做到用技术服务行业,促进了殡葬事业的绿色发展。

近日,周雪媚刚刚带领研究室的人员完成了一项"殡仪场所污染现状评测及生物性污染综合控制方案设计"的任务,完成了委托方的大量检测任务,为委托方开展殡仪馆内的生物性污染控制提供了技术指导。

"家是'加油站'"——做热爱生活的普通人

在殡葬科研路上一路"狂飙"的周雪媚,科研成果丰硕。实验室里的她,严谨认真,一丝不苟,带领团队攻克技术难题。而回到家里的她,是孩子眼中的好妈妈、好朋友,丈夫眼中的好妻子。"不工作的时候,我就是一个享受生活的普通人。"周雪媚说道。

"我一直秉持的原则就是快乐科研、快乐生活。"采访接近尾声,周雪媚向记者分享了自己作为一名女性科研工作者平衡家庭和事业的"小秘诀","我们家人之间互相支持,会经常分享彼此工作生活中的开心事。对于孩子的教育,我经常以朋友的身份与孩子聊天谈心,并用自己的行为去影响孩子,以身作则,给孩子树立榜样。"周雪媚坚持每天跑步、阅读,有空会练瑜伽,工作虽然忙碌,但她把生活安排得井井有条。"一个幸福的家庭会带给人能量,这样也会让工作效率更高。"

"巾帼不让须眉,红颜更胜儿郎。"周雪媚是奋战在殡葬科研领域的女性工作者的一个缩影。她们温柔且坚毅,用自己的专业与力量重新定义新时代女性。回顾无数个攻坚克难的日日夜夜,周雪媚坦然一笑。看着自己的研究成果一项项落地,转化为促进殡葬行业改革发展的力量,她觉得一切都是值得的。"我不能停下脚步。"周雪媚说道。未来,她还将在殡葬科研路上继续"狂飙",为殡葬行业贡献力量。

刘静静/文

刘琦：跨界解码水稻种子"芯片"

刘琦，湖北恩施人，研究员，我校生物技术专业2002级校友。现任广东省农业科学院水稻研究所水稻生物信息与大数据育种研究室主任，农业农村部华南优质稻遗传育种重点实验室（部省共建）副主任。2009年取得四川大学生命科学学院生物信息学硕士学位，2017年取得中国林业科学研究院林木遗传育种专业博士学位，随后赴哈佛大学医学院从事博士后研究工作，2021年底以学科带头人身份加盟广东省农业科学院水稻研究所，主要研究领域为生物信息学、比较基因组学与系统生物学。目前已发表SCI论文30余篇，主持和参与国家自然科学基金项目、国家863计划项目、广东省重点领域研发计划项目课题、林木遗传国家重点实验室重点基金等多项课题，两次获得中国林学会"青年优秀论文奖"。建立了多种生物信息学算法，开发了相应软件和数据库，为基因调控研究提供了重要的生物信息学支持。

对于每一个科技工作者来说，科研之旅永无止境，归国跨界只为在育种4.0时代助力做强中国水稻种子"芯片"、端稳"中国饭碗"。

——题记

2022年5月，广东省农业科学院水稻研究所水稻生物信息与大数据育种研究室揭牌成立，哈佛医学院博士后刘琦以生物信息学学科带头人的身份加盟，任研究室主任。

种子被誉为农业的"芯片"，种优则粮丰，粮安则民安。近年来，全球范围内生物育种技术不断取得重大突破，现代种业已进入"生物技术＋信息技术＋人工智能"的育种4.0时代，正迎来以全基因组选择、基因编辑、合成生物及人工智能等技术融合发展为标志的新一轮育种科技革命。

生物信息学作为破译遗传密码的神奇"钥匙"，日益成为育种4.0时代的热点科研领域。而刘琦，就是一位手握"金钥匙"的人。

选择，源自一个追求

2002年，刘琦第一次走出鄂西大山，考入长江大学生命科学学院生物技术专业。跳出"农"门的刘琦，格外珍惜学习机会，大学里浓厚的学习氛围使他对知识更加如饥似渴，教室、自修室、实验室、图书馆成了他最常去的地方。

20年后的今天，他仍对一些感兴趣的课程记忆深刻，如严寒老师的"现代仪器分析"、杜何为老师的"分子生物学"、何勇老师的"生物统计"等。大学四年，刘琦打下了优良的生物学知识基础，同时也建立了对生物信息学的浓厚兴趣。

千禧年伊始，随着互联网技术及其应用的日新月异、突飞猛进，网吧遍地开花，上网泡吧成为那个时代学生们课外最热衷的事情。与很多男生一样，刘琦对网络世界充满好奇，网吧也成了他经常光顾的场所。与别人沉迷网络游戏不同，刘琦邀游网络的主要目的是链接世界、探索新知。

在那个时代，生物技术和互联网信息技术交叉融合、创新发展的趋势已经越来越明显。2003年，被誉为"生命科学界'阿波罗登月计划'"的人类基因组测序完成，引起世界轰动。其中，中国科学家完成了3000万个碱基对的测序和分析工作，既在人类科学史的重要里程碑上刻下"中国印记"，又标志着我国在基因领域的研究登上了世界舞台。大学期间喜欢网上冲浪的刘琦在心中悄然播下了探索生命奥秘、解读生命"天书"梦想的种子。

本科毕业后，刘琦进入四川大学生命科学学院攻读生物信息学硕士学位，对生物信息学有了更深入的认识。硕士毕业后，刘琦先后去中国科学院昆明植物研究所和温州医学院工作。在领导和同事的关照下，他积累了很多生物信息学知识。2014年，刘琦考入中国林业科学研究院攻读博士学位。经过博士阶段的学习，他的科研能力得到进一步提升。博士毕业后，刘琦漂洋过海到哈佛大学医学院和波士顿儿童医院从事生物信息学博士后研究工作，既开阔了眼界，又提升了科研能力。

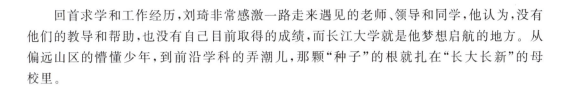

回首求学和工作经历，刘琦非常感激一路走来遇见的老师、领导和同学，他认为，没有他们的教导和帮助，也没有自己目前取得的成绩，而长江大学就是他梦想启航的地方。从偏远山区的懵懂少年，到前沿学科的弄潮儿，那颗"种子"的根就扎在"长大长新"的母校里。

归国，因为一份责任

生物信息学是分子生物学和计算机科学相互交叉形成的新兴前沿学科，通过综合运用数学和信息科学等多领域的方法和工具，对生物信息进行获取、加工、存储、分析和解释，来阐明大量生物数据所包含的生物学意义。其研究领域涵盖计算机科学、分子生物学、生物技术、统计学和工程学等，颠覆了生命科学的传统研究范式，促成新一轮科技革命。

简言之，生物信息学是用大数据解读生命奥秘，它不仅是当今生命科学的重大前沿领域之一，同时也将是21世纪自然科学的核心领域之一。

当前，美国是全球生物信息学学科顶尖学者聚集地，哈佛大学医学院是全世界科研条件顶尖的医学殿堂之一，拥有的生物信息学学者全球最多。

哈佛大学是一个人人都是精英的地方，面对如此激烈的竞争，任何人都丝毫不敢放松自己。曾经有一本名叫《哈佛凌晨两点半》的畅销书火遍大江南北，灯火通明的"不夜城"里，学生们在餐厅、图书馆、教室里挑灯夜战、埋头苦读的场景感动着许多人。

"生命科学研究知识更新快，学科发展日新月异，想要在专业领域取得突破，必须持续学习。"刘琦说。在哈佛的日子里，无论工作多忙，他都会挤出时间孜孜不倦地学习，时刻保持奋进状态。

国外深造结束后，在大洋彼岸，多家单位向刘琦伸出了橄榄枝，提供了优渥的物质条件与科研环境，但从大山走出的他毅然选择回到祖国怀抱："出国留学就是为了报效祖国。走得再远，也要记得回家乡。"

2021年底，刘琦以生物信息学学科带头人身份加盟广东省农业科学院水稻研究所，开启了新的科研征程。

水稻原产于中国，有上万年的栽种历史，是世界上最重要的粮食作物之一。广东省农业科学院水稻研究所是国内知名的水稻育种机构，开创了野生稻与栽培稻远缘杂交育种的先河，开创了被誉为"第一次绿色革命"的水稻矮化育种，且率先开启常规优质稻育种研究新领域。数十年来，广东省农业科学院水稻研究所主持和参与育成的超级稻品种，约占全国超级稻品种总数的17.8%，数量位居全国水稻科研单位之首，育成的优质稻品种和优质杂交稻亲本，在全国大面积推广，造就了闻名业界的"粤稻现象"。该所保存的水稻种质资源和野生稻资源数量居国内外前列，建有的广东省水稻育种新技术重点实验室是广东省第一批、第一个立项的省级农业重点实验室。

但总体来看，我国仍处在以杂交选育和分子技术辅助选育为主的种业发展初级阶段，种业信息化技术起步较晚,应用也相对不足。在生物技术与信息技术深度融合发展的新时代,推动现代生物育种产业升级,保障我国粮食安全,种业发展亟须更换信息化新赛道。数字赋能,种铸强芯,智慧农业发展前景海阔天空,未来任重道远。

如此,刘琦的归国恰逢其时、适得其势。

扎根,为了一个梦想

从生物到医学,再到农学,从事水稻生物信息与大数据育种工作,刘琦是一位喜欢跨界探索的学者,交叉学科研究一直伴随着他的科研之旅。

"其实,无论怎么交叉跨界都是为探究生命的奥秘。"刘琦说。在他看来,用什么领域的技术并不重要,重要的是通过新方法、新技术的使用,来破译生命的密码。何况他自己研究的主线是生物信息学,本身就是一门新兴的交叉学科。

事实上,生物技术与信息技术是天然结合的。在育种上,生物技术的应用首先产生了大量的数据,如全基因组测序、分子标记、单倍体基因型检测、转基因和基因编辑检测等。应用信息技术对大数据进行分析和挖掘,可提升生物技术的应用效率,更好地培育育种底盘材料,更快地整合多种转基因性状,预测性状、品种和环境之间的相互作用,为基因编辑提供靶标并检测编辑效果等。

刘琦介绍,水稻等植物的很多研究方法都来源于动物和医学研究,医学生物信息学走在生物信息学研究的最前沿,领域更加细分,例如单细胞测序、空间转录组学、ENCODE 和 GTEx 等前沿科学研究计划。借鉴这些前沿研究方法将有效促进水稻生物信息学研究,为了解水稻基因提供重要技术手段。

种业处于整个农业产业链的源头,是国家战略性、基础性核心产业,我国是有着 14 亿人口的大国,种业关系饭碗,是事关国计民生的"国之大者"。习近平总书记多次强调,种子是我国粮食安全的关键。只有用自己的手攥紧中国种业,才能端稳中国饭碗,才能实现粮食安全。

广东是我国种业发展的前沿阵地,拥有极其丰富的作物种质资源,特别是水稻。广东具有辉煌的育种历史与成就。广东省农科院水稻所积累的水稻种质资源在业内居于前列,并积累了大量水稻品种的基因组测序、基因组重测序和转录组测序等数据。

"我的使命就是在最前沿的领域啃最硬的骨头,在最好的时代攀最高的山峰。"刘琦认为,掌握种子"芯片",必须紧跟目前的多组学技术和数据技术的浪潮,构建以多组学大数据为核心驱动力的新一代作物育种模型和数据库体系,为我国种业高质量发展和粮食安全提供大数据支持,有效指导作物新品种选育,实现育种技术的突破性提升。目前,他的团队已建立了多种生物信息学算法、软件和数据库,为基因调控研究提供了重要的生物信息学支持。

据刘琦介绍,水稻生物信息与大数据育种研究室的主要任务是:开发和运用生物信息学以及基因编辑技术开展水稻遗传育种相关研究;结合比较基因组学、群体遗传学、表型组学、合成生物学和分子生物学,研究水稻生长发育、杂种优势、抗逆以及野生稻驯化的分子调控和进化机制;挖掘水稻优势性状的分子标记,创制优良种质,为水稻遗传育种与改良提供重要信息和生物技术支撑。

进入"互联网+"时代,信息技术革命的浪潮一浪高过一浪,数字化创新正席卷全球生命科学行业。刘琦表示,他将充分利用单位丰富的种质资源和数据基础,构建以多组学大数据为核心驱动力的新一代作物育种模型和数据库体系,为我国种业高质量发展和粮食安全提供大数据支持,争取在自己的领域取得更多的成绩,为母校争光。

一粒谷,一株稻,一片田,一个梦。刘琦带领团队传承着老一辈科学家以身许国、心系人民的光荣传统,把论文写在祖国的大地上,把科技成果应用到实现现代化的伟大事业中,让"科技之花"在希望的田野上开得更加绚烂。

闻玉强/文

李志新：深耕育种责任田，踏出一条好"稻"路

李志新，1972年生，博士生导师，1996年毕业于我校农学专业。一直从事水稻遗传育种的研究工作，先后主持国家自然科学基金项目1项，国家重大科技攻关子项目2项，农业农村部公益性行业专项子项目1项，省教育厅项目1项；参与国家自然科学基金重点项目1项，面上项目2项，参与省级科研项目3项。发表学术论文30余篇，被SCI收录15篇。参编教材2部。获得省级教学成果奖一等奖2项，省级科学技术进步奖二等奖和省级科学技术成果推广奖二等奖各1项，荆州市科技成果奖一等奖2项，获荆州新发展阶段"开局先锋"先进个人荣誉称号，获得授权发明专利4项，以第一选育人选育国审水稻新品种3个，参与选育省审水稻新品种5个，获得植物新品种权1个，申请水稻新品种权2个。

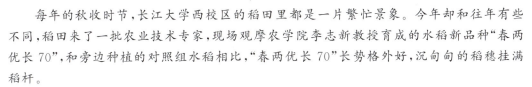

李志新：深耕育种责任田，踏出一条好"稻"路

每年的秋收时节，长江大学西校区的稻田里都是一片繁忙景象。今年却和往年有些不同，稻田来了一批农业技术专家，现场观摩农学院李志新教授育成的水稻新品种"春两优长70"，和旁边种植的对照组水稻相比，"春两优长70"长势格外好，沉甸甸的稻穗挂满稻秆。

来考察的安徽荃银高科农业投资开发有限公司总经理韩修明表示，将把"春两优长70"作为公司重点推广的水稻品种之一，未来2到3年预计推广种子100万公斤以上，并现场与学校签订了品种转让合同，合同金额不低于200万元。

"春两优长70"也是长江大学农学院组建以来（包括原湖北农学院）的首个自主选育并拥有知识产权的国审中稻品种。

勇探未知路　与水稻育种初结缘

"志新，现在学院水稻育种方向师资出现了断层，水稻育种课程没有老师带课，你回来帮忙上课吧。"还在中国科学院遗传与发育生物学研究所读博士的李志新突然接到母校电话。

虽然李志新硕士期间的研究方向跟水稻相关，但工作后他从事了4年的油菜栽培研究，博士研究方向又主要转向小麦分子生物学，突然接到这个任务，李志新面露难色，但考虑到学院实际情况，他还是毅然决定接下这个任务。

刚走上讲台给学生讲水稻育种，李志新偶尔还是有些忐忑。"讲不深，讲不透，更讲不活，只能局限于书本。"对刚开始带水稻育种课的情景，李志新仍然记忆犹新。

如何将水稻育种学知识融会贯通，并传授给学生，提高学生专业兴趣，是摆在李志新面前的首要问题。"实践出真知。要想把知识讲深讲透，自己就得钻进去做研究。"李志新暗下决心，"回长大工作后，转攻水稻育种。"

坚守十四载　深耕育种责任田

说起来容易，做起来困难却很多。做育种的人都知道育种过程之漫长，有的人可能一辈子也不能培育出一个好的品种。从来没有做过水稻育种工作的李志新更是"两眼一抹黑"。学校水稻育种方向师资出现断层，甚至连田间工人都没有，这些都是摆在李志新面前需要解决的问题。

本来他的博士生导师张相岐想推荐李志新毕业后到更好的单位去工作，但李志新却告诉导师自己想回长江大学转攻水稻育种。经过深思熟虑和反复考量，导师张相岐最终没有劝阻，反而非常支持他回湖北从事水稻育种。

2007年，博士毕业后回到长江大学的李志新开始做水稻遗传育种工作。李志新与导师合作申报了国家自然科学基金重点项目，加之学校的科研启动费3万元，总算是有了启动资金。没有田间管理工人，李志新就把自己的岳父请过来帮忙；水稻相关知识储备不够，他就参加学术会议和培训，拜访水稻育种专家，广泛阅读文献；育种材料缺乏，他就多方引进资源。他坚信"只要方向对了，沉下心来做事情，剩下的就是时间问题"。

2010年，李志新选定了杂交中稻这一在本地区种植面积最大、社会价值最高、竞争最激烈的育种方向。他从相对容易一点的水稻恢复系选育着手，快要定型时，又忙着给这些恢复系找"亲家"——寻找好的水稻不育系进行配组。为了提高育种效率，李志新多方奔走，在他和学院的共同努力下，学校和海南育种基地续签了协议，有了阵地保障。每年的11月到4月之间，李志新都会带着学生和工人奔赴海南繁育基地进行南繁。农学院也积极支持海南繁育基地建设。2019年，学院投入资金对海南繁育基地进行整改翻修，解决危房以及路不通、渠不畅等问题。

事情并不都是一帆风顺的。2017年，信心满满的李志新带着自己的第一个水稻品种参加长江中下游杂交水稻科研单位试验联合体区域试验，让他始料未及的是，此次参加区试却败走麦城，自己带去的品种综合表现几乎垫底。这一次对李志新的打击不可谓不大，那段时间他情绪低落，生怕有人问他育种情况。但这也让李志新看到了自己与同行之间的差距，调整好情绪的李志新很快修正育种目标，调整育种方向。

一次，在中国农业科学院作物科学研究所徐建龙教授团队的试验田里，李志新发现不育系"春6S"长势较好，随即就和徐教授商量，把"春6S"作为自己恢复系的母本之一。就这样，李志新利用自己培育的60多个恢复系，与5个不育系配组，共构建了300多个组合。

7月份的中午，是夏季最炎热的时间，也是水稻开花最旺盛的时间，李志新和团队成员忙碌于田间，观察、标记、取样、镜检、选择，给水稻做杂交，汗水沿着脖子和背成股往下淌。2015年，团队发现恢复系"长灰70"和不育系"春6S"的配组在众多组合中表现突出。随后，在李志新的带领下，团队聚焦该组合，开始小范围制种，并连续两年试种观察。

2018年，荆州经历过一场大风大雨，李志新赶忙来到田里查看"春两优长70"的情况，田里的景象让他眼前一亮：同田块的对照水稻品种和其他试验品种倒伏严重，而"春两优长70"却稳稳地立在那儿。这更加坚定了李志新带这个品种参加国家区试的信心。

想要参加品种审定，还要近十万元经费，李志新却遇到了经费紧张问题。摆在李志新面前的有两个选择：要么寻求公司经费支持，但品种产权要归属公司，要么自筹资金参加品种审定，品种产权归属长江大学。坚信一定会出好品种的李志新选择了后者。

2019年，"春两优长70"正式参加科研单位水稻联合体区域试验。由于产量、适应性和抗倒伏等各项指标表现都特别突出，并且米质达到了国标优质米三级标准，原本要继续进行一年区试、合格后才能进入生产试验的"春两优长70"，在2020年将区试和生产试验同步进行了。

2021年，两系杂交稻新品种"春两优长70"正式通过国家品种委员会审定，成为长江大学首个自主选育并拥有知识产权的国审中稻品种。国内许多专家同行都给予其很高的评价。2021年9月9日，在长江大学举行的品种现场观摩及转让仪式上，湖北省农业农村厅科教处处长杨朝新高兴地说："这个新品种的选育，既是长江大学的骄傲，也是湖北省的骄傲。"这距李志新转攻水稻育种工作已经过去了十四年。

结合新技术　培育育种接班人

"今年,我又提供了一个水稻新品种参与国家区试,有望明年审定。后面也有一些新组合表现出了很好的苗头。"李志新高兴地说。

现在上起水稻育种课,李志新游刃有余,除了给学生讲授知识,还能分享体会和感悟,所讲的内容更加透彻、生动、全面,同时也更加实用和前沿,学生也听得津津有味。还有学生经常跑到他跟前,和他一起讨论水稻育种的问题和细节。不仅如此,李志新还成功申报了"作物育种学"校级精品课程,获得了长江大学"任大龙奖教金"。

"基础研究与应用研究要结合起来。"为了把传统育种技术与现代科学技术结合起来,与时俱进,李志新一直琢磨着怎样更好地把分子标记、基因编辑等现代生物技术应用到水稻育种中,更好地解决实际问题,同时培养学生。

"我指导的研究生就发现了一个水稻抗倒伏基因。"注重培养学生的李志新说。利用这个抗倒伏基因,他的团队获批了一项国家发明专利和一项转基因重大专项子项目,后续还将抗倒伏机理研究申报国家自然科学基金,同时开展应用研究,培育了一系列抗倒伏的中间类型育种材料。他培养的学生中,目前已有不少成为育种行业的技术骨干。

从社会生产和发展需求中寻找育种目标,从现代科学技术中寻找新的育种方法,从大田实践中寻找灵感,这是李志新对自己多年育种实践的总结。

个头不高,皮肤黝黑,衣服上常带泥点子,今年50岁的李志新看起来似乎不像一个大学教授,倒更像一个地地道道的农民。"与和人打交道相比,我更喜欢跟水稻接触。只要你经常跟水稻在一起,接触得多了,你就很容易了解它们。"李志新说。

李胜杰/文

二、工程专家

张建荣：在油气勘探的路上绽放精彩人生

张建荣，1963年生，我校地质专业1981级校友。毕业后分配于江汉油田从事油田开发、地质分析工作，2000年后转向油田周边滚动勘探及油藏评价研究工作。先后担任江汉采油厂地质研究所副所长、所长，采油厂总地质师等职务。曾获得湖北五一劳动奖章、劳动模范，全国五一劳动奖章、劳动模范，新中国成立以来湖北最具影响的劳动模范——荆楚楷模等荣誉。

朴实、沉稳、内敛、干练,走进江汉采油厂张建荣的办公室,映入眼帘的是这样一位女性形象,她正在和几位年轻人对着图纸热烈地讨论着。

说话干脆利落,办事雷厉风行,凭着对油气勘探的热爱和坚守,无怨无悔奉献着青春和智慧,在油气勘探的路上绽放出精彩人生,在千米地层下刻印上累累勋章,她就是全国劳动模范、荆楚楷模、江汉采油厂原总地质师、长江大学地质1981级校友张建荣。

为了放飞的梦想

生于荆楚文化浸润的美丽湖北,张建荣对这片土地爱得深沉。小时候看到在野外做地质普查的工人,她感到很新奇,从此,"探知黑土地下的秘密"这个心思深深地刻在了她的脑海之中。高考填报志愿时,她毫不犹豫地报考了江汉石油学院(现长江大学)石油地质专业,把心底的秘密和人生的追求定格在大学的录取志愿栏中。

1981年,18岁的张建荣以优异的成绩考取了江汉石油学院。她十分珍惜这样的学习机会,深信大学四年是人生最宝贵的时光,大学所提供的知识资源和氛围值得她用心去珍惜、去把握。那时的张建荣除了学习基本上什么都不想,枯燥的学习生活她却过得有滋有味。拗口的专业名词、难懂的专业课、最不好学的开发地质学,她一个一个地去"死记硬背",一门一门课地去钻研,她最相信"功夫不负有心人""天道酬勤"的内涵,就这样"勤能补拙"地把各门课的理论知识刻印在脑海之中。假期实习是张建荣最开心的事情,因为可以理论联系实际。在实习现场,她更深刻地理解了课堂中学习的知识,也更迅速地提高了对专业课学习的浓厚兴趣。她经常说,兴趣是最好的老师,只有兴趣足了,才会有更多学习和工作的动力。艰难困苦,玉汝于成。大学四年完备的课程学习,让张建荣储备了扎实的理论知识。

1985年,从江汉石油学院毕业后,张建荣就来到了江汉油田这片热土,她用脚步丈量青春,用时间沉淀梦想。她无怨无悔,默默耕耘,把自己的人生与石油紧紧地连在了一起。

为了心中的信念

年轻的张建荣大学毕业后,先后在原油田处地质室、清河采油厂地质室、江汉采油厂地质研究所从事油田开发地质动态管理、综合地质研究及管理工作,一直和地层、油层打交道。"接地气"的工作让她的人生积累了丰富的经验。

掘地千尺若等闲。石油藏在看不见摸不着的地下,油气勘探只能像老中医号脉一样,"雾里探花""隔空打穴",更为复杂的是,地质勘探的实际情况永远在变化,每一次勘探都面临着不同的地质地况,而且油田地质结构复杂,小断块多、区块小,就像一个打碎了的瓷盘,散、乱、杂、碎,在这样的地质条件下从事勘探开发,碰到的都是"难啃的骨头"。

怎么办?面对这些困难,是得过且过,还是迎难而上?

刚踏出校园的张建荣没有被吓到,她坚信,再"难啃"的"骨头",只要你下定决心去"啃",也能够"啃"出"肉"来。

正是秉持这种信念,张建荣坚持从严从细地做工作。数据是最能反映问题的,在工作中,她一直是取准每一个数据,做好每一项分析研究,准确编制每一套设计方案,从不放过任何一个数据的误差。

有一次,张建荣在审查荆沙区块的新井基本数据时,发现沙304井完井地质报告上清清楚楚写的是油层"5米",而试油小结上却是"5.5米"。这时,沙304井已经投产运行,稍微马虎一点,将数据误差不大的完井报告和试油小结交给资料室也没什么大事。但是张建荣说:"这口井以后措施作业,还得以试油小结为依据编写措施方案。如果不把错误改正过来,就会对作业施工带来影响,甚至可能导致作业失败,造成产量损失和采油成本浪费。"于是,她专门把这两份资料提了出来,和有关技术人员一起将数据、图纸仔仔细细地重新校对,并亲自到井场实地核查,直到将数据落实准确为止。

还有一次,张建荣到广2平-3井钻井施工现场勘查,一名录井人员报告说井身轨迹有偏差。张建荣立即跑到监控室查看。果然,由于现场工作人员对图纸上标注的井身标准理解错误,井身轨迹出现了30多米的误差。她连忙要求停钻,找来地质技术人员,在原来那张标志层平面图的基础上,又找了几个层位精心绘制了三张平面图,及时修改了井身轨迹,确保了该井顺利完钻。

从事地质研究工作多年,张建荣已记不清自己论证了多少套方案,审核了多少张地质图纸、多少个开发数据。她只记得,措施讨论会上,优化广7-16井压裂措施,避免了70万元的作业费用损失;深夜赶往钻井现场,分析对比王东斜3-3井的层位变化,否定填井侧钻,节省了100多万元;致密油藏开发现场,实施现场完井,加快了钻井节奏,为夺油上产争取了宝贵时间。在张建荣心中,每张图纸、每套方案、每个数据都是责任。

她收集整理的资料有5大本,这些资料帮助她对江汉油区1000多口油水井的地下情况了如指掌,让她在措施选井审核把关中做到了准确有效,避免了失误,精准地掌握了油层的分布规律,弄清了地下动态变化情况,不断地在创新中找到实用的技术与方法,在想象中丰富,在摸索中前进,在前进中总结。

为了找到更多的石油

敏于事而讷于言。长期的石油地质工作培养了张建荣逻辑清晰、思维缜密、做事严谨的工作习惯和工作态度。她在不断成长、不断进步,"黑土地"的秘密正在被她一一破解。她伴随着油田开发生产的起伏坎坷一路走来,油田把更重的责任给了她。她从一名普通的技术员逐步成长为地质所所长、副总地质师、总地质师。

团队赋予的崭新使命,让张建荣迸发出巨大的创新激情。为了找到更多的石油,张建荣和她的团队,扎实工作,大胆探索。她梳理勘探思路,打破"一次认识论",将勘探对象从"大块头"的构造油藏逐步转向"躲猫猫"的隐蔽性油藏,在老区勘探中做出了新文章,为油田做出贡献的同时，也绽放了自己人生的精彩。

她带领技术团队，将勘探重点锁定在潭口油田未发现储量的南斜坡上。经过认真分析论证，她部署了潭71斜-1井，投产后获得日产14吨的高产油流。张建荣高兴极了，以为接下来只要挨着这口井打，一定能再抱几个"金娃娃"！没想到，第二口井试油却连个油花都没冒。

那些日子里，张建荣满脑子都是问号，一头扎进成堆的地质资料里寻找答案。她翻出潭口油田的地质资料，一口井一口井地精细对比，一个数据一个数据地精细解释，一个层面一个层面地精细描述，不抛弃任何一个出油井点，不放弃任何一个油气显示层系。由于精神压力过大、连续熬夜加班，她患了湿疹，背上奇痒无比。顶着巨大的压力，经过一百多个日夜的攻关，数十次技术论证，上万次的数据分析，张建荣带领团队在潭口油田新增石油探明地质储量400多万吨，新建产能5.2万吨，潭口油田一跃成为江汉油区第二大高产油田。

以此为指引，张建荣带领着技术团队丰富和发展了细分层开采等手段，形成了隐蔽性油藏识别等新技术，相继发现了26个含油区块，探明和控制储量1100多万吨。由她负责和主持研究的42个科研项目获得局级以上科技进步奖，其中，"江汉油田改善水驱效果新方法及现场实验""江汉油田滚动勘探开发研究"分获中石化科技进步二、三等奖。

地层的油是找不完的，张建荣深知这一点，要找到更多的地层剩余油，必须具有非凡的技术手段和工艺，打破常规思维，对新技术不断学习，对地层反复研究，才能取得新的突破。2006年以来，她负责江汉油区滚动勘探和产能建设方案规划，共落实圈闭20多个，探明地质储量500多万吨，为油田持续稳产做出了突出贡献。

一丝不苟的科学态度、认真细致的工作作风、无怨无悔的真情付出、辉煌的工作业绩，使得她先后荣获湖北五一劳动奖章、湖北省劳动模范、全国五一劳动奖章、全国劳动模范等荣誉。

2013年，张建荣从领导岗位上退下来，油田以她的名字命名成立了首个以油藏勘探开发为主题的创新工作室。在这个工作室，退下来的张建荣，每周都组织年轻技术人员开展科研课题攻关，毫无保留地传授自己的所学、所知、所获，在手把手传授地质研究方法的同时，更注重培养年轻技术人员严谨务实的作风。在滚动评价方面，张建荣要求他们精细小层对比，确定滚动勘探目的层位；在油区开发管理方面，要求从不同油藏类型的地质特点和开发特征入手，细分到单井、井组开展油藏动态分析，确保措施有效。如今，一大批年轻的技术骨干慢慢成长起来，担起了油田勘探开发的重任。这让张建荣心里有说不出的欣慰。

一枚枚奖章，代表的不仅是荣耀，也是数十年如一日的孜孜以求；一个个头衔，昭示的不是地位，是江汉采油厂和广大职工对她的认可。如今的张建荣虽然不再担任领导职务，但她依然为着那个放飞的梦想坚守着心中的信念，依然为找到更多的石油在油气勘探的道路上继续绽放着属于自己的精彩人生……

胡红霞/文

窦立荣：洒向荒原的挚爱

窦立荣，1965年生，博士，教授级高级工程师，博士生导师，我校地质专业1983级校友，现任中国石油勘探开发研究院院长。曾获国家科学技术进步奖一等奖、二等奖各一次，省部级科技进步奖一等奖7次、二等奖2次，被聘为"国家科学技术奖评审专家"。第28届孙越崎能源大奖获得者。2011年被乍得共和国总统授予"大军官勋章"。2012年获全国五一劳动奖章和何梁何利基金科学与技术创新奖，享受国务院政府特殊津贴。2019年4月入选中国工程院2019年院士增选有效候选人名单。2022年10月当选为中国地质学会首批会士。

他,目之所及是全球含油气盆地;他,研究领域是全球未来大油气发现的勘探区块;他,孜孜以求的是为保障国家能源安全加上一个个沉甸甸的砝码。

他,就是地质1983级校友、国内外石油地质与勘探领域的知名专家、第28届孙越崎能源大奖获得者——中国石油勘探开发研究院院长窦立荣,被人们亲切地称为"想咋的就能咋的的大地质学家"。

多年来,窦立荣始终在科研攻关路上砥砺前行,他带领团队攻克一道道世界级难关,为苏丹2600万吨高峰年产量项目和乍得年产能超过600万吨的项目储量基础做出突出贡献。

当年的青年才俊如今已两鬓斑白。他欣慰的是,他的科研工作已取得累累硕果,但他没有停歇跋涉的脚步,依然向着更高远的目标前进着……

初结石油情缘:寒窗十年初露锋芒

"头戴铝盔走天涯,茫茫草原立井架,云雾深处把井打,地下原油见青天……"一首《我为祖国献石油》将石油从业者的情怀展现得淋漓尽致。

窦立荣今年58岁。30多年前,出生于江南水乡的他或许从没想过自己会与那片荒漠,会与石油事业结下一生的情缘;更没想到自己有朝一日会与那片遥远的非洲腹地有着怎样的交集。然而,一切都像命中注定,一切又像是"偶然中的必然"。

回想当初与石油结缘,窦立荣坦言是因为大学学费的压力。出生于江苏扬州农村的他考虑到石油院校的助学补贴较为丰厚,所以就将江汉石油学院作为第一志愿来选择。一个"有意思"的出发点,没想到成就了他一生的事业。

1987年,22岁的窦立荣本科毕业,以优异的成绩考上了中国石油勘探开发研究院的研究生。就是在那里,他遇见了一生中最重要的恩师——后来成为工程院院士的胡见义教授。胡院士在中国从事了几十年陆相石油地质理论研究和石油勘探研究,有着丰富的理论和实践经验。在恩师的指引下,他踏上了裂谷盆地的探索征程。

"恰同学少年,风华正茂。"研究生时期对窦立荣来说,是探索的时期也是积累的时期。聆听恩师教诲,沐浴院校恩泽,受各种因素的潜移默化,他手中那把历经磨砺锻造的"宝剑"初显锋芒:

1989—1991年,在恩师的指导下,窦立荣致力于中国东部松辽盆地天然气成藏的研究和学习。其间他较为系统地分析和研究了松辽盆地天然气的成因类型,用开拓性的思维把天然气成因和成藏结合起来,为天然气成藏带勘探起到了实际指导作用。他参与的这一研究成果获得中国石油天然气总公司科技进步奖二等奖。

1990—1995年,窦立荣作为中国石油天然气总公司二级课题第二负责人,对中国东部中生代裂谷盆地石油地质进行了综合性研究,提出根据油气相态划分含油气系统的分类方案,并在对中国东部以及世界典型裂谷盆地含油气系统进行研究的同时,建立了陆相含油气系统的分类体系,该体系得到广泛应用。课题成果获得中国石油天然气总公司科技进步奖二等奖。

十年寒窗苦读,悠悠探索征程。多年潜心苦学,在让窦立荣深刻地感受到石油勘探神奇魅力的同时,也让他感觉到石油勘探工作如果不去野外,终究只能让研究变成"纸上谈兵"。随着研究日渐深入,他内心更强烈地渴望"走出去"——走出办公室,到荒漠野外去实现一名真正"石油勘探人"应有的价值;跨出国门,到更广阔的天地去扩展自己的视野!

1997年,窦立荣受中国科学技术协会选派,到英国爱丁堡大学做了一年高级访问学者。其间他有机会对世界著名的产油区——北海进行了系列探索,那里有典型的含油构造特征,因此成为他研究裂谷盆地的"一方乐土"。一年的时间虽然短暂,但就在这短暂的一年时间里,他收获了不平凡的成绩:除发表3篇论文外,还完成了一项科研报告,并编写出《油气藏地质学概论》专著的初稿;他首次提出了高分辨率沉降分析技术,为沉积盆地内断层连锁研究提供了一个新的方法,打破了过去"一个断陷是一个独立含油气系统"的认识,对寻找隐蔽油气藏具有较好的指导价值。就是在这一时期,他开始形成自己特有的研究风格和理论体系。

这些研究为窦立荣之后走入非洲发现石油奠定了坚实的基础。

深入西非大陆:探宝乍得舍我其谁

1998年对窦立荣来说是值得纪念的一年。这一年,他刚刚结束在英国访问的工作就被安排从事苏丹项目的技术支持工作。2004年,他开始担任乍得项目负责人,正式开始了他非洲找油的职业生涯。这次任命也算是圆了他到野外去"真刀真枪"实现自己价值的心愿。从此,他离开繁华都市,离开了舒适的办公室,迈入那片荒漠,那片他所崇尚的自由探索天地。然而,这一迈,非比寻常,是他跨出海外的一大步;这一迈,无尽艰辛接踵而至,无上荣耀却缓缓而来……

中国石油史会记住这样一群人:他们挺起石油汉子的钢铁脊梁,在尼罗河畔唱响源自松辽平原的和声;他们带着对妻子儿女的无尽牵挂,背井离乡在荒漠之地延续着中国石油人在海外市场的传奇。而窦立荣从1998年起,正式成为他们中的典型代表之一。

苏丹项目是中国石油在海外的第一个大型风险勘探项目,也是中国石油实施海外战略的一个重大转折点。由于工作初期的出色表现,他被派到海外研究中心,负责苏丹等勘探项目的技术支持工作,为中国石油在苏丹项目的技术支持发挥重要作用。经过无数个日日夜夜,他不间断地奋战努力,在童晓光院士的领导下,为给苏丹找油项目找到一个突破口:窦立荣因地制宜、立足创新先后提出"被动裂谷盆地的油气成藏模式"和"跨时代油气聚集模式",大胆把勘探目的层确定在了比白垩系年代靠上的第三系地层。这两个模式有效指导了 Palogue 油田(21世纪初发现的世界级大油田之一)和其他一系列油田的发现。他作为主要技术人员参与的科研项目"苏丹 Muglad 盆地1/2/4区高效勘探的技术与实践"和"迈卢特盆地快速发现大油田的配套技术与实践"分别获得了国家科学技术进步奖一等奖和二等奖。他的博士论文《苏丹被动裂谷盆地的油气成藏机理和成藏模式》被教育部、国务院学位委员会评为2006年全国优秀博士学位论文。

值得一提的是，他首次提出的原油酸值的分级和分类，为生物降解型高酸值油藏建立了成藏模式，引起了国内同行对原油含酸特性的重视，并使行业内对裂谷盆地高酸值油藏分布有了全新认识。

"不积跬步，无以至千里；不积小流，无以成江海。"这句话用在窦立荣身上再合适不过。正因深谙此意，他细心揣摩着成长过程中的每一个有价值的心得，加以反复总结升华，最终迎来了那片属于他的"处女地"——乍得项目。

乍得项目的谈判过程历经曲折。从2004年起，窦立荣和同伴们展开了科技攻关。3年时间里，他们吃透了近20 000公里的二维地震数据和十几口井的井史，以及前人花30年时间做的分析化验资料，最终掌握了乍得H区块的勘探潜力。

2006年，窦立荣作为谈判代表团的主要人员，参与了对乍得H区块股份的收购工作。由此，中国石油乍得项目完成了由小股东到大股东再到独立作业者的"华丽转身"。而窦立荣，从乍得项目起，真正担负起他在海外独立统筹全局的"总指挥"职责。

汗洒烈日之下：油稠人愁终有尽头

2004年，窦立荣被任命为乍得项目经理。乍得H区块先后被多个国际大石油公司勘探30多年无果，最终放弃。对于乍得的技术难题，他这样比喻：我国东部地下复杂构造像一个盘子摔碎在地上再踩一脚；乍得盆地地下复杂构造就像一个盘子摔碎在地上，踩一脚，然后揉烂了。刚接手时，有个别专家认为，反正也没希望，"爱咋的咋的"，他们持无所谓的态度。其间的历程可谓艰苦卓绝。关于强反转裂谷盆地能否形成大油气田这一问题，窦立荣就曾遭到国际著名地质学家Mac Gregor等人的质疑。但窦立荣没受外界影响，下定决心与世界级难题决战。短短3年时间，他就攻克了油气聚集成藏及关键勘探技术等难题，提出了强反转裂谷盆地油气成藏创新性认识，建立了油气运移聚集成藏模式，并研发出基岩储层预测技术，发展了非洲中部裂谷盆地油气成藏理论。

乍得邦戈尔盆地是典型的强反转裂谷盆地，埃克森美孚等国际公司勘探多年，采集近8000公里二维地震数据，钻井10口，花费数亿美元，仅发现一个小型浅层稠油藏。面对挑战，窦立荣对非洲中部地区不同裂谷盆地进行了多地质要素分析和对比，发现第一裂谷期地层仍保存良好，可为下覆的砂岩提供油源和保存条件，在烃源岩之下有可能找到稀油。由此，他提出将勘探目标层向深层转移，到"源下组合"发现大油田，指出盆地北部斜坡带是最有利的勘探地区，挤压反转背斜油气藏是最有利的钻探目标。

经过10年勘探实践，窦立荣发现了巴奥巴和丹尼拉等12个大中型油田，为建设600万吨/年原油生产区提供了可靠的储量基础。该成果获2009年度中国石油和化学工业协会科技进步一等奖。乍得石油部长撰文称赞，中国石油使乍得邦戈尔盆地无法勘探成为过去。

在"源下组合"连续获得突破和规模性发现的同时,窦立荣没有止步,他在思考前寒武系基岩能否成藏的理论问题。40多年来,中非地区钻遇基岩的井有130多口,均无商业发现,基岩因此被前人认为是勘探的"禁区"。他在大量观察基岩露头、钻井岩心和岩样分析的基础上,重塑了基岩储层发育的物理化学性质,认为基岩顶部可以形成大面积分布的"风化壳+裂缝段"储层。这一突破性认识为非洲中部基岩油藏的勘探提供了理论依据。

基于以上认识,他研究并提出了基岩储层发育的地球物理响应特征和识别标志,实现了对基岩圈闭的刻画和储层的钻前预测,探井成功率高达83%。

乍得基岩勘探的突破,被美国石油地质学家协会评价为"非洲陆上新层系勘探的里程碑",获2015年度朱勒布朗斯坦奖。部分成果发表在国际权威期刊《AAPG Bulletin》上。该成果获2015年度中国石油和化学工业联合会科技进步一等奖。

窦立荣因带领团队为乍得建成了上下游一体化石油工业,帮助其实现了能源独立,2011年被乍得总统授予"大军官勋章"。

天道一定酬勤:吾将不懈上下而求索

乍得的勘探成功再次印证着"天道酬勤"的公理。在窦立荣看来,油气大场面、大圈闭都在地质学家的脑海中,每一次大发现,都是地质学家大胆创新、勇于突破常规的结果。

成功背后饱含着汗水,窦立荣就这样带领他的团队翻越了一座又一座的高山,而每一步跨越都伴随着他的不懈探索和思考。作为项目的负责人,他除了发挥其在勘探领域绝对的专业优势之外,还统筹协调实施勘探以外的其他技术攻关,例如工程、开发、钻井等一系列问题。为使自己的统筹更"接地气",他经常深入现场与一线技术工程师、工人进行交流、学习,一有空就翻阅资料、书籍,审阅别人的设计……

"自古谦谦君子,虚怀若谷,不耻下问,好问则裕。"在乍得担任地面工程师的李欢对窦立荣的虚心好学印象深刻。他至今仍很清楚地记得2009年的一天,他吃惊地发现,曾经留给窦立荣的一本自己的设计资料,里面密密麻麻地画满了学习感受的标注!"对一个年轻人来说,做到这样细致学习都很难得,更何况窦总面对的是一个比他年轻的工程师,仍能以谦虚学习的态度来认真对待,这让我很感动,很受启发!""多听、多看、多问、多说"成为窦立荣游刃有余统筹乍得项目、攻下一系列技术难关的制胜法宝。

支持他的做这一切是"我为祖国献石油"的崇高信仰与神圣使命。窦立荣说,近30年,全球找到248个大油气田,其中一半是国际大石油公司找到的,中国石油在海外仅找到3个大油气田,我们还需要追赶国际的脚步。

截至2022年末,我国原油对外依存度已达71.2%,天然气达40.2%,国家能源安全受到威胁,在海内外寻找大油气田已成为紧迫而艰巨的任务。在非洲的大有作为,坚定了窦立荣要在全球寻找更多大油气田的决心。他说:"为祖国找油找气,无愧地质学家的责任与使命。"这是一位地质学家对祖国石油工业最深情、最真挚的告白。祖国的伟大复兴需要各条战线、千千万万优秀的科学家忘我奉献、攻坚克难。

"路漫漫其修远兮,吾将上下而求索。"已成大器的窦立荣并没有停歇跋涉的脚步,他向着更高远的目标奋进。

　　(本文根据《科学中国人》《地理研究》宣传报道整理。)

冯振兴/文

瞿建华:大漠戈壁"找油匠"

瞿建华,1981年生,正高级工程师,本科、硕士研究生分别于2004年、2007年毕业于我校地理信息系统、矿产普查与勘探专业。曾任中国石油新疆油田公司勘探开发研究院勘探所副所长,现任振华石油控股有限公司(成都研究中心)高级专家。2018年度国家科学技术进步奖一等奖获得者、第二十一届中国专利金奖获得者、中国地质学会第十六届青年地质科技奖"金锤奖"获得者、准噶尔盆地玛湖十亿吨特大油田发现主要贡献者、新疆维吾尔自治区"天山英才"计划培养者、四川省成都市"成华英才计划"领军者、中国石油青年科技创新团队带头人等。作为技术专家和成果主要贡献人,获省部级以上各类奖励20项,出版专著4部,发表学术论文60余篇,申请发明专利15项。

桃李芬芳

克拉玛依市坐落于新疆准噶尔盆地的西北部,自1955年这里喷涌出第一股工业油流后,便成了中国第一个大油田。然而,在这荒凉的戈壁上勘探石油并不是一件容易的事。60多年来,这片老油区已经少有新鲜油流出现。就在玛湖凹陷斜坡区的勘探处于瓶颈期时,一个年轻人带领他的团队接过了这个重担,让这里再次涌出"黑色的血液",让这片土地再次焕发活力。他就是我校地信2000级校友瞿建华,大漠戈壁的"找油匠"。

严谨是一种好习惯,更是一种优秀的品质

瞿建华出生于湖北洪湖,2000年,19岁的他第一次迈进长江大学(原江汉石油学院)的校门,选择了地理信息系统专业。地理信息系统专业本是偏计算机应用方向,但在校期间,瞿建华听了众多石油大家的报告后,对石油地质方向产生了更加浓厚的兴趣。于是,在本科阶段,他就立下报考地质专业研究生的志向。

2005年读研究生期间,因研究课题的需要,瞿建华在塔里木油田实习了近一年。那是他第一次踏上新疆这片土地,他与新疆的缘分也就此结下。在这里,他被西部的大美风光深深吸引,同时也见证了西部石油事业的飞速发展。实习期间,瞿建华参与了"油田上产会战",见证了塔里木油田油气上千万吨的产出。同时,他作为外协单位代表观看了总政歌舞团的慰问演出,聆听了塔里木油田建设者的英雄事迹,被《我为祖国献石油》演唱者的洪亮歌声深深感染。这一年,瞿建华认识到在西部工作较内地舞台更广、发展潜力更大,于是他决心响应国家"到西部去,到基层去,到祖国最需要的地方去"的号召,毕业后去西部油田工作。

2007年硕士毕业后,面对导师的留校建议与父母的担忧和不舍,瞿建华仍毅然决然地选择了克拉玛依油田。他相信,那里才是他未来的舞台。

西行的列车上满载的是他为国找油的梦想。一年见习期满,瞿建华顺利转正,被分配到中国石油新疆油田公司勘探开发研究院勘探所盆地战略中心工作。

在那里,他开始搜集并研究起以前从未接触过的知识。他一边寻找相关书籍学习充实自己,一边向公司前辈们虚心请教。特别是对以前从未接触过的知识,他更是"情有独钟",利用各种渠道和机会广泛吸收、重点突破,从不留下半点疑问。很快,他的坚持不懈使他的业务能力与技术水平得到很大提高,他成为领导和同事们心中的从事科研的"好苗子"。

2008年,瞿建华准备见习转正答辩材料。他已经准备好长时间了。在答辩前的两晚,紧张了好几天的他终于感到大功告成,准备泡杯茶休息一会儿。在去茶水间的路上,他发现所里有一位领导也在加班,于是便鼓起勇气将材料呈送给他并请他帮忙把关。他本是想礼貌性地征求一下领导意见,得到领导支持,没想到领导看完他的材料后却直摇头且"较真"起来,耐心地指出材料的问题,并在纸上列出答辩提纲和思路。顿时,瞿建华觉得头都大了,离答辩汇报时间只有两天,他担心改动太大时间会来不及。领导看出他面有

难色但还是"没放过他",丢下一句"你自己决定吧",便离开了。之后的两天,瞿建华一头扎进办公室,详细梳理一年来的工作,厘清工作思路,提炼工作方法,明确努力方向。两天的加班加点,尽管忙碌,但从内心来讲他还是很有收获的。转正答辩会上,他的表现得到了领导和评委们的一致称赞,以全所见习人员第一名的好成绩通过转正答辩。那位领导看到结果后说:"小伙子很不错,以后就跟着我干!"从这件事上,瞿建华深刻认识到,不管是做科研还是过日子,严谨是一种好习惯,更是一种优秀的品质。

后来,瞿建华跟随这位领导一干就是十二年,成为勘探所副所长。

以"亮剑精神"感染团队,以真心真情凝聚团队

2012年起,瞿建华开始自己带领团队。在一次次的工作任务中,他总是身先士卒,勇往直前,以"亮剑精神"感染团队;推功揽过,以真心真情凝聚团队。在瞿建华的带领下,玛湖油田"勘探狼团队"取得了一个又一个成就,每年都有亿吨级的重大发现,连续发现六个油藏群,累计新增三级石油地质储量12亿吨。由此,玛湖油田勘探开发进入"快车道",玛湖油田成为集团公司最大的亮点。

2017年,领导让瞿建华在继续主持玛湖工作的同时兼顾主持准噶尔盆地腹部区带勘探部署研究。而此时的该盆地腹部已经十五年没有勘探发现,可见工作难度之大。接到任务后,瞿建华立即开始熟悉资料,带领团队开启了长达一年的基础研究工作。他们从零开始,重新认识自我、重新认识地下、重新认识工程技术的潜力。他们认为,老探区深化勘探必须有新思路,沿用老的思路是没有出路的。最终,他们通过不懈努力,发现六大有利区域,其中部署的QS2井在盆地腹部取得重大突破,日产油气当量200吨。因此,他的团队获得公司嘉奖。

在这片油区,科研生产任务繁重,加班常态化,且基本没有双休日,但瞿建华却对这份工作非常满意。"我妻子和我是同行,她非常支持和理解我的工作,但也一直很担心高强度的工作会损坏我的身体。在新疆工作后的几年,母亲有时也怪我工作太忙,很少打电话给她,说年纪轻轻的能有多忙?累了睡一觉就好了!有一年,母亲从湖北老家来看我,天天见不到我的人影。她心疼极了,对我说:'儿子,这工作也太辛苦了,实在不行不干了,咱回家吧?'听了母亲的话,我对她说:'我真的喜欢这份工作。'……"十年来,瞿建华和他的团队以高昂的热情面对困难,不惧高强度,夜以继日地工作。就这样,一口口高产井、一块块新油田在他们的无数个不眠之夜中被发现、被开发。

"鏖战西北缘,誓夺大油田"

进入21世纪以来,克拉玛依油田日渐减产。如何让这个老油田焕发青春,是当时最严峻的问题。瞿建华带领着一个平均年龄不到30岁的青年队伍,接过了这个接力棒,他将目光锁定在了开发程度极低的玛湖凹陷处。这是一个全新的尝试,瞿建华既兴奋又志

忐,既渴望有所成就,又怕走错方向。这时,任中国石油新疆油田公司总经理的陈新发来看望他,对正在加班的瞿建华说:"年轻的地质学家,一定要敢于突破前人的认知!"一句话驱散了瞿建华心中的迷雾,让他们的团队更加坚定了勘探的方向。

玛18井会战在150号会议室拉开序幕。玛湖油区的勘探工程,在世界范围内无先例可循,瞿建华团队面临世界公认的四大难题。为了攻克难关,瞿建华团队加班加点、通宵达旦工作已是家常便饭;实在熬不住了,就披着衣服趴在桌子上睡一会。面对家人的一个个来电、一声声安慰的话语,纵使已经红了眼眶,但他们手中的工作仍不停歇。"我们最亏欠的是家人。我刚结婚不久,一个周六的早上刚要出门去单位,就被岳母堵在门口。那时岳母在我家住了三个月,却没见过我几次。有时候,同事的媳妇也打电话'骂我',说我整天扣着她们的丈夫……"

有一次,又是一个通宵苦战后,瞿建华和同事们都已疲惫不堪。最终在启明星升起的时候,七八个人趴在办公桌上昏昏睡去。第二天早上九点多,领导来办公室看到这一幕,深受感动,轻轻关上门后便悄悄离开了。

瞿建华带领团队日夜不休地工作,最终在摸排40多口老井、重新解释2000平方公里三维地震后,做出大胆预测:坡折带之下、3500米以下有优质储层!果然,几个月后,玛18井的3500米下,工业油流汩汩而出!在此项目中,瞿建华参与制订玛湖凹陷三叠系百口泉组整体部署方案,负责高密度地震解释配套技术攻关,为玛湖凹陷井位部署和储量上交发挥了重要的支撑作用。

"听到这个消息,我激动得一宿没睡,脑海中浮现的都是加班、上井的画面,更加深刻地体会到'天道酬勤'的道理。感谢团队十余年的艰苦付出,新疆油田几代石油人的夙愿终于实现了。"

喷涌而出的油流不仅为国家带来财富,也带给瞿建华团队崇高的荣誉。在国家科学技术进步奖评选中,瞿建华以"凹陷区砾岩油藏勘探理论技术与玛湖特大型油田发现"项目荣获一等奖。玛湖特大型油田发现成果获省部级科技进步一等奖4项,2次荣获中国地质学会"十大地质找矿成果",获中国石油油气勘探重大发现特等奖1次、一等奖4次,累计发明专利21件,享有软件著作权20项,产生技术秘密56项,出版专著6部,发表论文230篇。

这个年轻的团队,在一次次的科研攻关中抱团成长,终获中石油科技工作创新团队殊荣。瞿建华作为团队的"领头羊"被评为"克拉玛依市十大杰出青年",成为克拉玛依的城市骄傲和新疆油田的青年楷模。

2012年至2018年,因为玛湖的持续重大发现,瞿建华先后获得国家科学技术进步奖一等奖、"金锤奖"和众多省级荣誉,另外还获得中国专利金奖。2014年瞿建华开始负责勘探所储量计算工作,领导为了提升他的专业能力,让他拜集团公司测井专家——孙中春为师,跟随孙中春学习测井评价。除了跟孙中春学习测井专业知识外,瞿建华还跟测井团队一起编写专利,在进行科研生产的同时,强化有形成果的保护。

瞿建华一直从事准噶尔盆地及新疆北部外围盆地油气勘探工作,在浅水扇三角洲沉积模式、砾岩优质储层成因机理及扇控大面积成藏认识等方面取得多项科研成果。此外，他主持准噶尔盆地玛湖整体勘探部署研究，部署预探井100余口，探井成功率近70%，发现了6个大中型油气田；负责玛湖大油区油藏评价与储量计算工作，计算发现新增石油地质储量近12亿吨。玛湖斜坡东、西两大百里形成新油区，玛湖大油区因此成为新疆油田增储上产"主战场"。

纵使取得如此成就，瞿建华也丝毫不敢松懈。"每一个方案、每一个设计都需要我们整个团队精细雕琢、精心打造。勘探是一份长期在黑暗中摸索光明的工作，但是只要找到油气，勘探人的喜悦是无法用言语来表达的。"办公室的墙上张贴的标语"鏖战西北缘，誓夺大油田"，是对他们工作状态和不懈精神的最好写照。

谈到未来，瞿建华眼里有光："我肯定会一直干下去，现在只是换了一个新的战场。2018年底我离开了新疆油田，加入振华石油勘探开发研究院，开启了由国内走向海外油气勘探开发的新征程。以前是在国内找油，现在是在海外找油，但我们都是在为祖国献石油，我依然是大漠戈壁的'找油匠'！"

张世瑾　陈阳/文

曾大乾：把论文写在祖国大地上

  曾大乾，1965年生，我校石油地质专业1980级校友。中国石化集团公司油气开发领域首席科学家，教授级高级工程师。享国务院政府特殊津贴，获"全国十大杰出青年岗位能手""河南省有突出贡献专家""河南青年科技创新奖""中国石化科技创新功勋奖""川气东送建设十大功臣"等荣誉。从事油气田地质研究与开发技术攻关30多年，主持完成了近30项国家级和省部级科研项目，先后获国家科学技术进步奖特等奖1项，省部级科学技术进步奖一等奖7项、二等奖2项、三等奖4项，发表论文50余篇，出版学术著作3部。

把自身的理想融入脚踏实地的工作中,把科研工作和企业发展需求紧密结合,把论文写在祖国的大地上,这是曾大乾所理解的科学家精神。

如果说中原油田的发展史是一部艰苦创业史、一部改革创新史,那么曾大乾的工作经历几乎与其步调一致。从意气风发的青年到双鬓泛白的中年人,他将自己的大好年华奉献给了油气的开发研究与发展事业。

经过数十年如一日的耕耘,如今的他已经是中国石化集团公司油气开发领域首席科学家、中原油田勘探开发科学研究院教授级高级工程师,也是"全国十大杰出青年岗位能手"和"川气东送建设十大功臣"等荣誉的获得者。

选择:家国情怀或现实利益

1984年,19岁的曾大乾从原江汉石油学院石油地质专业毕业,他被分配到中原油田勘探开发研究院(简称中原油田)工作。1988年至1994年,他在北京石油勘探开发科学研究院读研究生,先后获得了石油地质专业硕士学位、油田开发工程博士学位。1995年,他被聘为中原油田石油地质和油藏工程的投资决策专家。

在曾大乾博士研究生毕业后,北京石油勘探开发科学研究院因缺乏油田地质与油田开发工程领域高级复合型人才,多次要求他留在北京工作。对他而言,留在北京从事科学研究意味着事业发展、工作生活环境改善,这无疑是极具吸引力的。作为一名科研人员,这里有一流的合作团队和科研设备,有许多开展科研、争取科研项目的得天独厚的优势和便利条件,还有随时能接触到的世界领先的学科前沿。另外,北京石油勘探开发科学研究院可以为他提供许多现实福利,如为其妻儿办理北京户口,同时还承诺补偿中原油田的经济损失。

面对天时地利人和的难得机遇,曾大乾看到的和心里装着的却是中原油田所面临的发展困境:增储难度大,稳产基础薄弱,急需注入科技人才新鲜血液。他知道,油田开发后期精细油藏描述是老油田实现稳产的基础,当时的中原油田非常缺乏这方面的学科带头人。

在油田需要与个人利益面前,他选择了前者。中原油田隆隆的催征战鼓敲动了他的心,他断然谢绝了北京石油勘探开发科学研究院等多家在京单位的优厚待遇,义无反顾地回到了培养他多年且正处于发展困境的中原油田。

"从古到今,家国情怀一直都在知识分子的骨子里,只有心系国家与企业的需求,才能让自己的工作更有价值。这也是我在科研工作中每次渡过难关的法宝。"回忆起入行之初的选择,曾大乾给出了这样的解释。

耕耘：把论文写在祖国的大地上

从北京回到中原油田，曾大乾的第一个工作地点是研究室，他成为一名地质研究人员。在工作中，他将自己学习到的新知识与中原油田生产实际相结合，提出了加强开发储层研究、油藏描述技术及剩余油研究，提高最终采收率等建议，为中原油田的持续稳定发展奠定了良好的基础。

在他担任中国石油天然气总公司"东濮凹陷开发储层评价"项目的负责人时，东濮凹陷是位于渤海湾处的一个油气非常富集的盆地，这个课题的研究对中原油田的原油稳产起到了重要的作用。在攻关研究中，担任研究室主任的曾大乾善于集中大家的智慧，尊重研究人员的首创精神，许多有独特见解的科研人员都成为曾大乾的得力干将。

在研究被人们遗忘多年而被定为没有储量的濮128断块时，曾大乾带领大家进行精细的地层对比后认为这里能够"起死回生"。此时，该断块周围需要打两口井，曾大乾根据团队的研究成果，向领导提出将这两口井打深300米的建议来验证该地段有原油的设想。根据当时的行情，一口井打深300米需耗资100多万元。这两口井如果打深了没有油怎么办？决策者不敢随意定板。曾大乾经过反复论证推演，终于在这两口"死井"中找到了150多万立方米的可采储量。

1997年至今，曾大乾作为中原油田研究院滚动勘探开发项目的负责人，带领研究人员对东濮凹陷北部地区的石油地质特征、油藏成藏条件、油气聚集规律进行深入研究，根据油藏地质特点，加大滚动勘探开发增储新技术、新方法的研究和应用力度，形成了一套适合本地区特点的滚动勘探开发技术规程。通过对东濮凹陷152个有利目标进行油气综合评价，研究团队大胆试错和创新，共部署滚动勘探开发井133口，钻探成功率达94％。以此项研究为基础，由他主持完成的"东濮凹陷北部滚动勘探开发增储技术研究"项目获中国石化集团公司科技进步一等奖。项目研究成果使得高成熟探区深层低渗复杂断块油气藏滚动勘探开发具有很好的推广应用前景，其中许多技术在国内外同类项目中处于领先地位。

把自身的理想融入脚踏实地的工作中，把科研工作和企业发展需求紧密结合，把论文写在祖国的大地上，这是曾大乾所理解的地质科学研究人员所需要的科研精神。

攻坚：俯下身甘坐冷板凳

人们常说，入地比上天更难。为了获取珍贵的第一手资料，曾大乾在开展研究的路上艰难跋涉，这些他都甘之如饴。从踏入油田勘探开发的那一刻起，他就知道，做这一行必须甘坐冷板凳、淡泊名利、耐得住寂寞。

在参与普光气田开发关键技术攻关和项目建设时，现场条件异常艰苦，曾大乾和团队成员住的是老乡之前养牛、种蘑菇的废弃厂房。驻扎现场的7年间，有5个春节是在现场度过的。在接手项目之前,其难度之大、任务之艰巨,大家其实早有心理准备:普光气田是复杂山地、超深、高含硫气田,硫化氢对钢材的腐蚀性特别强,安全环保风险特别大,开发这样的高含硫气田在国内尚无先例,且他们面临的是一系列世界级难题。对团队来说,这项研究与技术完全是一个从未涉猎的领域,没有任何相关经验、装备与技术供他们借鉴,这是一个全方位的挑战,无疑也是一次学术与技术的攻关。然而真到了"开工"的时候,大家都全身心投入、苦中有乐、热情很高,都为能参与这一重大工程而自豪。

2010年,普光气田全面投产,首次实现我国特大型海相整装高含硫气田规模化开发。这项成果获得国家科学技术进步奖特等奖。目前,气田经过十余年的高产稳产后开始进入递减期,于是他们又开始了气田的控水、控硫和提高采收率研究,力争让老气田焕发新活力。

曾大乾身上那股越是艰险越向前的"虎劲儿"和不撞南墙不回头的"韧劲儿",体现得愈加明显。

"十三五"伊始,多次冬季"气荒"敲响了我国天然气冬季保供能力不足的警钟,加快地下储气库建设势在必行。从2017年下半年开始,曾大乾又投身到中国石化地下储气库关键技术攻关工作中。工作期间,他是"智囊团"成员,参与编制中国石化地下储气库建设"十四五"规划和中长期规划;他是技术顾问,先后对复杂地质条件地下储气库建设关键技术、中国石化地下储气库达容达产关键技术等进行攻关,努力完善地下储气库建设技术体系;他是"技术尖兵",牵头或参与清溪、文23、永21、朱家墩、卫11等8座储气库建设方案的编制,解决建库核心技术问题,助力集团公司圆满完成国家下达的形成21亿立方米工作气量的任务,技术成果整体在国际领先。

经历了涉滩之险、闯关之难、爬坡之艰,十余年一路走来,他发出这样的感慨:"人这一辈子能赶上个大项目不容易,赶上了就得抓住,俯下身子,以解决油气开发重大难题为导向,把关键技术攻下来,这样的人生才有价值。"

发展:抓住机遇,蓬勃向前

随着国家的发展,科研工作者也迎来了前所未有的良好发展时期,软环境和硬条件的明显进步,为他们的科研工作创造了极大的便利。在天时地利人和的时代大环境里,曾大乾如鱼得水,甩开膀子迎接施展自己才华和抱负的时机的到来。

2000年,曾大乾走上了院总地质师的岗位,负责中原油田天然气滚动勘探、中长期开发规划和年度开发部署工作。他在研究人员中引入竞争机制,圆满完成了13个科研生产项目,为中原油田顺利完成当年的天然气产量任务和"十五"期间天然气的上产打下了坚实基础。2000年滚动新增天然气地质储量38亿立方米,新区产能建设超额完成年度部署目标,其中白庙气田方案的新井——白31井投产初期日产气6.4万立方米,是中原油田天然气1987年投入试采以来的高产气流井。这不仅改变了人们以往对该气田气井低产的认识,也为他们下一步开发白庙气田坚定了信心,预计该气田可新建产能1.5亿立方米以上。同时,曾大乾编制的中国石化集团公司"十五"天然气开发规划气藏工程方案,让中原油田砂岩天然气开发在全国处于领先水平。

"应用油气藏开发技术,把储量变成产量,这就是我的工作。"回望自己数十年如一日的油气研究经历,曾大乾用朴实的话语进行了概括。

从事油气田地质研究与开发技术攻关30多年以来,曾大乾主持完成了近30项国家级和省部级科研项目,先后获国家科学技术进步奖特等奖1项,省部级科学技术进步奖一等奖7项、二等奖2项、三等奖4项,发表论文50余篇,出版学术著作3部。

未来,他将带领团队持续增强能源报国的责任感和使命感,积极主动破解技术发展瓶颈,以创造性思维加快推动复杂类型储气库安全稳定运行与酸性气藏长周期稳产技术研究,为保障国家能源安全不懈奋斗。

赵兴雪/文

肖明国:用担当吹响生命救援的"集结号"

> 肖明国,博士,高级工程师,我校资源勘查工程专业2001级本科、地质学专业2005级硕士研究生校友。湖南省长沙市"高级经营管理和研发人才",北京市石景山区"景贤计划"领军人才,北京市"应急先锋·青年榜样"。长江大学客座教授,国家应急管理部安全生产领域跨国(境)救援专家。先后就职于中国石油新疆油田公司勘探开发研究院、中海石油(中国)上海分公司研究院、湖南华晟能源公司、湖南继善高科技公司。现任中煤地质集团北京大地高科地质勘查有限公司党总支书记、董事长、总经理,中煤地质集团北京大地特勘分公司总经理,中煤地质集团西南分公司总经理,国家矿山(隧道)应急救援中煤特勘中心主任及大地特勘队负责人、队长、党支部书记。申报专利18项(其中以第一发明人申报10项),发表学术论文22篇(其中SCI 2篇、EI 4篇、中文核心及科技核心7篇)。

他是妻子眼中的工作狂,孩子眼中的好榜样,同事眼中的主心骨。狂风阵阵,断不了他孜孜不倦的征途;长路漫漫,拦不了他义无反顾的脚步;冰天雪地,挡不住他营救生命的决心。他就是中煤地质集团北京大地高科公司党总支书记、董事长、总经理,国家矿山(隧道)应急救援大地特勘队队长、党支部书记——肖明国。

一

2001年,肖明国从四川巴中长途跋涉来到湖北荆州,从本科到硕士,7年的校园生活在此展开。肖明国自幼便在电视、杂志上接触过很多地质工作者为国家找矿事业做贡献的故事,因此对地质学产生了浓厚的兴趣,他觉得地质学是一门很有意思的学科,可以在直观地探索大自然的同时,为祖国地质自然资源事业做贡献,因此选择了地质学专业。

在学校的几年生活中,肖明国最无法忘记的是赖志云老师、高振中老师等老一辈地质人的故事,每当想到他们的事迹,他便会备受感动,时至今日,这些老前辈的故事依然在鼓舞着他:"他们一辈子都奉献在中国地质勘查事业中,坚定地为祖国找石油,为石油勘探事业做出了重要贡献,特别是他们从教几十年来,为祖国培养了一代又一代的地质人,他们是为祖国建功立业的优秀教育工作者,他们的精神深深印在我心里,他们的事迹深深地感动着我。"

本科与硕士期间,肖明国去过的实习地点有湖北松滋刘家场实习基地、河北秦皇岛北戴河实习基地、河南油田桐柏采油厂等。地质工作是一门实践性和经验性很强的工作,只有经过实践积累,才能开展好工作,这些实习经历为肖明国毕业后的工作打下了良好的基础。毕业时,肖明国和地质专业的前辈们一样,想着投身到地质勘查工作中,发扬地质人"三光荣、四特别"精神,在地质勘查事业中放飞青春梦想,为"地质报国"精神薪火相传出一分力。如今的勘探救援工作,则是肖明国在投身地质找矿工作后因机缘巧合参与的,他最终选择在这条路上一直走下去。

二

矿山应急救援工作内容是对突发的矿山安全事故进行救援,工作任务就是快速打通地面生命保障孔,目的是迅速建立生命保障通道,同时进行大口径救援钻孔的钻探施工,建立救援通道。肖明国的实习环境和工作环境有很大的区别,为了快速适应新的工作环境,他将自己的角色转变为求知进取的学生,经常向身边的前辈们请教、向优秀的同事们学习,把同事、前辈们分享的经验方法与自己学到的知识牢记在心、运用于行,在实践中总结积累经验。

在工作中,肖明国善于观察和思考。地质工作长期在野外进行实践,需要细致入微地观察,肖明国就在一次次观察的基础上多思考、多总结,逐渐发现规律,积少成多,把遇到的实际问题转变成了自己宝贵的工作经验。

肖明国与他的团队牢记"生命至上,使命在肩",拼搏鏖战,力争快速打通生命救援通道,完成地面生命保障孔的钻探施工,快速建立生命通道,充分发挥"专常兼备、快速精准、平战结合"的技术优势。在救援过程中,肖明国一直把被困人员的安全放在第一位:"对于井下被困人员来说,生死一线;对于井边日夜奋战的救援人员来说,生命至上、使命在肩。我们牢记习近平总书记'以人民为中心'的思想,勇挑重担、冲锋在前、奋勇争先!"

地质勘探工作具有很高的危险性,在国家行业安全生产风险分类中属于高风险行业。从工作之初,肖明国就对地质工作有了思想上的准备,在所有的勘探救援工作中也积极发扬地质人"三光荣、四特别"精神,遇到困难时,总会第一时间想办法克服,对于存在的危险,会想办法规避,思想上坚定不移,没有过动摇。感受到肖明国这份坚定的信念,他的家人和亲友们也从最开始对他从事地质工作和救援工作的犹豫和不理解,渐渐地转变为理解,到现在的支持并以此为荣。

三

"望救援不停,我们就有希望,谢谢你们了""联系不到你们,我们就找不到党了",这两句朴实的话说出了危难时刻,党在人民群众心中的分量;这也是肖明国救援事业的精神动力。

2021年1月10日13时13分许,山东栖霞笏山金矿井下发生爆炸事故,22名工人被困,急需救援。伴随着国家安全生产应急救援中心一声令下,身为大地特勘队队长的肖明国紧急吹响生命救援"集结号",从北京、山西、安徽、河南、河北等地召集2辆大口径车载钻机和富有作战经验的71名救援人员星夜驰援事故现场。肖明国率领首批队员随应急管理部领导及专家抵达事故现场后,迅速展开前期救援接洽及井场准备工作。

时间就是生命。近72个小时,肖明国在救援钻机各作业点间连轴转,全力组织协调救援工作。当他得知,全体队员几天几夜都没有合过眼,他眼眶湿润了,当晚就安排队员换班休息,而自己却选择通宵值班,第二天依然加入战斗。大家劝他去休息一下,他却说:"钻机不能停,我们的坚守是井下矿工兄弟最大的心理支柱。"由于多天辛劳,肖明国的嗓子已经嘶哑,但对讲机里的他,声音依旧严肃有力,斗志依然高昂。身上的救援服沾满了泥垢,帽子上水珠结成了冰块,但他寸步不离救援现场,满脑于想的都是油料物资够不够,当前进尺多少米了,什么时候定向钻进、防疫消杀……

正是凭着这股子韧劲,他带领队员们在紧急时刻完成了3号生命保障孔的纠偏任务,首次与井下建立了联系。随后,他又马不停蹄地继续4号生命监测孔和7号、8号大孔径救援孔的施工。

数九寒天,室外温度跌至零下8摄氏度,肖明国带领救援队员们出色地完成了救援任务。他们的衣服沾满泥浆,他们的脸上难掩疲惫。救援结束后,山东省委、省政府、应急管理部、国务院国资委给予了他们极高的评价和嘉奖。大地特勘队被称为"英雄队伍",被应急管理部授予集体"二等功",肖明国同志记个人"二等功"。2021年11月5日,大地特勘队荣获全国应急管理系统先进集体,肖明国代表大地特勘队在人民大会堂受到了习近平总书记的亲切接见。

四

在应急抢险救援科技创新领域,肖明国主持参与多项矿山灾害钻孔救援科技项目,在国家重点研发计划项目"地面生命保障孔精准定位及快速成孔技术"中,主要负责高效钻井技术优选评价体系研究和技术推广应用,对超短距离螺旋纠偏、空气潜孔锤钻井等关键救援技术的形成做出了重大贡献,技术成果在山东栖霞笏山金矿救援中得到成功应用。该项目获得2022年中国煤炭地质总局科学技术进步奖特等奖。另外,他主持或参与"钻孔救援队伍标准化建设研究""矿山灾害救援钻孔技术体系研究"等项目研究,参与编制《矿山灾害钻探救援技术指南》《钻探救援队伍标准化建设指导手册》等规范,为地面钻探应急救援体系的整体建设,发挥了关键的推动作用。

在资源勘查科研领域,作为湖南"页岩气革命"的排头兵及领军人才,肖明国组织完成湖南页岩气资源评价及龙山页岩气区块勘探工作,完成区块储量提交及申报等工作,单井产量在全国19个页岩气区块中名列第二,为"气化湖南"奠定了基础。他牵头组建湖南省重点实验室、打造成立"湖南省青年创新团队",涉足地热、干热岩勘探、城市物探、航空物探、海洋物探等领域,助力国家清洁能源开发及深地资源战略实施,他所在团队有三人荣获2018年国家技术发明奖一等奖。2020年12月,肖明国参与研究的项目"煤系矿产绿色钻探技术研究"获中国煤炭地质总局优秀地质成果奖,"地面生命保障孔精准定位及快速成孔技术"项目获得中国煤炭地质总局2022年科学技术奖特等奖。

同时,他入选石景山区"景贤计划"领军人才、湖南省长沙市"高级经营管理和研发人才"、中国煤炭地质总局"优秀共产党员"、北京"应急先锋"月榜人物、国家应急管理部安全生产领域跨国(境)救援专家名单。

2022年4月,经石景山区委组织部推荐,他参加了"北京市有突出贡献的科学、技术、管理人才"评选,2022年8月获"石景山青年榜样"荣誉,也是2022年中国煤炭工业协会"科技攻关突出贡献"先进个人。

五

作为大地高科的掌舵人,在当前地勘市场竞争不断加剧、市场利润逐渐降低的大环境下,肖明国还要高质量地完成公司各项经营任务。他果断转变思路,完善投标机制,主动跟进市场需求量大的非常规油气勘探开发市场。熬夜加班睡沙发、出差途中审方案、夜深人静写工作日记……这些对他来说早已是家常便饭了。2022年春节假期刚结束,他就带头下沉一线,跑业务、谈客户,7天7夜跑了5000多公里,跨越5个省份,到达10多个地区,面对面倾听业主心声,了解工程服务现状。

为了深入开拓淮南防治水市场,他从前期收集市场信息到开会探讨,从查询疑难到请教专家,从项目投标报价到技术综合研讨,从项目预算到风险管控,细致到每个字句和标点都一一琢磨,对每一个工艺反复研讨,为项目顺利中标和方案实施做好了充分的准备。他坚信,只有每一个细节都做到精益求精,这样做出来的方案设计才能在投标时占据优势。功夫不负有心人。2022年4月,公司成功中标淮南矿业集团瓦斯治理井工程项目。正是因为他这种不等不靠、主动出击的拼搏精神,今年一季度就为公司中标了合同金额约为4.6亿元的项目,不仅为市场开拓打响了第一枪,还为今后发展创造了更加广阔的市场前景。

此后,肖明国经常深入一线,了解现状,积极听取项目、部门意见。他从根源突破,用制度建设推动公司内控管理,拟定了包括人力、内控、经营、财务、安全和日常办公等方面的制度、流程20余项,又经过自下而上和自上而下的几轮修改,各项制度、流程日趋完善。

"为者常成,行者常至"。站在新时代改革发展的新征程上,肖明国深知面临的任务艰巨而繁重、肩负的责任重大而光荣。他时刻用奋斗定义自己,高效服务树标杆,开疆拓土当先锋,勇做走在时代前列的奋进者、开拓者、奉献者,当好不负时代的"答卷人"。

谈到对未来的打算时,肖明国眼中满是憧憬与坚定:"我将继续坚守在应急救援岗位上,履职尽责,为国家矿山应急救援事业尽自己的绵薄之力。"

(部分素材来源于中国煤炭地质总局官网。)

张世瑾　陈阳/文

王占生：乐为祖国"献石油"

　　王占生，1967年生，工学博士，教授级高级工程师，我校环境监测专业1984级校友。享受政府特殊津贴技术专家，中国石油天然气集团公司高级技术专家，现任中国石油集团安全环保技术研究院有限公司首席技术专家。中国石油大学（北京）兼职教授、博士生导师，长江大学兼职博士生导师。国家科技专家库入库专家，中国化工学会工业水处理专业专家库专家，中国化工环保协会常务理事，能源行业页岩油标准化技术委员会委员。近年来承担国家油气开发专项等不同类型项目40多项，在研项目包括国家油气开发专项、国家重点研发计划项目、中国石油集团重大项目、中国石油环境隐患治理示范工程项目等。出版专著4部，在核心期刊或国际会议上发表科研论文50多篇。获得省部级科技成果奖20项，其中获奖排名第一的有8项。

王占生：乐为祖国"献石油"

1984年初秋，一位河南小伙扛着行李迈进江汉石油学院（现长江大学）的大门，开启了与"工业血液"——石油打交道的日子，这样的日子一过就是将近四十年。从刚入行的懵懂少年到中国石油集团安全环保技术研究院有限公司首席技术专家，王占生几十年如一日般恪尽职守，开拓创新，逐"绿"前行，为美丽中国建设赋能加"油"。

初心起江汉：献身石油不后悔

说起与石油的缘分，王占生坦言是受到在油田工作的叔叔的引导和自身兴趣爱好的双重影响。在选择石油院校时，"想来南方看看，长江边走走"的念头萦绕在脑海，就这样，不满18岁的王占生只身一人怀揣对未来的憧憬与对新环境的向往来到古城荆州，求学问道，娶妻生女，度过了最美好、最有活力的青春年华。后来多少次午夜梦回，他永远难忘这个"第二故乡"。

初来乍到，王占生一方面觉得新奇，另一方面也需克服方言、气候、饮食习惯等南北差异。不过年轻人最不缺乏的就是适应能力，他很快与同学们打成一片，积极参与学院组织的各项活动，同时如海绵般快速吸纳专业知识，学习成绩始终名列前茅，不仅成为首批入党的人选之一，更在1988年毕业后获得了留校工作的难得机会。

入职江汉石油学院分析测试研究中心后，王占生晨起在学校食堂填饱肚子，来到办公室打扫卫生、做好实验准备，然后开始一天的工作；或是埋头实验，或是撰写论文，或是组织参与党支部活动。下班后，王占生并不着急回家，他要么来一场酣畅淋漓的学院排球赛，要么继续跟进未完成的实验进度。"当时虽然我们课题经费有限，但身边的教授们总是把几万元的项目当成几十万元的来干。"兴趣使然加上志同道合的同事好友的并肩作战，王占生总觉得有用不完的精力，将披星戴月当作家常便饭也不觉得疲惫。

1988年到2000年这12年中，王占生深扎有机地球化学及油藏地球化学研究领域，持续积累专业知识及英语知识，受单位科研氛围的影响和良师益友的助力，他攻读了江汉石油学院应用地球化学专业硕士学位。2000年，在"到外面更大的世界看一看"想法的助推下，王占生毅然放弃了眼前安逸祥和的"不锈钢饭碗"，考取了中国石油大学（北京）林壬子教授的博士研究生。工作多年重返学生状态，住学生宿舍，吃学生食堂，仿佛一切又回到了原点。他卸下思想包袱，整装再出发，从事与石油环保领域相关的地下水石油烃污染、多环芳烃污染及修复研究。2003年8月，王占生顺利通过地质资源与地质工程专业博士毕业答辩，进入中国石油天然气集团公司（简称中石油集团公司）环境工程技术中心工作，并把身在荆州的妻女接来北京，与她们一道，在北京扎下了根。

谈到女儿，王占生情不自禁地露出笑容：女儿3岁，自己开始读研；女儿8岁，自己又开始读博；好不容易一家三口在北京安了家，女儿也上了初中，自己又因为工作原因，每年有1/3的时间都出差在外。"当时我每出差一天，女儿就在家里挂历相应的日期上画一个圈，一年到头我发现挂历被画得都是圈。"回想起有意思的小事，王占生表示，为了工作和事业,对自己的小家照顾不周是难免的,他发自内心地感觉亏欠了妻女,更感谢多年来家人对自己的支持和理解。

研发、市场抓两头:只为油气开采环保又安全

2007年,随着中国石油集团安全环保技术研究院成立,包括本单位在内的5个环保单位进行合并,王占生开启了在HSE新技术推广中心的工作新篇章。

科技成果的转化与应用是企业发展的核心要务。王占生在任中国石油集团安全环保技术研究院有限公司副总工程师兼HSE新技术推广中心主任期间主抓成果转化与产业化工作。他认真研判,提出"十三五"期间成果转化与产业化工作要围绕"打造研究院成果转化与产业化统一平台""打造业内权威的HSE技术服务中心""打造企业安全环保疑难杂症解决中心"和"打造技术服务盈利中心"等发展目标开展。

酒香也怕巷子深。出成果仅仅是整个研究工作的开始,还得进一步研究这些成果如何解决实际问题,真正产生环保、经济、社会效益,着力实现多方共赢。面对研究院技术积淀底子薄、可转化成果少等不利局面,在院领导的支持下,王占生一手抓技术开发,一手抓市场培育,开始了成果转化工作激励体制机制的探索。经过短短几年,研究院成果转化与产业化工作从"无'技'可施"转向"择'技'优施",其中,含油污泥处理技术、污染土壤与地下水修复技术、作业废液处理技术和钻井固体废物处理技术,成为成果转化与产业化业务的"四大技术支柱"。相关技术成果先后在长庆油田、吉林油田、冀东油田、华北油田、吐哈油田、克拉玛依石化公司和西部管道公司等处落地应用。

为了这一天,王占生这些年走过大江南北,可以说中国有油田的地方就留有他的足迹。他日复一日、年复一年地忘我工作,见证了不知多少个日月星辰的轮回更迭,饱尝祖国大江南北沟壑平原的雨雪风霜和大漠孤烟。有一回王占生赴偏远地区处理漏油事故,冰天雪地中他肾结石突然发作,坐也不是,躺也不成。在零下三十几摄氏度的气温下,他竟疼得满头大汗,浑身痉挛。好在当地诊所有位经验丰富的医生及时开药,他这才慢慢缓过劲来。

待他说罢个人的惊险经历,记者顺势问他是否遇到过现场突发事故。与前面的紧张氛围不同,王占生笃定表示:"这个绝对不允许!我们安全环保的工作内容就是避免出现突发状况,我和团队会针对实际情况做好风险识别与防范预案,将事故扼杀在萌芽状态。"自信的背后离不开技术水平的支撑。多年来,他和他的团队面对各类难题总是提前研判,因地制宜,多措并举,保证石油安全环保工作行稳致远。

"泥浆不落地":还大地绿水青山

石油环保简单来说就是:第一,从源头上预防控制污染产生;第二,净化处理已经被污染的环境。在加快推进生态文明建设的背景下,石油工业想要实现长期的可持续发展,实

行循环化经济发展模式势在必行。

"钻井不能没有泥浆,但是完全可以消灭泥浆池。"这是王占生2019年接受《中国环境报》采访时掷地有声的发言。说到泥浆池,大家脑海中浮现的是"铁人"王进喜奋不顾身跳入池中搅拌水泥、制服井喷的画面。东到黑龙江,西到新疆,南到海南,在中石油的多个勘探开发区域,钻井泥浆处理技术工艺的一场颠覆式变革正徐徐展开。它打破了老一辈钻井人"没有泥浆池就不会打井"的旧观念,推行的是"泥浆不落地"的新方法。

长期以来,一个个泥浆池宛如绿色大地上的块块伤疤,成为油气勘探开发工作中的环保"痼疾",即使表面平整绿化了,内里依然"伤痕累累"。以前,像这样废弃填埋的泥浆池遍布各地,数量众多,固化填埋的废弃泥浆总量惊人。王占生认为,即使泥浆池的固化、填埋、绿化处置方法完全符合当地政府环保要求,操作过程如果监督不到位的话,就很可能因为不严格执行标准埋下环境隐患。"有的地区几年前固化处理的泥浆池被要求挖出来重新处理,这样,后期修复花费的时间和成本可能成倍增加。"

如何啃下这块硬骨头,实现油气开采与绿水青山和谐共处?王占生一直在思考。2003年,中国石油南方石油勘探开发有限责任公司质量安全环保处处长李英涛联系上正在进行水基泥浆废弃物无害化处理与资源化利用技术研究的王占生,探讨关于海南省福山油田如何解决钻井施工过程不挖泥浆池的问题,两人一拍即合。接下来,王占生提供思路构想和技术支持,携手南方勘探公司与相关专业公司,经过两年多的研发试验和现场应用,形成了一整套的水基钻井泥浆随钻处理及资源化利用工艺技术和与之配套的装置设施。2015年,此技术通过了中石油集团公司组织的科技成果鉴定,申请了5项国家专利,获得中国石油和化学工业联合会科技进步二等奖。

谈到最初合作的动机,王占生显示出科研工作者的无私:"环保技术不管是谁的,只要有人用就是好事,就对保护环境有贡献。"

经过实际应用展现出的显著优势,以及中石油集团的大力推广,水基泥浆废弃物无害化处理与资源化利用技术终于在浙江、陕西、内蒙古、四川等省的油气田勘探开发工作中得到广泛应用。王占生说:"以前的很多技术都停留在专利层面,而这项技术将科研团队、专业公司、市场需求结合在一起,是推广应用最快的一项技术。"

薪火永相传:继续讲好石油人的环保故事

大家对王占生有着共同的态度:一是对他人品的敬重,二是对他学识的信服。

在进行科研项目研究的同时,王占生还担任中国石油大学(北京)兼职教授、博士生导师,长江大学兼职博士生导师,华北电力大学(北京)兼职教授。对于青年石油人才的培养,王占生的要求十分严格。他说:"现在对学生严一点,是对他们的爱。如果我撒手'放羊',那就是误人子弟嘛!"因此,从入校开始制订研究生培养计划,到定期督查学生的实验进度,再到全程把关学生毕业论文的撰写,哪怕日常工作再忙,他在各个环节也没有丝毫马虎。对待年轻后辈们,不管是专业问题还是工作方法,他都毫无保留地提供指导与帮助,这正是他始终倡导的"有教无类、见贤思齐"。正因如此,这些年,他通过"师带徒"等方式培养出多名业务骨干,目前他们都在各自的岗位上发挥重要作用。

作为入党多年的老党员,王占生已经将党性修养深深刻入骨子里,常常会潜移默化地将思政内容渗透到日常工作、讲座发言以及教学工作中,阐释生态文明建设的重要性,引领青年石油人继续坚持苦干实干、"三老四严"和开拓创新、奋勇向前的铁人精神,始终唱响"我为祖国献石油"的主旋律。

多年来,王占生及其团队承担国家油气开发专项、中国石油天然气集团公司重大科技专项等不同类型项目40余项,主持的项目包括国家油气开发专项、国家重点研发计划项目、中国石油集团重大项目和中国石油环境隐患治理示范工程项目等。在核心期刊或国际会议上发表科研论文50多篇,出版专著4部;获得授权发明专利8项、实用新型专利9项;获得省部级科技成果奖20项,排名第一的有8项。受国家能源局和生态环境部委托,主持编制《陆上石油天然气开采含油污泥处理处置及污染控制技术规范》,承担《危险废物环境管理指南 陆上石油天然气开采》编制任务。这些成果不仅为企业解决了固体废物的处置管理难题,而且为油气勘探开发固体废物资源化利用提供科学依据,对石油行业固体废物合规处理处置和环保部门依规监管具有重大指导意义。

回顾自己这一路走来,王占生直言从未后悔。石油环保领域是他的心之所向、兴趣使然。"能为国家环境改善尽绵薄之力,我觉得很有成就感。"他谦虚地说道。同时,他寄语刚刚入行的青年学子:一定要打牢专业基础,培养分析问题、解决问题的能力;趁年轻多去更广阔的平台看一看、闯一闯;把目标定早一点,再努力一点,你的人生就会与众不同。

牢牢扛起安全环保科研重任,讲好石油安全环保故事,是王占生多年来的追求与使命。"我对行业未来的发展很有信心,历史遗留的环境问题逐步得到解决,为实现更高水平的发展打下了基础,但同时也对石油环保科研提出了更高的要求。现在我们可以通过教育让更多年轻人提高科学环保意识,不能再走'先污染后治理'的老路。尽管一个人的力量有限,仍要尽量发挥作用影响身边人改变观念。"目前王占生正在稳步开展"十四五"规划绿色油气田污染治理与生态保护相关项目研究,继续发扬"逢山开路,遇水架桥"的精神,为科研事业悉心竭力、添砖加瓦。

风正时济,自当破浪前行;任重道远,更需快马加鞭。王占生的漫漫求索路不会止步,他与石油环保的故事也将继续书写下去。

张昕悦/文

三、行业先锋

艾晓慧：男人堆里成长起来的女劳模

　　艾晓慧，1982年10月出生，中共党员，采油高级技师，美术2000级校友，现为江汉采油厂新沟采油管理区马50站站长兼党支部书记。2007年走上采油工岗位，2010年担任采油班班长，2013年10月被湖北省9部委联合授予"湖北省知识型职工标兵"称号，同时荣获湖北五一劳动奖章。2014年9月，夺得湖北省石油石化行业采油工竞赛的第一名。2015年被评为"全国五一巾帼标兵"，并被授予全国五一巾帼奖章和全国五一劳动奖章。2018年9月，担任江汉采油厂新沟采油管理区老新站党支部书记；2020年1月，担任江汉采油厂新沟采油管理区马50站站长。2020年11月，被评为全国劳动模范，并进京接受表彰。2022年6月，当选为党的二十大代表。

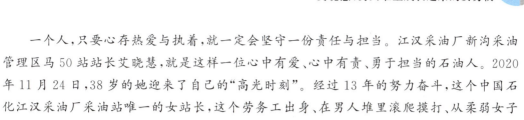

一个人,只要心存热爱与执着,就一定会坚守一份责任与担当。江汉采油厂新沟采油管理区马50站站长艾晓慧,就是这样一位心中有爱、心中有责、勇于担当的石油人。2020年11月24日,38岁的她迎来了自己的"高光时刻"。经过13年的努力奋斗,这个中国石化江汉采油厂采油站唯一的女站长,这个劳务工出身、在男人堆里滚爬摸打、从柔弱女子到倔强"技术状元"的职场女强人,走进了人民大会堂,接受党和国家的隆重表彰,获得"全国劳动模范"荣誉称号。

13年,这一连串的转变,让人眼花缭乱,我们在感叹她成功的同时,更应看到她的艰苦付出。"做不了白领,就要做精英蓝领。"这是她的梦想,正是这个梦想让她从基础学起,从点滴做起,干着学、学着干,顽强的毅力、辛勤的汗水终于使她这朵"石油之花"得以绚丽地绽放。

只要努力,干啥都能出彩

30多年前,艾晓慧的妈妈被确诊视神经萎缩,双目几乎失明。从那时起,未满8岁的艾晓慧,就是妈妈的"一双眼",洗衣、烧水、做饭……课余时间还担负起妈妈环卫工的工作。日子过得很苦、很难,可她依然乐观、豁达,用稚嫩的双肩扛起家庭的重担。

2004年,艾晓慧从长江大学毕业,成为一名高校美术教师,在三尺讲台上,她青春的梦想开始起航。可2006年底的一天,她接到邻居阿姨的电话:"晓慧,你赶紧回来一趟吧,你妈妈眼睛看不见,走路尽摔跤,没人照顾真不行啊!"艾晓慧火急火燎地赶回家,看见不满50岁的母亲腿上摔得青一块紫一块,艾晓慧的心都快碎了。"回家!回到油田!无论做什么工作,也要照顾妈妈!"

2007年7月,艾晓慧成为江汉油田新业公司的一名劳务派遣工,在江汉采油厂原新周作业区采油22队工作。从时尚靓丽的高校女教师,到手握管钳操作设备的采油工,艾晓慧感受到巨大的落差。师傅李拥看出了艾晓慧的心思,就开导她:"你是'80后',又是大学毕业生,别看石油行业苦,干好了一样能出彩。"她心动了。人生的舞台,谁不想活得精彩?

为尽快胜任工作,艾晓慧把自己"归零",重新校正自己的人生方向。每做完一项工作,她总要问师傅为什么这样做,遇到技术问题就记录下来,回去自己看书琢磨。无数个日夜,她往来于站点、井场,检查每一个闸门、每一条管线、每一道流程。好奇心驱使着她不断地学习、不断地进步,她每天都充满了喜悦。不到一个月,她就在采油岗位顺利顶岗。2009年,作业区"安康杯"知识竞赛,她一举夺魁;年底,联合站油改煤工程开工,她第一个拿下司炉工操作证,成为作业区最早拥有"双证"的劳务派遣工。此外,仅用两年的时间,她就自学完了长江大学石油工程专业的函授课程,取得了采油、输油、锅炉、注水等6个岗位的岗位操作资格证,成为油田第一个具备6个岗位操作资格的劳务派遣工。

2010年,面对老二联合站改造、人员紧缺的实际情况,艾晓慧主动请缨,连续两个月顶起连男员工都吃不消的锅炉岗,用实际行动赢得了同事的信任和尊重,成为江汉油田第一位"80后"女班长。2010年9月,作为油田唯一的劳务派遣工代表,艾晓慧参加了中石化优秀班组长培训班。学成归来,她在班组实行设备标准化、管理可视化,将标准张贴在班组文化栏,让员工对照着干;在班组管理中,日考核、周交接、月岗检,每一步环环相扣;日一练、周一赛、月一考,抓培训从不间断,班组整体技能水平得到有效提升,年节约成本60多万元,她所在的班组被评为厂先进班组。她本人先后被授予油田十大杰出青年岗位能手、巾帼建功立业标兵等荣誉称号。

迎接挑战,奋斗的青春最美丽

如果说,走进石油是缘于孝道,那么爱上石油,则是艾晓慧不服输的倔强。"当蓝领也要做精英!"为尽快掌握采油技术理论知识,她用心研学了《采油工》《输油工》等大量专业技术书籍。白天工作,她留意技师、高级技师的示范讲解,认真掌握操作要领;晚上回到宿舍,再困再累,她都坚持自学理论知识。

2012年3月,艾晓慧被油田选送参加中石化技能大赛集训班。高手如云的集训班里,她年龄最小、资历最浅、经验最少。抽油机调平衡是个力气活,体力消耗大,对男同志都是不小的考验。为了调好平衡,她一次次挥动榔头、扳手、摇把等重工具,站在高高的操作台上,砸松固定螺丝、卸松锁块螺丝,用摇把反复移动半吨重的平衡块。尽管累得腰酸腿疼,吃饭都拿不住筷子、端不稳饭碗,但她还是咬牙坚持。

艰苦的训练没有白费,第一轮学习后的考试,艾晓慧不仅在规定时间内完成了实际操作,还顺利进入下一轮选拔。机械制图是她的弱项,她每晚画两小时,强化训练。为了画好三视图,她一次次把橡皮掏空、削圆,从球体到正方体,再到组合体,画立体图,这一面画了再换另一面,通过加强动手能力提高空间想象力。为了保证机械制图的精确度,她从一根线条的粗细、一个箭头的比例、一个数字的大小练起,在她的文具盒里,光铅笔就有20多支。抽屉里,一张张画满箭头、线条、数字的草稿纸竟重达十几斤。

一个月的刻苦训练后,又是一轮淘汰赛,艾晓慧最终取得此次中石化技能大赛第10名的成绩。职工培训站的老师给她高度评价:"第一次参加这种封闭式训练就取得这样的成绩,这个姑娘不简单!"

有了这次宝贵经历,艾晓慧的自信心更足了。同年9月,她摘取江汉采油厂采油工状元桂冠,实现了她所在的作业区建区20年来主力工种状元零的突破。2013年10月,她被授予"湖北省知识型职工标兵"称号,并荣获湖北五一劳动奖章。2014年9月,她摘得湖北省石油石化行业采油工竞赛状元桂冠。2015年3月,艾晓慧光荣当选"全国五一巾模标兵",并荣获全国五一劳动奖章。2018年3月,她被集团公司转为合同制人员。她参与的"卡边带槽口的管道打卡装置""车载式油管线高压解堵装置"两项发明先后获国家知识产权专利。

撕掉"标签",做最好的自己

2018年9月,艾晓慧被任命为老新站党支部书记、副站长,面对组织的信任,艾晓慧更加努力,不敢有丝毫懈怠。她自学了《党支部工作手册》《党政干部论坛》等,恶补政工理论知识。老新站地处边远,员工们大部分时间都驻守在站里。环境艰辛,远离亲人,如何温暖员工的心?艾晓慧用亲情文化营造家的氛围,为每名员工建立"亲情档案",构建情感交流平台,及时掌握员工的思想动态,有针对性地解决实际问题,又精心设计"送奖、送书、送技术,员工过生日到场祝福,每逢佳节与员工同过"的"三送两过"活动。

员工陈建武组织能力强、技术全面,艾晓慧给他派任务、压担子,将其培养成做事沉稳的生产骨干;员工冯露平勤奋好学、工作踏实,艾晓慧给机会、搭台子,将其培养成能独当一面的优秀员工;员工付冰强在井场热洗突遇暴雨,艾晓慧深一脚浅一脚地赶到现场,将雨伞送到他手中。一桩桩、一件件,艾晓慧用她最诚挚的关爱、最朴实的行动将员工们的心拢在了一起、情聚在了一起。

2020年初,艾晓慧调任新沟采油管理区马50站站长,成为全厂唯一的女站长。初上任的激情还没有消散,突如其来的新冠肺炎疫情就给了她一个"下马威":道路封闭,人员出行受限。马50站位于湖北省仙桃市三伏潭镇鲜马村,距油城60多公里,为加强疫情防控,厂里暂时取消边远站点换班,站上仅留9名驻站员工。艾晓慧不负重托,带领员工迎难而上保稳产。

大雪纷飞,气温骤降,全站所管的10口油井回压普遍升高,道路管控无法用车送药,她带头拎起各25公斤重的加药桶和热水桶,顶着刺骨寒风,带着大班人员徒步往返近20公里将500公斤的药剂和热水安全送达油井,确保了全站24小时连续生产、正常生产。

疫情期间人手不足,倒班工人工作量成倍增长,艾晓慧就带头顶夜班,从晚六点到早六点,一顶就是30多天。全站最偏远的拉油点距站部13公里,由于道路交通管制,生活和防疫物资送不上去,她就步行两个多小时,跟沿途十几个哨卡里的防疫人员逐一解释,终于将物资送到拉油点。艾晓慧和9名班员严防死守、共克时艰,一干就是整整86天,最终马50站实现了原油超产、队伍稳定,取得了抗疫、保产"双胜利"!

2020年11月,在湖北省总工会举办的"中国梦·劳动美——决胜湖北 奋斗有我"全省职工网络宣讲决赛现场,艾晓慧以《抗疫保产"石油花"》为题,饱含深情地讲述了疫情期间坚定理想信念、带队驻站抗疫、保产并实现"双胜利"的感人故事,在高手如云、竞争激烈的比赛中夺得二等奖,取得了油田历史最好成绩。

儿时有梦,可浮想联翩;少时有梦,可憧憬未来;现在有梦,可书写人生。与石油结缘的这16年,是艾晓慧不断奋斗逐梦的16年。这16年,她一步一个脚印、一步一个台阶,青春的热血在干好事业的坚定理想信念中熠熠生辉,梦想里的"石油之花"在不断拼搏进取中尽情绽放。

(本文根据中工网、中国石化职工之家微信公众号、中国石化江汉油田微信公众号等宣传报道材料编辑整理。)

冯振兴/文

李美德：全国模范护士的侠者情怀

　　李美德，1950年生，我校护士专业1973级校友，在武钢总医院（现华润武钢总医院）工作30多年，任护理部主任。退休前被武汉科技大学城市学院（现武汉城市学院）聘请工作12年。1990年取得武汉冶金医专大专文凭；1995年取得湖北医科大学大专文凭。先后荣获全国模范护士、湖北省优秀护士、武汉市"十佳"护士、武汉市优秀护士、武钢"十佳"护士、武钢劳动模范、武钢"巾帼十杰"、武钢技术能手、武钢优秀管理者、武钢专业技术学科带头人等称号，曾荣立个人二等功和三等功。

桃李芬芳

她,一个温柔、善良、博爱、美丽,生命中永远充满热忱和阳光的人,一心为民服务,将真挚的情感传递给每一位患者,使燕尾帽上圣洁的光环熠熠生辉。

她,护士们的敬业标杆,始终心系病患,以"热心、细心、耐心和责任心"的职业素养,当好百姓健康的"守门人"。

她,用青春和智慧谱写人生,用温馨的护理点亮一盏盏生命之灯,以科学、规范、忠诚和严谨的职业态度换来桃李满天下。

她就是全国模范护士、我校护理1973级校友李美德。

事事冲在前面的"大姐姐"

印象中的李美德似乎走到哪儿都是一副利落爽朗、铿锵有力的做派。接近她,你会被她身上一股昂扬着的精气神所感染,有韧性、有冲劲、无所畏惧。

李美德1950年出生,父亲是某高校的一名教授,受家庭环境的影响,她德、智、体全面发展,成绩优异,每年都是学校的优等生。在省重点中学读书时的她,立志报考清华大学,将来做一名科学家。

1968年,她响应毛主席的号召,成为武汉市"老三届"第一批下乡的知识青年。在农村,她吃苦耐劳,脏活儿、累活儿抢着干,被评为首届下乡知识青年县级劳动模范。1973年,她又以全县被推荐的工农兵学员中考试第一名的成绩,被湖北省沙市卫生学校(长江大学前身之一)护理专业录取。

1973年的秋天,23岁的李美德坐着大巴车一路颠簸来到学校。她作为从华师一附中以优异成绩毕业的高才生,由于时代的特殊性没有读到理想的学校本有些懊丧,但沙市卫生学校的老师改变了她的价值追求和人生走向。"对于我的人生发展来说,这些老师,就是燎原的火种啊!"李美德说。

李美德回忆道,初来学校时她积极参加各项公益活动,在学习上帮助同学共同进步,两个月之后老师找到她说:"你是你们这一届以第一名成绩入校的,非常优秀,你比班上其他的同学年纪要稍大一点,可否担任班长兼团支部副书记?"

就这样,李美德在老师委托的重任中开始了她的学习生活。毕竟医学是一门特殊的学科,她还需要克服心理的不适应。比如到解剖学实验室上课,她要先与同学们准备人体解剖标本,刺鼻的福尔马林呛得她睁不开眼睛,上完课后她不仅吃不下饭,皮肤还起了红色的疹子。当看到老师站在人体解剖标本旁眉飞色舞、声情并茂、不断传授知识的时候,她深深感受到老师的敬业精神。

"当时的沙市卫校可以说是荆州最好的医学院校,教我们的老师都毕业于武汉医学院(现华中科技大学同济医学院)这样的老牌院校,我们有设施完备的实验室,生活费有国家补贴,同学们来自农村和工厂,都很珍惜学习时光。"作为班长,她吃苦在前,以身作则,将全班同学拧成一股绳,班级的学习氛围非常浓厚。

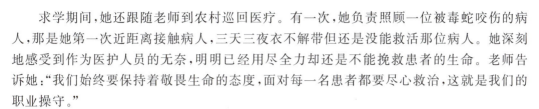

求学期间,她还跟随老师到农村巡回医疗。有一次,她负责照顾一位被毒蛇咬伤的病人,那是她第一次近距离接触病人,三天三夜衣不解带但还是没能救活那位病人。她深刻地感受到作为医护人员的无奈,明明已经用尽全力却还是不能挽救患者的生命。老师告诉她:"我们始终要保持着敬畏生命的态度,面对每一名患者都要尽心救治,这就是我们的职业操守。"

李美德顿时受到启发,自此以后,每次面对患者都是冲在最前面。毕业前实习时她被安排在沙市第一人民医院,在外科实习期间她曾经护理过一位断肢再植的年轻人。"他就那么躺在床上,一言不发,从来都不要求什么,我只能默默地观察。"过了几天,李美德发现这个病人5天未解过大便,这让她很着急。她猜想一定是不能运动引起的便秘。她抱着试一试的态度与病人交流,试探性地问他,病人点了点头。李美德二话没说,戴上手套,帮病人把大便抠了出来,解除了病人的痛苦。事后,李美德的事迹在医院广为流传,她也因此得到了医院和学校的高度赞赏。"我也不知道哪儿来的勇气,就觉得这是我作为医护人员应该做的。"李美德说。

在那个特殊的年代,学校除了学习还有一项特别重要的内容就是劳动,学校在郊区办了农场,只要农忙,就停课让学生去那儿干农活,作为班长,每次她都冲在最前面。

关于李美德,在同学圈里还流传着她的许多佳话。为了丰富大家的文化生活,她经常带头办板报,向学报投稿,组织同学参加学校的体育赛事;她是学校的篮球队队员,经常代表学校在沙市比赛;她代表学校参加过横渡长江活动;她创下了学校投掷手榴弹和投掷铅球的纪录,这些记录保持了十来年无人打破;她用化名向灾区捐款,直到对方找到学校来,经过多方打探,老师和同学们才知道是李美德……

洒向患者的都是爱

1975年毕业时,她被分配到武钢总医院工作。初来医院,李美德谨记老师的教诲,事事为患者着想,眼里处处都是活儿,受到了病人的称赞以及领导和同事的认可。1976年,唐山发生地震,她作为新人加入了湖北省抗震救灾医疗队。她与同事们夜以继日地为伤病员服务了40天,即使在发烧并腹泻的情况下,她也没有休息一天。这样的情形,在她的医护生涯中不知发生过多少次,也因此锻炼了她独当一面地开展救治和护理工作的能力,她很快地从一名护士成长为护士长,又从护士长被提拔为护理部主任。

"一花独放不是春,百花齐放春满园。"作为护理部主任,她鼓励年轻护士们自学成才,组织护士们积极参加大专及专升本学习。在她的影响下,全院接受学历教育的护士占80%。她身先士卒,业余时间几乎全部投入"学习学习再学习"之中,她写下了几十万字的学习笔记。她在《中华护理杂志》《护理学杂志》等知名杂志及全国、省、市级会议发表五六十篇专业论文,并应邀到韩国、美国和中国香港地区访问进修或参加国际医学学术会议。

她开展的新业务、新技术多次获武钢公司科技进步奖。她参与的科研课题"冰敷法肌肉注射提高痛阈的护理研究"经湖北省卫生厅专家鉴定达到国内领先水平。她用业余时间系统地参加了大专医学基础理论培训班、外科学培训班、中级英语培训班、出国护士英语强化班、计算机培训班及管理知识培训班的学习,还获得了两个护理专业大专文凭。

她严格要求自己,率先垂范。为了全院护理质量的提高,她连续6年未休年假。有一次,因检查工作不慎摔伤致骶骨骨折,她只休息了几天就立即投入工作。她还主持制定了各项护理制度、疾病护理常规、岗位职责及护理技术操作规程。她坚持强化"三基"训练,每年组织开办护士长培训班、新业务新技术培训班、护理技术操作培训班、整理护理培训班等。在她的努力下,1988年该院率先在武汉市建立了全院护理人员技术档案;1992年起,全院实行护士长竞争上岗,护理管理改革成绩斐然。作为武汉市卫生局任命的"武汉市整体护理技术管理组"成员,她积极在全院推行整体护理工作法,与护士长们一同制定各种护理质量标准及表册,建立整体护理模式病区,对整体护理工作进行了大胆创新和探索。

李美德对待患者的爱心随处可见。在医院每次重大工伤及危重病人的抢救中,她总是第一时间赶到现场指挥抢救。她调配护理人员、抬送病人、清创、输液、护理等,总是忙而不乱,精心看护每个病人。2002年11月16日,全国突发"非典"疫情,她参与筹建发热病房和发热门诊。在发热病房,她与护士们一道接待护理了第一位疑似病人。在这次抗击"非典"工作中,她荣立个人三等功。在一起火车与电车相撞的交通事故中,她24小时在现场和医院抢救病人,荣立个人二等功。

一次下班途中,她看见一位60多岁的老人躺在地上呻吟,她连忙小心搀扶老人到医院就诊。当得知老人患的是急性阑尾炎、身边没有亲人照料时,她一边轻言细语地安慰老人并精心照料,一边和两名警察四处打听老人的亲属,经过两个小时,终于找到了老人的儿子。

在一个寒冷的冬夜,她担任医院总值班。凌晨两点,一位满头大汗的病人家属敲门请求医生出诊。她二话没说,立即步行到病人家中。经初步诊断,病人是煤气中毒。她当即决定与家属用担架将病人送往医院。途中,病人呕吐了好几次,那酸臭的胃容物溅在她衣服上了,但她毫不在乎。病人到急诊科时,她才发现自己已经浑身被汗水浸湿了。

出差途中抢救病人、为残疾儿童捐款等这样的事情,她不知做过多少次,但从未声张。她始终把病人当亲人,从手术室、外科护士到护士长再到护理部主任,从护士一级一级地晋升为主任护师,她一贯保持着"热心护理病人,爱心呵护病人,全心对待病人"的高尚医德。在医院工作的30年里,李美德曾被武汉科技大学医学部、武汉红十字助产学校聘为兼职教师。

30余载护士生涯,她曾荣获全国模范护士、湖北省优秀护士、武汉市"十佳"护士、武汉市优秀护士、武钢"十佳"护士、武钢劳动模范、武钢"巾帼十杰"、武钢技术能手、武钢专业技术学科带头人等称号。这些荣誉并没有使她自满,她一直认为做人要实在,待人要诚恳。她说,她的每一点进步都离不开家人、朋友、同事等的帮助与支持。

发挥余热也很拼

李美德高超的护理技能和教学水平名声在外,从医院退休后,她被武汉城市学院医学部聘为教授、主任护师、实验室主任,同时负责筹建新护理学实验教学中心。从新实验中心规划、房屋面积到新实验中心布局,每一个细节她都考虑周到,一遍一遍地画图纸、翻阅书籍,再到现场勘查,她亲力亲为,不知牺牲了多少休息时间。对此,她从来没有过抱怨。"人生成长就是一个不断接受挑战的过程,有学校和医学部领导的大力支持,全体同事都积极配合,我没理由不做好。"李美德回忆道。

为了把实验中心管理得井井有条,她建立健全了医学部实验中心各项规章制度,编写了医学部实验中心学生守则、各间实验室管理标准。她还将实验室仪器设备分类建档,每学期进行清点。结合多年的护理经验,她合理设计教学计划、改善教学设施,筹建了数码显微互动实验室、重症监护室、母婴室,等等。经过多年的创新发展,医学部实验中心获批湖北省重点实验教学示范中心。

从救死扶伤的护士到教书育人的教师,李美德的思想也发生了变化。为了更好地教学,她不断加深理论学习,被问到作为优秀教师必备的素质时,李美德说:"除了自己在知识上精益求精外,还必须让学生明白什么是干一行爱一行。"她一直遵循着南丁格尔的誓言,救死扶伤,以自己的经历让学生谨记并履行南丁格尔的誓言,不负自己的内心。

李美德主要承担"基础护理学""外科护理学""医护急救学"和"健康管理"的理论及实验教学,作为"双师"教师,她非常重视学生的基本功训练。她经常进行集体备课,和同事互相交流实验教学中的经验,结合目前医院的最新护理动向,吸收新的观念,不断改进实验课的教学,力求实验操作规范、统一、科学。

她身先示范,对学生要求十分严格,强调学生的站姿、坐姿要规范,对每项实验操作都反复讲解、手把手地教,不厌其烦,经常汗流浃背。在她的辛勤付出下,学院培养了一批又一批被同济、协和等著名医院接受的专业护士。

一分耕耘,一分收获,辛勤的汗水和无私的奉献使这位曾经拥有全国模范护士和专业技术学科带头人等许多荣誉称号的护理部主任,在学校多次获得年度先进教师、优质课堂教师、"三育人"积极分子等荣誉称号。

2019 年,69 岁的李美德退休了,但她没有停下学习的脚步,她说:"人可以退休,但年轻的心不能退休。"她的退休生活并不局限于一日三餐、读书看报,而是积极地拓展自己的兴趣爱好。

李美德把自己的生活安排得满满当当,走进了老年大学学习英语。"要有一种不满足、不安定的劲儿,终身学习,学各种知识和本领。"李美德说。

她还报班去学习民族舞蹈。她说:"要想保持身心健康,就一定要做适当的体育锻炼,年轻时没有机会学习舞蹈,现在终于有时间了,我希望在夕阳最美的时候跳出自己的青春、舞出自己的美丽。"

她还经常去全国各地旅游,她说:"是祖国培养了我,要在我还能到处跑的时候多看看祖国的大好河山,人生才会有意义。"

　　如今,李美德的生活丰富多彩,她正享受着现代化社会的乐趣。夕阳照亮的天空不仅红艳,而且绚丽。

　　(部分素材参考期刊《当代护士(综合版)》2005年第2期李美德专访。)

冯振兴/文

李立君：环评"执剑人"

李立君，1976年生，高级工程师，我校环境工程专业1994级校友，现任盘锦市生态环境保护服务中心主任。长期从事绿色发展服务研究工作，为盘锦市生态环境局创造良好的营商环境做出了突出贡献。2016年被评为盘锦市劳动模范，2017年被评为"辽宁省先进工作者"，2020年11月24日荣获全国先进工作者称号。

盘锦是湿地之都,也是石化新城。前者是说它蓬草茂盛、鸟语花香,满眼生态美感和诗情画意;后者是说它炼塔林立、管廊密布,散发出挡不住的现代化工业气息。这两个迥然不同的特质能在盘锦和谐发展,实属难得。

如何在保护好生态环境的前提下发展石化等支柱产业,需要一项项长远的决策和科学的规划。全国先进工作者、全国环保业务能手、环工1994级校友李立君就多次被委以重任,他也从未辜负期望。

优秀始于大学时代

李立君是优秀的,这从他大学的生活和学习就可以看出。1994年,李立君以优异的成绩考上长江大学(原江汉石油学院)环境工程专业。在位于荆州这座历史文化名城的大学校园里,他忙碌学习的身影永远与黎明的曙光、夜晚的星辰为伴。但他可不是书呆子,而是一个率真坦诚、善交良师益友的上进青年,而且社交管理能力十分出众。他担任过班长,系学生会部长、副主席、主席等职。1997年,他因为品学兼优、思想上进,成为一名共产党员。

短暂的大学四年,李立君不仅在专业知识方面打下了较好的基础,而且养成了善于学习、勤于沟通的好习惯。求学时光给他留下了一生中最美好的记忆,在他所游历的时间长河之中占据着一席之地。即便过了二十余载,再回忆起自己的求学时光,回忆起校园中的恩师、同窗,他心中仍充满着感动……

白驹过隙,时间转眼间来到2020年12月10日,长江大学化工学院一场线上讲座正在火热进行,主讲人正是李立君。

讲座主题是:以兵器工业集团炼化项目为例,说明环境工程专业所学的水、气、固、声等污染控制工程和环境风险防范措施是如何在实际工作中得到有效应用的。

鼻梁上的金丝边框眼镜也掩盖不住那双清澈明亮的眼睛,此刻的李立君十分专注,正细致又专业地讲解着。他的讲解使得师弟师妹们接触到一个更广阔的领域,一个个专业而又新颖的词汇扑面而来。大家认真聆听着、感受着,觉得新鲜而又生动。

通过屏幕,李立君总算与母校有了短暂的相聚,他毫无保留地分享着自己的成长经历与学习经验,心里涌起了诸多的感慨。"希望在座的师弟师妹们珍惜当下,勤学苦练,打下扎实的专业基础,为步入社会开展工作做好充分的准备。"他说,"大学四年我收获良多,老师们的谆谆教导,同学们的互帮互助,这些都给我留下了美好回忆,更为我后来的学习和工作,打下了深深烙印和坚实基础。"

一场讲座结束,李立君的心情久久不能平静。那些如诗如画的青春岁月,那些如梦如烟的稚嫩时光,那些坚持不懈的奋斗历程,一点一点在他的脑海里呈现。他突然有些想念影响他一生职业规划的陈尚冰老师。

那时李立君刚上大三,第一次接触水处理工程这门专业课。"污水处理的关键是生化处理,生化处理就是人为模拟强化河流自净能力的过程,而微生物是'实际工作者'。因此,我们要像照顾孩子一样照顾好它们,这样污水就可以得到有效处理。"陈尚冰老师不急不缓地在讲台上讲解着,话语生动形象,李立君"入脑入心",对水处理工程这门课程产生了浓厚的兴趣,日后从事污水处理工作的想法也从这节课开始萌芽。

初涉污水处理领域

1998年,李立君通过学校首届毕业生双选会,来到了辽宁省盘锦市中国石油辽河石化公司。

由于所学专业为环境工程,李立君主动要求到公司污水处理厂工作。当时公司正在建设全市第一座A2/O生化工艺污水处理厂,工程正处于关键阶段。由于建设任务重,他通过安全培训后就立刻到车间班组报到,随后投入工作,而那些与他一起分配来的大学毕业生们还在各车间部门进行为期一个月的岗前实习。他工作后发现,书本上的知识与生产中碰到的问题还是有很多不一样的。现实促使他调整好心态,快速提高自身的业务能力。

他以在校期间学到的专业知识为指导,认真开展工艺调试,观察污水处理效果,从中发现问题,并做好记录。晚上回到宿舍再去翻找专业课书籍、课堂笔记,尝试解决工作实际中遇到的问题,并制订调试方案。每当遇到难题时,他都会找出书本和笔记去寻求思路,这让他切实感受到"书到用时方恨少"的至理名言。

找到解决问题的方法后,他认真观察调试方案实施效果,及时总结,再持续改进方案,经过他的努力,污水厂整体运行水平持续提高。通过积累各种数据与工况经验,他对污水厂出现的污水问题,形成了自己特有的解决方式和办法。

在这个工作岗位上一干就是六年,他从一名普通技术员成长为污水处理专家。污水处理是我国生态环境保护的重点领域,同时也是环保水务板块的重中之重,李立君在这六年的工作中,对环保知识的渴望愈加强烈,这种渴望激发了他继续学习深造的热情。

"在你离开学校很久以后,如果有机会再回到其中,去学习、去深造,你会感到无比的珍惜。"他有感而发。

2004年、2007年他先后考取了东北大学和哈尔滨工业大学环境科学与工程专业硕士、博士研究生。

营商环境中的环评贡献

2010年博士毕业后,他被辽宁省盘锦市生态环境局录用,终于成为一名环保知识功底扎实的专业技术工作者。

初来乍到,单位的同事用不解却又略带仰慕的目光迎接他的到来。在大家眼里,李立君是高才生,来这个单位是大材小用,也有人认为这个岗位需要的是实用人才,学历高也许只会"纸上谈兵"。

李立君不在乎别人的看法,他认为做好自身工作才是硬道理。在工作中,他与领导和同事们一起研究问题,虚心向他们请教,置身工作的第一线,圆满地完成了各项工作任务。在生活中,他坚持自行车出行,用实际行动践行绿色低碳的环保理念,这些做法也得到领导和同事们的认可。

环评工作是环保领域较错综复杂的一项工作,需要熟悉各类环境影响因子评价方法,精准掌握生态环境各项法律法规,更需要项目踏勘以确保敏感目标得到有效保护。他一边学习国家生态环境领域最新的政策法规,一边找时间去掌握全市自然生态环境状况和排污企业实际生产状况。全市的生态环境关键所在他了然于心,工作开展也胸有成竹。

环评工作经常要面对的是一本本像砖头一样厚的各类环境影响报告书。当企业报告书交到李立君和他的同事们手中时,一场与时间的赛跑就正式开始了。"国家规定不得超过60日完成审批,为打造良好营商环境,我们主动提出压缩到40日以内完成,对满足条件的企业,我们能做到在20日内完成审批和行政许可办理。"李立君平静地说着。

其实,这项工作并不如他说的那般轻松,随意翻开一本报告书,上面满是密密麻麻的数据、图表、照片等。这是一项对脑力、体力和耐心都极具挑战的工作。一本报告书中,需要环评工作人员核对检查的项目有上千个。李立君要听取企业的需求,办理相关审批事项,严格按照最新的政策法规,对上报的各类环评文本认真进行筛查,发现问题后通知建设单位,及时修正和解决问题。

李立君高质量的技术帮扶为每一位企业经营者开出良方,让企业在环保方面避开错路、不走弯路,为盘锦市创造良好的营商环境做出重要贡献。

2020年底,又到了一年一度的工作总结时刻,李立君在办公室里登录市政务服务业务办理平台系统。轻点鼠标,他半年来的工作成果一览无余,已经办结的有45项,尚在审批中的仅有1项。守方寸之地,积数年之功,李立君在盘锦市环保重大项目推进中取得的成绩,化成一组组数据记录在系统中。

合格的"环保铁军"

为了提高工作效率、减少企业运营成本,他极力推行的"不见面"审批和"一网通办"深受企业好评。很多建设单位人员没有见过李立君,更不知道他是全国先进工作者,只知道他是一位环保专业的博士。

对于那些前往政务服务大厅"施工许可、环保D5003"窗口咨询业务的人员来说,李立君是一位永远不会让他们失望的"业务员"。任何与环评审批、主要污染物减排、大气污染防治、重金属污染控制等业务有关的疑问,都能从他那里得到专业解答。

2020年的一天,李立君正在服务窗口为一家施工企业员工讲解其环境影响报告书中需要补充和修改的内容。一通电话打了进来,他像往常一样拿起接听,问对方需要什么帮助,对方说没有,只是恭喜他获得了全国先进工作者称号。几句简单的对话后,他匆匆地挂掉电话,继续和前来办事的企业员工沟通环评事宜,仿佛什么也没有发生。

送走咨询人员,休息的间隙,李立君头靠在椅子上,才猛然想到自己获得了国家级的荣誉称号。"这是认可吗?"他在心里问自己。看着案头仍有没处理完的环评报告,他无暇多想。又是一通电话,他快速接通,随后便立刻投入工作。

在很长的一段时间里,他都在问自己:荣誉是什么?他在日复一日繁忙的工作中摸索着,答案也就显现出来。他认为,在取得荣誉的同时,也要承担起更多责任。关于环评,他还有很多工作要去承担,还有很长的路要走。唯一让他确认的是:他是一名环境工作者,必须把自己练就成一名合格的"环保铁军"。

"您记一下我的手机号,微信也是这个号,有问题随时联系我。"每当完成解答,李立君总会加上这样一句话。每年的12月和1月是建设项目环境评估最集中、最忙碌的时段,即使是休息时间,他也会被各项咨询和业务电话填满。每天接打近百个电话是他的工作常态。

"我的奖章,家人有一大半功劳。如果没有家人的全力支持,我是撑不下来的,也不会取得这样的成绩。"李立君红着眼说。由于自己工作忙,妻子便担起照顾家庭及教育孩子的重任。李立君的母亲身体不好,长期需要人照料,李立君几乎无暇在床前照料母亲,但妻子和母亲不仅没有责怪他,还非常坚定地支持他把精力放在工作上。最遗憾的是,由于出差在外,李立君没有见到母亲最后一面,这成了他心中永远无法言说的伤痛。

牢牢守住绿色发展底线和生态保护红线

作为环评"执剑人",李立君坚持原则,牢牢守住绿色发展底线和生态保护红线。在他的带领下,盘锦市环评工作成绩卓越。

2013年7月,李立君刚调到环评工作岗位不久,盘锦市正将兵器工业集团精细化工与原料工程和盘锦港30万吨级原油码头配套设施工程作为全市重大建设项目推进。为推进项目环评审批工作,全市成立了工作专班。李立君主要负责项目技术攻关工作,分析解决环评审批工作中遇到的瓶颈问题。为了加快环评报告书的编制与完善,他长期在北京驻扎,与建设单位一道,加班加点、同吃同住,共同做好报告书的修改与完善工作。为了全面提高报告书的质量,他多次邀请专家进行内部会审、做咨询、提建议,充实完善报告书的有关内容,探讨解决遇到的各种问题。在项目专家评估会上,他认真记录参会各方提出的问题,连夜制订解答方案,第二天亲自上会解答专家质疑,最终得到所有专家认可。就这样,在全体人员的共同努力下,项目终于通过国家和省生态环境部门审查。

2013至2014年间,李立君还先后组织完成《辽东湾新区排水优化方案》《辽宁省近海岸污染区域削减方案》和《辽东湾新区起步区(重点建设区)规划(2019—2035年)环境影响报告书》的编制并一次性通过省级审查评估。2016年,在清理整顿环保违规建设项目工作中,他提出了两项工作原则,即"制定分类处理原则及标准"和"简化工作程序及要求",完成了盘锦市651项环保违规建设项目清理整顿工作,实现了全市14个工业园区规划环评执行率100%的突破;2017年,在中央生态环境保护督查组入驻辽宁期间,他有针对性地制定了审批权限调整文件,解决了环评审批工作短板问题,盘锦也成为辽宁省督察整改问题最少的地市;2018年盘锦市各县区率先通过了国家生态文明建设评估,他组织编制完成《盘锦市生态保护红线划定方案》及生态环境准入条件等生态环境指导性规划,使盘锦全市生态环境保护和污染排放等工作在整体框架下顺利开展;2019年,他顺利完成了全市122家企业排污许可证核发工作,该年核发量占近五年核发量的65%;2020年排污许可证核发率100%,居全省第一。

2020年,李立君担任盘锦市生态环境局行政审批服务中心首席代表。他上班的第一件事情就是查看新的审批任务并开展技术审核,组织人员有序处理;下班前按上述流程再执行一遍,确保当天的工作落到实处。面对国家关于生态环境领域各项法律法规、技术导则的颁布实施,作为行政审批首席代表,他觉得自己的工作存在不足。他深知,要不断地学习,认真领会新政策新法规的主旨,掌握各类更新后的评价技术导则,主动学习新项目和新工艺,熟悉它们的环保要求。很多时候,他下班走出办公室大门已近深夜,只能顶着严寒独自骑行。

多年来,李立君带领同事们始终奋斗在环评工作第一线,他们共同克服种种困难精心组织、科学论证,既保证了有"湿地之都"美称的盘锦绿色发展,又使支柱性产业不断壮大,稳稳守住盘锦生态保护红线。

"在建设生态文明的绿色征程中,我只是千千万万基层环保一线卫士中的普通一员。只要我们脚踏实地、认真工作,坚定为环保事业奋斗的初心,就能实现盘锦市绿色发展。"没有豪言壮语,李立君用实际行动为美丽盘锦贡献着自己的青春和力量,让青春在建设社会主义现代化国家的火热实践中绚丽绽放。

冯振兴/文

徐世超：一位武警战士的报国情怀

  徐世超，我校材料成型及控制工程专业2009级校友，现任武警荆州支队政治工作处干事。2013年9月入伍，先后被武警荆州支队评为优秀士兵、学习成才好战士、执勤标兵和作风纪律先进个人。曾参与新疆维吾尔自治区成立60周年庆典安保任务，受邀观礼"纪念中国人民抗日战争暨世界反法西斯战争胜利70周年"阅兵仪式。家族是黄冈老区有名的"军人之家"，三代先后13人参军，人人入党、个个立功，其祖父徐国顺、母亲龚俊萍都曾被授予"全国爱国拥军模范"称号，徐家先后被授予全国"爱国拥军家庭""军人世家"、全国"情系国防好家庭"、全国"最美家庭"等荣誉称号，他本人也于2020年被评为湖北省拥政爱民先进个人。

他，曾在大学毕业后放弃高薪工作，在母亲病床前下定决心参军入伍；

他，曾和父亲一起受国防部、全国妇联邀请观礼"纪念中国人民抗日战争暨世界反法西斯战争胜利70周年"阅兵仪式；

他，曾参加新疆维吾尔自治区成立60周年庆典安保活动，也曾参加"98＋"孝感府河东山头段抗洪抢险；

他，曾在2020年疫情期间与父亲一起为黄冈市联系到价值170余万元的各类捐赠物资。

他就是徐世超，长江大学机械工程学院2009级材料成型及控制工程专业校友。

我要用一生的努力来回报社会

徐世超说，人只有在逆境里，才知道个人力量的渺小、组织力量的伟大。在上大学前那几年，徐世超家里真是"交了霉运"。2008年，母亲查出脑肿瘤，手术无法完全切除，高昂的后续治疗费用榨干了这个家庭本不殷实的家底。2009年徐世超高考前夕，爷爷奶奶相继去世。就在同一年，父亲在下班途中遭遇两辆出租车并行抢道，紧急避让导致摩托车侧翻压断髋骨。这每一桩事，都足以成为压垮这个家庭的"最后一根稻草"。刚刚考上大学的徐世超感觉空气都是凝重的。

到社区办理上学手续时，好心的社区主任为徐世超一家详细介绍了国家关于大病救助、贫困大学生助学贷款等的政策，并联系报社帮助他申请"山河助学金"。徐世超父亲的单位在得知他的家庭情况后，发起了募捐，第一时间将徐世超父亲同事们的爱心送到他家里。还有不少爱心人士给他们家写信汇款，帮助他们渡过难关。

进入大学后，尽管学习上困难重重、生活上举步维艰，在大家的关心和帮助下，徐世超还是顺利完成了学业。他清楚记得报到时，时任工部学生党支部书记的辅导员毛德波得知他的家庭状况后，主动帮助徐世超联系勤工俭学岗位、申请助学金，勉励他在学校好好学习，积极参加社会活动，丰富自己人生阅历。在他应聘为学生记者后，党委宣传部的晏亮老师、校团委的关辉老师更是对徐世超无微不至，手把手教导业务工作，帮助他走出阴霾，变得积极阳光。在大家的关心和帮助下，徐世超发奋学习，积极参加大学生社团联合会、校报记者团、多媒体协会等社团活动。所有的付出终究有了收获。不久，他便和同学一起申请了2个实用新型专利，在报社实习期间撰写了30余篇新闻简报，成为同学和老师眼中的优秀学生。

他庆幸自己赶上了一个好时代。提起大学生活时，他常说："是家乡人民、学校老师帮我渡过一道道难关，是党和人民培养了我、成就了我！我要用一生的努力来回报这个社会！"2020年9月，徐世超通过荆州电视台的唐老师了解到荆州地区有许多高中毕业生家庭困难，难以完成大学学业。于是，他主动帮助了2名学生，给他们每人每月资助500元，并勉励他们好好学习，做对国家、对社会有用的人。

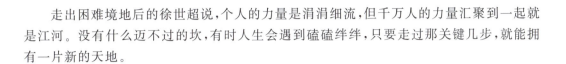

走出困难境地后的徐世超说,个人的力量是涓涓细流,但千万人的力量汇聚到一起就是江河。没有什么迈不过的坎,有时人生会遇到磕磕绊绊,只要走过那关键几步,就能拥有一片新的天地。

当兵是我一生的梦想

徐世超说:"我出生在一个军人世家,当兵是我一生的梦想。"2013年夏天,长大东校区的枇杷黄了。本应该是毕业生最忙碌的时候,徐世超家里却传来不好的消息,母亲肿瘤复发病危,在武汉住院。徐世超匆忙完成自己的毕业论文答辩后赶到医院。

病床前,他告诉母亲,自己发出的求职简历已经有回应,但是心里还是放不下军旅梦。母亲看出了他的犹豫,鼓励他说:"赚钱养家的机会很多,但是参军入伍报国的机会只有一次。当兵是咱家的传统,你也喜欢当兵。如果条件允许,那就去当兵吧!"

徐世超深知母亲对部队那份割舍不断的情,含泪点头说:"只要您能从手术台上平安下来,我就安心去当兵。"

2013年9月12日,徐世超接到了入伍通知书,母子就要分别了,这一别或许就是诀别。母亲主动提出要与他签订一份特殊的协议,承诺自己会锻炼身体、珍惜生命、和病魔战斗,鼓励儿子在部队奋发作为、早日入党立功。短短一页纸的协议,按上红手印就完成了,徐世超和母亲拉钩"一百年不许变"。这份协议被徐世超带到了部队里,成为他的精神支柱,每次身体疲惫不堪时,看上一眼他就能浑身充满力量。

徐世超入伍时已经23岁,和他同时入伍的战友大多只有十八九岁。跟他们相比,徐世超怀疑自己是不是太老了,觉得自己的身体在各方面都与不如别人协调,对训练科目的接受能力也差一些。但是他没有气馁和选择躺平,暗暗告诫自己:我不仅要完成每天的训练任务,而且成绩要比战友们强。有了目标,他好像一个上足了发条的闹钟,使出超出战友的毅力,咬紧牙关每天坚持到最后一个才结束训练。有很长一段时间,他甚至有点"走火入魔",每天做梦都在训练。

令人欣慰的是,徐世超没有辜负母亲的期盼,入伍不久他先后被评为纪律标兵、内务标兵和学习标兵。当他在电话里给母亲报喜时,母亲激动得哭出了声:"好儿子,我也一定信守承诺,保重好身体……"

2014年1月6日,徐世超的母亲在与病魔做斗争长达6年后,带着期盼与不舍永远地离开了这个世界。得知这个消息时,徐世超正下放连队,作为一名军人,他对"忠孝不能两全"的含义有了全新的理解,使命在身不能送母亲最后一程。虽然母亲没有留一句话给他,但他知道母亲一直在用亲身经历告诉他:"要不畏困难挫折,不惧风雨考验。不管遇到什么坎,咬咬牙就过去了,一定要当个合格的军人。"

现代战争不像以往仅拼精神、拼体力,而更多、更重要的是要拼知识、拼智慧。于是他又冒出考军校、提升自己能力水平的想法。功夫不负有心人,在领导与战友的帮助下,徐世超顺利考入了理想的军校——武警乌鲁木齐指挥学院。到学校报到前,父亲给他报了个喜讯,原来父子俩受国防部、全国妇联邀请观礼"纪念中国人民抗日战争暨世界反法西斯战争胜利70周年"阅兵仪式。

那年,他们父子俩第一次乘坐火车卧铺,心里别提有多兴奋了,聊天聊到半夜。阅兵时,望着广场上整齐的方阵,徐世超激动不已。他认定那就是"国之重器",是国防力量,是镇守山河的力量!作为一名军人,他感到责任重大、使命光荣!

身为军人就要确保一方安宁

刚到乌鲁木齐,徐世超接到的第一个任务是负责新疆维吾尔自治区成立60周年庆典的安保工作。新疆的九月还有点热,徐世超与其他学员在大太阳下训练了整整两周。执行任务的时间终于到了,他与四个学员被安排在人民广场的一个大约20平方米的报亭处。他们五人两班倒,每个人都荷枪实弹,一刻都不敢放松警惕,从早上第一缕阳光到中午的烈日炎炎再到夜间的群星璀璨。无尽的困意袭来时,徐世超和战友们想尽一切办法提振精神。时间过得十分缓慢,任务结束时,望着美丽的乌鲁木齐的天空,他觉得这一切是多么美好!

有一年学期末,学员们被安排到新疆各地实习,徐世超去的地方是阿克苏一个小镇的驻派出所武装队。派出所条件艰苦,危险系数高,点位上所有战士加在一起刚刚超过10人,吃住在四间不大的屋子里。院子里没有任何训练设施,战士们日常也没有什么娱乐活动。春节前,派出所联合武装队挨家挨户地清查管制刀具和其他危险品。每到一个街道转角,每到一户人家,大家的心都是悬着的。在十分紧张的气氛中,3天的清查任务结束了,所有人都在虚脱和疲惫中度过了一个别样的新年。

2016年7月,学习结束返回武汉岗前培训的徐世超向组织递交了请战书。因为连日大雨,湖北多地暴发特大洪水,受灾情况堪比1998年。"你不是党员,基地党委没通过你的请战书!"当教导员将这个消息告诉徐世超时,他无比失落。他在暗暗告诉自己一定要抓紧时间入党的同时,再次请战。第一批出征人员里没有他,第二批也没有,第三批终于有了!在激动之余,徐世超迅速整理行装,满怀兴奋与大家一道赶往孝感。

孝感府河东山头段此时已经十分荒凉。主干道已经被洪水淹没,洪魔还在肆虐,社会各界抗洪力量都在没日没夜奋战。徐世超所在部队接到的任务是抓紧时间在主干道建起一座防洪沙堤。顾不上休息,徐世超和大家从下车那刻起就投入了战斗。直至凌晨三点,大家才想起还没吃晚饭。白天烈日当头,他们裸露的皮肤晒得疼痛不已;晚上蚊子乱飞,他们被咬出许多大包瘙痒难忍。临时休息点没有床铺,没有空调,所有人只能枕着挎包、盖着救生衣、垫着衣服睡在水泥地板上。临时休息点更没有淋浴间,大伙也只能就着水龙头洗漱淋浴。白天除了吃饭时间休息半小时,其他时间都在装填沙袋、扛沙包和垒沙包。夜里一点钟左右才能回到临时休息点小睡一会,早晨四五点就要起床上堤巡逻、抢险。就这样,徐世超和战友们连续奋战了五天。

徐世超总说:"身为军人就要确保一方安宁。有任务我就要冲到最前面!"有人说徐世

徐世超:一位武警战士的报国情怀

超傻,有人说徐世超莽,不管怎样,这就是徐世超。正是凭着这种"傻气",徐世超在2021年荣记个人三等功。

是战斗就不能落在人后

2020年1月,新型冠状病毒感染疫情暴发。在家乡黄冈探亲、原计划1月27日归队的徐世超,因为黄冈突然封城而无法归队。虽然领导叮嘱他在家待命,但作为一名党员、一个军人,他知道这是一场没有硝烟的战斗,是战斗就不能落在人后。

"万事开头难"。他和父亲商量后,开始动员当地爱心企业支援黄冈抗疫,两人每天要打150多个电话,却收效甚微。直到1月26日,两位远在河北保定创业的黄冈籍爱心企业家答应捐赠15吨84消毒液和6.5万余双一次性医用手套。捐赠是谈下了,但因为疫情期间物流封控,加之这批物资量大且有腐蚀性,许多货车司机害怕跑一趟黄冈要么回来隔离14天,要么直接进入鬼门关而不敢接单,父子俩碰了一鼻子灰。这件事情惊动了时任黄冈市委书记的刘雪荣同志。得知此事后,他迅速做出批示:"爱心企业家向黄冈灾民献爱心,我们要克服一切困难、想尽一切办法、动用一切资源,将爱心企业对黄冈灾民的满满爱心运回黄冈。"在多方部门协作下,救援物资紧急装货,星夜发车,紧急卸货,仅用了两天时间就发放到各个乡镇。

"梗阻"疏通后,徐世超和父亲的工作开始变得容易许多。徐世超和父亲开始拓宽"业务",主动为当地部分抗战老兵无偿配送瓜果蔬菜,为爱心人士和社区建立"连心桥",为村镇、医院和社区进行对口帮扶。有老兵收到蔬菜后感动不已:"我们没有被忘记,我们要和他们'父子兵'视频,向他们行个标准的军礼!"得知这一消息,徐世超的心情久久不能平静,原来付出的一切都是那么值得!

截至2020年12月,父子俩多方联系爱心人士为黄冈市8家医院、18个乡镇和13个社区捐赠了医疗口罩9740个、防护服391件、防护面罩400套、84消毒液18.4吨等价值170余万元的物资。疫情期间,徐世超与父亲收到的捐赠证明和感谢信共34份。徐世超也因此于2020年10月被湖北省委、省政府授予湖北省拥政爱民先进个人称号。

爱,薪火相传,便有燎原之势;情,汇聚点滴,便能润泽万物。生活在这个岁月静好的时代,我们应感恩社会、回馈社会,我们更应感恩像徐世超这样的大爱人士,并将这份爱、这份情永远地传递下去!

徐世超/文

王学民：在非洲种水稻的中国酋长

> 王学民，我校种子科学与工程专业1986级校友。1990年至2003年在湖北省咸宁市崇阳县农业农村局工作；2003年至2005年被国家委派到尼日利亚参加南南合作项目；2005年至今，任绿色农业西非有限公司（中地海外集团下属公司）总经理助理、瓦拉农业机械化示范农场负责人；2017年主持选育的水稻新品种通过尼日利亚政府审定，比当地主推品种增产30%左右。有关事迹多次被人民日报、中央电视台、中国国际广播电台等媒体报道。

王学民：在非洲种水稻的中国酋长

在尼日利亚西北部凯比州的瓦拉农场里，一块块稻田整整齐齐，放眼望去金黄一片……几台大型收割机已经进场，陆续开始作业，农场迎来了大丰收。

拨开水稻，步入田间，一束束水稻像列队的士兵一样，整齐划一地等待着检阅，田间几乎看不见杂草。一旁干着农活的酋长王学民说："苗多了，杂草也就没有生长空间了。"

王学民是中国人，被当地人亲切地称为老王，更神奇的是，老王居然被一个部落授予部落首长的称号，而且是当地居民主动为他申请的。他是怎么被拥戴为首长的呢？让我们一起走近王学民。

闻令而动，远赴非洲

王学民出生在咸宁市崇阳县大源乡的一个贫困山村。在这里，祖祖辈辈都以在山腰开荒种地为生，第一年种植红薯，挖完红薯后种蚕豆或小麦，来年种植黄豆套玉米，如此循环往复。

在很小的时候，王学民就励志到城关去读书，改变祖祖辈辈为农的生活方式，身边的小伙伴们给他取了一个绰号"城关学生"。1986 年，他如愿考上了长江大学（原湖北农学院）。

作为村里唯一的大学生，村里放电影祝贺，亲戚朋友帮他凑齐了上学的费用，整个家族把王学民考上大学当成至高无上的荣誉，让家族里当了 15 年兵的表哥送其上学。表哥费了很大力气找到了一份地图，从村里坐车到县里，再转车到武汉，再从武汉转车到荆州。

"我学农一定要学出个样子，让乡亲们看看知识真的可以改变农业生产经营方式。"带着这份豪言壮语，几经辗转，他终于来到学校。

在作物学何芷芬老师的家里，他第一次看见彩电，外面世界的新鲜、先进深深地刺激了王学民。"我学农，就是要用农业新技术改变贫困山区发展的现状。"王学民当场立志。

大学期间，王学民如饥似渴地学习知识，成绩时常在班级排名前列，经常参与老师的课题研究。他学习下棋、跳舞、玩乐器……王学民把他的课余生活也经营得丰富多彩。"他性格很开朗，爱吹笛子、踢足球、还喜欢跳霹雳舞……是班上的学习委员。"通过电视了解王学民在非洲的故事后，同班同学周锦华脑子里顿时涌现出王学民的模样。

离开母校近 30 年，王学民多次梦到母校。2019 年秋天，他接到母校的邀请：请他回来和师弟师妹讲讲关于农学的那些事情。这可把王学民高兴坏了，他高兴地在朋友圈写道："毕业 29 年了，多少次梦回母校，这次不是梦。"

为了让师弟师妹对农学有一定的认识，王学民结合自己的工作经历，认真准备演讲内容。"在'一带一路'倡议的引领下，中国为尼日利亚打造了一条育种、种植、加工和推广的产业链。中国的援非成绩受到了国际社会的一致好评，所以说，学农不仅有前途，而且大有可为！"王学民在讲座中兴奋地讲道。

王学民是怎样与非洲结缘的呢？故事得从 2004 年说起。2004 年，尼日利亚政府要找到一家中国企业,希望他们能帮助尼日利亚人解决吃大米的难题。大米,对中国老百姓来说再平常不过,可让尼日利亚人很发愁——他们喜欢吃大米,可他们国家大米产量很低,每年进口大米超过 300 万吨,大米缺口很大。

最终,中地海外集团有限公司被选中,9 名中国农业专家加入了这家企业,王学民便是其中之一。

急百姓所急,打响水稻种植攻坚战

初来尼日利亚,王学民被分在阿南布拉州,任技援组组长。这里的生活饮食和国内不同,语言也不通,但王学民并没有被吓倒。他先给自己制订了一连串的学习计划,包括学英语和伊博语,还有电脑的操作和应用。用王学民的话说:"语言是沟通交流的基础,电脑是工作强有力的保障。"

在王学民及团队的共同努力下,南南合作所争取到的稻田养鱼、推广中国"小农机"等项目均顺利完成,受到粮农组织的好评,他们团队连续两年被评为先进技援组。

2005 年底,王学民加入绿色农业西非有限公司。2006 年,这家企业在尼日利亚凯比州承包了一个占地 2000 多公顷的荒废农场。从那时开始,王学民便与凯比州瓦拉镇上的人们打起了交道、交上了朋友。

王学民带领团队从零开始进行农场建设,改进播种机、中耕机等机械以适应当地的栽培条件。王学民大胆地进行改革创新,制作风车、小型打谷机等工具,提高了工作效率。此外,他还因地制宜创新了水稻耕作模式使水稻产量增加 30% 以上。

工作之余,他积极阅读《农业机械化》《农药应用工艺学导论》《农业信息技术与信息管理》《财务管理》《项目管理教程》《经理人工作手册》等书籍,掌握了农场的各种生产技术和经营技能,提升了自己各方面的能力。

"农业技术的效果不太可能立竿见影,但其影响深远,受益的将是几代人。"王学民说,"一个粮食品种的改良,需要多年的反复试验,从试验成功到广泛应用也需要很长时间,更何况这一切是在一个土壤、气候乃至语言文化完全不同于中国的国家进行。"

"问诊"田间地头,治病良方丰产、丰收

经过十多年持续不断的投入和努力,王学民等人培育的"伽瓦 1 号"从绿色农业西非有限公司的数百个水稻品种中脱颖而出。在尼日利亚区域试验和生产试验中,"伽瓦 1 号"比同期当地推出的品种平均产量高出至少 30%。2017 年,"伽瓦 1 号"成功在尼日利亚注册登记,成为第一个在尼日利亚被定名的由私营机构培育的水稻品种,也是第一个在尼日利亚被政府正式定名并推荐到西非国家经济共同体中的其他国家的水稻品种。

十几年前,瓦拉农场还是一个人烟稀少的地方,田地里的杂草长得比庄稼还茂盛。项目刚开始时,王学民每天到农场试验田干活,中午派车回营地取午餐。随着项目的逐步推

王学民：在非洲种水稻的中国酋长

进，周围村庄不少人被吸引过来，村民们骑着摩托车到田间地头贩卖起食物与水来。农场附近原来没几户人家的奇帕米利村，慢慢搬来了不少新住户，有了像模像样的饭馆，渐渐发展成有一定规模的小镇。

王学民他们的出现改变了当地传统的种植模式，他们帮助尼日利亚人增产100多万吨稻米，让80多万名尼日利亚人吃上了香喷喷的大米饭，为2万多名尼日利亚人提供了就业岗位，带动5000多户当地农户增收致富。他们和当地人成为好朋友、好兄弟，一起平蚁窝、抓蚁后、种水稻……正因如此，当地居民主动为王学民申请了一个"酋长"的称号。

为王学民开车多年的司机易卜拉欣坦言，当初到瓦拉农场上班，他心里认为这个地方太偏远，但为了养家糊口，不得不硬着头皮干下来。可在他看到中国农业技术带来的好处后，他便主动劝说家人和亲戚来农场扎根。他自己一边为王学民开车，一边学习农业技术。现在，易卜拉欣一家承包了一大片农田，利用学到的手艺种植水稻，日子也慢慢过得红火起来。

布莱辛则是从尼日利亚东北部的包奇州辗转来到瓦拉农场，她说："这里有农田，更有技术，中国技术让我们的日子好起来，我们再也不用为自己的生计发愁了。"

王学民还有一个目标：把国内的再生稻技术推广到尼日利亚。"利用这种技术，在现有种植面积不变的情况下，争取种两季、收四次，尼日利亚有望在短时间内实现粮食自给，这对非洲第一人口大国来说意义重大。"王学民充满信心地说道。

2020年初，新型冠状病毒感染来势汹汹。在这紧急关头，王学民2月底从农场退回阿布贾，对农场推行"属地化"管理，用电话遥控指挥开展业务，同时接手回国休假同事手中的蔬菜种植和销售工作。此前因为种种原因，蔬菜的销售业绩并不理想，每月的销售额不足100万奈拉。"销售额不理想，会不会是营销思路不正确？"王学民心里这么想。

说干就干，王学民派出大量当地员工调查走访阿布贾附近的蔬菜农场、距离阿布贾200公里的蔬菜种植基地和阿布贾蔬菜批发市场，确定了两个蔬菜供应商和两个当地农场，建立了稳固的蔬菜供应体系。蔬菜品种从原来的20余个增加到60余个，客户从最初的30余个增加到130余个，营业额从1月份的92万奈拉增加到6月份的630万奈拉。

据王学民回忆，销售量最多的一天是三个车同时供应蔬菜1400公斤。由于公司大部分人员在国内休假不能及时返回工作岗位，他既要指导蔬菜种植，协调4个供应商和农场供应蔬菜，又要指挥自己的工人按照客户要求分菜并准确地送到阿布贾各个客户手中。"工作量大而庞杂，同事们不能亲临现场指挥，我硬是边指导水稻种植，边捋顺蔬菜配送程序。"王学民笑着说。

疫情期间，他的团队不仅保障了阿布贾大部分华人同胞的蔬菜需求，还确保了公司有一定的现金流。同事们给王学民取了一个称号——"蔬菜王"。

苦中作乐，为追梦激发活力

在尼日利亚这20年，7000多个日夜，对很多人而言可能是度日如年、寂寞无聊，但是王学民并没有这么认为,他把这7000多个日夜看成自我充电的时间。

每天下班后,王学民就开始健身,引体向上15个、俯卧撑50个、深蹲负重115公斤、硬拉105公斤。"每天都是元气满满的一天。"王学民说。

晚饭后,王学民进入英语学习时间,练习口语、背单词、阅读,变换着方式学习。"除非工作特别忙,一般不会间断英语学习。随着英语学习的深入,我越发知道自己的不足。英语学习我是一定会坚持下去的。"王学民坚定地说。

睡觉前,王学民还有一个必学的项目,那就是乐器。吹笛子、口琴等,王学民学得不亦乐乎。2017年,他开始接触葫芦丝;2018年,他又迷上了萨克斯管。"虽说与专业演奏相差甚远,但是丰富了我的生活。"王学民笑着说。

王学民虽然已过知非之年,但始终保持着一颗年轻的心,是名副其实的"老顽童"。工作之余,他常常和公司的年轻人一起健身,一起玩DOTA、扑克游戏,还和他们组团玩蚂蚁庄园,在蚂蚁森林种树。他忍不住分享:"我平时也会玩火山小视频、刷抖音,我现在的火山小视频里有7万多名粉丝了,有近7万的火力呢。"

付出的背后有收获的乐趣,也会有失落的酸楚。回忆起在非洲的日子,王学民说:"每天围在我身边的都是年轻人,就特别容易想到我的儿子。那个时候来到非洲,儿子正上小学二年级,现在都大学毕业参加工作了,我现在做梦还是能梦见他小时候的样子。"

为了拉近和儿子的距离,他以朋友的身份和儿子相处、谈心、玩耍,珍惜每一个可以在一起的日子,不在一起也经常通过网络进行交流沟通。"其实,玩好了,心情顺畅了,交流自然就多了。"王学民说。

"要说一定有愧疚的,我对老婆和家庭是非常惭愧的。"王学民说。王学民的妻子因为身体原因,做了四次手术,因为工作他都不能陪在妻子身边,只能通过视频表示关心和问候。面对妻子的理解,王学民的心里有说不出的难受。"但一想到我们让这里的非洲兄弟吃上了大米、填饱了肚子,我又觉得得到了些许安慰。"王学民说。

迄今,已在尼日利亚工作了20年的王学民,从一名水稻专家,成了绿色农业西非有限公司总经理助理和瓦拉农业机械化示范农场的负责人。谈及瓦拉农场的未来时,他豪情满怀:"我一定要再多干几年,发挥自己的价值。我要让中尼两国友谊的种子在这里生根发芽、茁壮成长。"

冯振兴/文

张兴虎:"小所长"的"大作为"

　　张兴虎,1967年生,正高级工程师,我校果树与观赏园艺专业1986级校友,现任潜江市林业科学研究所(林科所)所长。湖北"农技110"专家,湖北省花木盆景协会绿化与观赏苗木分会理事、湖北省科技特派员。长期从事林木引种选育、森林培育等研究。近年来,先后主持和参与了"湖北省杨树新品种选育及定向培育技术研究""中日合作林木育种研究""丹红杨等杨树新品种引种试验"等20多项研究,研究成果达到了国内先进水平。先后获全国优秀林业科技工作者、湖北省林业科技工作先进个人、湖北省劳动模范等荣誉称号。在他的领导下,潜江市林科所多次被评为湖北省十佳林业科研推广单位、湖北省十佳林业科技单位、湖北省林业科技推广先进单位。

一

潜江杨市办事处佘口村的一片不大的试验地里,2000多株植株罕见、长势正旺的灌木在一阵阵的微风中摇曳。

"这是北美冬青,一种绿化观赏苗木,其特性是雌雄异株,冬天结果时硕果累累,大红色的果子充满喜庆气氛,如果引种试验成功,可大面积推广,市场前景大好。"一位戴眼镜、正在除草的中年人站起来热情地介绍。环顾田野时,他眸子里充溢着一种稠稠的浓情。

这一株株挺拔的北美冬青,一片片沙沙作响的叶子,在他眼里是最美丽的风景。他注视着它们,抚摸着它们,倾注自己的心血对它们进行执着而真诚的守望。

他就是张兴虎,一位质朴如大地、心里珍藏着一份永远的杨树情结的林业科技专家。

二

1986年,张兴虎如愿跨进了湖北农学院(长江大学前身之一)的大门,选择的专业是果树与观赏园艺。徜徉在校园里,他对未来充满了美好的憧憬。他是一个从贫困农村走出来的大学生,那时的农村除了有野花野草,还有少量按季节生长的水果。他对那些从小见惯了的花花草草、对树上结的果实有一种天然的、挥之不去的情感。

他说:"我打小就爱吃水果,可是农村哪里有那么多水果呢,连现在能吃到的桃子、梨子、葡萄在农村都很难吃到,我就想以后天天能吃到这些水果。"从少年时起"水果梦"就在张兴虎的心里扎下了根,驱使他醉心地徜徉在农林科技知识的殿堂里,尽情地吮吸着一点一滴的知识琼浆。

尽管张兴虎出生于农村,但是关于"农",他除了了解"吃",对其他的可谓是了解太少。直到步入大学的课堂,他才真正理解农学这个概念:"原来农学是一门研究农业发展的自然规律和经济规律的学科,需要学习大量与之相关的课程理论,包括植物生理学与生物化学、应用概率统计、遗传学、田间试验设计、农业生态学、作物栽培学与耕作学、育种学、种子学、农业经济管理、农业推广学、植物病虫害防治学等。"虽然过了很多年,张兴虎的叙述里依然充满惊讶。

农业是需要理论和实践相结合的,张兴虎经常带着书本上的问题去太湖农场寻找答案。时至今日,他最记忆犹新的是苗木嫁接实习。"我记得第一次嫁接,是嫁接柑橘。柑橘嫁接常用的方法有三种:芽接法、切接法和腹接法。嫁接成活率的高低,与嫁接的技术、外界环境因素都有着密切的关系。"张兴虎津津乐道。

自从嫁接完,张兴虎一直惦记着这些果树,一有时间就去看看。这些果树最终还是有一些死掉了,也有许多成活,他的内心又失落又兴奋。"嫁接对于我而言充满了新奇,求学那几年,我尝试了多种嫁接方法。每次嫁接完,我就期待着它们发芽,期待着它们结出果实,可惜的是直到毕业我也没吃到那些树上的柑橘。"

毕业时,他义无反顾地选择了远离市区、交通不便、条件艰苦的潜江市林木良种场(现潜江市蚌湖林场)。他说:"去种水果吧,一辈子都能吃水果那也是很幸福的。"

三

潜江市林木良种场条件有些艰苦,办公环境也比较落后,但这丝毫不影响张兴虎的工作热情。

科研是辛苦的,林业科研亦如此。好在那时林场有近千亩的果园,除去办公室的苦读探索,张兴虎更多的时间是在田间地头。枯燥乏味、单调寂寞占据了他的生活。他放弃了年轻人喜好的各种娱乐,远离了世俗的种种喧嚣,独自沉迷在他的科研工作里。

日子就这样一天又一天单调且充实地过着。一年后,市林业局看重了张兴虎的事业心强、专业知识丰富和踏实苦干的优点,把他从林木良种场调到市林业局从事林业行政管理和营造林技术推广工作。虽然所做的工作与之前所学的专业有些不一样,但这丝毫不影响他的工作热情,反而让他站在更高的层面审视潜江市林业生产的现状,了解和收集其他地区发展林业的先进经验和技术信息。正因为有这段工作经历,他后来重返林业生产第一线才会那么得心应手,把整个林业科学研究所(简称林科所)搞得风生水起。

在市林业局的3年多时间里,他先后在政工科、营林科、公安科等多个科室工作,主要从事林业行政、资源管理和营造林技术推广工作。从此,他与他的"水果梦"彻底绝缘,踏上一条林业科研与生产的人生道路。

四

20世纪90年代初,全国推进社会主义市场经济体制改革,湖北省率先示范,推进国有林企改革。这时,下海经商成为热潮,潜江市大量农技人才流失,市林科所一度陷入困境。1994年,张兴虎临危受命,担任该所副所长,分管科研工作。

"2000年前后,我省在杨树引种方面有一个误区。全省大量引种的天演杨、华林杨和辽河杨没有经过中试,直接在生产上运用,结果造成了很大的损失。"张兴虎回忆道。一个大难题就摆在他面前,他深深感受到了一名林业科研工作者身上沉甸甸的担子。

这些北方的杨树在苗圃里长势不错,可用于造林却生长得非常缓慢。更可怕的是这些品种的引进还带来了溃疡病。

张兴虎焦急万分,每天都在搜寻解决办法,晚上难以入眠。他想,运用栽培、植保等措施防病治病固然很重要,但要治本,关键是要选育抗病性强的丰产优质品种。唯有如此,方能保证潜江林业生产有一个令人满意的结果。

吸取了之前的教训,张兴虎非常谨慎。在漫长的引种对比试验中,张兴虎带着他的科研团队测量、记录和对比,一个数据都不马虎。为了获得翔实的科研素材,加之林木育种工作的连续性,他常常成天扎在"上晒下蒸"的试验林里,浑身上下衣服湿透,常常吃住在林科所里。

经过半个轮伐期的试验,奇迹终于出现了。一个抗病性强且丰产优质的新品种——丹红杨映入人们的眼帘。

如今,丹红杨已成为江汉平原的主要树种,在长江中下游地区每年推广种植面积达8万多亩,每年增收9600多万元,在全省乃至全国都引起了极大的反响。

五

"张所长人呢?"

"肯定在林子里。瞧,那不是吗?"

2007年5月的一个炎热的下午,潜江市林科所的试验林里,张兴虎正在忙碌。他一会摸摸这棵树的树干,一会又仰头瞧瞧那棵树的树冠,那感觉就像面对自己的孩子一样,每一棵树都是让他牵挂的"心肝宝贝"。

张兴虎正在工作的这片试验林里种的是他引进的杨树新品种,已经生长了七八年。此时,他正在这里做对比试验。在这个过程中,要定期记录各种数据,比照不同树木的生长情况。杨树育种一个试验周期下来,一般要10多年。

10年,这几乎是一个人职业生涯时长的三分之一。"这是个需要耐得住寂寞的工作。"张兴虎这样解释自己的工作。

这样的解释除了包含"林业科研周期比较漫长,选育一个林木良种比较难"的意思外,还有另一层含义,那就是基层林科所进行科研的条件极为艰苦,搞科研很不容易。

林科所的试验林基地位于潜江市南城区的一片面积达100公顷的森林公园内。公园靠门的一隅有几间简陋的平房,这就是办公场所,所长张兴虎和他的10多名员工就常年工作在这里。

20多年前,全所只有一台电脑,这台电脑除用于处理文件、记录数据外,还要用于处理一些财务凭证。林科所不能上网,没有传真机,没有打印机,所有不能进行的业务都要到市里的林业局去处理。无论试验林基地离市区有多远,大家的交通工具都是自行车。

这样艰苦的条件并没有挫伤张兴虎科技兴林的追求。"林科所是林业科研院所与林业生产相结合的桥梁,是科技成果转化、新技术推广的重要载体。潜江的造林绿化需要我们,林农需要我们,看到引进和选育的优良品种在潜江、在江汉平原扎根成林,我心里就感到无比的欣慰。吃点苦、受点累算什么?"科技兴林是他工作的动力,也是他毕生的追求。

六

在基层取得成绩实属不易,在这背后是张兴虎艰辛的付出。除了办公环境不理想外,2003年以前的潜江市林科所入不敷出,甭说科研成果,就连日常的运行都难以为继。职工的工资时常无法按时发放,大家怨声载道却又无计可施,一些分配来的大中专学生纷纷离开。

从旱涝保收的局机关到举步维艰的林科所，巨大的条件反差一度让张兴虎满腹失落。"那个时候我也曾动摇过，在现实与梦想之间徘徊，在去留之间彷徨。但我很快明白了，这是组织对我的信任，我们年轻的一代，没有理由退却！"

2003年，身为副所长的张兴虎开始主持林科所全面工作，他沉下心来，开展调查研究，确立了"深化改革，重整科研，调整结构，加强管理，向渠道林和苗圃要效益"的发展思路。连续几年，当别人与亲友欢度春节时，张兴虎却和护林员骑着自行车走村串户，做干部、群众的工作，落实可靠的承包户和护林人员。在他的带领下，全所收回流失林地200多亩，签订联营造林合同180多份，完成更新改造林地1000余亩，分成收入达100多万元，渠道林一下子成为全所的支柱产业。

为了让苗圃增效，张兴虎重新规划集体苗圃经营方向。经过10多年的努力，集体苗圃由50亩扩大到300多亩，由用材林苗木转向桂花、紫薇、红叶石楠、樱花等80多个品种的绿化苗，由单一的经营转向科研示范，由粗放管理转向精细管理。苗木年销售收入达80多万元，成为林科所重要的经济收益。

张兴虎深知林科所没有项目就没有希望，他多次上北京、下武汉、闯南京，联系新朋故交，寻求项目合作。湖北省林木育种中心以及中国林科院、湖北省林科院、南京林业大学等林业科研院所的林木经营、林木育种项目纷纷"落户"潜江。

为使这些项目取得成功，张兴虎事必躬亲，他带领科研人员到各个试验示范点，进行林间调查、分析，亲自核查记录本上的每一个数据。有时为了核实一个有疑问的数据，他顶着炎炎烈日，骑车往返近百里，在密不透风的林间仔细地调查、记录，一干就是一整天，直到把数据核准为止。

在他的工作笔记里，哪个试验点的土壤缺少什么元素，哪里急需垦地施肥，哪里的试验林需要抚育间伐，哪个品种长势特别好，等等，都有详细的记载。一年下来笔记本要用掉四五个。"每天都得看看它们，心里才踏实。"他说这是一个林业科研工作者的底气所在。

在张兴虎的带领下，林科所共引进杨树优良无性系品种281个、楸树品种12个，营建各类试验示范林4000多亩。他参加制定了杨树生产方面的一系列技术规程，并由省质量技术监督局发布实施。他的3项科研成果被评为湖北省重大科技成果，3项成果获得湖北省科学技术进步奖三等奖和科技成果推广奖二等奖，5项成果获潜江市科技进步奖。

2013年，"张兴虎劳模创新工作室"成立，他有针对性地开展了良种推广、园林绿化新种引种试验等10多项科研、生产创新活动。同时，他还以"农技110"专家、湖北省科技特派员的身份，带领科技团队锲而不舍地开展林业技术研究创新与成果转化工作。2013年以来，张兴虎每年举办10多期林业技术培训班，下基层开展林业科技咨询。他始终坚持课题研究与技术服务相结合，常年出入华中家具产业园、滕头园林等龙头企业，为他们提供林业技术咨询与服务，为打造"千亿潜江林业"提供了强有力的技术支撑。

七

　　林业科研项目的成功实施,给林科所带来了翻天覆地的变化。2009年至2011年,林科所实施了危旧房改造工程,原有的职工危旧房得到了彻底的改建,一排排小洋楼拔地而起,一个个环境优美、鸟语花香的森林公园呈现在世人面前。

　　为使林科所走向良性循环,张兴虎认为必须转变机制,为职工寻找致富门路。他利用业余时间编写了《兴林致富指南》,引导职工承包土地,调整产品结构,种植绿化苗木,使用新技术新品种发展苗木产业,靠绿色来致富。为解决职工老有所养的问题,他上下协调,争取政策,将林科所比照工商企业的参保办法纳入了社会养老保险统筹,并多方筹集资金80万元为职工参保。当36名老职工第一次拿到退休金的时候,他们一个个激动得热泪盈眶:"张所长真的是为职工着想,为我们老百姓干了一件大实事、大好事。"

　　在繁忙的工作之余,他自学"树木学""造林学""林木遗传育种学"等10多门专业理论课知识,参加湖北省林业局和中国林科院举办的杨树丰产栽培技术、杨树截干造林技术、杨树修枝技术、病虫防治技术等培训,并将这些新技术手把手地传授给林科所职工和当地百姓,这大大降低了他们的育苗造林成本,激发了他们植树造林时使用新品种、新技术的积极性。

　　毕业30年来,张兴虎先后取得了16项科研成果,获得了10多项荣誉称号。1998年4月他被共青团湖北省委、省经贸委等授予湖北省青年岗位能手称号;2006年9月被国家林业和草原局授予全国优秀林业科技工作者荣誉称号;2011年被湖北省林业厅评为湖北省林业科技工作先进个人;2012年被批准享受省政府专项津贴;2015年被湖北省人民政府授予湖北省劳动模范光荣称号;2016年当选"荆楚楷模"年度人物;2019年荣获第四届"中国林业产业创新奖"。

　　"望潜江,渠畔丹杨百里,平原长起山高度;褒兴虎,所中绿梦廿年,林业拓开海路程。"这是2016年"荆楚楷模"组委会授予张兴虎的颁奖词,这是对张兴虎最真实的评价:一个坚韧而执着的年轻的林木专家,一个凝结着永远的林木情结的科技工作者。如今,为了实现"绿满潜江"目标,他始终坚定不移地在建设"天蓝、地绿、水净"的幸福潜江的路上砥砺前行着……

冯振兴/文

汪应涛："白衣外交官"

汪应涛，我校医疗1992级校友，广东医科大学东莞寮步医院心内科主任医师。1995年毕业分配到湖北省广水市印台山医院内科，担任住院医师、主治医师。2005年辞职前往华中科技大学进修，2007年在广东医科大学东莞寮步医院内二科工作至今。对内科常见病、多发病的诊断与治疗有丰富临床经验，尤其擅长支气管炎、支气管哮喘、肺源性心脏病、气胸、胸腔积液等疾病的诊治，能熟练运用纤维支气管镜进行检查和治疗。两次被评为东莞市医疗技术骨干，2019年7月被选派为中国第30批援赤道几内亚医疗队队员参加援非工作。

世间有些人就是这样,只要走近他,就会被他身上那种儒雅温和的恬静气韵所吸引。汪应涛,广东医科大学东莞寮步医院内二科主任医师,就是这样的人。

走近他的世界,你会发现真实的他是如此闪闪发光。严谨负责的敬业之心,"白求恩式"的国际主义奉献精神,在他身上完美地体现。不仅如此,他还热爱运动和书法,他的活泼、亲切绝对能打破人们以往对医生的刻板印象,学术和活泼两种气质在他身上巧妙地组合在一起,既严肃又感性,气场强大但温和友善。

现在的他,圆满完成援非任务,收获了来自非洲患者的友谊。他说:"这只是人生中一次非常难忘的经历。我不是大牌医生,面对内科方面的多种疾病,我只希望能用自己的专业所学尽力、及时、有效地进行判断和治疗。"

痴心未泯 潜心求学志做好医生

汪应涛出生在医学世家,父亲是一名中医,他从小在医院长大,对医学这个职业再熟悉不过。自打记事起,他就经常看到很多人来找父亲看病,也多次目睹父亲因为治好病患高兴得手舞足蹈。从小耳濡目染,他立志长大成为一名优秀的医生。

1992年,汪应涛踏上了求学医学之路。初秋9月,他第一次站在了医学院的大门口。一眼望去,门口池塘里的荷花开得正旺,一阵微风吹过,扑鼻而来的清香令人陶醉。在阳光的照耀下,被荷花簇拥的白求恩雕像熠熠生辉。"那个场景太难忘了,顿时就让我感到了漫漫的书香之气和作为白衣战士继承者的一种自豪。"汪应涛回忆道。

初来大学,一切都很新鲜。丰富可口的荆沙美食、多姿多彩的校园生活让他应接不暇。汪应涛深知,想要成为一名优秀的医生,学习上必须下狠功夫才行。他在享受大学美好生活的同时,也如饥似渴地求知着。

在医学院学习的这几年对汪应涛来说十分可贵,他从一个医学"小白"成长为一名"准医生",在理想信念和专业知识等方面得到了全面的提升。舒先涛是汪应涛的解剖学老师。舒老师上课从来不拿课本,讲起课来滔滔不竭,对每一个器官、每一块肌肉、每一条神经及血管都清清楚楚,他时常勉励学生们在学医这条道路上吃苦、下硬功夫,不论经历什么,都必须风雨无阻。他带领学生们观察老鼠、白兔的海马神经元,认真记录和探索形态学规律,鼓励他们将临床医学研究与社会实践应用结合起来。舒老师的教诲让汪应涛对医学有了切实的初步认识。

"医学是一门综合学科,不仅需要严谨认真的专业上的学习,还对统计学有非常严格的要求。"汪应涛说。对统计学的学习是他大学里一件非常遗憾的事情。"上学那会儿光顾着学专业,对统计学不够重视,总是快到期末考试才临时抱佛脚,最终考个60分勉强及格。工作以后才发现统计学对我们医生的工作及学习太重要了,是我们提高临床思维、做科研、写论文的重要工具。"他有些惋惜地说道。

医学专业的课程学习非常多,医学生要在3年的时间里学完20余门课程。说起学习,汪应涛津津乐道:"解剖学、药理学等,这些学科医学术语多、知识点多,灵活度高,逻辑性强,需要理解背诵的东西特别多,就连偶尔从食堂打一勺肉,也会下意识地想想伴行的血管、肌肉有什么。"

虽然课业繁重,但汪应涛的业余生活十分精彩,经常和同学们一起打排球。"到现在都还记得在一次比赛中,快结束时我们的比分还落后 3 分,但我们不气馁、团结一致,终于一分一分赶了上来,最终取得胜利。"汪应涛说,"那种喜悦简直无法形容。后来在工作中我总会用这件事来勉励自己,不气馁、不放弃,团结拼搏,终有收获。"

在漫漫的回忆里,汪应涛关于母校的话语越来越多:

"母校是我跨入医学殿堂的起点。

"在母校我不但学习到了医学知识,还潜移默化地感受到老师们严谨治学的态度和为人处世的哲学。

"在学校 3 年的学习是我人生一个非常重要的起点。

"母校是我人生起航的地方。"

……

"医"路前行　铺就百姓"健康路"

大学毕业后,汪应涛被分配到湖北省广水市印台山医院。当时的医院专业医师和设备都比较缺乏。"从医学生到医生,这是一个惊险的跳跃。"汪应涛说,"我在还没有适应医院环境的情况下,就需要独立接诊病人,觉得完全是赶鸭子上架。"

临床经验不足,汪应涛每天都战战兢兢、如履薄冰。"记得我第一次接诊,看着面前的病人,我虽然表面镇定,但紧张得手心里直冒冷汗,生怕弄错了什么。"

"那段时间,就连晚上睡觉我都在回想白天接诊的时候有没有出什么差错,一旦碰到有疑惑或者是想不通的地方,就算再晚也会立马从床上爬起来翻看书籍和笔记,与白天的诊断及治疗方案进行比对检查。假如稍有松懈,就一定会被自己内心的'鞭子'抽到。"汪应涛说。就这样,他在诊治中寻找问题,再回到书本中寻找答案,不断进步。

在汪应涛的认知中,严谨认真、扎实全面是一名好医生必备的素养。一名医生的成材必须经过一个捶打过程。伴随着接诊时间的增长,他感到了力不从心。他越来越深刻地认识到自己的知识水平有限,很多在临床上遇到的问题得不到有效的解决,他迫切感受到自己需要充电、需要学习。

"作为一名医生,不管什么时候都不能放松对自己的要求,只有不断地学习才能进步。"汪应涛说。

2005 年,经过再三考虑,他决定停薪留职自费去进修。他在武汉同济医院进修了一年,开阔了视野。此次进修为他今后的发展打下了良好的基础。汪应涛总结道:"理论来源于实践,是我们老前辈在实践中得来的知识。我们所学的理论知识就像房子的地基,是我们今后的基础。只有地基打牢了房子才能建得高、建得牢。"

当被问到学习与实践该如何结合时,汪应涛滔滔不绝:

"医学是一门实践性很强的学科,我们在学校所学的知识来源于临床实践,从临床实践得来的经验形成理论,这就是所谓的循证医学。"

"说个很简单的例子,之前很多内科疾病只在书上见过,怎么记也记不住,现在亲眼看到了,就再也不会忘记。"

"再说一个吧,现在医学发展很快,所以我们自身的知识体系也需要及时更新。比如,以前对于高血压、糖尿病患者,医生都建议长期口服阿司匹林,经过大规模临床实践发现这对于一级预防中的很大一部分人来说是弊大于利的,存在出血风险,因此需要改良。"

……

2007年,汪应涛来到了广东医科大学东莞寮步医院内二科,担任副主任医师。这个时候的他坐诊,微笑着面对每一位患者,不慌不忙,仔细询问,认真诊断,越来越得心应手。经过两度入校学习、十几年的临床实践,他对内科常见病、多发病的诊断与治疗积累了丰富的临床经验,尤其擅长支气管炎、支气管哮喘、肺部感染性疾病、慢性阻塞性肺疾病、肺源性心脏病、气胸、胸腔积液等疾病的诊治。

截至2023年,汪应涛从事医生职业已经长达28年,专业书籍买了一摞接一摞,笔记本换了一本又一本。书上、笔记本上总是记得密密麻麻的。"做一名医生,学习是终生的。不是我一个人是这样的,整个行业都是如此的。"汪应涛说。

巨大的心血倾注之下,汪应涛也品尝过很多作为医生的幸福。然而内心深处最为亏欠的就是家人。"如今,我在努力弥补,但是怎么也不够。"

白衣执甲　援非抗疫无畏艰难

2019年7月3日早晨,汪应涛像往常一样从查房开始一天的工作。"阿叔,今天感觉怎么样?"汪应涛细心地询问着病人的身体状况。和往常不同的是,他稍微放慢了速度,在查房的间隙和病人聊起了家常。他正在以特殊的方式和病人道别,因为7月6日的凌晨他就要出发远赴万里之遥的非洲国家——赤道几内亚开展为期19个月的医疗援助,汪应涛十分不舍,但更多的是责任和期待。

2021年2月3日,汪应涛结束支援顺利回到祖国。500多天的援非时光,汪应涛克服种种困难,顺利完成了国家赋予的神圣任务,发挥了"白衣外交官"的作用。赤道几内亚总统奥比昂亲自为他授予赤道几内亚国家最高荣誉奖——国家独立勋章,以表彰其对赤道几内亚卫生事业做出的杰出贡献。

"这是一段难忘的、不平凡的岁月。"回首自己的援非工作经历时,汪应涛这样说。在援非的这段时间里,汪应涛所在的总统府保健组成员们跟随赤道几内亚总统和高层领导跑遍赤道几内亚每一寸土地,外出访问14个国家。

"由于经常下乡,非洲的天气变化无常,疟疾、伤寒等传染病肆虐,我们经常受到炎热和寒冷的折磨,还要面对蚊子和不知名虫子的叮咬,传染病时刻威胁着我们的健康。在非洲的那些日子,我总是穿着长袖长裤,还用帽子把头罩上。"他回忆道。

由于工作的特殊性,他们全年无休,作息时间也像行军一样。"时常到深夜我们才完成工作回到住的地方。"

"有的时候出差,我们只能住在原始森林旁四周透风的小旅馆,蚊帐上挂满了黑压压的虫子。吃饭问题很难解决,我们出差带的最多的东西就是速成食品,经常连着吃一个星期的方便面,浑身都是泡面的味道,要是有点乌江榨菜我们都会特别满足。"汪应涛回忆道。

汪应涛等援非工作者经常跟随总统巡视边境,一跑就是一整天,一路颠簸,尘土飞扬,还时常发生爆胎,一下车大家身上都披着一层厚厚的尘土。

"有一天晚上,我们跟丢了车队,在漆黑的原始森林里打转,道路的一边是悬崖峭壁,微弱的车灯只能照亮前方的一小段路。我握着方向盘的手直发抖,其他三名队员吓得不敢出声。车子在道路上缓慢地滑行,也不知道过了多久,我们终于看到了城市里的灯光,大家禁不住欢呼起来。"

"跟随总统出访经常要坐10多个小时的飞机,累得人腰都伸不直。记得有一次因为房间不够,我们就3个人睡一张床。好在这些困难都被我们一一克服。"汪应涛回忆道。

2020年新冠肺炎疫情席卷全球,在这场疫情中,汪应涛用自己的力量全力帮助当地抗疫。"赤道几内亚的医疗条件差,整个首都只有一台CT机,防护物资奇缺。当地医生向我们求助,但我们也只储备了1个月的防护物资。无奈之下,我们跟队长商量,匀出1000个口罩捐给他们,而我们把用过的口罩消毒后反复使用。"

此外,汪应涛还尽全力教当地人正确的口罩佩戴方法、洗手方法等。由于当时正值赤道几内亚的旱季,天气十分炎热。"浑身的衣服都被汗水浸湿,因为N95口罩透气性差,汗水不停地往嘴里流,非常难受。"

汪应涛说,回头来看,援非时间过得非常快,实际上每一天对他们来说都很漫长,在做大量工作的同时,还要克服艰苦的工作环境,克服疟疾、伤寒、新冠病毒等传染病的威胁,好在他们最终出色地完成了祖国交给他们的任务。

乐此不疲　运动健身浸翰墨

工作繁忙,学习、生活都要"挤时间",汪应涛却乐此不疲。"说忙得没时间经营业余爱好,都是假话,只要想,随时都可以。"他的闲暇时光,大部分用来练习书法。在他的家里,有张大大的书桌,笔墨常备,他每天晚上都会写上几行字。他把平时看到的、听到的,甚至一丝感悟、一种情绪,都视为珍惜的"财富"书写下来。"书法既快乐又清苦,'打坐'的忘我状态,可以让我心平气和,锻炼心智,平复急躁的性子。这是我做医生需要修炼的心境。"

"医生是一个清苦的职业,平时难免会积攒很多负面的情绪,所以需要学会自我排解。"汪应涛说着,讲起了援非时自我排解的故事。

"作为一名医生,每天工作的时间都比较长,很晚才回到住的地方,每天两点一线的生活,超长的工作时间极大地考验着我们的耐心和心理承受能力。

"为了缓解内心的焦虑,我早晨会打打太极拳、跳跳绳,如果时间允许还抽空到海边跑跑步。援非期间我成功把体重减到了60公斤以下。"

不仅如此,为了让整个团队更加活跃阳光,他还经常出点子找乐子举行一些有创意的活动。汪应涛带头学起了做饭,团队成员也踊跃加入。在汪应涛的倡导下,团队成员利用零碎的时间学会了做包子、烤蛋糕、做比萨等厨房技艺,既丰富了业余生活,又改善了伙食。

谈起书法和体育锻炼的好处,汪应涛"理论"十足,侃侃而谈:"书法是医生最好的修身养性之法,它能使人宁静,并在潜移默化中修补人的心理缺陷。"在他看来,"陶冶性情,唯有书法"。一方面,因为舞文弄墨建立的是一个学习型的社交圈,身处其中身心得到放松,这样的社交活动干净而高雅,能安抚浮躁的身心而不落俗套;另一方面,从个人健康角度而言,书法更是养生之道,人的欲望从书法的练习中找到出口,心境便能回归平和。"心静如水对身体有很多益处。"他笑着说。

汪应涛的身上时刻透着一股成熟医生的沉稳,温暖且让人感到踏实,这多多少少与他的说话艺术有一些关系。"医生也要善用语言和人打交道。患者讲的我能不能听得懂,我讲得是不是有逻辑性,病理及治疗方式患者是不是能理解。说到底还是要多学习、多积累,才能在这些方面有丰富的选择。"他自信地说。

如今的汪应涛,已经是主任医师了。面对未来的工作,他表现得信心十足。他说,因为曾经的生活和工作经历,他对俗事始终保持清醒和警惕的状态,他始终坚持做在他眼里特别有意义的事情,也希望自己能够做好。"我只是一个医生,兢兢业业工作在临床第一线永远是我的工作追求。"汪应涛说。

冯振兴/文

王淑娟:"虾城皇后"的虾稻情缘

王淑娟,水产专业高级工程师,我校水产养殖专业1987级校友,现任潜江市水产技术推广中心高级工程师。自参加工作以来,一直从事水产技术推广工作。曾获全国农牧渔业丰收奖一等奖1项,湖北省科学技术进步奖二等奖1项,潜江市重大贡献奖特等奖1项,潜江市科学技术进步奖2项。个人曾被授予全国农业先进工作者、全国"最美渔技员"、湖北省妇联系统劳动模范、潜江市劳动模范等光荣称号,享受政府特殊津贴。

王淑娟,清瘦的中等个子,显示出女性少有的干练;金丝眼镜后面笃定、自信的眼神,透露出对本行业技术与生产进程全面把控的信心。

  1990年,王淑娟毕业被分配到潜江市水产局。30多年里,她的同学有的成为大学教授,有的成为地市领导,有的成为企业老总,而她在这里,和她的同事们参与了小龙虾产业从农户自收自养到"虾稻连作""虾稻共作""虾+N综合种养"等模式的全程探索,见证了小龙虾在潜江作为一个重要产业发展壮大的前世今生。有同事调侃地称呼她为潜江"虾城皇后"。

  湖北潜江,地处江汉平原,土壤肥沃,湖泊星罗棋布。自20世纪90年代以来,小龙虾从水沟里的野生动物,通过人工养殖,一跃成为市民餐桌上的"大咖新宠"。在近十年,小龙虾作为农业产业链中的重要元素,在经历了"虾稻连作""虾稻共作"生态种养模式的不断探索和完善后,成就了潜江龙虾这个千亿产业,使潜江市成为"中国小龙虾之乡"、"中国小龙虾加工出口第一市"和全国小龙虾交易中心。

  如今的潜江市,"虾潮"涌动。靠小龙虾的支撑,相关产业扶贫富裕了十里八乡的千家万户,也使得潜江餐饮业繁荣多年经久不衰,开发出的小龙虾系列产品远销海内外,市场潜力巨大。

探究虾稻共生奥秘

  20世纪90年代,小龙虾作为一种野生外来物种,因加工出口企业原材料的需要,有一定的市场,许多农户自发地在野外收集、销售。2001年潜江市积玉口农民将收集的虾寄养在冷浸、冬闲的稻田里,等待市场出现好价钱再出售,当年亩效益达1000多元。周围的农民纷纷效仿,"虾稻连作"种养模式便开始流行。细心的王淑娟发现,这种"虾稻连作"种养模式较好地利用了闲置的水塘、湖泊和稻田的浅水环境和冬闲期,而且水稻生长期也会有部分小龙虾存于田间,小龙虾捕食、排便等对稻田生产环境的改善起到了较好的作用。

  随着小龙虾被人们普遍接受,王淑娟看到了小龙虾的发展前景。但她也发现,受低温、干旱等恶劣自然气候的影响,小龙虾不能指望"人放天养"的"望天收"了,养殖技术和生产投入必须跟上。她和她的同事们把农户的经验进行总结,寻找理论依据,再回到田间进行优化示范。2001年她与同事们开始小龙虾大面积养殖技术模式的艰辛探索。

  2006年,潜江市大面积推广"虾稻连作"模式,通过连续3年的总结摸底,她发现这种模式虽然有一定效益,但效益并没有达到最大化,甚至全市的虾稻种养面积还出现了萎缩。原因在哪里?他们发现,采取在稻田开挖简易围沟方式放养小龙虾,一方面,一亩田往往只能收获一季虾,效益大打折扣;另一方面,江汉平原一季度和二季度持续低温阴雨气候明显许多小龙虾尚未长大,但稻田却到了排水整田、插秧时节,许多尚在幼苗期的小龙虾就不得不贱卖了。发现"虾稻连作"模式弊端后,王淑娟开始思索如何更加有效地、充

分地利用现有稻田资源,既保证小龙虾长得大、效益高,又不影响水稻的生长。

2010 年,为配合渔业结构调整,王淑娟所在的技术团队提出,在保证全市粮食安全的前提下,开展"虾稻共作"模式的探索。水产系统 7 名党员干部主动请缨,动员亲属在后湖包下千亩稻田,开展"虾稻共作,一季稻两季虾"试验。当时并没有多少农户愿意参加,他们便在自己亲属的千亩稻田率先试验示范。由于技术没跟上,连续三年出现亏损。2013 年,试验围绕"虾""稻"矛盾,从"如何延长小龙虾生长期"入手开始了研究探索,并尝试通过改造稻田方式来解决这一问题。通过反复比较试验,他们将稻田围沟、腰沟加宽加深,便于小龙虾的栖息活动。这一改造,使得在稻田需要排水整田、插秧时,尚没有卖出的幼虾就有了宽敞、充足的长生水域。待到稻田平整、插秧完成后,再放水,把沟里的幼虾引放到稻田里让其继续生长。8 月、9 月的时候,这些幼虾便长成了可畅销的大虾,不仅有效解决了秋季没虾吃的问题,而且收益还较高。通过比较试验,本来要贱卖的小龙虾产量增了 3 倍,价格涨了近 4 倍。试验终于成功了,平均每亩虾稻田纯收入都在 3000 元以上。

2013 年,在王淑娟的支持下,市水产局技术推广中心又在熊口镇的赵脑村实行整村搬迁,建"虾稻共作"基地。在征集"养虾人"时,10 多个党员主动要求先行先试。紧接着,就要动员 10 个居民小组、2588 人、34 个自然台全部搬迁,其中的难度可想而知,但既然是带动村民整体脱贫致富的好门路,那就得下决心矢志不渝地做到。王淑娟和同事们顶着压力接受一个又一个考验,化解一个又一个难题,终于当年底,带领所有虾农扭亏为盈,亩净收入均在 3000 元以上。

2014 年,政府主导在部分乡镇连片开挖虾稻田,全市推广面积迅速扩大,仅关山办事处就建设了万亩"虾稻共作"基地。2015 年起,越来越多的农民投身"虾稻共作"模式中,民间资本也被吸引到虾稻产业。再到 2018 年,潜江市虾稻田亩净收入最高突破万元,平均亩净收入也在 5000 元以上,出现养虾致富村。

"虾稻共作"将水稻种植和小龙虾养殖有机结合,通过资源循环利用使小龙虾和水稻共同生长,产品品质同步提升。潜江小龙虾和潜江"虾稻米",都成为人们的放心食品,带动就业人口 20 万人以上。成功的"虾稻共作"模式被农业农村部渔业渔政管理局誉为"中国现代农业的成功典范",是中国现代农业的一次革命。

助力虾稻产业扶贫

地处湖北省中部江汉平原的潜江素有"鱼米之乡"美誉。但由于历史和发展的原因,潜江市有约 103 万人,2014 年建档立卡贫困村有 51 个,贫困户有 19 370 户,共 64 052 人,贫困发生率很高。

腰河村 9 组村民邓某清楚地记得当时对生活的绝望,妻子在生小儿子时难产而亡,孩子又因生病而双目失明。为给孩子看病,这些年,他欠下 20 多万元的债务,偏又碰上水灾,成了建档立卡的贫困户。"家里房子成了危房,没钱修,下雨时,漏得连睡觉的地方都没有。"面对生活的重击,他一度丧失信心。2017 年 5 月,驻村扶贫工作队找到他,劝他挖个小龙虾池试试。抱着反正不会更差了的想法,他把家中的10亩地全部挖成龙虾池,养起了小龙虾。

养小龙虾得有技术,为此,王淑娟和驻村第一书记手把手地进行现场指导,点对点地教如何打通销售渠道,从挖虾塘、投虾苗,到饲料投放和病害防治,最后到卖虾,全程跟踪每个环节。

2018年,邓某的10亩虾稻赚了10万元。2019年,他又流转了别人的5亩地,扩大了养殖规模,一下子又赚了十多万元。家里盖起来两层的小洋楼,两个儿子都结了婚。

"现在觉得生活有希望、有奔头,想到明年还要大干一场,我浑身都是劲。"谈到目前的生活改善和来年的生产打算时,邓某信心十足。

现在,小龙虾已经成为潜江富民强市的第一特色产业、转型升级的第一示范产业。截至2020年6月,该市共有4455户贫困户从事虾稻种养,面积达50 035亩,人均增收超1万元。巨大的效益吸引了众多的年轻人返乡养虾,解决了留守人员诸多的老大难问题。

潜江创新小龙虾养殖模式,先后独创"虾稻连作"和"虾稻共作"模式,变"一虾一稻"为"一虾两稻"。农民实行"虾稻共作"后,每亩可以增收3000~7000元,亩收入过万元的有20%以上。2019年,潜江虾稻种养面积达80万亩,综合产值突破420亿元。2020年,湖北全省小龙虾水产面积约700万亩,潜江就占85万亩,全市小龙虾产量达到17万吨,产值达60亿元,占农业产值的50%,带动一、二、三产业产值520亿元。

当好虾民"贴身顾问"

对于王淑娟和她的同事们,潜江的虾农们不可谓不熟悉,各大小乡镇都少不了他们的身影:虾闲做培训、推技术,农忙解难题、验样品,指导种苗及成虾的供应推广。虾农们都习惯称他们为自己的"贴身顾问"。

王淑娟认为,由于政府倡导,全市虾稻种养规模不断扩大,加之种养技术也在他们的努力下迭代升级,虾农的技术培训一点也不能落下。王淑娟一担挑两头,一头是市政府在虾农中的威信,另一头是虾农的生产收益,她深感自己责任重大。

在水产技术推广中心,她带头成立了技术服务团队,到一线为虾农解决技术问题。每年的1月到4月,正是她下乡指导的繁忙时期,培训达1万人次。高峰时她一天要讲2~3个单元的培训课,每到一个村民点花费的时间都是两三个小时。培训活动内容包括稻田改造、虾苗投放、饲料投喂、水位控制、水质调节、肥料施用、适时捕捞、病害防控等。有时候忙起来,她和同事们就像影视明星一样,一场接一场。这场没结束,下一场的车已经在场外等候着,晚上10点钟回家是经常的事。每次声嘶力竭、精疲力尽,但看到虾农们一双双渴望和焦急的眼神,想着自己的努力能帮他们解决棘手的难题,王淑娟一次次都坚持下来了。

有的虾农养殖小龙虾心情急切,胡乱使用药物,不仅增加投入,还对小龙虾生长不利;有的虾农参加了培训,却由于管理不当造成损失。每当碰到这些情况,王淑娟都要到实地指导，解决问题。因此，这几个月，她几乎天天都和虾农泡在一起。

每到小龙虾上市的时候，王淑娟和同事们的电话是一个接一个地接打，从没闲着。有主动打过去给虾农的，也有虾农打过来的。电话里能解决的，王淑娟就马上给他们解答，解决不了的就要准备下村里去。

"您的虾子开卖没有？现在天气闷热，不适合用您说的这种肥料！"当我们走进王淑娟的办公室时，她正接着电话，耐心指导虾农。

虾农们也真把他们当成了"自己人"，一有问题随时电话联系，关系可近了。她开玩笑地说："我们陪领导下乡调研，经常会抢领导的'风头'，虾农们只认识我们，只围着我们转，把领导都'晾'在了一边。"当然，她也有失落的时候，那就是当我们问及她这么忙如何照顾家庭，她说："想到当年的情况，我最对不起我的爱人和孩子。当时我忙于工作，对家庭的照顾太少。我的姑娘是'吃百家饭'长大的。上幼儿园和小学时，我经常要麻烦老师、邻居和同事，帮我托管孩子。有时孩子在同事和邻居家都睡着了，我还没回来。"

通过王淑娟他们这些年的努力，潜江市示范推广了一系列用药量少、质量可控、操作简便的用药减量模式和技术，如虾稻共作、虾莲藕共作、虾鳝混养等模式和循环水养殖、养殖尾水治理技术，在全国率先创建了水产健康养殖示范场29家，其中部级示范场16家、省级示范场13家。她和同事们在全省也名声大噪，具有了一定的地位和影响。在全省技术推广经验交流会上，省厅领导经常点名要她先讲。受省农业农村厅委托，她先后参与和组织起草了国家标准《潜江龙虾"虾稻共作"技术规程》、湖北省地方标准《克氏原螯虾人工繁育技术规程》《虾稻共作养殖技术规程》《虾莲藕共作技术规程》《虾蟹鳜池塘生态养殖技术规程》、潜江市地方标准《克氏原螯虾池塘养殖技术规范》等多项水产养殖技术标准，为标准化养殖技术的推广应用奠定了坚实的基础。

王淑娟对水产行业的突出贡献受到各级部门的高度肯定，她曾被授予全国农业先进工作者、全国"最美渔技员"、湖北省妇联系统劳动模范、潜江市劳动模范等光荣称号，并享受政府特殊津贴。她曾荣获2020年湖北省百名优秀女性科技创新人才称号，获全国农牧渔业丰收奖一等奖1项，湖北省科学技术进步奖二等奖1项，潜江市重大贡献奖特等奖1项，潜江市科学技术进步奖2项。

在谈到小龙虾产业的提升空间和发展方向时，王淑娟说："我的性格决定了我做事必须做好，做到极致，力求完美。"工作中她也确实做到了。在进行"虾稻共作"技术推广、培训的同时，王淑娟和同事们从未停止过对小龙虾养殖的试验和探索。王淑娟说："只要我们用心去做，生产中需要研究的课题还有很多。"目前他们在研究如何使用生态或生物手段控制病害发生，能否探索一种"虾＋N"综合种养模式让农户取得更高收益，等等。她相信，通过大家的共同努力，加上广大虾农们的智慧，潜江小龙虾产业之路会走得更长更远。

张重才　胡薇/文

高剑华：让恩施土豆"跑"进"国家队"

　　高剑华，1981年生，湖北巴东人，我校农学2000级、作物栽培学与耕作学2007级校友。现任恩施州农科院马铃薯研究所所长、高级农艺师，同时担任中国作物学会马铃薯产业技术体系恩施综合试验站站长、中国作物学会会员、中国作物学会马铃薯专业委员会委员和湖北省作物学会理事。工作以来一直扎根贫困山区开展农业科技创新、技术推广示范等工作，先后主持和参与了国家、省、州课题20余项。获省部级科技奖励5项、州科技奖励3项，参与选育马铃薯新品种8个，获省重大科技成果7项，获国家专利15项，参与制定地方标准11套，参编专著3部，发表论文10余篇。先后获恩施州优秀共产党员、恩施州优秀人才、恩施州劳动模范、湖北省青年五四奖章等多项荣誉表彰。

高剑华：让恩施土豆"跑"进"国家队"

"当5月份漫山遍野土豆花儿开的时候，欢迎老师们再到恩施来看风景！"在恩施州农科院天池山育种基地的种质资源库里，高剑华接待了我们。他拿出不同颜色的水果土豆新品种让我们品尝，同时介绍水果土豆的糯性、口感、产量、开花授粉等特点。他那如数家珍、头头是道的样子，让我们都为他自豪。

高剑华，农学2000级校友，恩施州农科院马铃薯研究所所长、高级农艺师，现为国家马铃薯产业技术体系恩施综合试验站站长、中国作物学会会员、中国作物学会马铃薯专业委员会委员、湖北省作物学会理事。这位有着10余载马铃薯研究经验的专家一年到头都很忙，奔波在恩施州各个马铃薯主产区。听说今天母校的老师们来看望他，他说无论如何也要花一天时间陪老师们，介绍他这些年的研究成果。

遇伯乐，结缘土豆

1981年出生的高剑华从小生活在恩施巴东的农村，幼时见惯了农村的艰苦生活，"想为农村农业做一些事"的愿望在他心里扎下了根。所以，2000年，当高剑华选择大学专业的时候，他毅然选择了长江大学（原湖北农学院）农学专业。"我的祖辈都是农民，农民太苦了。我想学农，学到真本事后回到农村去，让父老乡亲在农村也能过上好日子。"

在大学，他遇到了影响他一生的恩师邢丹英教授。2003年6月份，他第一次和邢老师回到家乡恩施做山区稻瘟病调查研究。在海拔1000多米的高山水田，气温还有些低，一到田埂，邢老师便脱掉鞋袜赤脚踩进水田里查看水稻生长情况。他学着老师的样子笨拙地下了田，在恍惚和迷茫中结束了第一次田间考察。唯一记得的是邢老师对他说："我们做农业研究，不能光靠书本，要去田间实践摸索，不能瞎指挥，要对农民负责任。"

后来高剑华跟邢老师田间考察次数多了才知道，邢老师经常被虫子、蚂蟥叮咬，腿上、脚上都是伤口。因为常年在田间地头做研究，生活不规律导致低血糖，糖果成了邢老师研究路上必备的随身品，此外，只要去田间，邢老师还会带上另一种必备的随身品——笔记本。稻农们面临的问题有一些也是他不曾遇见的，邢老师都会在笔记本上一一记下，并耐心地告诉稻农："这个我也没有遇到过，我回去弄清楚了再答复你。"

邢老师朴实、严谨的研究态度深深地影响着高剑华。大学毕业后，他回到家乡，进入恩施州农科院水稻研究所工作。想到邢老师曾经说过山区的农民要吃上自己种的米非常不容易，他下定决心要选育出家乡人能吃上的水稻品种。

水稻遗传育种是一个极具探索性的过程，同时也充满很大的不确定性，需要育种人长时间泡在实验室和田间地头。夏季为了避开最热的时间段，天刚蒙蒙亮他就得起床，到地里时往往还不到6点。高剑华常常在稻田里一蹲就是几个小时。头顶太阳晒，脚下水汽蒸，身边蚊虫绕，他也能"禅定"一般聚精会神地把住穗头、剪颖、去雄、套袋、授粉、封口、记录、建档……除了中午吃饭休息，高剑华其他时间都泡在地里工作。

他的认真、专注给领导、同事留下了深刻的印象。2006年，高剑华被单位选派到中国水稻研究所交流学习,那里高手如云,在与国内外顶尖学者的交流中,他看清了自己与他们的差距:知识储备不够,实践经验不足,要想系统地补齐短板,攻读硕士研究生是他唯一的选择。

2007年,高剑华如愿考上了长江大学作物栽培学与耕作学专业硕士研究生,再次成了邢丹英教授的学生。因为高剑华有过研究的工作经历,他的研究生学习得心应手,研二时他已经可以独立为邢老师分担一些科研项目。在邢老师的指导下,他在荆州市李埠镇负责邢老师和中国南方马铃薯研究中心联合申报的项目——江汉平原马铃薯引种试验的研究。从此,他和马铃薯结下不解之缘。

为了保证试验的精准和科学,他和工人们一起耕地、起垄,严格按照试验设计的株行距进行播种,对于引种的每一个品种,高剑华都要反复仔细观察特征特性及其变化,并熟记于心。一整天下来他累得腰都直不起来,第二天还得接着干,但他乐在其中,浑身有使不完的劲。冬种夏收,他逐渐感受到探索一颗土豆的生命历程是一件多么美妙、幸福的事,还能感受到"太阳每天都是新的"。

时任恩施州农科院马铃薯研究所所长的田恒林对这个年轻、专注的小伙子青睐有加。在高剑华负责项目运营的大半年里,田所长共来荆州3次,每次和他见面时言语中总透露着对他的欣赏,希望他毕业后能回到恩施州农科院从事马铃薯研究,为家乡的马铃薯产业发展贡献力量,因为当时的恩施州农科院马铃薯研究团队正处于青黄不接的阶段,急需补充年轻踏实能干的新鲜血液。就这样,高剑华一毕业就如约加入了恩施州农科院马铃薯研究团队。

守初心,砥砺前行

"丰收了吗?""丰收啦!"伴随着机器的轰鸣声,一垄又一垄的土豆翻滚出地面,农户们分拣、装袋、装车,现场一派繁忙景象,丰收的喜悦洋溢在农户们的脸上。有一位70余岁的老农民兴奋地对高剑华说:"小高,你们的方法还是管用,这个产量是我一辈子都没碰到过的。"这是马铃薯研究所独立自主选育推广鄂马铃薯10号后量产的第一年,亩产可达2000公斤,老百姓通过种植这个品种的马铃薯每亩有3000多元的收入。

"我们种的土豆年代久了就会退化,产量和品质都会受到很大影响,必须换脱毒种薯。还有啊,我们要相信科学、依靠科学,把新品种和新技术结合起来。"高剑华耐心地向老农民解释道。这是高剑华从事马铃薯研究以来,第一次近距离地感受到通过科研帮助农民实现增产增收的快乐。

2014年,高剑华和团队第一次来到巴东县官渡口镇小高山这个贫困的小山村开展"新品种鄂马铃薯10号示范推广"项目的时候,留守在家的老人十分不解:一个个光鲜亮丽的年轻专家,能种土豆?再说了,蹲在地里看一看、摸一摸,就能把土豆种好?更有一位老人言语犀利地拒绝了他:"小伙子,你多大?我爷爷的爷爷就会种土豆,到我这辈儿,已经种了70多年了,你还教我怎么种土豆?"

为了更好地完成项目,更好地推广新品种和新技术,高剑华和团队让不太信任他们的老乡们每家按照传统的品种和技术自己种植一小块做对比。当年的雨水比较重,晚疫病发生也比较严重,老乡们按照以前的方法管理,在土豆发病后束手无策。在老乡们眼里,土豆的植株像是中邪了,不到一周的时间叶片全部发黑萎蔫,说不行就不行了,但按照项目技术要求种植和防治的示范田块依然青枝绿叶、生意盎然。收获的时候,通过专家测产,示范区的产量基本上是老乡们传统种植产量的两倍,这时候,老乡们才回想起来,示范区品种、种薯、密度、肥料、农药等方面的使用都和传统的不太一样。高剑华让农民意识到"种土豆看似是个简单活,其实是个技术活"。

"一粒种子,可以改变世界。"马铃薯育种事业虽然神圣而美好,但是有的专家耗尽毕生精力,也未必能选育出几个优良品种。面对各种困境,高剑华知难而"进",决心要选育出"叫得响"的马铃薯新品种。"作为一名农业科研工作者,我们有很多的事情要做,有很多的路要走,切不能辜负农民的信任。"

育种科研工作严谨且艰辛,每一个马铃薯新品种的诞生至少需要12年的时间。从寒风刺骨的冬播,到春天试验地里第一株幼苗的破土而出,从每一份亲本材料的种植,到杂交授粉和编号挂牌,从田间海量的单株材料,到逐年的品系筛选比较,从收获后的淀粉和维生素指标检测,到储藏期的休眠观察,在恩施州农科院海拔1200米的天池山马铃薯育种基地上,春去秋来,四季轮回,遍布了高剑华和团队的脚步和汗水。

为了开阔恩施州马铃薯研究的国际视野,高剑华经常参加国内外展会。最令他印象深刻的,是2018年5月他在秘鲁库斯科参加的第10届世界马铃薯大会(WPC)和第28届拉丁美洲马铃薯协会(ALAP)年会。会上各国马铃薯研究学者们安静地穿梭在各分论坛之中,或认真倾听分享者的成果,或热切交流各自的观点,高剑华沉醉其中。已有8年马铃薯研究经历的他,第一次看见黑色、黄色、紫色和各种形状的马铃薯,感到无比新奇。他兴奋地和同行的同事说:"要不我们把行李箱腾出空来,把这些马铃薯带回去吧!"虽然是开玩笑的话,但从中我们看到了他作为育种工作者对马铃薯优良种质资源的珍视和渴求。

"品种是马铃薯产业发展的'芯片'。有了好的品种,马铃薯的产量和品质在市场上就有竞争力和话语权。"高剑华说。回到国内,高剑华把引种的事情提上日程。在他和同事们的推动下,中国南方马铃薯研究中心打通了与国际马铃薯中心、国际马铃薯中心亚太中心的种质资源引进渠道,每年可以直接引进高抗晚疫病、抗病毒病、食味优的专用资源材料。2018年7月,中国南方马铃薯研究中心和比利时埃诺省农业工程中心签署合作框架协议。这些国际合作打通了中国南方马铃薯研究中心科研人员与国外优秀马铃薯科研工作者的合作交流渠道,对促进恩施州马铃薯团队走向国际大舞台具有重要意义。

"我认为好的研究成果不能锁在屉子里面,不能通过奖状和奖章来体现,要运用到实践生产中,帮助老百姓实现增产增收,为乡村振兴做出实实在在的事情。"高剑华说。明知马铃薯科研之路艰难,作为马铃薯研究所所长的高剑华仍甘之如饴,坚定地走在这条艰难的道路上。值得欣慰的是,一路走来,他取得了以下一系列可喜的成绩。

他带领团队选育出了具有"恩施土豆"典型特征的鄂马铃薯10号、13号和"南中101"

等黄皮黄肉新品种,在生产上推广面积达到恩施土豆种植总面积的50%以上,为产业发展提供了品种保证和"芯片"动力。

他带领团队从2010年开始引进比利时CARAH预警系统,通过近10年时间修正改进,制定了适宜武陵山区的马铃薯晚疫病数字化预警和防控技术规程,让晚疫病变得可防、可控,彻底改变了传统"靠天收"的状况。

他和团队创新了马铃薯脱毒水培苗工厂化生产技术,完善了山区脱毒种薯三级繁供体系,显著降低了山区脱毒种薯生产成本,使推广普及率提高了10%以上,联合推广部门制定了"恩施土豆"绿色生产技术规程,使亩产从原来的1000公斤左右增产到1500公斤以上,显著提升了马铃薯产量和品质。

他作为主要技术专家致力于品牌建设,让恩施土豆"跑"进了"国家队",他协助"恩施土豆"通过中华人民共和国农产品地理标志登记获得地理标志证明商标证书,入选"全国绿色农业十大最具影响力地标品牌",成为中国农业品牌创新发展大会唯一推介品牌,并入选国家农业品牌精品培育计划。在科研和推广团队的共同努力下,"恩施土豆"产地收购价已从2015年的每公斤1.2元提升到2022年的每公斤2.2元,显著增加了农民的收益,连续七年成为全国销售火爆的"网红土豆",销往30多个大中城市并走出国门,到2022年综合产值达到80亿元以上。

土豆在恩施山区已有300多年的种植历史,高剑华深知农民仅"种得了"还不行,必须通过科学种植不断提高产量和品质。为了提高科技在"恩施土豆"产业中的贡献率,他大部分时间都奔走在恩施马铃薯主产区的田间地头,把土苗山寨的洋芋田变成了讲授栽培技术的大课堂。5年来,他在湖北省农业农村厅与湖北广播电视台联合推出的《荆楚农时课》上开展马铃薯春播春管技术直播,受众达15 000余人。在线下,他对接恩施州内外20多家企业和合作社,培训、指导农技人员和农民2000余人次,深入田间地头,累计推广马铃薯新品种、新技术、新模式种植面积400余万亩。

担使命,薪火传承

"资源创制、杂交育苗、单株筛选、品系试验、脱毒快繁、试管育苗、大田生产……马铃薯科研环环相扣,一项科研成果的问世,往往是几代人的心血累积。"高剑华说,"一个品种的研究周期要长达12年之久,直到试种性状稳定后才能大面积扩繁种植。仅靠个人的精力是远远不够的,需要一代又一代育种人的接续努力。"

高剑华深受恩施州农科院老前辈及恩师邢丹英等的影响,从不把科研工作当成是自己一人独揽的事。他说:"作为所里的负责人,我的一项重要的工作就是协调各方,争取到更多的各类重大课题,通过团队的努力让所里的工作有创新点和亮点,让每一个成员进步。"

他根据所里研究人员的特长、兴趣点结合马铃薯研究需求,将人员分成6大学科团队,每一个学科团队都选定一个科研负责人。在科研课题申报上,谁牵头谁负责,谁牵头谁挂帅,不管哪个团队,只要需要他的帮助,他总是不遗余力地进行指导和协调。近年来,在他的带领下,所里年轻人作为负责人的项目有10余项,且科技成果产出丰厚。"马铃薯的科研工作既是一个漫长的过程,也是一项系统的工程。研究者要有密切的合作精神和团队意识,科研工作才能薪火相传。"高剑华说。

年轻的研究人员进行试验时,高剑华总是去现场指导,营养液该怎么用,土该怎么培,苗株的间距应该有多远,等等,他都要求他们必须严格执行标准。高剑华语重心长地说:"我们只有在试验时严格执行标准,将来大田指导时才不会出错。农民一年就指望这一茬庄稼的收成,他们经不起折腾呀!我们的试验是为以后农民增产增收做准备的。"他还告诉团队年轻人:"在办公室和电脑桌前种不出好品种,在土地里摸索打滚才能育出好品种。特别是年轻人要耐得住寂寞、守得住清贫。当你钻进去了,你就会发现其中的乐趣。"

与高剑华工作于同一单位的同门师弟陈火云说:"高师兄对科研工作真是要求严格,为了详细了解一个新品种,不仅要我们品尝煮熟的马铃薯,还要我们尝试生马铃薯的味道。这些都已经成了我们的'职业病'。"

研究人员杨国才说:"高所长很关心年轻人,不管是工作还是生活,他就像一个大哥一样照顾我们。我们在他面前可以轻松地畅谈,因为尊重我们,他从不轻易否定我们的建议。他还鼓励我们大胆地去做、去创新。"

在高剑华的带动下,越来越多的年轻人选择坚守。目前,所里的研究人员增至20余人。如今,高剑华倾情守望着这支科研团队,一如守望着他那片充满绿色希望的土豆田。

尽管高剑华的研究与奖项硕果盈枝,但他始终觉得,马铃薯科研成果并非他一个人的功劳,而是整个团队的成绩。他先后主持国家、省、州课题7项,参与课题20余项,带领团队年平均争取科研经费300万元以上,获农业农村部科技奖2项、湖北省科技奖3项、省科技成果7项、恩施州科技奖3项、国家专利15项,参与选育了鄂马铃薯10号等8个新品种,制定湖北省和恩施州地方标准11套,参编专著3部,发表论文10余篇。他多年工作考核优秀,先后获得湖北省青年五四奖章、恩施州劳动模范、恩施州"最美科技工作者"、恩施州优秀共产党员、恩施州优秀人才等多项荣誉。

"登山不以艰险而止,则必臻乎峻岭矣。"高剑华作为一个地地道道的"土豆农科人",为了让恩施土豆"跑"进"国家队",坚定而又执着地朝着马铃薯科研的更高峰攀登。正如国家马铃薯产业技术体系首席科学家金黎平说的那样,土豆离不开土壤,农业科技工作者也离不开土壤。只要像土豆那样扎根泥土、扎根基层、扎根农民,恩施州的土豆产业必将迎来更加灿烂的明天!

冯振兴/文

胡国山：迎"峰"而上的水文尖兵

　　胡国山，1992年生，工程师，我校水文与水资源工程专业2012级校友。现任水利部长江水利委员会（简称长委）水文局长江中游水文水资源勘测局（中游局）汉口分局主任工程师（正科级），2021年荣获"湖北工匠杯"青年职业技能竞赛"湖北省技术能手"称号，此前先后获长江委防汛抗旱先进个人、长江委技术能手、水文局技术能手、水文局优秀共产党员、水文局优秀共青团干部、中游局十佳职工、优秀科技干部、常德水文中心优秀共产党员等荣誉称号；在技能竞赛方面，连续3年获单位组织的水文勘测技能竞赛冠军。

胡国山：迎"峰"而上的水文尖兵

在这奔腾绵延的治水线上，有许多水文人为长江岁岁安澜而不懈奋斗。作为防汛测报的"耳目"和尖兵，他们中，有一线水文测量员数十年如一日，坚守在波峰浪尖；有水文监测尖兵，为中游水资源保护管理兢兢业业；有技术科研者，为提升中游测报能力攻坚克难……

水文与水资源工程2012级校友胡国山就是奋战在水文一线的一名尖兵，他紧跟时代步伐，识大体、顾大局、爱岗敬业、拼搏奉献，争做新征途上最美、最强的奔跑者和追梦人。

洪湖岸边走出来的水文大学生

"洪湖水呀，浪呀嘛浪打浪啊，洪湖岸边是呀嘛是家乡啊……"哼着歌曲，走在洪湖大堤边，草木葱茏，芳香盈鼻，深呼吸，胡国山从心底感到一阵惬意。他就是从这里走出的大学生。

正所谓靠山吃山，靠水吃水。从小在洪湖边长大的胡国山对水有着特殊的感情，同时对水那种桀骜不驯的个性也有更深刻的感受。犹记得1998年的那个夏天，那年他6岁。洪湖天空仿佛塌陷了一般，瓢泼大雨夹着狂风倾盆而泻。他听说父老乡亲与人民子弟兵一道不惧艰险，与百年不遇的特大洪水开展了一次又一次殊死决战，心里充满了对洪水的恐惧和对抗洪水的决心。虽然那段往事已渐行渐远，但关于那个夏天的抗洪记忆从未消退，早已融入了他血脉，成了他立志学习用水、治水，拼搏奋进的内生动力。

2012年填报志愿时，胡国山毫不犹豫地选择了长江大学水文与水资源工程专业。他始终难忘收到录取通知书时候的喜悦，当时他签收文件的手微微发抖，拆封通知书时小心翼翼。文件袋里还有长江大学的校情简介，扉页上漂亮的校园风景着实让他激动了好一阵子。

"在水边长大，大学学好水知识，毕业后用好水知识，不再让家乡遭受水灾之苦"，这个愿望强烈地刺激着胡国山的神经，也让他坚定了学业和未来择业的方向。自此，胡国山踏上了一条"学水治水"之路。

转眼间，十一年光阴已过，胡国山已经在水文岗位上工作了7年，直到陈燕飞老师带着学弟学妹来单位实习，他才感知时光飞逝。当师弟师妹们问起如何更好地度过忙碌的大学生活时，看着他们朝气蓬勃、求知若渴的模样，胡国山思考片刻后答道："忙碌是每个大学生生活的常态，但是我们不能因忙碌而失去人生的目标，而是应该让忙碌变得有意义。"

就在那一刻，往昔的校园场景在他的脑海里缓缓掠过：

"刚上学时，我最爱的是胡洁老师讲授的高等数学。胡老师不仅把高数讲得诗意盎然，还引导学生将数学知识和生活有机融合，让大家从中发现数学的美，深得学生喜爱。同学们抱着书包抢占前排座位的情景，至今还历历在目。

"大二的时候，我在紧张和拘束中第一次踏进实验室。张建美老师耐心地给大家讲解实验仪器和药品的使用，介绍污水处理原理。她说，长在山上的草比长在山下的树还高，我们学习知识也是一样,只有不断地学习才能在山上看到更广阔的世界。张老师的话让我无比期待那个广阔无垠的水文世界。毕业那年,在老师的帮助下我在《科学技术与工程》期刊上发表了我的第一篇学术论文。

"大学对我影响最大的同学是孙悦东,他每天拉着我一起去自习室,从不懈怠。细碎的夕阳、自习室窗外的湖光水色还有恶劣天气下肆虐的大风、倾盆而下的雷雨,这些关于自习的独特回忆总是藏在心里最柔软的角落。习惯是经过重复练习而巩固下来的稳重持久的条件反射和自然需要,建立良好的学习习惯,会使学习有序而轻松。这是孙悦东教我的,我将受用终身。"

过往的一幕幕在脑海里翻过,大学时光是他悠悠岁月里珍贵的财富……

水文小将初露头角

胡国山对水文的认识和感受是从无到有、由浅入深的,他最终在水文工作中找到了归属感。在水文测量一线,胡国山从不以"科班生"自居。"干我们这行的,都知道一句话叫'差之毫厘,谬以千里',所以要不断学习,特别是在实践中向同事学。"当别人问胡国山谁是他的师傅时,他总是回答:"每个人都是我的师傅。"

2016年,胡国山本科毕业后考入长江委水文局中游局江汉分局,岳阳分局是他工作实习的第一站。面对不懂的问题和未接触过的仪器,他一遍又一遍地虚心向师傅们请教学习。时值盛夏,酷暑难当,在烈日里经常能看到他架设仪器的身影,一个夏天,胡国山从毕业时的白净小伙经过烈日的"淬炼"变成了粗糙的"黑汉子"。

由于勤于学习、善于学习,胡国山很快成长为新一代的水文监测尖兵,他在出色完成水文测站基本防汛测报工作的同时,还在多个工程项目中挑大梁。他先后参与了"湖北省第二次全国污染源普查成果数据质量评估项目工作总结报告""江河湖库水文要素监测技术与保障体系研究专题科技报""在线监测设备误差评定和误差控制方法""水文局2021年度水利监督检查工作总结""2021年'一站一策'及示范站创建成果报告""福建省山洪灾害调查评价报告""成都市沱江流域水生态综合治理规划水文分析计算专题报告"等项目,编写了《仙桃市龙昌大桥及引桥接线建设工程洪水影响评价》《云南省2021年度山洪灾害调查评价》《湖南省安乡至慈利高速公路澧水特大桥防洪评价》等报告,完成了"国产超高频雷达测流系统 RISMAR-U""汉口(武汉关)水文站在线测流系统""汉口站 TES-91 含沙量在线监测系统"的比测分析工作。水文监测的每一项基本工作他都了然于心,他体会到了水文工作者的成就感、自豪感和责任感。

工作之余,胡国山始终不忘理论学习和外业仪器设备操作技能的提升。他利用一切能利用的时间来学习,只为在局里每年一度的水文勘测技能竞赛上大展身手。2016年9月,刚参加工作3个月的胡国山第一次参加竞赛,由于经验不足,最终只取得了第12名的成绩,无缘参加中游局组织的脱产封闭训练。面对这个结果,胡国山的心情失落到极点,在这天夜里,他参加工作以来第一次尝到失眠的滋味。第二天他强装坚强来到办公室,却

胡国山：迎"峰"而上的水文尖兵

接到了参加水文勘测系统全国技能大赛封闭训练班学习的通知。胡国山的心情就像坐过山车一样久久不能平静，他觉得自己走了大运，一遍遍地告诉自己："天道酬勤。只要勤奋，总有绝处逢生的机会。"

在这个高手如云的群体里，胡国山5次选拔比赛的成绩基本上都是垫底，但他就像一只"打不死的小强"，总能挺进下一轮选拔对象的名单。经过7个月的培训，他在最开始50多个人的培训班里，一步步地进到了最后的4人名单——参加全国大赛的名额只有3人，另可选送1人替补。最终胡国山被选定为替补队员。

得知这一消息，他既兴奋又失落。兴奋的是能在毕业不到一年的时间里，被选送参加全国大赛，但遗憾和不甘也瞬间在他的心头划出一个切口，回想这短短的7个月，一幕幕像电影般闪过：培训时的枯燥无味，选拔时的紧张刺激，等等。特别是为了更好地参加比赛，他委托家人帮忙操办婚礼，自己只请了3天假回家简单"出席"了婚礼；孩子出生时，他正在进行高强度训练脱不开身，没能第一时间陪在妻子身边。这些遗憾与愧疚，让他久久不能释怀。

他在心底暗暗道："遗憾这块石头只能作为成长路上垫脚的阶石，不能让它压在心头。"虽然无缘全国决赛，但他的能力水平快速提升，这是不争的事实。他始终觉得，只要自己不放弃，人生就一定会有无限可能。2018年到2020年，他连续3年获中游局水文勘测技能竞赛冠军，2021年11月，他又勇夺"湖北工匠杯——长江委水文勘测技能竞赛"桂冠。

后来，胡国山才从领导那里得知当年他能参加封闭训练的原因。原来进行选拔比赛时，其他选手都在聊天闲谈，只有他全程趴在围栏全神贯注地学习前辈们的比赛操作技巧。这一幕刚好被路过的领导看见，领导被他专注的表情深深触动，所以想给胡国山这样勤奋、一丝不苟的新人一个锻炼提高的机会。

"人生在勤，不索何获"，是胡国山一直铭记在心的一句话。这些年的工作和技能竞赛经历，对他来说无疑是一笔宝贵的财富，这种拼搏的精神将一直伴随着他。每当有人问他干水文工作苦不苦时，他总笑着说："学水文，爱水文，为水文奋斗一生。"这就是在长江边长大的他对水文情怀的最好诠释。

迎"峰"而上的"逆行者"

2020年6月，从江汉分局调到常德分局的胡国山，遇到了入职以来的第一场洪水。受上游澧水和长江来水及区间暴雨影响，常德分局所属13个站水位从6月13日开始全面起涨，石龟山、汇口（二）两站暴雨量分别达到超历史纪录的218 mm和226.5 mm。持续的降雨导致洪水位一次比一次高，多个站点呈现持续性的超警戒水位，防汛形势严峻。因为其他项目的需要，分局大部分骨干人员在外测量，不能及时回到自己的测验岗位，留在分局的13个人，用大家调侃的话说，都是些"老弱病残"。

当时，胡国山因为长期野外监测，背部严重不适，只能休假在家、躺在沙发上缓解疼痛。为了防汛测报工作正常开展，他主动请缨，全面负责分局所属13个站的测验工作，开启了连轴转的"暴走模式"。他一边统筹安排做好每天的工作计划，一边身体力行，想尽一切办法及时收集第一手水文资料。就这样，一场人与洪水的持久战打响了。

为尽快摸清洪峰情况，胡国山当天晚上带上仪器设备直奔测验一线，分析水情、安装仪器、测流、取沙，第二天下午5时就完成了石龟山、安乡和汇口3个站的水文测验工作。顺利完成当天工作任务，本来可以让自己放松一下，但还没来得及吃晚饭，他就得知另外一个组出现仪器故障。胡国山立即驱车一个半小时赶往增援，待处理完故障回到分局时已经是晚上11点多了。

胡国山简单地吃完一桶泡面，就一头扎进第二天的工作准备中。因为雷雨天气，自治局（三）、三不管、自治局（二）、小望角和瓦窑河5个站点的水位仪器出现故障。他一方面进行远程测试，试图找到排除故障的办法；另一方面根据故障的判断收集水位仪器备件，为维修提供保障。直到凌晨三四点，他才有时间趴在办公桌上稍做休息。天一亮，他又带上仪器备件赶往5个观测站进行仪器检修。这种情形对他来说已是常态。他的衣裳在高温下被汗水湿透又被烈日晒干，白色的汗渍在太阳下显得格外的耀眼。

高洪期间，除了完成外业测量外，他每天都要忙到很晚，及时整理和校对内业资料，指导修正相应流量报汛。为了保证水文数据的正常收集，他时刻关心着分中心的运行情况；为了让大家有更多的休息时间，他主动要求分中心多安排他值班。因为工作，他错过了和家人团聚过端午节的机会，更是忘记了父亲的生日，等他想起来，已经是好多天以后的事情。谈及此事，他有些无奈地挠挠头。他还记得，当他一脸歉意和父亲解释时，父亲面色温和地对他说："你的工作虽然很平凡，但是关系到千家万户的生命财产安全，你不能计较个人得失，要顾大局、懂奉献。我们帮不了你什么，但永远都是支持你的。"在那一刻，胡国山内心释然，也更深刻地认识到他这份工作的重大意义和身上沉甸甸的责任。

回想这些年，这样高强度的工作状态一直伴随着胡国山的成长之路。一路走来，胡国山也获得了许多荣誉，每年单位评选优秀个人、优秀共产党员，大家都忘不了他，湖北省技术能手、长江委防汛抗旱先进个人、长江委技术能手、水文局优秀共产党员、中游局十佳职工等，这些成绩和荣誉是领导和同事们对他最大的肯定和褒奖。

"在日常工作中，只要有空闲时间，总见他一个人默默地拿起水文相关的书在学习，放在他办公桌上的那些书，里面全都是他做的密密麻麻的笔记。"

"他热爱水文，在自己进步的同时也想着和大家一起进步。只要有时间，他总是积极张罗探讨水文测报的相关问题，组织新职工的技术培训。跟着他我学习到了很多东西。"

"为了让新入职的同志更好地将理论与实际相结合，他一次次现场教学，鼓励大家现场实操，并全程进行指导。"

"每次有新仪器，他总是第一个学习使用。摸索熟练后，马不停蹄地教其他人使用，特别负责任。"

……

胡国山的同事如此评价他。但在他看来，这些都是再平常不过的事情，是一个水文人应该具备的专业和素养。平凡的岗位,只要愿意去探索、去创造,就一定能有所成就,不负自己的初心。

如今,胡国山常常站在江边,眺望有时澎湃激荡、有时碧绿如镜的茫茫江水,好不惬意与自豪。那是一种将自己交付于水文的放松,以及倾尽全力、倾心奉献,无愧于岗位职责、初心使命的自知。守护江湖安澜,他一直在努力。

冯振兴/文

李志辉：让所有村民都有"医"靠

　　李志辉，1981年生，我校中医骨伤科学专业2002级校友。曾于贵州省毕节四通医院、玉林市中西医结合骨科医院、广东省博罗县连占生中医门诊、四会万隆医院、中国人民解放军一九一医院等处工作。2010年底筹建玉林市兴业县石南镇谭良村卫生室，担任负责人至今。2021年当选为玉林市第六届人大代表；2015年至2018年连续4年当选石南镇优秀共产党员，2019年被评选为玉林市"玉林乡村　好医生"、广西农村卫生协会"广西好村医"、兴业县"优秀村医"；2020年被评选为兴业县"最美志愿者"；2021年被评选为广西勤廉先进个人、玉林市优秀共产党员。

李志辉：让所有村民都有"医"靠

在脱贫攻坚路上，村医是基层老百姓健康的第一道守门人，也是健康扶贫的主力军。谭良村是一个北靠大容山脉，田园风光旖旎多姿，约有1000年历史的村庄。谭良村有贫困人口180户、702人，其中因病致贫和因病返贫的有58户。

一个药箱、一个手提袋、一辆电动车是这位村医的"标配"。晌午的太阳没有阻止他的"上门随访路"。他骑着电动车穿梭在村道上，作为村里的180户贫困户的签约家庭医生进行季度回访。

他是李志辉，我校中医骨伤科学专业2002级校友、广西玉林市兴业县谭良村的一名村医。十几年来，他全心全意为谭良村村民提供周到的医疗服务，被村民誉为"乡村华佗"，而他的愿望就是让所有村民都有"医"靠。

责任担当始于母校

李志辉，广西玉林人，姥爷和姨妈都是附近有名的中医。受他们的影响，他从小胸怀仁心，中学时代便向父母吐露了自己"只为良医"的人生志向。

2002年高考时，他所填报的志愿全是医学类，最终被长江大学（原湖北卫生职工医学院）录取。

"湖北卫生职工医学院是很好的，各方面的条件都能满足我对学习的要求，医学专业有优势，学校又在外地，学习的同时我还可以做民调，增长见识，所以最后我就选择了这个学校，这一切都是冥冥之中注定的。"谈到与长江大学结缘的初衷，李志辉至今依然津津乐道。

"小伙子很热心，喜欢中医专业，还担任过班长。"班主任李孝林老师在回忆时，多次用"热心"一词，来概括李志辉的性格特点。

李志辉上学比同龄人晚，年龄比其他同学要大几岁，因而比大家更成熟稳重些，是大家心目中暖心的大哥哥。大家有事情都习惯找他帮忙，他也乐意为同学们服务。

大二的时候，李志辉被推选为班长。"可能是我们那一届广西籍的同学比较多，我又乐意和同学们打交道，认识的人也多，所以大家也就推选了我。"李志辉开玩笑地说。

学医的班级都是男生多，女生少。李志辉在学习之余经常带领同学们去和其他班级联谊，促进男女同学间的交流，日常也会为男同学组织篮球赛。"学习固然重要，但是必要的身体锻炼也是不能少的。男生打球，女生当啦啦队员，同学之间的交流也就多了。"

李志辉极爱运动，喜欢在球场上驰骋，在打球的同时也十分注重同学的感受。找场地、球场上起争执、偶尔有人受伤，都是李志辉处理。有他在，大家都觉得放心。

李志辉在班级里充分发挥了班长良好的示范带动作用。因为他，大家的学习兴趣更浓了。大家在教室跟随老师学习理论，在实验室里做实验，课后一起运动玩耍，生活过得有滋有味。他的善良、阳光、细心，同班同学杜娟都看在眼里，她渐渐喜欢上了这个热心的大哥哥，后来两个人就走到了一起，一路相扶相持，杜娟成为李志辉追梦路上最坚强的"大后方"。

学成毕业后,李志辉为了提高医学知识和技能,先后到玉林市中西结合骨科医院、广东省博罗县连占生中医门诊、四会万隆医院、中国人民解放军一九一医院等处进修,理论水平和治疗技能都有了质的提升。

家乡村医落后状况必须改变

李志辉的家乡是广西玉林市兴业县石南镇谭良村,作为最基层的乡村,劳动力基本上都外出打工,留守的大都是儿童和老人,他们缺少的就是自己家门口的"健康守护者"。村里有7000多人,卫生室修建于20世纪70年代。用李志辉的话来形容,所谓的卫生室就是一间简陋的砖瓦房,低洼潮湿、老旧昏暗,案桌黑乎乎的,几个装药的小瓶子摆在案桌上,没有执业医师资格证的医生在那里入驻开诊。村民们患上小毛病,只能忍着,遇到急病、重病得远赴县城求医。村民的就医环境差,就医质量也得不到保障。

"这种状况必须改变。"李志辉暗下决心。

他想把现代医学带进最基层的乡村,改变村民自建村以来只能远赴县城或依靠赤脚医生看病的医疗现状。2010年,李志辉刚进修结束就决意回到乡村筹建卫生室,扎根家乡做一名村医。

然而,他的想法遭到了家人的反对,父母辛辛苦苦把他从乡村送出去读书,就是为了让他走出乡村。不仅父母反对,当时女友的家里也表示无法理解:"你有执业助理医师资格证,城市里好端端的医院有稳定工作不做,回到村里做小村医,工作环境和待遇是没有可比性的。"

面对质疑,李志辉却坚定地说:"城市医疗资源充足,乡村才是最缺医疗资源的地方。村民看病太难了,我必须回乡,到最需要我的地方去!"李志辉坚定的决心感染了父母,也感动了女友的家人。最终,他带着来自重庆的未婚妻一头扎进谭良村,结婚生子,联手施药救人。

"医术学术是永无止境的。作为一名医生,他必须对每一个病患负责任,所以医生也要永远保持学习的好习惯,通过学习,接触最前沿的知识,可以了解到最先进的治疗手段。"

2010年下半年,李志辉回到家乡着手改建村卫生室。当时,李志辉到卫生部门咨询回村开办诊室的手续,得到了令人振奋的答复:欢迎你回家乡为人民服务!

李志辉与妻子杜娟拿出两人的全部积蓄,翻修了破旧的村卫生室,并在兴业县卫生部门的支持下,开办了石南镇谭良村卫生室第二分室。李志辉当医生,妻子做护士,在村里开诊施药,谭良村的村民从此在家门口就能问病拿药,村里的医疗保障水平得到了质的提升。

2016年底,谭良村卫生室第二分室完成了"国家乡村一体化卫生室"的改建工作。2017年,李志辉考取了执业医师资格证,他的底气更足了。他根据村民的健康特点,给自己这位村里唯一的医生安排了坐诊时间：7:30—22:00，一天工作近15小时，并实行"急诊优先、老弱优先"的坐诊原则。同时，他坚持为村民免费测量血压，"五保户"看病费用减免，困难户免收药费。从2010年当村医至今，这10余年来，李志辉累计接诊病人多达20余万人次。

"尽管这样安排，时间还是不够用啊。这样的工作安排，我就没有时间陪父母妻儿，但是作为一名医生不能拒绝任何一个病患，拒绝病患是一件非常让人寒心的事情。"他说。

这些年来，不管白天还是深夜，只要一个电话，李志辉就挎着药箱，踏上问诊路。哪怕在他感染新冠病毒隔离期间，有患者家属打来电话咨询，他都会耐心地解答家属提出的问题。

村里的大人孩子，没有人不认识李志辉。他的手机也成了村里的"热线电话"。村民有点身体不适，第一个想到的就是"打给志辉问问""问李医生，准能让你药到病除"。李志辉用自己精湛的医术赢得了村民的认可。

在这期间，在家人的劝说下，李志辉也有过好几次要离开的念头，但最终还是割舍不下这里。

"父老乡亲认可我，把我当亲人看。我走了，他们怎么办？每次听说我要走，不少人都悄悄来和我说：'李医生，留下吧，我们只认你！'"李志辉说，后来就决定不走了，怎么说都不走了。

来看病的村民，绝大多数他都能叫出名字。原来，他将谭良村因病致贫户主花名册、贫困户信息等文件保存在手机里，时常翻看，做到对村民的健康状况了如指掌。"我就是一本'活病历'，只有这样才能做到快速精准地诊断。"李志辉笑着说。

乡亲们要有自己的"医官"

在卫生室的凳子上，隔三岔五就会出现一袋水果或蔬菜。这是李志辉拒绝乡亲们送的锦旗和感谢信后，乡亲们用最朴实的方法对李志辉进行的"报答"。"村里老人其实患大病、突发疾病的很少，大多是一些慢性病，主要还是靠心理疏导调节。能陪伴他们，我觉得很有成就感。"李志辉早已成为乡亲们自己的"医官"了。

在一次出诊的路上，李志辉发现谭良村西村一位名叫梁远申的孤寡老人腿脚不利索，只能扶着小矮凳行走。经打听他得知，梁远申是一位低保户，两个儿子已身故。老人一个人生活，想出去看病都没办法。于是，李志辉主动给老人检查身体。此后，李志辉对梁远申定期入户出诊，免费送药，还网购了助行器送给老人。如今，老人的病情得到控制，日常生活已能自理，还能挂着助行器出去买菜。老人非常开心，逢人就夸："李医生是个好医生，看病一分钱都不收，还送助行器给我……"

"李医生亲手帮我给拐杖做了个防滑垫，我每天都用这根拐杖，用着踏实、暖心。"90岁的陈匆惠阿婆每天随身带着一封感谢信，她说，"李医生不仅医术高明，对待患者也很有礼貌、很有耐心。"

"李医生,家里有人发烧了,您那有药没?""李医生,有退烧药没?""李医生,能给我几片退烧药吗?"2022年12月22日,刚刚结束隔离的李志辉在村外开会,傍晚的时候微信上就不断传来村民的信息。

一则接一则的消息牵动着李志辉的心,他马上联系了村里卫生室的其他同事把退烧药拆开,分小袋装,一个小袋里面放5颗,挂到门口去。"留给有需要的人,需要的可以来领取。"12月22日21时28分,李志辉在朋友圈发布了这一消息,还附上了取药地点的配图。

12月24日一早,村卫生室门口已经站满了前来就医的村民。距离上次问诊已经过去了一周多,不少病人都在等待着李志辉康复。冬季本就是流感、支气管炎等疾病的高发季节,再加上近日来的新冠肺炎,求医人数也有显著增加。眼瞅着手机上咨询的人越来越多,李志辉也越发坐不住了。转阴康复之后,他第一时间就投入了工作。

得知李志辉病了,90多岁的阿婆心疼得不行,特意赶个大早过来,给他带来了一篮鸡蛋。"家里也没什么好东西,就这鸡蛋,都是新鲜的,你得多补补身体。"听着阿婆带着乡音的嘱托,李志辉心头的暖意一阵阵地涌上来。

行医这些年,李志辉的努力和付出得到了患者的一致认可,就诊的除了本村民众,还包括葵阳、城隍、山心、大平山等附近乡镇慕名而来的患者。找李志辉看过病的村民对李志辉及其妻子杜娟都充满着感激和赞赏:"李医生是个好医生,杜护士对我们也是特别照顾……"面对大家的赞赏,李志辉只是十分平静地说:"这是一种信任,也是基层医疗工作者的工作使命和工作方向。"

2015年至2018年,李志辉连续4年被评为优秀共产党员。2018年11月,作为"优秀乡村医生",李志辉代表兴业县参加了北京大学医学院的全科医师基层诊疗技术知识免费培训。

杜娟作为李志辉的妻子,是他梦想路上最强有力的支持者,她照顾家人,照顾孩子,洗衣做饭,还要帮病人拿药,默默奉献,从无怨言。李志辉对妻子充满了歉意:"我为了追寻梦想,真的欠她太多太多,尤其是刚毕业的那几年,她跟着我东奔西走,吃了很多苦。我真的不能想象,如果我的生活中没有她,会是个什么样!"

虽然愧对家人,但展望未来时,李志辉还是坚定地道出心愿:希望乡村医疗能快速发展,自己能为乡村医疗的发展做出更大的贡献。

"健康扶贫"的践行者

从医10余年,李志辉得出经验:健康=财富,病魔=贫困。面对经济条件有限的村民,李志辉想方设法为他们省钱。对于前来看病的患者,为了最大限度减轻患者的经济负担,李志辉在开药时把握两个原则:一是价格最便宜;二是药效要最佳。

自新型农村合作医疗政策实施以来,李志辉积极宣传,同时按要求配置电脑进行门诊统筹网上直报,让村民在卫生室看病时就能报销药费,把党和政府的惠民政策落到实处,真正地把医疗扶贫做实、做细。

2017年,兴业县成立了108支家庭医生签约团队,每支团队由县级医院技术指导医师、乡镇卫生院医生、护士、公卫人员、村级计生专干和村医各1名组成。此后,李志辉开始积极奔走在健康扶贫路上,他不仅投入服务病残户的工作,还把有限的个人收入补贴给贫困家庭。

"健康扶贫,预防第一。"2020年5月11日,李志辉忙着给村里的老年人进行免费体检。"这个体检也是国家公共卫生健康服务项目,现在政策越来越好,我愿意做政策推动落实的践行者。"

对于签约的贫困户,李志辉每个月都要下村去看望,把"三保险、三救助""三个一批""198兜底保障""先诊疗、后付费"等党的健康扶贫好政策宣传给他们。李志辉常说:"国家要求扶贫路上一个也不能落下。我作为村医,健康扶贫,一个也不能少。"

健康随访记录表、产后访视表、新生儿家庭访视记录表、死亡登记表……在李志辉的办公桌上,除了有看病专用的仪器设备,还有一沓沓的资料"提示"着他手上的工作。"工作不难,但是很琐碎,我的秘诀就是起得早、睡得晚。"

李志辉凭着崇高的医德、精湛的医术为民服务,赢得了广大群众的信赖,同时,他让所有贫困户享受健康扶贫好政策,携手奔向致富快车道,李志辉是兴业县"健康扶贫路上的排头兵"。

"看到大家在家门口就把病治好,我苦一些也值了。"在打通服务群众健康"最后一公里"的路上,李志辉以医者仁心的最美情怀,继续穿梭在谭良村的乡间院落里……

冯振兴/文

易继平：屈原故里的"柑橘医生"

左一为易继平

> 易继平，1965年生，湖北秭归人，我校植保专业1984级校友，毕业后被分配到秭归县农业局植保植检站工作至今。2005年取得高级农艺师资格，2015年取得正高级农艺师资质。现为秭归县植保植检站副站长、正高级农艺师、长江大学客座教授、宜昌市科技计划项目专家库专家、宜昌市农业体系生态环保专家、湖北省科技助力精准扶贫专家团队专家、中国植物病理学会会员、中国柑橘学会会员、中国昆虫学会会员。2015年被秭归县授予建功立业巾帼标兵称号，2017年被授予秭归县优秀青年专家称号、五一劳动奖章，是秭归县政府突出贡献奖获得者。

易继平：屈原故里的"柑橘医生"

柑橘产业是秭归县农业生产的支柱产业，直接关系着秭归乡村振兴和农民的生存问题。秭归的柑橘种植面积达 40 万亩，占全县耕地面积的 87.2%，在秭归中低山区域，形成了"柑橘兴农民富，柑橘衰农民穷"的产业格局。秭归脐橙年产量为 75.77 万吨，年产值为 60 多亿元，这样一个县级柑橘产业的收入神话，让秭归的老百姓牢牢记住了一个人的名字——易继平。

易继平，秭归县农业科技服务中心正高级农艺师，一个心系这片土地、热爱这片土地的坚韧、倔强的女人。她生于斯长于斯，与这片土地有着割不断的情结，心心念念着的是这片土地上的农民。她醉心于柑橘病虫害的研究，解决了一个又一个生产难题，为当地农民带来了实实在在的经济效益。

在一个秋高气爽、丹桂飘香的日子，我们走进了秭归县农业局，见到了正在办公室十几棵柑橘树前忙碌的易继平。我们的采访就在这些柑橘树前娓娓而来。

一

易继平出生于 1965 年的秭归老县城，有 4 个哥哥，在农村那个缺吃少穿的年代她并没有受到多少宠爱。在她 5 岁的时候，全家搬迁到梅家河乡尤家湾村。没有田、没有粮，艰难的生活让这个 5 岁的小姑娘吃尽了苦头。国家每个月发放的救济粮，不到 10 天就吃完了。小小的易继平就和哥哥们漫山遍野地挖野菜、找松子，这些山野货都是他们赖以果腹的"珍品"。别人不要的黄豆叶、大豆叶、红苕叶，对他们来说就是"天物"了。尽管如此，易继平仍向往着学习。只要看到哥哥们的课本，她便闹着要上学。拗不过她，家人只好送她去学校。

1976 年，11 岁的易继平和家人一起回到了秭归县城。6 年的艰难困苦磨砺了她倔强、不怕吃苦、不服输的性格。这种性格在学习中表现得尤为明显，她小学、初中、高中成绩总是名列前茅。

高考结束，1984 年，19 岁的易继平如愿以偿地收到了高考录取通知书。对土地有着特殊情感的易继平选择了长江大学（原湖北农学院）的植保专业。江汉平原的美丽和富饶，让她如痴如醉，也让她醉心于学习。她泡图书馆，跟着老师下田实习；她徜徉在知识的海洋中，在实践中丰富着理论知识；她不浪费大学的每分每秒，如饥似渴地吮吸着知识的甘霖。

读大学期间，家在荆门沙洋的二伯曾劝说易继平，要把她收做女儿，这样就可脱离穷苦的秭归山区，来到美丽富饶且素有"鱼米之乡"美称的江汉平原生活。这种条件，可是一般孩子梦寐以求的，可易继平无论父母和二伯怎么劝说就是不同意，因为她对山区有着不可言说的情愫。她喜欢山，喜欢山里的空气，更喜欢山里的那片土地。

1986 年春的一个晚上，易继平做了个梦。梦里一个白胡子老道人带她来到了一个神秘的地方，那里有山有水，青山绿水间坐落着一个四四方方的院落。院子里有石阶、鱼池、楼房、青苔、菜园，还有门前挂着天蓝色竹叶窗帘的厕所……一觉醒来，梦中情景仍然清晰可见。这不就是理想中的人间仙境吗？于是，她坚定了回乡的决心，她要把一生所学奉献给那片生她、养她的土地。

毕业时,当易继平被分配到了家乡的一所学校教书。想到枯燥的教书生涯,怀着对广袤农田的向往,易继平主动要求到农业局工作。求贤若渴的农业局欣然地接纳了她。当易继平背着行李来到水田坝乡,站在植保站门外,她呆若木鸡,眼前所呈现的一切都是那么熟悉和清晰——石阶、鱼池、楼房、青苔、菜园、厕所门前悬挂的天蓝色竹叶窗帘……这不就是梦中白胡子老道人带她去的那个地方吗?此时此刻,易继平感觉守护这片土地是她不能拒绝的神圣天职。

二

当时的秭归县农业局植保站一共5个人,易继平是唯一的女同志。领导安排她去水田坝乡测报点做水稻测报工作,易继平无怨言、无条件地接受了。

一年后,带她学艺的师傅走了,她要独自撑起这片天。易继平虽是女儿家,但比男孩子还要泼辣。每天天一亮,她就卷起裤腿,撸起袖子,一头扎进稻田里,一块接一块地观测虫情,并把情况记录在小本子上。中午天热的时候,她就一户一户走访稻农,告知虫情,并教他们防治措施。几个月过后,水田坝乡的稻农没有不熟悉她的。水稻丰收了,稻农富了,易继平却被晒得黝黑,脸上、胳膊上、小腿上,到处都是水稻叶片划出的伤痕,脸上、胳膊上都是飞蛾磷粉染的疮疹。尽管如此,易继平从未因此而中断过一天的测报工作。

易继平不仅能吃苦,脑子也挺灵活。听说水田坝乡要召开村民大会,易继平心想,镇上各村的干部肯定要来开会,为何不趁此机会向村干部宣传农业科普知识呢?说干就干,她召集了水田坝乡农口单位的所有年轻人,把农业科技类的书和宣传资料带到镇上,摆在已经休市的菜摊上,供来往农民和村干部取阅,并为他们解答疑难问题。她本能的无意之举,却受到社会各界的大加赞赏,加上她兴农、爱农的成功演讲,有关部门要求她去从政,易继平再次选择了农业,因为她觉得虫情测报关乎老百姓的直接收益。

易继平就是这样,主动工作,心系农民,她把自己的所学倾囊付出,在她热爱的这片土地上一待就是6年。6年的基层工作让她更加坚强,更加笃定。

1993年,秭归县农业局和特产局合并,局里决定调回易继平做柑橘害虫预测预报。从此,易继平与柑橘结缘,这一做就是30年。她心系柑农,走乡串户,跋山涉水,演绎了秭归柑橘史上产业兴旺、柑农富裕的一个个神话,她与柑橘大实蝇的"争斗",承载着无数的艰辛与传奇。

三

柑橘产业是秭归农民的主要经济来源,也是秭归县农业生产的支柱产业。20世纪90年代,柑橘大实蝇少有发生,可进入21世纪,大实蝇的发生率与危害逐年加剧,2006年大实蝇上升为柑橘产业的主要害虫,2008年部分果园出现绝收现象。而后来的四川广元

"蛆柑"事件给柑橘产业带来了毁灭性打击,柑农因卖不出柑橘而痛不欲生。

郭家坝镇兰家湾村的龚发才,家有柑橘 5.5 亩,因大实蝇的危害,家庭年收入不足 5000 元,只能靠国家救济维持生计。像龚发才一样,很多以种植柑橘为生的柑农,因大实蝇猖獗危害而变为贫困户。

大实蝇虽说和苍蝇是同一类的,但它却以"贵族"自居,喜爱干净的地方。大实蝇成虫吸食花粉蜜露补充营养,经常歇息在树上,偶尔在空中飞舞,生长成熟后把卵产在柑橘果实里。随着果实的生长,果实里的虫卵慢慢地孵化成像蛆一样的幼虫,幼虫把橘瓣吃得干干净净、只剩残渣之后开始老化,进入土壤开始化蛹,蛹经过半年的休眠,在翌年春暖花开之时再羽化成成虫。

柑农的损失,易继平看在眼里,急在心里。如何消灭大实蝇,减少农民的损失?她整天寻思着大实蝇的防治良策。易继平自费从网上下载了 100 多篇大实蝇文章,通读后把这些文章分门归类,总结出相同的,归纳出不同的,筛选出当地能用的,研究当地不能套用的。她想以现成的技术尽快阻断大实蝇的危害。

防大实蝇的药打下去了,可看不见死虫;蛆果摘了一次又一次,可翌年的危害还是很严重。怎么办?易继平寻思着,现成的技术套用不了,就得研发属于自己本土的防治技术。于是,易继平向局领导汇报,要求把工作重心转到防治大实蝇上。在经费有限的情况下,易继平不等不靠。为寻找大实蝇的踪迹,她爬水沟、钻林地,在果园里挖蛹,观察蛆果的掉落情况,有时为保证试验的完整性,她甚至把蛆果带回家进行观察,哪怕是节假日,她也不放弃对大实蝇的观察。有时她带着午饭,让家人把自己送到柑橘园,直到晚上六七点钟再让家人接她回家,这些已成为常态。

凭着这种锲而不舍的执着精神,凭着对广大柑农负责任的初心,凭着夜以继日的田间观察与实践,经过三年的潜心研究,大实蝇防而不止的原因被易继平找到了。原来,大实蝇从土壤羽化后并不是直接去了果园,而是在果园外的林地、草坪、菜园等地方补充营养,待成虫性成熟后再到果园产卵。同时,易继平还发现坡田的蛆果顺坡滚落到了沟渠、坡底、沼泽地等无人问津的地方,继而成为翌年的重要虫源。如果蛆果摘早了会增加对健康果的危害概率,摘迟了会导致蛆果"空身留树"——被大实蝇蚕食一空的柑橘果看上去仍高高地挂在树上,实际上大实蝇早已入土化蛹。

找到了原因,易继平首创了一个个高效而实用的措施。针对成虫羽化监测不准问题,她提出了全生态羽化检测技术;针对成虫诱杀不到位问题,她提出了"分段诱杀(园外诱杀和园内灭杀相结合)"技术;针对蛆果摘除不力问题,她提出了"坡田蛆果拦截"技术和预防蛆果"空身留树"技术;为降低柑橘农药残留,她实践了冬季浅翻土表技术和无药塑料袋闷杀蛆果技术,并以此取代毒土封杀技术和塑料袋加药闷杀蛆果技术。

易继平创新的大实蝇羽化监测方法,准确预测了大实蝇羽化和产卵盛期,并根据监测数据科学地制定了园外诱杀和园内灭杀相结合的新措施,为对大实蝇精准用药提供了强有力的数据支撑和科学保障。经过"实践—改进—再实践"的反复尝试,易继平使湖北脐橙产区柑橘大实蝇羽化监测与防治技术日臻成熟,高效环保的全套集成技术得到了同业的高度评价。

四

大实蝇防治难题被攻克了,但怎样才能将本土技术传导出去,让广大柑农受益,这也成了易继平的一块心病。为将创新技术推广到千家万户,易继平夜以继日地赶写有关大实蝇防治的实用技术手册,抓住一切机会向领导汇报,抓住一切会议和培训的机会向基层干群传导她的创新技术理念和全套技术流程。即便是走亲访友,即便是节日休息,她也从不放过任何一个可以调查大实蝇的机会,更不会放过任何一个可以宣讲大实蝇防治技术的机会。她经常和家人开上私家车到大实蝇危害严重的边、零、散产区,讲述大实蝇防治的关键技术,动员柑农不等、不靠、不观望,要求柑农以专业合作社、村落、屋场、山头等形式实施群防群治。为将技术传承下来,她录制监测数据15 000多个,发表大实蝇专业文章14篇,撰写大实蝇研究报告30多万字。秭归县政府将大实蝇全套技术制成技术规范,在全县范围内大力推广。她拍摄的大实蝇专业技术图组,被中华人民共和国农业农村部制成挂图,在全国柑橘产区推广。

易继平先后承担了部、省及市多项重点科技攻关合作项目,其主持"湖北脐橙产区柑橘大实蝇羽化监测与防治技术研究"项目获湖北省政府科学技术进步奖三等奖、宜昌市科学技术进步奖二等奖。

随着大实蝇防控全套技术的实施,秭归柑橘终于摆脱了大实蝇的祸害,贫困户的钱包一年比一年鼓。柑农龚发才笑了,2012年后,他的果园一年比一年高产,产量的增加和价格的上涨,让他家的年收入一路飙升,他主动提出退出扶贫对象名单。王家桥村的柑农李瑛笑了,柑橘园的大实蝇虫果率曾高达40%以上,在易继平连续两年的指导下,危害率降低到了3%以下。此外,像龚发才、李瑛这样因实施易继平的大实蝇防控全套技术而脱贫的贫困户大有人在。望柱村的向立军、徐宗林、徐宗满,王家桥村的董仙,烟登堡村的崔米昌、崔可昌、王开柱等,无一不是秭归县因柑橘脱贫致富的。

饱受大实蝇劫难的秭归柑农们,收获了丰收的喜悦。易继平每次到田间调研,柑农们总是拉着她的手有说不完的话。

五

柑橘大实蝇防住了,可柑橘溃疡病又泛滥了。2006年至2015年,秭归因溃疡病危害每年砍伐的柑橘达3 000多亩。为阻止溃疡病的发生,将近五旬的易继平又跟柑橘溃疡病"干上了"。

为弄清溃疡病的传染途径和发生规律,易继平依然是夜里挑灯查阅资料,白天到果园观察实践。为筛选溃疡病防治药剂,她将溃疡病药剂对比试验做了一个又一个,做了一年又一年。为弄清溃疡病难防、难治是技术问题还是喷雾质量问题,易继平总是在大热天背着喷雾器亲自打药。为观察溃疡病发生规律,她经常到溃疡病重发区调研,实地了解柑农对溃疡病的防治方法,跟柑农一起探讨溃疡病的发生过程和防治技巧。有的时候她还与柑农一起扯草、剪枝、施肥,甚至与柑农同吃同住,全程跟踪溃疡病防治过程。

在大量的田间试验与观察中,易继平发现溃疡病似乎与柑橘潜叶蛾有某种关联。为了印证她的猜想,她经常自费将病叶、虫叶带到华中农业大学、长江大学做菌检试验。无数的菌检试验与田间症状证明了易继平的猜想是正确的——柑橘潜叶蛾就是加速柑橘溃疡病传播的元凶。她发现了柑橘潜叶蛾与柑橘溃疡病在空间上的同步性、在时间轴上的同步性及溃疡病粉末状的新症状,并针对柑橘潜叶蛾对溃疡病的影响关系,提出了嫁前灭菌技术、"防蛾控病"等创新技术。她首创的溃疡病防治技术,经现代化农业产业技术体系岗位科学家评审,属国内领先技术。

2019年,《华中农业大学学报》第三期以19张彩图,7000余字首次刊发了易继平《柑橘潜叶蛾与柑橘溃疡病关系的研究》一文。至此,柑橘潜叶蛾对溃疡病的传播会产生影响已是不争的事实。为有效防控柑橘潜叶蛾,易继平又专注于柑橘潜叶蛾的研究与防治。2021年,易继平取得《一种柑橘潜叶蛾发生级别及发生期预测方法》发明专利,由她主笔的《柑橘潜叶蛾测报防治技术规范》也被湖北省市场监督管理局发布。她的"防蛾控病"技术,得到了湖北、湖南、广东、广西、江西5省6市10县的推广与应用,将溃疡病防治效果提高了74.6%。她在湖南、湖北、河南3省昆虫学会上的《柑橘潜叶蛾对柑橘溃疡病影响评价》学术报告,得到同业的广泛关注与高度认可。

如今,年近六旬的易继平,没有因年老而歇息,没有因辛苦而止步,依然奔波在田间地头,为柑农们传授着防虫治病的经验和感悟。多年来的实践经验让她明白,柑农对那些专业而又枯燥的知识并不能完全理解,必须改变传播方式。她将柑橘潜叶蛾的形态特征、生活习性及溃疡病发生规律、防治技术编成歌谣:

防治良机有两个,成虫幼虫别错过。芽长厘米快喷药,性诱成虫效果好。

溃疡防治要长期,五大措施要用齐;芽长厘米虫单打,叶色转绿混合剂……

在寓教于乐中,柑农们学会了病虫害药理,实现了果树增产又增收。"让诗歌走进农田农庄,让诗歌从精神领域渗透到经济领域,这大概是一名农技工作者必须要有的苦中作乐吧。"易继平笑着说。

多年来,易继平发表学术论文80余篇,10多篇论文获各级优秀学术论文一、二、三等奖,合著专业学术专著5部,参与制定省、市、县三级地方标准8个,取得国家专利6项。2020年,她被省妇联、省科技厅授予湖北省百名优秀女性科技创新人才称号,2022年被授予宜昌楷模称号,被湖北省科学技术厅特聘为湖北省科技特派员。

此刻,一心扑在柑橘潜叶蛾与柑橘溃疡病关系研究上的易继平,希望未来能开启柑橘潜叶蛾与柑橘溃疡病关系的深层研究。祝愿她在科研之路上攻克一个个难关,期盼她带给柑农们新的希望。

胡红霞/文

卢文博：困境人群的"四叶草"

> 卢文博，1992年生，我校社会工作专业2011级校友。现任荆州市四叶草社会工作服务中心理事长、法人代表，兼任共青团荆州市委副书记，共青团湖北省第十四届委员会常务委员会委员。先后获得全国青少年事务社工2017年度榜样、2015—2016年度湖北省青年岗位能手、湖北青年五四奖章、湖北省"最美社工"、荆州市专业技术拔尖人才等多项荣誉。

卢文博：困境人群的"四叶草"

他是湖北青年五四奖章获得者、荆州市四叶草社会工作服务中心理事长、湖北省民政服务标准化技术委员会委员、全国青少年事务社工2017年度榜样、湖北省青年岗位能手、2022年"全国高校毕业生基层就业卓越奖"获得者……

在大众眼中，他是留守儿童和困境儿童的"摆渡人"；在同事眼中，他是上了永动机的陀螺，在开展社会工作的路上永不停歇；在老师、同学的眼中，他是冬日里的阳光，给人安定和温暖的力量。

他就是社工2011级校友卢文博，干练、敏捷、细致，给人的印象从来都是如春风一般。他身材高大、文质彬彬，戴着一副黑框眼镜，谈笑之间温暖大气，令人信任之余，也产生莫名的亲切感。

初心萌发：从"象牙塔"到"试验场"

卢文博出生在宁夏回族自治区一个非常有爱的家庭，其母亲陈柱信是一位小学语文老师。自卢文博记事起，母亲仿佛有无穷的精力，大部分心思都用在学生身上。

他清楚地记得有一年，母亲被派到一个村里任教。那里的教室就是几间平房，学生大多数是留守儿童。母亲对于这个安排是欣然接受的，带着他和父亲一起去打扫卫生，自费买了一些贴纸和窗帘布置教室。每天中午她还把离家太远的学生带到自己的宿舍吃饭，周末也常常留在学校里给学生们免费补课。

卢文博当时对母亲的做法极不理解，总是问母亲："别人的妈妈都是陪自己的孩子，为什么你整天都在陪别人的孩子？"母亲总是很耐心地对他说："贫富不由人，干净善良由人，我们要做一个善良的人。你还有爸爸陪着，别的孩子爸爸妈妈都不在身边。"

在母亲的影响下，卢文博从小就开朗善良、乐于助人。他一直把"好好学习，孝老爱亲，向上向善"作为自己的人生信条，并时刻不忘用自己的实际行动去践行，系好了"崇尚美德"这一人生的第一粒扣子。

高中时期，卢文博通过一些电影，第一次接触到社工这个行业。"他们就像天使，每当人们有需要的时候，社工就出现了。"卢文博说。

2011年，高考结束填志愿时，他按照自己的成绩毫不犹豫地选择了长江大学。"我从小生活在黄河边，我想去长江边上看看。"长江大学是湖北省属高校中规模较大、学科门类较全的综合性大学，能选择的专业实在是太多了，卢文博一眼就相中了社会工作专业。成为社工并做好社工的梦想在他心中开始慢慢萌动。

当时，社会工作属于冷门专业，很多学生对于其就业前景是迷茫的。"老师给了我们极大的鼓励，他们说我们是这个领域的开拓者，希望我们打开思路去实践、去学习。"卢文博对学习充满了信心，他经常和同学一起到救助站、福利院、村小学去开展活动。在一次又一次的活动中，卢文博感受到这个专业存在的价值和意义。

卢文博能力出众，在同学和老师心目中有着很好的口碑，被推选为四叶草协会会长。

2013年,卢文博在老师和相关部门的共同支持下,发起成立了荆州市首家社会工作服务机构——荆州市四叶草社会工作服务中心(简称中心)。

那时,荆州刚成为全国未成年人保护试点城市。四叶草社会服务中心负责的第一个项目是市政府购买服务"牵手护幼——社会参与未成年人保护与服务行动"。作为中心的主要成员,他主要负责张家三巷小学的社工服务点。

刚开始,学生不认识他,他也不认识学生,对于如何开展工作毫无头绪。社工站总得有人吧?抱着这样的想法,卢文博每天坚持在社工站值守。他慢慢发现,到放学的时候,很多孩子因为家长不能按时来接,就在学校门口的台子上追逐打闹。学校位于沙市区比较集中的小商品批发中心,来来往往的人和车辆很多,存在很多的不安全因素。于是,他下定决心,办起了"四点半课堂",让没有家长来接的孩子放学后直接到活动中心,边等家长边完成家庭作业。

但"四点半课堂"运营并不顺利,家长认为中心在收费,老师认为中心提供的服务打乱了学校正常的教学秩序,等等,诸多问题摆在卢文博面前。面对服务对象的不信任和质疑,卢文博曾数次想要放弃开展这项服务。他第一次意识到社工之路还很漫长,想要把社工工作扎根于老百姓心中,还需要做很多的工作。卢文博通过咨询比较有经验的社工,督导会上寻求督导机构帮助,利用下课放学时间和学生沟通,询问他们喜欢什么、需要什么样的服务等方式,寻求破解这一难题的办法。

综合各方意见,卢文博在张家三巷小学"四点半课堂"制定了符合学校特色的"乒乓少年榜"激励措施,向家长发放了《告家长书》,宣传"四点半课堂"的开办目的和服务内容等,还主动了解学校老师的需求、对"四点半课堂"的建议,等等。终于,"四点半课堂"慢慢迎来了一个又一个孩子,人数从4人到60多个人。时间久了,办公室明显不够用,学校就把旁边的闲置的空房间给社工站用。没有桌椅,卢文博和其他成员跑遍全市去找。为了省钱,他们就买了组装桌椅,自己来拼凑。尽管手指被锤子砸伤,肉里面扎进木刺,衣服上沾满灰尘,但看到孩子们天真快乐的笑脸时,他觉得这一切都是值得的。

2017年,为响应民政部关于社会组织脱钩的要求,荆州市四叶草社会工作服务中心进行了法人变更,卢文博担任法人代表。

使命坚守:变"小社区"为"大舞台"

2019年1月22日晚7时许,荆州市区的街头华灯初上,奥体中心门前的马路车流如织。卢文博走进奥体中心旁的一条小巷子,在一栋建于20世纪90年代初的宿舍楼前,他打开手机电筒照亮楼道,来到小吴(化姓)家进行回访。

小吴17岁,是家中独子,2018年6月因为伤人和非法拘禁被公安机关处理,目前处于取保候审阶段。卢文博受当地检察机关委托,对小吴进行帮扶。起初小吴非常不配合,卢文博和同事观察了他平时的社交圈和娱乐方式后,决定从其爱好入手进行劝导。他们先是在游戏里让小吴佩服得五体投地,后来又在谈论喜好时让小吴为他们的知识所惊叹。

慢慢地,小吴开始称呼卢文博为"卢哥",他俩的关系也变得越来越融洽。后来,在卢文博和同事的耐心帮助下,小吴逐步融入社会,走上了正轨。

如今,卢文博从事社会工作近十年,他和他的团队——荆州市四叶草社会工作服务中心深耕基层,足迹遍布江汉平原,积极推动荆州社会工作向专业化方向发展。像小吴这样的孩子,卢文博每年都要服务近百例。

从2013年开始,卢文博就一直关注涉罪未成年人的教育挽救和未成年被害人的帮扶工作,为近万名困境儿童和留守儿童提供支持和服务,成为未成年人的"摆渡人"。卢文博发现,父母有服刑、强制隔离戒毒或被拘留等限制行为经历的孩子,走上犯罪道路的风险更高,因此,他为这个特殊的未成年人群体设计了"一路上有你"——限制人身自由人员未成年子女关爱服务项目。卢文博说:"作为社工,我们的初衷就是要在呵护心灵与守护未成年人成长过程中书写属于自己的青春梦想。"

"每个困境孩子背后都有一个陷入困境的家庭。"卢文博和他的团队渐渐意识到,解决孩子的问题很多时候都要从"问题家长"入手,因此,他着手设计针对家庭监护能力提升和亲子教育的服务项目。在学校,他通过家长会的形式为家长开展正向教养、亲子关系修复等服务;在农村,利用寒暑假时间为留守儿童家长开展安全教育、亲子教育等服务;在社区,建立"亲子加油站",为有需要的孩子和家长提供支持。

多年来,卢文博和他服务的社区、学校和监狱建起社工站,架起亲子沟通的桥梁,通过一场场"家庭聚会"、一封封"家书"、一个个"微心愿"、一张张"平安卡"打破了亲子间的隔阂,也解开了受困家庭的"心结"。卢文博和团队通过自身的努力,让原本因"标签化"而产生偏差行为的孩子得到矫正,让支离破碎的家庭抱团取暖,为社会稳定和谐贡献出了专业力量。

在同事眼中,卢文博像是上了永动机的陀螺,在开展社会工作的路上永不停歇。他总是忙碌着,忙着带领专业社工与团干,在荆州市开展未成年子女需求摸底排查、心理状况评估以及帮扶服务。

"从前不敢回家,因为社工工作不被亲友理解。现在回到家,亲友都给我竖大拇指,让我动力满满。"卢文博笑着说,"社工就是用生命去影响生命。"

家国情怀:从"一个人"到"一群人"

"捧着一颗心来,不带半根草去。"这是卢文博的座右铭。他勤奋地耕耘、热情地守望、执着地坚守,努力描绘着内心最美好的社会工作梦想。从开始"扫楼"入户调查被当成推销员撵出门,到被服务对象笑脸相迎,卢文博经历了很多。

十年一瞬,时间给了卢文博和荆州市四叶草社会工作服务中心最好的回馈。他们的管理和服务让越来越多的人认可,业务迅速拓展到河北、广东等省,已为4万多名未成年人提供服务。

十年的时间,卢文博的角色发生了很多变化。卢文博从一名社工成长为一名管理者。如今他是荆州市四叶草社会工作服务中心理事长、湖北省民政服务标准化技术委员会委员、共青团荆州市委副书记（兼职），他还被评为全国青少年事务社工榜样、湖北省技术能手。

卢文博在一次又一次的实践中，积极发挥专业优势，开展专业工作研究。2016年3月，他和他的团队在荆州市扶贫办、民政局、团市委的指导和支持下，协助精准扶贫工作深入开展，为精准扶贫工作提供政策建议和专业技术支持，根据自身优势和业务范围，为农村未成年人尤其是困境未成年人提供专业的社工服务。他在扶贫工作中开展项目调研的文章分别刊登于《中国社会报》（2016年4月25日）和《中国社会工作》杂志（2016年6月上刊），他2022年作为主要成员参与调研并撰写的《湖北省民政兜底儿童监护研究》获2022年全国民政政策理论研究二等奖，所在团队的"守护明天"未成年人保护社会工作服务示范项目获民政部2022年中央财政支持。

卢文博多次作为代表参加国务院、民政部、最高检、最高人民法院、团中央等部委组织的研讨会、项目论证会和意见征求会。2019年8月29日，在国务院副总理孙春兰和国务委员王勇主持召开的关心关爱留守儿童和困境儿童专题会议上，卢文博作为基层社会组织代表发言，详细剖析了社会组织参与留守儿童和困境儿童关爱保护的路径和存在问题。他的发言得到了孙春兰副总理的高度评价。孙春兰说："案例实在，有很强的针对性。社会组织在留守儿童和困境儿童关爱保护工作中的作用非常重要，我们要大力支持。"

不仅如此，作为湖北省灾害社会工作服务队的一员，卢文博发挥自身专业特长，积极参与救灾工作。2015年6月1日晚，"东方之星"客轮在长江流域监利段翻沉，为做好该事件善后工作，他参加湖北省教育厅组建的心理援助专家团队到达监利县容城殡仪馆开展服务，为遇难者家属提供全程陪护服务。他还为在场武警官兵、工作人员提供情绪支持服务，协助其调解直接面对遇难者遗体、面对家属哀伤时产生的不良情绪。2016年，湖北省大部分地区遭受暴雨洪涝灾害，部分地区受灾严重。受湖北省民政厅委派，他前往荆门市沙洋县后港镇蛟尾中学安置点，配合安置点工作人员开展灾后安置工作。

2020年1月24日，新冠疫情暴发。考虑到孩子隔离在家可能会产生心理问题和生活需要，卢文博迅速向相关部门申请开通12355应急服务热线，组建队伍为有需要的孩子和家庭提供线上服务。"12355青春守护热线"上线，80名由社工、心理咨询师和教师志愿者组成的线上服务队伍24小时提供服务。同时，他还及时对接中国社会福利基金会和爱佑慈善基金会，为符合资助条件的60个孩子提供一次性资助。

"四叶草是一种幸运草，四片叶子分别代表着希望、付出、爱和幸福。服务对象的一声声感谢、一张张笑脸，让我感受到人生的价值。"卢文博笑着说。

有一分光，便发一分热。个人的力量终归有限，但卢文博始终秉承投身社工事业时的初心与信念。"出生在黄河边，成长在长江边，这是一种缘分。虽然开展工作不容易，但我还年轻，如果怕难，就啥事也做不成了。"卢文博说。

如今，他正全力以自己的微光温暖更多人。

冯振兴／文

范氏碧芳：做一位名符其实的"中国通"

范氏碧芳，越南籍，我校风景园林专业 2016 级校友。越南国立农业大学教师，教授风景园林专业相关课程，清华大学博士研究生在读。在长江大学（简称长大）攻读硕士学位期间，通过 6 级汉语水平考试（HSK），获得 2019 年长江大学国际学生汉语演讲比赛一等奖。硕士学位论文《越南阮朝顺化私家园林艺术研究》受到答辩专家好评，以第一作者发表与学位论文相关的学术论文 3 篇。硕士毕业后，回越南国立农业大学园艺与景观系授课和科研。2022 年 9 月被清华大学建筑学院录取为风景园林专业博士研究生。

2016年9月,为提升园艺园林造诣,"中国政府奖学金"获得者范氏碧芳从越南来到长江大学求学。在长江大学学习期间,她不仅在这里获得了丰厚的学术滋养,还被荆州深厚的历史文化底蕴所吸引,并在2019年4月学校举办的"印象·荆州"国际学生汉语演讲比赛中夺得一等奖。

　　她说,非常感谢中国政府,在"中国政府奖学金"的资助下,越来越多的越南人获得了到中国留学的机会,她很庆幸自己是其中一员。归国后,她立志要把中国文化带回越南,做一名名副其实的"中国通",为中越友好发展贡献力量。

为提升本领来到中国

　　央视新闻、淘宝、铁路12306……在范氏碧芳的手机里,超过一半是中文软件,她都能熟练运用。她觉得在中国学习和生活真是太方便了,她也发誓要学好汉语。在长大学习期间,她利用一切机会提升自己的汉语水平,学习荆州乃至中华民族的传统文化。她表示,如有可能,她想在中国长期工作和生活下去。

　　2019年1月,她顺利通过了6级HSK。在来中国之前,范氏碧芳的汉语基础几乎为零。2013年,她担任越南国立农业大学的教师,主要给本科生教授园林专业课,除此之外还指导学生完成相关论文。在平时的教学工作中,她要广泛涉猎园林知识,就必须阅读大量文献,但在该领域的大多数文献都是中文文献。而她对汉语一知半解,语言就自然而然地成了她学习上的拦路虎。每次在网络上搜索有关古典园林的文献资料时,她只能读懂被翻译的短短几行摘要。在教学和指导学生论文过程中,她也被独具匠心、巧夺天工的中国古典园林建筑所吸引、所折服。于是,范氏碧芳在心里埋下一颗一定要学好汉语的种子。2016年9月,在"中国政府奖学金"项目的资助下,聪明好学的范氏碧芳凭借扎实的专业知识,考取了长江大学的硕士研究生。

因楚文化爱上中国

　　在范氏碧芳眼里,荆州是楚文化的发祥地,是一个历史悠久而又浪漫的城市。她很高兴能来到荆州,这座历史文化名城给她留下了深刻印象。荆州博物馆、荆州古城墙、关公义园、章华寺、九老仙都景区等,处处都让她流连忘返。渐渐地,她发现自己已深深地爱上这座城市,更爱上了中国文化。

　　为更加深入了解中国文化,范氏碧芳学习了中国书法、茶艺,还学做中国菜、学唱中文歌曲。她很喜欢看中国电视剧,比如《还珠格格》和《西游记》。在长江大学这三年,她已经习惯了这里的生活。在她心里,荆州俨然就是她的第二个家乡。

　　范氏碧芳对荆州特产及小吃如数家珍,鱼糕、烤鱼、公安锅盔、小龙虾等美食她都能脱口而出。她出去大饱口福时,本地市民都会把她误认为是广州人,而这时她也会逗趣地说:"对,我就是来自那里。"不过也有穿帮的时候,比如别人问起广州的某个地方,她就只能挠着头说:"不好意思,我来自越南。"

范氏碧芳很自豪自己被错认为是中国人,因为那就能说明她的汉语说得很棒。她说,学好汉语很重要,不仅能帮助自己融入中国,同时还有助于回到越南后找到理想的工作。范氏碧芳说,她希望通过自己的努力,成为一名真正的"中国通",并积极参与"一带一路"建设,为促进中越两国友好交流与发展贡献力量。

范氏碧芳在校期间共发表了6篇学术论文,其中1篇论文在中文核心期刊上发表,毕业时她还获得了"优秀毕业生"的荣誉称号。2019年,范氏碧芳从长江大学毕业后回到了越南国立农业大学继续任教,她表示,今后不但会把中国历史悠久的园林知识传授给她的学生们,同时还会把博大精深的中国文化介绍给学生们。在她看来,只有了解了中国文化,才能真正理解中国园艺园林的精髓。

为了梦想继续努力

回国后,再次返回教师岗位的范氏碧芳将自己的工作重心放在了科研上。随着科研的深入,知识储备不足使她遇到了科研上的瓶颈,她感觉自己的知识不足以进行更深层次的科研,需要学习更多的东西。一个大胆的想法涌上心头:要学就要到中国最好的大学学习。于是范氏碧芳决定报考清华大学的博士研究生。

定下目标后,剩下的就是落实。范氏碧芳有自己的周计划:每周总结自己一周的科研进展。周计划下嵌套着的是小的日计划:每天到实验室之后,先花上30至60分钟看文献,接下来便是完成昨日定下的计划。夜幕低垂时,她结束一天的科研,再计划明天要做的事情。科研成果就是这样在每日的规划中一点点凝聚和积累下来的。井井有条的安排,让范氏碧芳在繁重的科研任务下仍能保持很高的备考效率。

范氏碧芳一方面不断与园艺园林学院的老师联系,不断打磨自己的博士研究生研究计划,另一方面不断与国际教育学院的老师联系,进一步优化自己在面试中的表现。通过一年多的不懈努力,2022年,范氏碧芳被清华大学录取为博士研究生,并于当年9月在清华大学建筑学院开始攻读风景园林专业博士学位。

中老铁路的正式通车,在给中老两国带来巨大的经济效益的同时,也使东南亚各国都进一步认识到"要想富、先修路"的道理,越南也在积极和中国对接泛亚铁路的建设。范氏碧芳说自己目前主要的研究方向是园林植物的培育,希望在未来的泛亚铁路建设中能看到自己的园林作品,以见证中越两国人民的牢固友谊和文化交流成果。

范氏碧芳一直把"学无止境"当作自己的座右铭,她表示今后会珍惜来之不易的博士深造机会,争取学有所成,努力把在中国学习的知识运用到今后的教学和科研当中。她要争取成为中越连接的纽带,讲好自己的"中国故事",为中越关系的不断深化做出自己的贡献。

伍廉松　王俊耀/文

杨东：在长城上追历史的云

  杨东，我校会计电算化专业2011级校友。北京摄影家协会会员，东城摄影家协会会员，中国长城学会会员，《中国国家地理》风景评审师。作品多次刊登于《国家地理》《环球人文地理》《中国旅游》《航空画报》等，多次被CCTV、北京广播电视台等媒体载播。长城、故宫等题材摄影作品在国内及美国、新加坡、西班牙等国际影赛中获奖100余次，曾接受北京广播电视台、佳能（中国）、腾讯新闻等媒体的专访。2018年参演纪录电影《爱我长城》，2019年CCTV-1《开讲啦》青年代表、北京卫视《了不起的长城》嘉宾，2021年3月，主演的电影《爱我长城》在全国院线上映。曾获2022年冬奥会和冬残奥会主题摄影大赛一等奖，美国纽约国际摄影大赛金牌。

杨东：在长城上追历史的云

从迷茫中的毕业旅行，到毅然奔赴长城，他行走8年，拍摄近50万张照片，一次次感受、记录、传递着长城之美，编织着他和长城的故事。他就是会计电算化2011级校友、90后长城摄影师杨东。

杨东拍摄的长城影像，不仅被央视网、人民日报、外交部发言人赵立坚等转发点赞，还被一些政府部门和企业求购，有的影视机构一次性购买全额就高达20万元。"没有人能够随随便便成功"，杨东出彩人生的背后，有很多值得思索的地方。

与长城摄影结缘

2019年2月24日，杨东作为6位嘉宾之一参与了由撒贝宁主持的CCTV-1节目《开讲啦》，该期节目由中国文化遗产研究院院长柴晓明主讲。杨东作为青年代表分享了作品《四季长城》。当他把长城照片展示到屏幕上时，全场惊呼，撒贝宁更是感慨"叫人直起鸡皮疙瘩"。

在这一张张震撼人心的照片背后，蕴含着杨东无数次的辛勤与努力。一次次奔赴长城，天不亮就出发，途中多次走错路……这一切对于杨东来说，都再正常不过。在他看来，没有这些小插曲，拍摄的长城是不完美的，挫折与坎坷都是通往梦想之路的助力器，在每个人成长的过程中亦是如此。

杨东2011年9月考入长江大学，就读会计电算化专业。在校期间，他加入中国共产党，并担任学生会体育部部长。认真负责、奋力进取的他多次参加各项田径、球类比赛且均取得较好的成绩。他利用课余时间自学摄影基础知识，悉心实践感悟。"那个时候周末空闲，我会和同学们去荆州古城闲逛，看到许多游客拿着专业相机拍照，我就用手机对照他们的角度试着拍。后来，我越拍越想拍，特别想试一下用专业相机拍照的感觉。于是在父母的资助下，我有了第一台单反相机。"杨东对初学摄影的那段时光记忆犹新。

杨东性格比较内向，平常不太擅长言语表达。自打有了相机后，他找到了一种合适的表达方法——用镜头来和外界沟通，表达自己的所想、所感。此后，他经常独自一人翻山越岭，有时甚至留宿山头，用相机记录自然的美，对话心中关于美的感觉，心中慢慢地生发出对传承中华文明之美的向往。

2014年，杨东第一次站在了人生的十字路口。当同学前来询问他毕业后的打算时，他特别迷茫，看不到未来的方向。其实当时他已经被一家银行录用，但他最想从事的还是摄影行业，这在大多数人眼里就是"不务正业"，而他却隐隐感觉内心有一团火苗在燃烧。

想到以后可能不会从事摄影行业，瞬间有一种无力感袭满他全身，旅行成了他唯一的安慰。2014年秋天，杨东背上行囊搭车去往西藏，而后又从西藏到了新疆。一年下来，他的足迹遍及全国近30个省(市、区)，他领略了祖国大好河山，感受了风土人情。在他第一次把自己的作品投稿到《中国国家地理》网站后，他的作品很快被收用。这对于杨东来说不仅是一次认可，更让他找到了人生的方向。他明白，只要自己坚持做这件事，努力下去，肯定会成功。

2015年,杨东决定系统地学习摄影知识,并认识了他的启蒙老师肖殿昌。课程结束时,肖老师在黑板上写了两个字"专攻",说道:"长期'专攻'的意象对于提升摄影的专业性尤为重要。"杨东将这句话铭记在心,也明白自己的优势在于风光摄影,但尚未想过此后会与长城结缘。那段时间,他尝试拍过故宫、北海公园、颐和园,但总觉得缺乏新意。

2015年9月,一个偶然的机会,杨东爬上金山岭长城。看到云间长城雄奇巍峨的壮景,他深深地为之所动。那一刻,他觉得心中那些关于美的积淀到了一个爆发点。他拍摄了许多照片并第一次因为拍摄长城获奖,也找到了老师所说的"专攻"方向。得知自己获奖的那天,他激动得一整夜都没有合眼,规划着自己拍摄长城的计划。接下来7年,他往返辽宁、河北、北京、山西、陕西、甘肃等地的长城300余次,拍摄照片近50万张,在国内外比赛中获奖100余次。杨东的摄影作品中,《长城画卷》获得2022年冬奥会和冬残奥会主题摄影大赛一等奖,《箭扣长城晨韵》获得美国纽约国际摄影大赛金牌,《长城飞雪》入选第十二届中国艺术节全国优秀摄影作品展。2019年12月,杨东入选北京东城区优秀人才。

每一座奖杯、每一张证书,都在讲述着杨东和长城的故事,一张张照片,也让我们通过镜头,更加了解长城历史,更为直观地感受到长城精神。

年轻摄影师的苦与乐

杨东的家乡在辽宁丹东虎山长城脚下,他拍的第一张长城照片就是家乡的虎山长城。"过去人们普遍认为长城东起山海关,西至嘉峪关。不仅小学、中学课本这样写,甚至《辞海》里也是这样写的。家乡人都认为我们这里的长城是假长城,真正的长城在北京八达岭,我从小就有疑惑。其实我拍长城的过程中,心里也带着这种情感,带着这种心结。在后来的拍摄过程中,我接触到更多的人、更多的事,知道了明长城的东起点在虎山长城,在我的家乡。我有了一种归属感、自豪感。这促使我在长城拍摄这条路上继续走下去。"杨东无比自豪地说。

在7年时间里,杨东拍过长城的春、夏、秋、冬,拍过长城乌云密布时的傲然独立,拍过长城云雾缭绕下的清纯柔美,拍过长城星空拱卫下的平和宁静。长途跋涉、极端天气、设备故障、身体状况等诸多因素影响着拍摄效果。

他印象中最幸运的一件事,是2015年冬天拍摄箭扣长城时发生的。某一天他得知第二天天阴有雪,可能会出现云海,于是背着帐篷于凌晨3点赶到拍摄点等待。他是第一个到达的。天亮后,拍摄点处聚集了近百位摄影者。当日大雪未停,山间雾气缭绕,长城时隐时现,达不到预期拍摄效果,很多摄影者陆续离开了,他在敌楼里搭帐篷又坚持了一夜。第二天,云海依旧未出现……第三天、第四天,拍摄点只剩下3位摄影者。当时,他心里很失落,但还是又坚持了一夜。不负所望,天亮时,云海果真出现了。在按下快门的那一刻,他觉得这几天的饥寒、孤独都化成了喜悦。"真正的幸运也是需要付出努力的,幸运的喜悦往往产生于再坚持一下的努力中。"

拍摄过程中，蚊虫叮咬、树刮、刺扎是常有的事。2016年9月，他在卧虎山长城寻找机位时被野山枣树扎得浑身是刺，大概有30根。回到家里，他用针把刺一根根挑出来，还有3根当时没挑出来已经长到肉里了。有时一不留神他还会撞到蜘蛛网，甚至遇到蛇、野猪等动物袭击。有一次拍完长城日出下山的时候，他碰到许多野猪，还一直盯着他，他心里发慌，浑身直冒冷汗，赶紧拿出三脚架准备拼命，好在后来野猪转身走开，但他还是惴惴不安，担心下一个路口还会遇见什么危险动物。

对杨东来说，拍长城最紧张的事情莫过于碰巧遇上了彤云翻滚。一次在金山岭长城拍摄时，他寻找拍摄机位，背着器材走了大半天，也没找到理想的位置。他身心俱疲，坐在石阶上休息，抬头的瞬间发现不远处的天空一大片乌云袭来，像是被火燃烧后翻腾的云烟。陡然，杨东脑海中形成一幅烽火台燃起烽烟的画面，他赶紧调整光圈快门，顺着长城奔跑，寻找乌云和烽火台的最佳错位，等待烽烟再现。"我至今仍清晰记得当时激动的心跳，仿佛穿越到古战场，触摸到了长城的生命。"杨东说。

2017年某知名网络公司艺术总监邀请杨东去国外拍摄自然风光，为一款游戏提供画面素材。在那里不仅可以学到VR全息影像技术，还有保留工资。这对杨东来说无疑是个巨大的诱惑，但他想起了老师关于"专攻"的告诫。反复权衡之后，杨东放弃了出国的机会，更加专注于长城拍摄。

2018年底，杨东确定了万里长城十三关的主题，选择了甘肃的嘉峪关。在嘉峪关戈壁滩上，风如刀割，平板电脑直接被冻到关机。然而，为了能拍到阳光从西边照射到关城的美景，他毫不犹豫地拉开自己的冲锋衣，把平板电脑揣到身上，捂了大概20分钟。平板电脑重启后，他立刻装上遥控器，用镜头将这幅美景抢拍了下来。就是在那次拍摄过程中，他的食指被严重冻伤，但他并不后悔，反而乐呵呵地表示："幸运往往就珍藏于下一次的努力之中。"

杨东说："天气越恶劣，越容易出好片子。"因此，他经常在恶劣天气出门拍摄。据杨东回忆，有一次他去拍箭扣长城，在拍摄过程中，大雪未曾停过，冰雹击穿了雨伞，杨东为了保护相机，后脑勺被砸出几个大包。由此可见，拍摄长城不仅是个苦力活、技术活，其中的惊险与挑战更是无处不在。

在拍摄之路上，杨东遭遇过车爆胎，还曾差点被闪电击中。有时为了一张照片，他需要身背相机、无人机、三脚架等加起来50多斤的设备，在崎岖陡峭的山路上步行数公里。因为热爱，所以坚持。日复一日，年复一年，杨东没有感到一丝枯燥。同样的路走过上百遍，仍能让他兴奋不已："我觉得不管我多么渺小，从长城那里我都可以汲取无穷无尽的力量。"

用镜头守护中国文化

"大家好，我是杨东，就是那个立志要用一生拍摄长城的热血少年！我所在的位置就是著名的八达岭长城……"2022年8月23日下午，杨东对着镜头熟练地介绍长城，他正在配合一家电视台的节目录制。自从拍长城"出圈"后,这样的工作邀约对他来说已习以为常。

杨东把自己定义为"长城摄影师",从拍摄长城到深入挖掘长城历史文化,他想让更多人了解长城。或许是因为拍摄长城的艰辛让他有所感悟,如今的他不只拍摄长城风光,还把镜头转向了长城的背后。杨东不仅仅想要让大家看到长城的巍峨雄壮,更想让大家看到一代又一代的人们是如何用自己的方式守护长城的。长城对于杨东来说,不再是冰冷的墙,而是一位有温度、有故事的长者。杨东也从一个"专攻"长城的摄影师逐渐转变成长城的研究者、保护者。

2018年6月,杨东受邀参演纪录电影《爱我长城》。该片以他的视角,真实客观地讲述改革开放后,在邓小平"爱我中华、修我长城"的题词感召下,以老红军王定国、老专家罗哲文等为代表的老一辈站在中华崛起、民族复兴高度关注长城、热爱长城、保护长城的光辉业绩,以及在老一辈人的引领下,社会各界以长征信念弘扬长城精神、挖掘长城文化的精彩故事。

2018年平遥电影节,对杨东来说,也有着十分重要的意义,他的《爱我长城》摄影作品及纪录电影《爱我长城》应邀参展。他的作品作为唯一以长城为主题的内容在平遥柴油机厂"风光无限"专题馆展出后,引起专家和观众的热切关注和热烈互动。这次参展,他感受到中华民族一脉相承的精神和智慧、集聚民族复兴的力量和担当。展览现场,"延安五老"之一谢觉哉和王定国的幼子谢亚旭专程赶来参观。谢亚旭老人动情地说:"《大国战号》图片,白云冉冉,从长城烽火台腾空勃发,让我不禁想起了国歌中唱到的'把我们的血肉筑成我们新的长城',要时刻居安思危,鞭策激励自己。"看过无数长城图片的中国长城博物馆副馆长黄丽敬动情感慨:"太震撼了!耳目一新的取景和构图,他的作品体现了年轻一代艺术家的艺术追求和审美追求,是对长城文化的再发现,满足了当代人对于中华传统文化的认同和渴求,长城文化越来越成为爱国主义教育的一个典范教材。"

凭借长城摄影,杨东加入了东城摄影家协会、中国长城学会、北京摄影家协会、中国摄影家协会,成为中国长城国际摄影周代言人、长城文化影像推广大使、2021中国摄影年度人物。

"我曾看过一篇报道,说三成的长城消失了。后来我拍长城的时候注意到,确实有一些令人痛心的现象。比如走到西北地区,村民们直接把窑洞建在长城的夯土墙里,也有地方的村民用长城砖盖房子,人们甚至不知道那是长城遗迹。"杨东说。鉴于此,对于未来,杨东希望自己能更多地拍到长城的另一面,将长城文化推广出去,让更多人了解长城文化、了解中国文化。

万里长城,巍峨峻拔,传承长城文化,不仅需要匠人们的汗水,更需要年轻一代来发扬光大。唯有坚持不懈,用心感受,才能让中华文化焕发出最璀璨的光芒。

冯振兴/文

王斌：做一只永不停歇的"极乐鸟"

王斌，1982年生，湖北随州人，我校应用化学专业2000级校友。毕业后，进入湖北新生源生物工程有限公司工作，主要从事生产技术管理方面工作。2007年被评为助理工程师，2021年被评为高级经济师，先后荣获2006年4月荆州市劳动模范、2009年4月湖北省劳动模范、2015年4月全国劳动模范。现任湖北新生源生物工程有限公司生产部副部长、生产副总经理助理。

有种鸟叫作极乐鸟。传说它们会一直在空中飞翔,不知疲倦,累了就睡在风中,一生只会落下一次,而那也将会是它们生命的终结。人们用它们比喻有些人为追求自己想要得到的东西,从一开始就把这个理想背在身上并不停地去努力、去奋斗,即使经历再多的磨难也从不停歇。王斌经常对朋友说起这种鸟,说自己就像这种鸟,一生都在超越、都在飞翔。他很喜欢路遥的《平凡的世界》。他能从这本书里找到一种难以言明的契合感,那种在生活里翻滚倒腾的奋起挣扎,只为了生于平凡但不甘平凡。

跳出"农"门的孩子

王斌 1982 年 11 月出生于湖北随州的一个小乡村,祖上几代人都与黄土地为伴。父母是地道的农民,肚子里墨水不多,为人本分、憨厚老实。王斌小时候很爱玩,经常跟着父母下地种田,母亲指着水田里的牛说道:"瞧你每天光顾着吃喝图舒服,肚子里一丁点儿墨水都没有,活着只有架犁耕田的吃苦命,享得了什么福?"王斌知道母亲是在说他,也是在抱怨她自己当年没有读多少书,帮不了儿子跳出"农"门。

母亲的话像刀子般刻入王斌心里。他心疼父亲佝偻的背,心疼母亲长满老茧的手,想尽可能多地帮家里干活,减轻家庭负担,但每次下地干活都被眼尖的父亲赶回家里。王斌时常给父母送水送饭,学习之余也做点家务帮父母分担,他知道父母的良苦用心,只怕自己学习没有拼尽全力,辜负了他们。

王斌的玩伴很多,但一起读书的却很少,大家觉得学习是一个"苦差事",还不如走出去看看花花世界,大多高中没毕业就早早外出打工,王斌是他们中的"异类"。渐渐地,发小们一个个都干出了点名堂,有了比较殷实的家底。过年走街串巷拜年时,邻里总会互相比较谁家挣得多、谁有出息,王斌在一旁听着,心里不是个滋味。读书真的没有用吗?王斌问过自己无数遍,每当他看到院里的牛,心里就有了答案。母亲说过,牛肚子里没墨水只能耕地,而人脑袋里"有货"就会种庄稼、做买卖、搞科研,做很多很多的大事。于是,他心里坚定了要把书读出个名堂来的想法。

2000 年的夏天,王斌终于收到长江大学的录取通知书,成为全村第一个大学生,一家人别提有多开心了。可是,父母人前风光无限,人后却犯愁了——王斌的学费还没着落。家里不富裕,平时一分钱都恨不得掰成两半用,入学通知书上明明白白地写着一年学费 4000 多元,对于这本不富裕的家庭来讲,无疑是个天文数字。

读还是不读?王斌很纠结,但母亲意志坚定地要送儿子去读书。"不能给家里再添负担了!"王斌暗暗下定决心,偷偷找到一个发小,鼓动他带着自己一起去南方打工。他想,如能在开学前赚够学费,就圆自己的大学梦,否则放弃。可没想到,自己还没"溜出"村子,就被父亲打了一顿。那天晚上,王斌痛哭了一夜,不是因为身上疼,而是气自己没用,没能

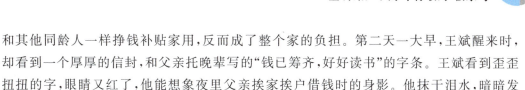

王斌：做一只永不停歇的"极乐鸟"

和其他同龄人一样挣钱补贴家用，反而成了整个家的负担。第二天一大早，王斌醒来时，却看到一个厚厚的信封，和父亲托晚辈写的"钱已筹齐，好好读书"的字条。王斌看到歪歪扭扭的字，眼睛又红了，他能想象夜里父亲挨家挨户借钱时的身影。他抹干泪水，暗暗发誓不再随便放弃，一定好好读书报答父母。

离开家乡后，王斌非常关心家乡的情况。大一那年，他从新闻里得知，受气候影响，随州干旱少雨，田地受灾影响较大。王斌给家里打电话，才知道父亲已经外出打工很长时间了，只有母亲因为要照顾老人所以留守在家。母亲平日里打理着龟裂的田地，一有空就四处捡废品卖钱给王斌攒学费。得知情况后，王斌心里很不是滋味，想要辍学打工，却被母亲阻止："读书才有大出息，不把书读出来一辈子只能在苦日子里打滚，以后父母老了，你还带着我们老人一起吃苦？"母亲的话打消了王斌辍学的想法。班主任了解王斌的家境后，给他讲述学校的勤工俭学和国家资助政策，帮他办理了助学贷款。后来，王斌也凭着自己的实力，多次获得奖学金。

为了减轻家里的负担，王斌挤出所有休息时间做兼职，如做家教、发传单、当餐厅服务员、卖小商品等，他同时做好几份兼职，努力用自己的双手改变拮据的生活状况。一年以后，王斌开始有能力每个月给家里汇几百块钱。

与时间赛跑的"拼命三郎"

2004年7月，在校园招聘会上，王斌如愿被湖北新生源生物工程有限公司录用。这家公司是国内水解提取氨基酸的龙头企业，主要生产应用于食品添加剂、饲料添加剂、医药原料、化妆品以及肥料的部分特定的氨基酸。王斌在公司里负责车间品质、工艺和生产技术的管理工作。入职不久，公司就遇到一个较大的危机：国内水解法提取氨基酸技术起步晚，国外同类型公司挟成熟的技术壁垒占据了水解法生产氨基酸的大半江山，国外市场肆意抬价，国内市场叫苦连天。

脖子被别人卡住了，除了引颈受戮，就只能走技术突破这条路了。公司顶着压力决定把握这个转型发展的重要契机，突破技术壁垒，实现弯道超越。选择技术转型无异于与时间赛跑、与资本决斗，没有视死如归的决心很难有所突破。公司决定组建20人的技术组"敢死队"，王斌有幸被选入技术组，他和其他组员每天工作之余就聚集在一起查阅资料、做实验、演算推导。

技术组所有成员与时间赛跑，他们每一秒都以冲刺的姿态拼尽全力。为了多挤出点时间搞技术突破，他们顾不上刷牙洗脸，经常忘记吃饭，虽然把床铺安在了生产线上，但也只是在困得不行了才在上面躺一会。日复一日，大家顾不上家人、顾不上个人形象、顾不上健康不健康，心里只有一个信念："一定要把这技术的'天'给捅破了！"实验失败了，没事，再做！计算错误了，改！他们把每一次实验都当作打开新世界的敲门砖、过河的垫脚石以及填补国内技术空缺的最优解。

功夫不负有心人，一个对于国内而言全新的空白领域，硬生生被这群"不怕虎"的"初生牛犊"在不断试错后填补上了。王斌所在团队花了四个月的时间，突破了技术壁垒且改良了工艺，极大地降低了生产成本，生产出的氨基酸大量出口海外。物美价廉的产品迅速在国外市场站稳脚跟。2018年中美贸易战打响后，中国出口业受到很大影响，但王斌公司的出口额不降反升。

铆定岗位的技术"钉子户"

在同事眼中，王斌就是个不折不扣的机器，但王斌却笑着说，自己还成不了一部机器，只能说是一部机器的一个部件，而他就想成为那个最重要的部件。对别人来说车间一线条件差、工作累，王斌却在车间扎下了自己的根，恨不得每天吃住都在车间里。他一干就是19年，就像一个技术"钉子户"。19年来，王斌带出的一批批技术骨干成了公司的中流砥柱，他的许多工友都得到晋升，唯有他还铆在岗位上。其实，王斌有很多机会申请调整岗位，但他一直主动要求留在岗位上，留下来收集更多参数进一步优化生产工艺。

王斌说，当时与他一起应聘到公司的同龄人很多，有不少"985""211"高校的毕业生，甚至还有一个"海归"。大家一起经历了3个月试用期，这3个月很苦，每天大部分时间都在生产线上，住的是8人间集体宿舍。刚开始大家都很努力，两个星期后，这批同龄人中开始有人装病号请假、窝在宿舍打牌，有人甚至长期旷工到网吧打游戏，只有王斌一个人保持着热情，不停地检查着流水线的工艺，还在休息时找老工友熟悉情况，在下班后"啃"专业书籍。环境就是筛子，不断地筛掉浮尘和麸皮，留下的是颗粒饱满的果实。

3个月后，公司公示留用人员，同一批次的试用人员只留下了王斌一个人，大家没有任何质疑。王斌曾问过自己的老板，为什么没有留下那些高学历的精英，老板笑着对他说："学历只代表一个人曾经有多么聪明，而一个真正聪明的人只会一直'傻'下去，也只有'傻'的人，才会做成一番事业。"对于王斌而言，自己的这一份工作既是养家糊口的饭碗，更是证明自己价值的事业，是改写人生的重要平台。

上天不会亏待每一个奋斗者，王斌身上"铆在岗位不动摇，誓要天地换新颜"的雄心壮志，得到公司乃至社会各界的认同。2006年王斌当选荆州市劳动模范，2008年光荣加入中国共产党，2009年当选湖北省劳动模范，2015年当选全国劳动模范。

王斌的每一步都走得很稳、很实。王斌说："从小，母亲教导我一定要多读书，做一个对国家、对社会有用的人，现在想想，我做得还不够，我们的技术虽然突破了壁垒，但还没完全实现超越，还有很多工作亟待完成。我从未想过要去争什么荣誉，这些荣誉都是组织的厚爱、领导的垂爱和工友们的帮助支持，如果单靠我一个人是攻克不了那么复杂的问题的。"

王斌的身上有种特别的磁场。他吃过很多苦、受过很多累，却依旧像一株向日葵一般向阳生长。有人说当今社会不需要再吃苦，王斌的经历是最好的反驳。真正的苦不是自找的，不是无病呻吟，而是砸碎骨肉、重塑躯体的痛苦，是没有权利选择吃或者不吃的。苦难无可避免，而选择迎着苦难而上则是难能可贵的。苦难教会王斌感恩，教会他珍惜，也让他更懂工作。工作对于每个人来说是公平的，一样需要花时间，还可能做的是一样的内容，不一样的是每个人对待工作的态度。有的人只把它当作饭碗，有的人把它当消遣，而有的人把它当责任，当作生命的全部。王斌就是后面这种人，他愿意做一只永不停歇的"极乐鸟"。

徐世超/文

黎佰胜：抗疫"侦察兵"

　　黎佰胜，我校临床医学专业2004级校友。大学毕业后工作于中国科学院大学深圳医院，长期从事脊柱外科临床工作。现任中国科学院大学深圳医院（光明）脊柱外科副主任医师（专技六级）、脊柱外科副主任，兼任医院党支部书记。曾获"深圳市优秀共青团干部""广东省优秀共青团干部""广东省抗击新冠肺炎疫情先进个人"等省、市级荣誉。热心公益，以个人名义先后在初中、高中及大学设立奖助学金。现任广东省保健协会脊柱与关节分会第一届常务委员、广东省医学教育学会脊柱外科专业委员会委员、广东省健康管理学会脊柱专业委员会第一届微创学组委员、广东省健康管理学会脊柱专业委员会第一届感染学组委员。

黎佰胜：抗疫"侦察兵"

医务工作者，一个平凡而伟大的身份。无数个暮暮朝朝，是他们送走满天星辰，为我们迎来黎明曙光，用青春和热血守护生命。"天行健，君子以自强不息。"从学生到医生、从校园到社会，黎佰胜从未忘记自己的初心和梦想——做一名合格的医生，用所学感恩母校、回报社会。黎佰胜，临床医学2004级校友，深圳医院（光明）一名专业的脊柱外科副主任医师。2020年春季疫情期间，他主动请缨，坚守隔离点130余天，用坚守诠释了医者的责任与担当。

"作为一名中共党员，我愿意投入抗击新冠肺炎疫情的战斗中去，与党和国家同命运，相信党领导下的广大人民群众团结一致，一定能够打赢这场疫情防控阻击战。"这就是黎佰胜，一名光荣的中共党员。

闻令而动，来则战之

作为一名80后脊柱外科医生，2020年春节前夕，刚回到茂名老家的他，在接到医院应急支援队伍集结的号召后，毅然申请加入支援队伍，并连夜独自开车返回深圳，带领广大青年医务工作人员投入了疫情防控工作。

大年初一，他就正式在隔离留观点展开工作。面对密切接触者，他的工作内容与临床诊疗工作完全不一样，不仅要了解所有入住人员的基本情况，还要在做好防护的情况下，每天早、中、晚3次监测留观人群的体温，逐一上报给区疾控中心；每天至少早、晚2次定时为各观察房间开窗通风、消毒、清理生活垃圾；每天至少查房4次；为避免交叉感染，还要代替后勤为每个房间送餐，等等。等忙完这些既定的工作任务，他已是精疲力竭。有时错过就餐时间，桌上的饭菜早已凉透。

"能麻烦医务人员带点饮料和水果吗？"在专门的微信工作群中，不时有隔离人员提出诉求。"我需要24小时开机，随时回复他们的问题，尽力满足隔离人员的合理诉求。"黎佰胜表示，隔离医学观察点实行全封闭管理，时间一长，隔离人员难免会焦虑，于是这里的每位医务人员都身兼数职：护工、酒店服务生、隔离人员的朋友。

工作流程繁杂，防护设施紧缺，留观人员因心理压力难以排解造成的各种状况，都给他和队友的工作增加了不少压力。尽管工作有很多困难，但黎佰胜却充满信心，对留观人员和患者给予理解和同情。他说，自己带领的团队成员都是90后，都是主动报名加入抗击疫情一线的，他们一定会在这里坚守到最后，直到彻底战胜疫情。"只要大家都能平安健康地回家，我们所做的一切就是值得的！"这是他和队员们深埋在心里的一个信念。

疫情期间，黎佰胜一直坚守在隔离点。近半年时间里，他处理隔离密接患者不计其数。黎佰胜始终提醒自己，人的生命只有一次，失去不会再来。每一个医务人员要有医生的责任和担当，要用一生的忠诚和热情去对待自己这个身份。

隔离生活充满阳光

黎佰胜所在的隔离医学观察点有60多个隔离人员,6名医务人员实行轮班制,3个人一班,每班12小时。2020年2月8日晚上,黎佰胜和其他医务人员度过了一个特殊的元宵佳节。和医务人员一样,隔离人员也没能在元宵佳节和亲人团聚。黎佰胜特意订了一个大蛋糕,和同事们切成一块一块,送到各个房间的隔离人员手中。

刚分完蛋糕,黎佰胜的微信提示"叮叮"响起。"黎医生,孩子吃不惯这里的饭菜,可以帮忙买点八宝粥吗?"在解决好隔离人员的各种诉求后,黎佰胜回到自己房间稍做休息,此时已经是凌晨2点。"黎医生,您放心,我们会好好听话照做的!""感谢您和5位医务人员的辛勤付出。"看到微信群里这些温暖的话语,黎佰胜倍感欣慰,身上的疲惫也消除了不少。

黎佰胜告诉记者:"隔离点的工作与临床诊疗工作完全不一样,工作重点不是躯体疾病,更多的是隔离人员心理层面的问题需要调节。"除了关注隔离人员的身体健康,黎佰胜还想方设法为他们送上"定心丸"。黎佰胜建议隔离人员在酒店房间里做运动,通过听音乐、看电视节目等方式调剂生活,转移注意力。在他的带动下,看新闻报道关注疫情成为这里多数隔离人员的生活日常。更让黎佰胜欣慰的是,大家通过新闻报道了解到疫情的严重性后,渐渐树立起了防疫从自身做起的社会责任感,开始积极配合工作人员的工作,同时也养成了许多良好的生活习惯,隔离生活变得阳光充实起来。

勇担责任,医者仁心

黎佰胜是一位有十多年临床经验的外科医生,他的微信头像是一张腰椎骨折病人手术后的X光片。他的微信"朋友圈",发布最多的内容是自己的诊疗病例,这也反映出他常年养成的记工作笔记的好习惯。

"一位78岁的老人不慎摔伤,由于在隔离点,患者及其家人很恐慌……"2020年1月29日,黎佰胜在工作笔记中记录了这样一起事件。这位老人由于在酒店房间隔离期间情绪烦躁,再加上年事已高,腿脚不灵便,行走时不慎跌倒,同住的老伴立刻给医生打电话求助。黎佰胜得知后火速赶到现场,将老人扶起,详细询问身体情况,并进行了细致的检查。凭借丰富的临床经验,黎佰胜判定老人只是皮外伤,并为老人的皮肤创面消毒,做好应急处置,并予以跟踪观察与问候。

在黎佰胜的从医生涯中,这种突发情况数不胜数,面对紧急情况,他总是第一个站出来解决问题。他紧跟医疗发展的步伐,始终警诫自己要做一个谦虚的、主动学习的医生。医院安排的党员学习、医疗知识专业学习,他从不缺席;医院、社区组织的义诊活动,他也是第一个报名参加。他总说:"医生,要担得起患者的信任。"

病毒无情,来势汹汹。定点医院、专科医院的发热门诊、观察区、隔离区等,这些让人望而生畏、避而远之的地方，成为广大医务工作者的前线、战场。没有一个医者不知道病毒的可怕、不知道上前线的危险、不知道上战场的艰辛，然而，在初心和使命的召唤下，他们仍然义无反顾冲上战场、来到前线，用生命守护生命，成为无硝烟战场上的勇士。

黎佰胜告诉记者，2020年春节期间他和家人打电话的时候，儿子说爸爸是他的偶像，长大了也要当医生。同样也是医生的妻子说："如果我们没参加这次抗疫，那将是我们职业生涯中最大的遗憾。"家人的理解和支持，让黎佰胜感到些许宽慰。他表示："每一项工作都充满挑战，我们是医务人员，做好自己的本职工作是我们对家庭的责任、对社会的担当。"

创业报国，感恩社会

长江大学教他的"求实、进取、创业、报国"这八个字，他铭记于心。毕业10周年回母校，黎佰胜以个人名义向医学部捐赠10万元人民币，作为在校生的奖助学金，以激励学弟学妹努力进取、立志成才。拿着不高工资的他低调地完成了这次捐赠。或许10万元在很多人看来不是大数目，但这却是他近几年努力工作的积蓄，家里有妻儿老小，他的家庭也正是需要用钱的时候。"是母校培养了我，在长大学习的5年里，我遇到了许多热心善良的同学、认真负责的老师，在他们的陪伴和帮助下，我这个外地学子感受到了前所未有的温暖。我能做的不多，这笔钱是我自己攒的，我想把它捐给母校，也希望看到母校发展得越来越好。"

毕业后，他始终心系母校，用自己的方式感谢母校的培育。作为一个医生，他关心教育，始终肩负着回报社会的责任担当。一直以来，黎佰胜都主动把实现自身价值同服务社会紧密结合起来，以争做一个无愧于母校培育、无愧于时代的好青年为目标。

脚踏实地，求实进取。作为医生，完成无数次诊疗、无数台手术，在脊柱外科专业领域里，他一次次为患者缓解病痛；作为医者，最危险的地方自己去，面对陌生的新冠病毒，他选择勇敢"逆行"，历时130多天，始终战斗在抗疫第一线。

为更好地救死扶伤，黎佰胜刻苦钻研医术，在中国科学院大学深圳医院（光明），他是脊柱外科的骨干成员；他心系母校和国家，国家有难时奋不顾身冲在最前线。他是一个合格的长大人，服务母校、服务社会，年轻的他都努力做到了。

感恩母校、服务社会，这个奋战在医学一线的80后校友，他用自己的实际行动证明了年轻一代必将大有作为。

单婷婷/文

眭立：多面伊人绽放多面光彩

眭立，1968年生，教授级高级经济师，我校工业与民用建筑（简称工民建）专业1987级校友。2001年3月毕业于暨南大学，获工商管理硕士学位；2011年6月毕业于澳门科技大学，获工商管理博士学位。2017年9月任广州汽车集团（简称广汽集团）董事会秘书以来，获得2019年度广州高层次金融人才（金融高级管理人才）奖；2017年至2019年连续获得广州市产业发展和创新人才称号，第十五届、第十六届、第十七届、第十八届新财富"金牌董秘"，中国母基金联盟2021年度中国最佳女性直投基金投资人，获2021财经风云榜年度卓越董秘奖、融资中国2021年度中国最佳投资人TOP 50等荣誉。现任广汽集团执行委员会委员、董事会秘书、广汽资本有限公司董事长。

眭立：多面伊人绽放多面光彩

有人说她是会享受生活的女人。世界五大洲的每个角落，无论是名山大川，还是名胜古迹，都留下了无数她的倩影。

有人说她是喜欢挑战的女强人。无论是技术干部，还是公务员，无论是投行的金领，还是企业的高管，她都演绎得很完美，不断完成华丽的转身。

有人说她是善于学习的"职场女王"。无论是学技术，还是学金融、学管理，她都游刃有余，她不仅是高颜值的女博士，更是智慧型的知性女人。

有人说她是注重细节的"魅力女神"。她的一颦一笑、一举一动都成为人群中的焦点。

她就是任职于年营业收入超过5000亿元、员工规模达12万人、位列世界500强第186位，集研发、整车、零部件、商贸与出行、能源及生态、国际化、投资与金融于一体的全产业链A+H股两地上市的国有控股大型汽车企业集团广汽集团，集美丽、聪慧、优雅、知性于一身的多面伊人——眭立。

多才多艺的女孩

夏日的校园里，眭立静静地趴在游泳池边上。在平时，她一定嬉闹不停，但这会儿她却不说一句话，只是出神地望着水面。阳光下的池水，一会儿蓝，一会儿绿，一会儿泛起星星点点的光斑。眭立看着看着，心头燃起一阵渴望：人生其实就是这样，就应该充满多种色彩。她暗自下决心，一定要多多努力，让自己的人生变得绚丽多彩。

这情景，发生在36年前。那时的眭立还只是江汉石油学院（现长江大学）工民建专业的一名学生。生活似乎对她特别慷慨：她年轻时的梦想与渴望，正一件一件成为现实。大学期间，她代表学校参加石油高校游泳比赛，取得了个人第6名的优异成绩。刻苦学习之余，她酷爱国际标准交谊舞，参加了全国国际标准交谊舞比赛，获湖北赛区乙组第1名，代表湖北省参加了全国国际标准交谊舞锦标赛，进入全国12强。

她是学校艺术团副团长、舞蹈队队长、广播台台长、系学生会文艺部部长。大学期间，大大小小的舞台上都会有她的身影，师生们处处可以听到她清新甜美、婉转动听的声音，看见她轻盈曼妙、身段优美的舞姿。

眭立的校园生活和学习生活，在那个年代，显得绚丽多彩，她也成了大家关注的焦点。熟悉和了解她的朋友都知道，这些成绩源于她的积极努力和艰辛付出，所有的经历，磨砺了她走向社会、"奔向大海"的本领。

喜欢挑战的女强人

1990年毕业后，眭立被分配到江汉机械研究所工作，此后，结婚、生子，日子过得虽然平淡却很幸福。

两年后的一天，身在广州的丈夫劝她："你应该看看外面的世界，我觉得外面的世界更适合你。"丈夫的话语直中她的内心。安逸的工作状态,让她觉得自己离理想的标准,差了不是一两步,而是一大截。于是,她请长假去了广州。

眭立喜欢挑战,从小就这样,尤其到广州之后,这份喜欢更加热烈。她找到的第一份工作是在广州市城市建设开发总公司,担任董事长秘书。

在进入这家公司之前,眭立已错过项目助理的面试。眭立想:哪怕是错过了,不到最后一刻千万不要放弃,一定要尽力试一试,万一成功了呢!

她再次带着自己的简历来到这家公司,正好碰见项目负责人准备去现场,就跟着一块儿去了现场。对于现场的工作,她毫不马虎,主动做记录,查看桩机、定位等,她的专业,再加上优雅大方的谈吐,深深地打动了这位项目负责人,当场录用她为董事长秘书。

为什么她只是想应聘一个项目助理的职位反而得到了一个更重要的职位?是不是有什么秘籍?答案是肯定的。

"我应该怎么做?我应该从哪些方面着手?我要提前准备哪些东西?我应该怎样表现自己?"一连串的问题,去面试之前眭立一直在脑海里不停地盘问自己。她清楚,想要做好任何一件小事,都是需要花费一番工夫的;她更相信,世上无难事,只怕有心人。

去之前,她详细地了解了公司的概况、文化背景等,并且认真准备了自己的简历,甚至连自己的形象都是经过精心设计的。

上班后,她每天都是第一个去办公室,最后一个离开。工作时间,她一丝不苟,认真落实每一项任务,始终保持热情、积极、乐观的工作态度。她的这些表现给领导和同事留下了深刻的印象。

一段时间后,一个偶然的机遇,让时刻有准备的她调入广州市人民政府办公厅秘书处工作。在这里,无论是全市性的大型会议统筹、大型活动协调,还是大大小小的公务接待,一切对她来说,都得心应手。

功夫不负有心人。眭立在市政府的工作和表现很快得到领导和同事认可,她还在这个平台上获得多次展现个人专长和爱好的机会。1997年广州市举办首届公务员普通话大赛,眭立代表办公厅取得了第一名的好成绩。1999年她代表广州市参加全国36个省、市、自治区公务员普通话大赛,获个人朗诵第二名、团体二等奖。同年,她成功当选广州市首届友好城市小姐,作为改革开放前沿大城市广州的形象大使,访问了广州市国际友城——德国的法兰克福和意大利的巴里市,充分展现了她独有的魅力,得到了大家的交口称赞。

作为一个普通女孩,参加工作10年左右,获得这么多荣誉和成绩,应该停下来,好好享受一下人生,可是眭立是一个永远不安于现状的女人。渐渐地,她发现这份在别人眼里多么好的"铁饭碗"工作越来越乏味。在人生的价值观念与方向上,她迷惘了:人生不应该多点挑战吗?

在认识到这一点后,眭立果断从政府公务员转身,开始了新挑战。"那时候,金融行业十分火爆,我就想去试试。"她瞄准方向,开始向目标进发,2001年,成功考入广州地区第一大券商——广发证券。

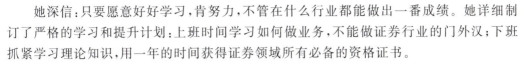

她深信:只要愿意好好学习,肯努力,不管在什么行业都能做出一番成绩。她详细制订了严格的学习和提升计划:上班时间学习如何做业务,不能做证券行业的门外汉;下班抓紧学习理论知识,用一年的时间获得证券领域所有必备的资格证书。

深挖证券工作的内涵,聆听客户的需要,制定独一无二的方案,高效率、高标准对待每一项工作,认真、周到地对待每一个客户,这是眭立对自己的要求,她成功地在极短时间内做到了,成为广发证券投行部的业务精英。

善于"做功课"的"职场女王"

江汉机械研究所、广州市城市建设开发总公司、广州市人民政府办公厅、广发证券以及现在的广汽集团,她就职的每一个单位,每一份工作,性质不同,工作内容更是不一样,但是,眭立都能很快驾轻就熟、游刃有余。

在广发证券工作时,凭借过硬的专业、丰富的经验和优秀的协调能力,她带领团队完成了广汽集团这个老牌国企的股份制整体改造项目。接到项目后,她先是查阅了很多关于广汽集团的资料,只要是关于集团的信息,她都不肯放过。她还找到同类型的经典案例,进行分析、比较、总结,加班加点和团队一起设计了合理而又个性化的方案。整理好方案后她主动和广汽集团负责人沟通、调整。她的专业、耐心及个人职业素养深受广汽集团负责人认可。经过两年的努力,终于在 2005 年 6 月她圆满完成了广汽集团的股改项目,广汽集团成立了股份公司,为后来公司成功上市奠定了扎实的基础。

广汽集团也向她伸出了"橄榄枝",希望她能负责集团证券部的工作,带领广汽集团完成上市,建立资本市场的运作平台。

眭立说,她没有想到会得到广汽集团的邀请,但最起码,自己既然负责了这项工作,就应该做充分准备。任何一项工作,拼到最后的往往不是能力,是专业的知识及人品。

眭立从不放弃任何一个可以提升自己的机会。她觉得广汽集团是一个更大、更广阔的舞台,担任证券部负责人是一个实践自己在证券领域的经验、陪伴广汽企业成长,发挥自己所长的很不错的机会,便欣然接受了挑战。2005 年 6 月,眭立加入广汽集团。

她将学习称作"做功课"。工作是否专业,取决于"功课"做得好不好,取决于是否能与时俱进、与时代同步。

早在进入广州市人民政府办公厅时,她就开始了"做功课"。在那里工作的第 3 年,眭立参加了当时的全国 27 所高校联考,一举考取了暨南大学工商管理硕士研究生。

"年轻的时候,不能选择安逸呀,一定要多学点东西,指不定哪天就需要了。"她认为,多一样本领,就能为自己增加一个提升的砝码和机会。

进入广发证券后,眭立所做的"功课"更是越来越多。"因为我大学修的专业是工民建,没有涉及金融这一块儿,所以需要不断学习,才能把工作做好。"

白天向身边的人请教,晚上就看金融有关的资料。对于学习时冒出的问题,她都会在最短的时间内"啃"下来。在她想起要睡觉的时候,常常已经是凌晨。"那时经常见到凌晨的广州。"她笑着说。

进入广发证券的第 2 年(2002 年),眭立就获得了证券行业从业所需的所有资格证书。再后来,她又考取了澳门科技大学的工商管理博士,于 2011 年顺利取得博士学位并获国家认证。

刚加入广汽集团时,眭立的工作面临着前所未有的挑战:H 股、A 股停发,股权置换等一系列问题迫在眉睫。她带领团队迎难而上,根据实际情况制定策略、设计方案。他们日夜奋战、废寝忘食,晚上 10 点钟以前从来没有下过班。

在广汽集团工作的这些年,眭立几乎与周末无缘,每逢周末她都是在工作和学习中度过。"也许有人会觉得这样很辛苦,但是我觉得值得,既然选择了,就要负责到底,我很享受这样的工作和生活。"眭立说。

每一次经历,都是一次学习;每一次经验的积累,都是一笔财富。"我很感激,广州市人民政府办公厅的经历让我的协调、组织能力得到提升;广发证券的经历让我全面学习了金融知识,训练了我站在一个更高点看问题的能力;在广汽集团,我又领略到多维度看问题的重要性,思考问题更全面了。"

注重细节的"魅力女神"

作为主管一方的领导,任何一项工作,眭立都要熟烂于心。哪怕是一份简报,她都要认认真真地看一遍,从结构、用词,细到标点,都要确保没有错误。在她眼里,任何一件事情要做就一定要做到最好,往往决定事情好坏的都是细节。

我们对眭立的采访约在眭立的工作所在地。见她那天,广州正值台风,她依然冒着风雨赶来,提前到酒店等我们。看见我们下车,她疾步而来,身着黑色连衣裙,脚踩裸色高跟鞋,神采奕奕,脸上挂着淡淡的笑容。

普普通通的采访,平平常常的几条短信和一通电话,却让我们看到了一个十分注重细节的眭立。

很多人羡慕眭立,能够成为国企的女高管,生活也过得如此幸福。被问及成功的秘诀,她很坦然地道出心中的秘密:往往细节决定成败。

这一切的收获,并不是因为她的运气比别人好,而是建立在眭立良好的职业声誉之上的。她的职场秘诀是,对待老板像对待自己的父母,对待同事像对待自己的兄弟姐妹,此外,还要特别注重那些为常人所忽视的细节。

2012 年"十一"期间,长江大学举行第四届校友节,眭立受邀作为校友节专场文艺演出的主持人。眭立拿到主持词是在演出的头一天,只过了一遍彩排。她先和搭档熟悉主持词,然后进行调整。到了晚上,她谢绝了友人们的邀请,关掉手机,在宾馆里背诵主持词,练习发声。

第二天文艺演出现场,眭立容光焕发地出现在大家的面前。突然间,她感慨万分,此时此刻离上次站在这个校园舞台上已过去了 20 多年!她端庄、优雅,嗓音醇美、低调内敛。她以从容不迫的姿态,游刃有余地把握着节奏,一切都恰到好处。眭立的一颦一笑、举手投足间无不透露着知性与智慧。校友们赞叹,师弟师妹们羡慕,眭立的这次主持成了一段佳话。此后,每年的校友节,大家格外想念那个多才多艺、知性与智慧兼备的"女神"。

繁重的工作之余,眭立每年都会抽出一段时间带上家人或是自己独自到世界各地去看一看、走一走。"每次旅行,都可以看到不同的世界,会对生命、生活有更多的感悟,同时也能打开自己的工作思路。"她说,"平时陪家人的时间不多,再忙都一定要抽出时间来陪陪他们……旅行能赋予人更多的勇气,能让人变得更加勇敢,能让人变得更成熟和理智。"她曾经对远在德国留学的儿子也提了关于这方面的要求,希望他在完成学业的同时,能游历大西洋两岸,去体验不一样的人文和生活。

在眭立的眼里,梦想永远在路上,生活、工作总会一路随行。学会享受生活,才能快乐工作。如今的眭立,相信未来会有更多复杂的工作等待她来挑战,她依然充满着激情、充满着期待。

冯振兴/文

刘妍娟：以真挚情怀成就人生梦想

> 刘妍娟，1983年生，湖北宜昌人，我校英语专业2001级校友，2008年获华东师范大学硕士学位。2006年至2009年就职于意大利Mario Crosta纺织机械有限公司上海分公司，担任区域经理；2009年至2014年就职于联邦三禾纺织贸易有限公司（简称联邦三禾公司），担任上海分公司负责人。2014年自主创业，成立上海馨沃贸易有限公司和馨沃音乐空间工作室，并担任负责人。

刘妍娟:以真挚情怀成就人生梦想

采访刘妍娟时是2017年秋天,一个秋高气爽的日子,在她的工作室里。悠扬的琴音环绕,粉红色的墙壁,错落有致的茶几,办公桌上的花瓶里插着馨香的花束,墙角摆着鲜翠欲滴的绿植,透过玻璃可以看到会议室墙壁上精心排列的照片……整个工作室看起来充满着诗意,使人身心放松。

刘妍娟身着一身得体的连衣裙款款走来,手里提着为我们精心准备的奶茶和蛋挞,对我们微微一笑,女性特有的那份优雅、亲切立刻显露无遗。

访谈中,刘妍娟的话语始终亲切而富有感情,让人不自觉地被吸引。从她的讲述中,我们了解到她求学过程中的那份执着和热情、创业生活中的酸甜苦辣,也更加深刻地感受到了她对母校那份难以割舍的情谊。

难忘大学时光

刘妍娟是湖北宜昌人,2001年高考填报志愿时,为了能"常回家看看",她根据自己的考试成绩,毫不犹豫地选择了湖北农学院(现长江大学)自己最喜欢的英语专业。

聊起大学的学习生活,刘妍娟思路清晰,仿佛在平静地诉说着一个个刚发生不久的故事。

"当时我们学习英语的环境非常不错,有专门的教室和语音室,并且都装了空调,非常不错,真的非常不错!"回忆起学习环境,刘妍娟连说了三个"非常不错"。

"环境好是一方面,另一方面老师也非常好。"刘妍娟继续说,"老师们都非常专业,教学也特别用心。因为我们学习的是语言,所以老师们经常鼓励我们多和别人交流、多出去接触外面的语言环境。"

学习上,刘妍娟从来没有放松过对自己的要求。清晨图书馆前面的土堆上、傍晚一教前面的小广场上,几乎天天都有她朗诵英文的身影。练习发音、背单词、阅读文章,等等,每一天她都是那样忙碌而充实。

2002年,CCTV杯全国英语演讲比赛海选时,在读大二的刘妍娟内心充满着期待,同时又不自信,不敢参加。老师知道后,及时鼓励她说:"不试试怎么知道自己行不行呢?"于是,她鼓起勇气,报名参加了比赛,而且比赛成绩相当不错。她先在荆州电视台举办的比赛中获得了第一名;后在省里的入围赛中获得了第七名,决赛中获得了第四名。虽然最后没有入围全国总决赛,但对刘妍娟而言,就如她说的那样:"这段经历是我人生中非常宝贵的财富,让我明白了,不管什么时候,一定要自信,努力去实践,才不会留遗憾。"

刘妍娟在学习之余的生活也是丰富多彩的。她爱笑,脸上总挂着笑容,性格温和、谦逊,喜欢与人交流,而且能弹一手好琴,深受老师、同学喜爱。

刘妍娟也乐意为老师、同学们服务。在校学生会文艺部,她协助老师组织了多场活动,同时她还是学校英语广播电台的一名播音员,负责策划节目和录音工作,总是没有特别清闲的时候。播音室里丰富的资料,也给她的学习带来了很多方便。聊起这些往事,她忍不住打趣道:"其实,文艺活动是放松,播音就是学习,休息、学习两不耽误嘛!"

谈及校园生活,刘妍娟似乎回到了那段青春飞扬的大学时光,她深有感触地说:"有这么好的母校,毕业之后说起来还是非常自豪的。更可贵的是,母校培养了我实实在在、努力进取的精神。这令我在后来的工作中受益匪浅。"

诚信成就事业

毕业那年,刘妍娟考上了华东师范大学金融专业的硕士研究生。从荆州古城到上海大都市,从学习英语到学习金融,她的思想有了很大的改变和提升。

因为本科时辅修了国际贸易,对于研究生阶段的学习,刘妍娟感觉很轻松,于是她想利用课余时间去参加一些与学习有关的实践活动。在征求老师的意见后,她踏上了实践之路。

出色的专业素养、良好的沟通能力,让刘妍娟很快就在一家意大利企业找到一份客服专员的工作,做纺织机械销售。"我学习的是英语和国贸,销售理论也懂一些,但是对纺织机械这个产品了解很少,甚至都没有接触过。"刘妍娟笑着说。但这并没有成为刘妍娟"躺平"的理由,她反而干劲更足。

凭着对工作的热情,她一切从零开始,一边学习产品知识,一边实地查看机器的操作流程,不懂就找人请教。对于客户的问题,她总是耐心地解答;对于客户的需求,她也是尽自己最大的努力去满足。慢慢地,她能清楚、流利地应对客户提出的各种问题,准确地把握客户的需要,与客户进行良好的沟通。她的执着、勤奋、耐心逐渐取得了客户的信任。几个月的时间,刘妍娟从客服专员晋升为区域经理。

面对身份的转变,刘妍娟感到了更多的责任。"我需要做的第一件事情就是平衡工作与学习的关系。"她通过做计划、排时间表,将自己的工作、生活、学习安排得井井有条。

为了提高拜访客户的效率,刘妍娟会提前把功课做足,在约定的时间前到达。有一回,因为客户正在处理一件突发事件,刘妍娟耐心等待了一整天。她说:"这都是小事儿,做销售工作的,心态一定要摆正,要有随时应对突发状况的准备。"她还经常说:"做销售工作,好的产品是前提,但销售员的用心也特别重要。我们不能只站在自己的立场上想问题,当我们站在别人的立场上去考虑问题时,一切都会变得简单。"

这份工作确实让刘妍娟多了些感悟。而她职业生涯的第一次转变,也是因为这份工作的一个客户。

2009年的夏天,刘妍娟到客户联邦三禾公司回访。公司董事长林先生和她聊起了要去上海开设分公司的想法。林先生说:"在我心里,上海分公司的最佳负责人是你,希望你能来。"

当时刘妍娟的心里一惊,面对突如其来的邀请,她有些不知所措。正当她搜索脑海里最合适的词语准备回复时,林先生又说:"盛情邀请你来,也许你心里有疑惑,为什么是你。其实很简单。我们都已经合作几年了,我对你的工作能力和为人都非常认可。你身上那股不服输的劲儿,我特别欣赏。还有就是你总是能想客户所想,急客户所急。你的用心,我都看在眼里。我实在找不到比你更合适的人选。"林先生接着和她讲起了公司的发展战略、社会责任以及成立上海分公司的初衷。他讲到的公益事业,引起了刘妍娟的注意。

"我们公司也承担了很多的社会责任,坚持把每一项公益事业落到实处,确保捐出的物资得到合理、有效的使用,一定要传达'感恩、责任、付出'的理念。我们从前期的付出,到后期的反馈,每一个环节都没落下。"林先生真诚地说道。

此刻,刘妍娟心里有些莫名的感动。就在那一刻,她想到了大学时看着身边那些贫困学生自己却无能为力的心酸。"或许,帮助别人,是弥补大学时候无能为力而留有遗憾的一种方式。"刘妍娟道明当时的想法。

出于这种"私心",也是这种大爱,刘妍娟当即答应了林先生的邀请,成了联邦三禾公司上海分公司的负责人。

说是负责人,其实就是个光杆司令。用刘妍娟的话来说,就是拿着公司的钱,自己创业。一辆自行车,一个包,顶着烈日,冒着近40摄氏度的高温找厂房。一条街一条街地找,她自己也记不清究竟走了多少路,打了多少电话。厂房找到了,就开始找装修公司设计装修方案,买建材……整个夏天过去,她晒黑了,瘦了好大一圈。

公司装修落成,接下来就是寻找顾客资源。问朋友,在网上找,只要是能找到客户信息的办法,她一个都不放过。给客户打电话,约客户见面,抱着一箱子的资料,一家一家地跑,她一点也不知疲倦。

刘妍娟的这种不服输、不放弃的敬业精神,感动了一家奥地利公司中国区域的负责人,又由于这家公司与刘妍娟公司的需求不能对接,于是这位负责人帮她介绍了一位瑞典的客户。刘妍娟喜出望外。但是事情可没有想象的那么简单:她已经错过了对方公司秋季产品的招标时间,该公司只是选择了一些样品,表示对产品很感兴趣,期待来年的合作。

"打击随时都会有的,我随时都要做好继续战斗的准备。"她这样鼓励自己,并通过各种方式与对方保持联系。

就是凭着这种坚持,第二年刘妍娟终于签到一笔大单,后来又拿到了一笔又一笔的订单。在谈业务的同时,她还要招人、培训,组建团队。"我有时候真觉得时间不够用,我必须把自己当成两个人、三个人甚至是四个人来用。"刘妍娟笑着说。

刘妍娟看着分公司从无到有,一步一步地成长起来,感到十分不易。她说:"还好我没有辜负公司的重托。"

爱心润物无声

台湾著名国学大师耕云先生说:"人活在责任和义务里。"事业蒸蒸日上的刘妍娟开始反思自己在做好本职工作的同时,应该如何做一些力所能及的事情,以履行自己的社会责任,把自己的所学回报社会、回报母校。

刘妍娟说:"每次看着公司领导为公益事业付出努力,我有很多收获。"她也很想为公益事业做一些事情,但是奈何力量实在太小,也不知道能做什么。

2010年,一个偶然的机会,刘妍娟参加校友聚会,得知母校正在策划"感恩母校"年度捐赠活动,她当场就向长江大学教育发展基金会捐赠5000元,用于支持师弟师妹的生活、学习。自此以后,基金会每年的捐赠榜上都会出现刘妍娟的名字。刘妍娟就是以这种特殊的方式与母校保持着联系,单看可能微不足道,但贵在能够长期坚持下来。

"落其实者思其树,饮其流者怀其源。"刘妍娟说:"我能有今天,离不开母校的培养。我只有尽自己的努力为母校做点事情,才能无愧长大人的身份。"

对于学弟学妹们,刘妍娟希望他们能够珍惜在学校的时间,认真读书,多参加社会实践,不仅要学会如何学习,更要学会如何做人。她认为:"一个人不管做什么,只要肯学习、肯努力、肯付出,为人诚信,就一定会有收获。"

一路走来,刘妍娟的为人处事风格深受合作方、客户、朋友和校友的认可。在大家眼里,她是一个非常值得信赖、可以放心交往的人。

2022年上海的春天,一群"春日限定"志愿者如春笋般迅速集结,为上海打赢疫情防控战尽最大的努力,刘妍娟就是其中一员。

当时在静态管理的情况下,刘妍娟充分发挥桥梁纽带作用,积极协调居民和居委会之间的联络,为居民生活用品的购买提供保障。因为疫情反复,居民往往会产生紧张、焦虑、抑郁的情绪,刘妍娟及时通过上门服务、电话交流等多种形式进行慰问,自费为居民送去蔬菜、孩子的学习用品等。

端午节那天,刘妍娟为她所住楼栋的每一户居民送上了一束自己亲手做的艾叶花束。这一温馨的举动,让大家看见了静默生活中的美好和希望。在她的带动下,邻居们的关系更亲密了,彼此间就像一个大家庭,快乐而温暖。

同为志愿者,刘妍娟更能理解防疫志愿者的辛苦和奉献。她经常为志愿者家庭送去孩子的学习用具等。每一次,她还会附上自己用心写下的感恩话语小卡片。面对大家的赞许,她说:"比起奋斗在一线的广大医务工作者,我所做的微不足道。"同时,这段志愿者经历也让她深有体会:"这场疫情防控保卫战,需要各方协作,共同努力。每一个人多一分理解,少一点牢骚,胜利就会属于我们!"

在家里,她是丈夫的贴心朋友,孩子们最温柔可爱的妈妈。为了给正在上幼儿园的女儿过一个有意义的集体生日,她精心地为女儿班上每一个孩子准备了一份小礼物。女儿生日当天,她来到学校,邀请女儿和她一起弹一曲生日快乐歌送给同学们。女儿说:"妈妈,大家都很开心,我也觉得特别开心。"于是,她因势利导,问孩子:"你现在知道快乐是可以分享的了吧?"在平时的生活中,她也总是会有意地在孩子心田播下爱的种子。

学习开拓未来

著名节目主持人董卿曾说:"我认为生命的意义在于开拓而不是固守,无论什么时候我们都不应该失去前行的勇气。"刘妍娟非常认同这个观点,她说:"生活中,我们总是想得太多,做得太少,一味囿于年龄,害怕走出舒适区,而失去重新开始的勇气。"在她的认知里,好的人生,从不该被定义,不设限才有无限的可能。

2014年,奶奶的意外离世对刘妍娟造成了很大的打击,她对未能多多陪伴老人深感自责,并一度沉浸在后悔、痛苦的情绪里不能自拔。只有看着奶奶陪她练琴的照片,或者是弹几首奶奶最爱的曲子,她的心情才稍微得到放松。经过思考,刘妍娟果断辞掉了联邦三禾公司上海分公司负责人的工作,成立了馨沃音乐空间工作室。

"馨沃音乐空间就像一个温馨的家,一个为小朋友们量身定做的练琴、学琴的家。奶奶最喜欢的就是音乐和孩子的笑声,奶奶在天堂看着我正在做我们共同喜欢的事情,她一定会开心的。"刘妍娟欣慰地说。

就这样,9年来,悠扬婉转、纯洁动听的琴声一直萦绕在她耳边。充满活力、无比欢畅的琴音,犹如一种力量陪伴她不断向前。

新冠肺炎疫情时期加入志愿者团队的经历,使她再一次深刻认识到生活未必总如自己期待的那样,生活总是充满着不确定性。她突然有了再次出发、重新开始的想法。

2022年秋天,她如愿成了国内知名"985"高校国际新闻与传播专业的一名在职研究生,重新踏上自己的学习之路。看不完的专著,写不完的学术论文,每天都要熬夜到很晚,但她乐此不疲。她说:"之前的学习都是与国际贸易相关的,本以为现在学习国际新闻与传播专业会比较困难,但是当你努力了就会发现,所有你顾虑的事情都不过如此。"

关于未来,她笑着说:"我只能说我现在努力过好每一天,让现在的每一天都有意义。至于未来嘛,那是很久以后的事情,可能会继续读博,也可能会去从事一份国际宣传方面的工作,也可能……"

希望这位以赤子情怀不断编织人生梦想的追梦人,在未来可以和最好的自己相遇,去拥抱不一样的世界!

冯振兴/文

张志胜:"不信邪"助我前行

> 张志胜,湖北鹤峰人,我校体育教育专业1999级校友。现任北京商理律师事务所主任、创始人,上市公司独立董事、世界知识产权组织仲裁员、中国国际商会理事、中国知识产权研究会理事。北京商理律师事务所是中国知识产权研究会理事单位、国际商会理事单位,具有商标代理资质,还具有版权登记代理资质;2017年至2018年,北京商理律师事务所完成2000余件商事案件处理,其中1958件胜诉,该律师事务所是国内年平均胜诉案件数量最多的律师事务所。

"龟甲文曰:天要灭我我灭天,我命在我不在天,还丹成金亿万年。"(出自《抱朴子内篇》卷十六《黄白》)用当下比较流行的话来说就是"我命由我不由天"。对于张志胜的人生经历,用这句话来概括非常合适,用他的话来说,他的性格就是"不信邪"。

"不信邪"的求学经历

张志胜出生于湖北省有名的贫困县——恩施州鹤峰县的一个农村家庭。家里有兄弟姐妹5个,张志胜排行老五,一家7口人挤在一间木屋里,父母种地的收入是家里唯一的经济来源。回忆起曾经贫困的生活,他还记得上小学的时候,连一间像样的教室都没有,一间破旧的堂屋成了他们的临时教室。从一年级到五年级的几十个孩子都挤在这间屋子里面上课,这里只有一个老师,既教数学又教语文,可能上一节课是在给一年级的学生上课,这节课就在讲五年级的课。谈及此,张志胜非但不觉得条件艰苦,反而不由得嘴角上扬,他说:"不同年级的学生混在一间屋子里上课,现在想想,都不知道当时是怎么学习的。这间教室就是我们小时候快乐的天堂。"

在他上了初中之后,学习环境依旧没有太大改善,只是每个年级有了独立教室,但师资依然稀缺。有的老师学历较低,而且还要身兼多职。在这种艰苦的学习条件下,乐观的张志胜勤奋上进,坚信知识是改变命运的唯一途径,不为外物所役,不为外物所扰,不为外物所困,学习成绩始终名列前茅。在参加中考的时候,张志胜取得了优异的成绩,分数远超恩施州唯一的重点高中——恩施州高中的录取分数线。就在一家人都为张志胜开心的时候,他却遭遇了迎头一棒:他并没有被恩施州高中录取,转而进入了鹤峰县一中。面对命运的不公,"不信邪"的张志胜坦然接受,他相信,无论什么样的学校,都能培养出大学生。

高中时期的张志胜学习更加刻苦努力,凭借自己强壮的身体素质,他选择以一名体育特长生参加高考。他一边学习文化课程,一边进行体育训练。"我在高中时期创造的学校100米短跑纪录直到20年后才被人打破。"他的脸上露出自豪的笑容。

他与长大结缘,并不是因为选择,而是命运的安排。他在高考中稳定发挥,最终取得了湖北省体育生第一名的好成绩,他的成绩超过了北京体育大学的录取分数线100多分。"很奇怪,我居然没有被北京体育大学和武汉体育学院录取。"聊起高考的经历,这位体育状元至今难以释怀。虽然阴差阳错地来到了长江大学,但是乐观的张志胜告诉自己,是金子在哪里都会发光。"不信邪"的性格让他在挫折之下一次比一次强大。

进入大学校园的张志胜遇到了自己的恩师郑师超老师。以严格要求学生著称的郑老师让这群在文化课学习方面散漫惯了的体育生很不适应。每天早上五点半,身穿运动服、拿着"马鞭"的郑老师都会准时出现在男生宿舍,督促他们学习文化课。"如果有人敢不起床,郑老师直接掀被子,拿'马鞭'抽。"同学们都不理解郑老师的做法,张志胜也包括在内,直到在一次班会上,郑老师说:"体育训练与文化课学习并不冲突,你们未来步入社会一定是多元发展的,不要给别人留下体育生四肢发达、头脑简单的刻板印象。"这段话让"不信邪"的张志胜产生了深深共鸣。"是啊,体育生怎么了?难道体育生就意味着文化课成绩一定不好吗?"

"我们那时候,早上五六点钟就已经有人到教室学习了,直到夜里11点钟教室里都灯火通明,大学四年都是如此,这对于体育生来说,简直是难以想象的。"在这样浓厚的学习氛围下,张志胜也备受鼓舞,更加勤奋努力,一刻都没有放松过,在体育生本来只需要通过大学英语三级考试的情况下,他在大二顺利通过了大学英语四级考试,并且在大三一鼓作气,一次性通过了大学英语六级考试,他的事迹轰动全校。

回顾大学四年生活,张志胜心中满怀感恩,感谢四年同窗的相互帮助、鼓励包容,感谢恩师春风化雨般的谆谆教导,尤其感谢郑师超老师和曾立宏老师。"郑师超老师在整整四年时间里,每天早上五点半他都会准时出现在男生宿舍,风雨无阻,从来没有缺席过。我由衷地敬佩他。曾立宏老师担任教学秘书,负责全系教学统筹工作,但是,曾老师更多的时候像学生的大姐姐一样,和蔼可亲,不仅对每个学生的学习情况认真负责,还向困难学生伸出援助之手。"一段长大路,一生长大情,心怀不甘而来,满载希望出发。阔别母校多年,回忆往昔,在长大的一草一木依旧历历在目。张志胜感激地说:"在长江大学学习的这四年就是我人生的转折点,遇到长江大学、遇到恩师是我的幸运。"

"不信邪"的职业选择

当被问到一个成绩优异的体育生为什么要选择做一名律师的时候,张志胜回忆起上小学时候的一段经历:"那个时候班上要演小品,每个角色都是老师指定的,我刚好被指定扮演一名律师。"就是这么无心插柳的一次角色扮演,给小小少年的心里埋下了一颗梦想的种子:"那个时候起,我就立志要成为一名律师。"经过多年的专业滋养和生活浇灌,伴随着冥冥之中命运的指引,这颗种子开始悄悄发芽,他决定报考法学专业硕士研究生。

其实,他在大三下学期才开始接触到法学专业课程,要和那么多科班出身、学了四年法学专业课的同学们一起竞争,其难度可想而知!但是面对困难,张志胜偏偏"不信邪"。他告诉自己:"别人能做到的事情,我一定也可以做到。"他购买了中南财经政法大学专业指导用书,初起是"两眼一抹黑",后来他用了最"笨"的办法,将教科书中重点章节先背诵后理解。慢慢地,他开始有了一些法律专业的"感觉",然后通过查阅资料对部分疑难问题进一步辨析,最终啃下法律专业硬骨头。经过超乎想象的努力之后,张志胜以专业课和总分"双科第一名"的好成绩考取了中南财经政法大学的法学专业硕士研究生,这件事情彻底轰动了全校。考研成功,使他离自己的梦想更近了。

在接触到法学领域的专业学习之后,张志胜终于找到了人生方向,在别人看来枯燥乏味的法律条文在他的眼中如诗歌般美丽动人,在别人看来晦涩难懂的法学理论在他的眼中如同蕴藏着天地奥秘的学术盛宴。埋头于法学专业的学习,徜徉在知识的海洋,张志胜觉得无比快乐。硕士毕业后,他以优异的成绩分别通过了国家公务员考试和湖北省选调生考试,就在大家都以为他要走上从政之路的时候,张志胜却做了一个出乎所有人意料的决定:进入企业发展。

对于步入社会的第一份工作,张志胜选择到上市公司冀东水泥的法务部。在这里他以优异的表现迅速脱颖而出,很受领导器重,但是仅仅过了3个月,他就再次做出了一个令所有人惊掉下巴的决定:"裸辞",到北京发展。当被问及最初做出职业选择的原因时,他笑着说:"无知者无畏嘛。"在2006年,没有资源、没有背景的张志胜孤身一人来到北京,进入律所工作,先从实习律师起步,一步一个脚印,随后开启了自己跌宕起伏的创业之路。

"不信邪"的创业之路

初到北京的日子非常艰难,几乎没有任何积蓄的张志胜只是一名实习律师,收入微薄,只能租住在一间潮湿阴冷的地下室里。但是他不怕吃苦,肯付出,很快拿到了律师资格证书。度过了律师艰难的职业起步期,张志胜经手的案子越来越多,身上的担子也越来越重,有了多年的积累之后,在2015年,他又迈出了人生重要的一步,创立了北京商理律师事务所。"商理"取自"商业基本伦理",张志胜希望从律师和法学的角度揭示商业的基本伦理。

2017—2018年,北京商理律师事务所完成处理2000余件商事案件,其中1958件胜诉,创造了一项非常惊人的胜诉率,成了国内年平均胜诉案件数量最多的律师事务所。谈到过往所取得的成绩,张志胜把这一切都归功于自己"不信邪"的性格。大部分情况下,法院的一审判决结果就是终审结果,在二审时很难改判,但是张志胜不相信这种教条主义和传统观念,曾经多次推翻了法院的一审判决结果,使正义得到伸张。

有一次,一个上市公司在一审中已经被法院全面判负,几乎已经宣告翻盘无望了,就在所有人对二审一筹莫展的时候,张志胜接受了委托。他花了4天时间研究一审判决书,并且用了整整1个月时间查阅过往的所有卷宗。在这个过程中他坚持不懈地与法官交换意见,终于找到了案件的突破口。正是因为有这份坚持和细致认真,张志胜帮助该公司在二审中大获全胜,直接挽回了超过3000万元的经济损失。还有一次,在检察院已经给出了明确审判建议的情况下,张志胜"不信邪",为了追求真理他坚持辩护,花了整整2个月时间仔细翻阅了2000多页的卷宗,最终形成了500多页的阅卷笔记,精细到分析每一句讯问的指向和背后含义。当老审判长看到这份阅卷笔记的时候,只说了2个字——"震撼"。老审判长审理了30多年的案件,从未遇到过如此执着且专业的律师,最终基于事实与法律做出了公平公正的判罚。

谈及自己这种"不信邪"性格的形成,张志胜认为这与在长江大学4年的学习生活密不可分,他对长江大学始终心怀感恩。正是恩师郑师超老师的言传身教,让他明白了坚持不懈、勇往直前的意义;天没亮就起床、刻苦读书的日子让他养成了追求真理、无所畏惧的性格。他希望长江大学的学弟学妹们不要局限于自己的专业,保持多元发展,他说:"现在社会更加需要的是复合型人才,多元发展能让自己在社会竞争中占据优势。"

在创业之余，张志胜还始终坚持阅读，这是他从大学开始养成的爱好，除了阅读法学方面的专业书籍以外，他还对《周易》《金刚经》等著作研究颇深。他说："越读书越感觉到自己的无知，我对人类社会运行的规则体系和底层逻辑特别感兴趣，希望可以透过表象看到事物的本质。"

"不信邪"的回归学术理想

对法律的热爱，始终贯穿在张志胜的工作和生活中。作为一名执业超过15年的资深律师，张志胜从未放弃对法律根基的探索与追求："我喜欢探索法律条文背后的理论渊源。"

2022年，张志胜被录取为清华大学博士研究生，攻读民法专业博士学位。张志胜认为，进一步加强专业理论学习是必然选择，在法律实务领域摸爬滚打近20年后，进一步提升理论素养，将更加有利于他职业的持续性和稳定性，有利于他为人民群众提供更高质量的服务。

张志胜"不信邪"的性格，就是遇到困难和挫折，勇往直前、无所畏惧的精神品质，这种性格激励他像雄鹰一样勇敢地搏击蓝天，像海燕一样渴望风暴的呐喊，像小溪一样坚持不懈、不畏阻挡地汇入大海。

郑策／文

路飞：愿梦想像雅万高铁一样飞驰

路飞，印度尼西亚籍，华为技术有限公司（简称华为公司）（印尼）运营资产管理员。2019年9月到2021年6月，在长江大学就读国际经济与贸易本科专业，就读期间通过5级汉语水平考试（HSK），获得第二届"飞跃长大"之"我眼中的中国"国际学生汉语演讲比赛冠军，获得了"优秀国际毕业生"的称号。本科毕业后，入职华为公司（印尼），担任运营资产管理员。凭借熟练的汉语，为华为公司在印尼的业务拓展做出了卓越的贡献。

为梦想来到中国

路飞出生于印度尼西亚第二大岛屿——苏门答腊岛。由于苏门答腊山区自古以来出产黄金,中国古代文献一直称之为"金洲"。铺展世界地图不难发现,该岛东北隔马六甲海峡与马来半岛相望,西濒印度洋,东临南海和爪哇岛,与中国是一衣带水的近邻。

自2013年中国政府"一带一路"倡议提出以来,中国在印尼的贸易和投资有了显著的增长。路飞目之所及,除华人华侨企业外,便是越来越多的中国投资企业。"不管你是进中国公司还是印尼本地公司,首先要会汉语。"路飞介绍说。这越来越激发他来到中国学习深造的热情。路飞的爸爸是一名医生,妈妈是一位艺术老师,父母知道他要来中国的想法后,便全力支持他赴中国留学。

看到中国的快速发展,结合印尼的就业情况,路飞渐渐对国际经济与贸易专业产生浓厚兴趣,他内心梦想的轮廓逐渐清晰:他要做一名贸易人,为印尼和中国之间搭建交流合作的桥梁。2019年,经过层层选拔,路飞从众多申请者中脱颖而出,被长江大学录取,成了国际经济与贸易专业的一名本科生。

开启圆梦之旅

来到长江大学的路飞,兴奋又紧张。兴奋的是,这里有来自近60个国家的留学生,大家有不同的文化背景,他可以"和世界对话"了;这里有中国传统文化"训练营",他可以尽情体验梦寐以求的中国武术、舞龙和舞狮等传统文化。紧张的是,这里将是他梦想的孵化地,他不能有一丝的懈怠。努力好学的路飞不但很快通过了汉语水平5级考试,还主动承担起国际教育学院汉语教学助教的职责,充分利用晚自习时间帮助来自世界各地的留学生学习汉语,并向他们分享汉语学习心得。

中国日新月异的发展成就让路飞目不暇接。这里的生活节奏快、效率高,同时社会发展迅速,他更加明白了为什么在印尼会有那么多成功的中国企业。所以,他十分珍惜在中国的学习和生活。

学习上,他会把听不懂的内容认真记录下来,下课就向老师请教,并下载有关课程的教学APP,利用课余时间自己给自己补课。生活中,他不习惯中国饮食,就跑到菜市场买来蔬菜和调味料自己做。印尼盛产香料,印尼人制作菜肴喜欢放各种香料,路飞也不例外,他会跑到菜市场买来辣椒、葱、姜、蒜和鸡腿,饶有兴致地做咖喱鸡;他还会学着做番茄炒鸡蛋等中国菜。和他一起来长江大学的印尼同学,经常能一饱口福。

印尼地处热带,印尼人主食是大米、玉米和薯类,尤以大米最为普遍。他们喜欢用香蕉叶或棕榈叶把大米或糯米包成菱形蒸熟了吃,称为"克杜巴"。除了大米,路飞还喜欢吃面食,中国的烤馒头和热干面都是他喜欢的食物。此外,他还喜欢吃鸡公煲、麻辣烫、凉皮和螺蛳粉等各地美食。

来到长江大学后,最刺激路飞兴奋神经的不是饮食,而是中国武术。路飞幽默地告诉我们,他还在妈妈肚子里时,爸爸和妈妈经常去电影院观看中国功夫系列电影,以至于他从小就痴迷中国武术。来中国以前,他一直喜欢跟着屏幕上的中国功夫明星比画拳脚,也喜欢看印尼当地华人的舞龙和舞狮表演。因此,在校期间,他毫不犹豫地报名参加了长江大学中国传统文化训练营,并直呼"简直太棒了"。在这里路飞不但学习到了梦寐以求的中华武术,还结交了不少中国的武术爱好者,路飞和他们相处时就像一家人一样,丝毫没有觉得自己是个外国人。

给梦想插上翅膀

来到长江大学后,路飞的目标更加坚定了,视野更加开阔了。在努力学习专业课程的基础上,路飞还不断学习汉语和中国文化,并且以优异成绩完成了本科学业,获得了"优秀国际毕业生"称号。

本科毕业前,路飞就一直关注着中国与印尼的双边贸易,想要在两国贸易中大展拳脚。于是,中国的跨国公司自然而然地成了他就业的首选。经过一番资料查询,路飞将目标锁定为华为技术有限公司。为了顺利入职华为,路飞做了大量的调研工作,包括中国和印尼的贸易现状、华为公司在印尼的发展历史、印尼通信领域的行业发展现状等。通过近半年的调研,路飞不论是对华为公司还是对印尼通信领域都有了深刻的认识,凭借扎实的专业知识、优异的汉语水平和敏锐的行业洞察力通过了一次次考核,最终如愿以偿地入职华为公司。路飞常常说"不打无准备之仗",只要朝着目标不断前行,最终总会到达目的地,实现自己的理想。

中国与印尼有着悠久的交往历史,两国经贸关系也由来已久。路飞摩拳擦掌要接过接力棒,在同为世界人口大国的两国间发挥积极作用。贸易与交通密不可分。印尼是群岛国家,与邻国接壤较少,与外界互联互通主要通过海路及航空等方式。一直以来,印尼基础设施建设相对滞后,这成为制约其经济增长和投资环境改善的主要瓶颈。近年来,中国与印尼的不断深入合作正在改变这一现状。在"一带一路"倡议下,中国的投资,包括修建苏拉威西岛的中国机场和雅加达至万隆的高铁,不仅有助于印尼发展基础设施建设,还可以带动相关产业的繁荣,促进其经济增长。

2022年11月16日,路飞在电视上看到了中国习近平主席和印尼佐科总统观摩雅万高铁试验运行的报道后十分激动,兴奋地表示之前在中国学习时就乘坐过高铁,中国高铁的舒适和快捷给自己留下了很深刻的印象,现在印尼也有了自己的高铁,国内的交通将会变得更加便利。

路飞介绍,雅万高铁不仅是印尼首条高铁,还是东南亚地区的首条高铁,他作为印尼人感到十分自豪,这条高铁不仅能方便当地民众出行、优化投资环境、增加就业机会,还能促进沿线商业开发等。路飞还说,华为公司在雅万高铁的建设当中向全世界展示了"中国智造"的魅力,虽然自己没有具体参与雅万高铁项目,但是作为一个"华为人"能见证公司参与这个"世纪工程"他倍感自豪。

中国是世界第二大经济体,印度尼西亚是东南亚地区最大经济体,路飞的梦想就是要做一名了不起的贸易人,往来于两国之间。如今,路飞的梦想专列已从中国启航,它会像疾驰的雅万高铁一样,呼啸前行。

伍廉松　王俊耀/文

黄国涛:"文艺范"律师是如何炼成的?

> 黄国涛,法学博士,我校钻井专业1980级校友。中国第一批"海考"律师,曾在武汉市委政法委、法院、检察院担任过领导职务,在中南财经政法大学、华中农业大学、武汉工程大学、长江大学授课或担任兼职教授。出版法制学术专著多部,论文被最高人民检察院《反渎职侵权工作指导与参考》收录,专著《容易混淆的罪名》在全国新华书店及网上销售。近年来,累计到大型国企、机关党校、大学举办讲座200余场。

黄国涛是一个不太好定义的人。大学毕业后,为响应国家"种花种草支援大西北"的号召,他能带领100多名同学奔赴大西北,也能因分配、因调动或因梦想等原因离开工作岗位;他从事过多种职业,干一行专一行,行都有出色表现。这样说吧,他可能是长江大学石油行业校友中第一个当律师的,是律师中第一个做检察长的,也是检察长中第一个做编剧的。在荒漠里挖过油,当过专业律师,做过检察长,写过剧本,当过老师的,都是他。但他始终坚决定义自己为一个认真学习和勤奋工作的人,一个求学于20世纪80年代的普通人。

改变命运先读书

1980年,黄国涛考入长江大学(原江汉石油学院)钻井专业。他读大学的目标很简单,就是"换上皮鞋"。

在20世纪六七十年代,黄国涛作为富农子弟,是没有机会上高中的。13岁的他被迫步入社会种地、打工,小小的身躯甚至在建筑工地上扛过沉重的水泥。为了学习,他只能夜晚点着煤油灯偷偷看书。

1978年,全国吹响改革开放的号角,高考已全面恢复,黄国涛首次报考中专学校。他怀着忐忑的心情,从建筑工地走进考场,最后以优异的成绩上榜。在那个时代,考上中专的人已算是凤毛麟角了。但在政审时,村支书强调,富农子弟是需要"改造"的,不"改造"好是不能上大学的。就这样,当年的三汊公社,24名考生中,唯独黄国涛落榜。

落榜之初,情绪低落的黄国涛带着"改造"任务又一次回到了建筑工地,但他始终没有忘记学习。他想,总有一天他能再次走进考场,步入大学的殿堂。1980年,他直接报考大学。这次的成绩出人意料地好,他考了369分,比录取分数线高出了8分。黄国涛仔细地谋划着,哪些学校录取的人多,哪些专业可能报的人少,心想只要能上大学就好。最终,他选择了江汉石油学院钻井专业。

第一次来到学校,进门就是鲜花环绕的人工湖,湖边假山堆叠,黄国涛不由自主地发出感慨:"大学原来这么漂亮啊!"接着,干净整洁的宿舍、宽敞明亮的教室、儒雅和蔼的老师,等等,进一步刷新了他的认知。"还是读书好啊,这个世界上恐怕没有比读书更幸福的事情了。"

跟许多学石油的同学不同,黄国涛算是比较文艺的那类。虽然他填报的是钻井专业,但骨子里却始终有着一颗文艺的心,他每天背着黄书包"四点一线"往返于寝室、教室、图书馆和食堂。他最喜欢去图书馆,在那里恶补语文、学法律。他说:"语文是一切学科的基础,法律我是真的喜欢。"

黄国涛还加入了学校广播台,做通讯员。他说:"都是大学生了,不能还是一口蹩脚的普通话啊,还是需要练习,万一将来当了律师,普通话说不好那是万万不能的呀。"

黄国涛是真正地爱好读书,通过读书和写作锻炼,他在学校校报等刊物上发表过小诗

黄国涛："文艺范"律师是如何炼成的？

和"豆腐块"文章。他是学校有名的校园诗人，他的诗歌和散文时常出现在校报校刊的显要位置。他写的散文还获得过江汉石油学院文学最高奖项。虽然已经毕业39年，他始终笔耕不辍，坚持写作。同学们时常能在他的朋友圈里欣赏到他的佳作："常观人间云和雨，风雷易摧是危楼""风霜半辈始知歇，只为担当""明月不扰，怡然天涯""风月那是年少事，人生有味是清欢"……

黄国涛还时常与人分享美文、美景及生活的感悟："住红尘无多纷扰，处官场无多浮沉。"他的话很警醒人，充满生活的智慧。

在与黄国涛的交流中，你会发现他是一个十分聪明的人。跟大部分只注重结果、完成某一特定的学习任务的人不同，他会把知识点涉及的方方面面都学透，会带着问题和想法去和别人交流甚至争论。据他讲，养成这样的好习惯，源于大学时期的恩师李自俊的教导。李自俊老师曾告诉他说："做学问，要脚踏实地，不要轻易下结论，不要走捷径。"

他的聪明还表现在他的好学多思，就算当个社团干部，他也要干出一番成绩来。他还时常和老师探讨为"官"之道。班主任黄自强很看好这个聪慧的学生，告诉他说："做领导关键在于八个字，'同事不妒，上级不疑'。"黄国涛深感受用，铭记至今。1983年，他当选全国学联主席团委员，受到邓小平、胡耀邦、胡锦涛等中央领导的接见。

求知务本励躬行

黄国涛1984年毕业后，作为长江大学学生会副主席、全国学联代表，第一时间响应国家"种花种草支援大西北"的号召，带领145名同学奔赴大西北。

之后，黄国涛被分配到玉门石油管理局组织部干部科。他虽然怀揣文学创作和律师的梦想，但必须面对本职工作，只能在工作之余，继续努力读书、写文章和学法律。

1985年，一份在他眼里简单的律师事务试卷，一场在他眼里轻松的面试，让他成了一名兼职律师。那个时候，兼职律师只需要通过考核就可以开展工作。

由于功底扎实和用心投入，仅仅用了7个月的时间，他就在玉门打开了局面。在玉门，只要碰见案子，黄国涛这个在石油管理局工作的兼职律师就成了首要人选。因能言善辩、专业知识过硬，他已然是名声在外。而黄国涛又是一个干一行就要在这一行里干出名堂的人，他专业、坚守、有情怀，渐渐地成了越来越多人信赖的"黄律师"。除了本职工作外，律师事务占据了他大量的时间，他成了名副其实的"大忙人"，这一忙就是3年。

1988年，全国律师统考，甘肃有3000人报考，最终只有12人通过考试。黄国涛的成绩是酒泉地区第一名。这个成绩惊动了甘肃省司法厅。甘肃省司法厅来玉门石油管理局征求黄国涛的意见，希望他能进入司法系统。石油管理局的领导觉得他是个人才，专业扎实，舍不得放他走。

当年全国专职律师只有约3万人，人才缺口比较大。历经半年的时光，通过商调，黄国涛的工作关系最终还是从玉门石油管理局转到了甘肃省司法厅。

1992年，因一起特大案件，黄国涛不得不辗转多地寻找线索。在湖北省荆州市沙市区纪律检查委员会取证时,他碰见了大学时期为他讲授海洋钻井专业课的老师郑基英。此时的郑基英老师已是荆州市副市长了。

郑副市长特意推掉会议接待黄国涛。郑副市长对这位才华横溢的学生印象深刻,甚是喜爱。面对昔日的老师,黄国涛再也忍不住内心的激动,把毕业这些年的所见所闻、生活工作中的酸甜苦辣统统"倒"给了老师。郑副市长一边认真地听着,一边安慰着他。

郑副市长对黄国涛转行做律师,既有点意外又觉得是在意料之中。趁着黄国涛平复心情之时,他抛出"橄榄枝",希望黄国涛能回荆州工作。

当时,甘肃省司法厅也舍不得轻易放走这个花了很大精力引进的人才。面对恩师的殷切期盼和甘肃省司法厅的盛情挽留,黄国涛陷入了两难的境地。

回到湖北就能离家近一点,照顾父母更方便一些。黄国涛用这个理由说服了自己和原工作单位,就这样,他回到了荆州,但令他没想到的是,回到荆州后他被分到与司法不沾边的部门,面临着没有编制、没有岗位的局面。他被安置在外事办公室下属的国际旅行社担任社长一职。旅行社没有业务,他就被安排到豪达花园房地产开发项目担任总经理。既脱离专业,又干不成律师,这让黄国涛很是气馁。

要想改变命运,唯有绝地反击。第一次"换上皮鞋"是读书,那这一次还是只能读书。通过努力,他顺利考上了四川大学全日制刑法专业研究生。1997 年毕业后,黄国涛作为人才引进,调到武汉市委政法委任二处处长,后派到江汉区检察院主持工作。

岗位的需要和自身对知识的渴望,都成了他在法学领域中钻研深造的不竭动力。"最重要的学习是立足岗位学习,首先要把本领域的知识学精、学透。"2009 年,历经 3 年苦读,他圆满完成了在中国政法大学刑法学博士课程研修班的学习,进一步提升了自己在本专业的学术水平。

在他心里,学习是重要的兴趣爱好,是生活中不可割裂的一部分。"仕者必为学。"走上领导岗位后,他更是深刻体会到了"书到用时方恨少"。"仅靠工作中所见所闻的积累,难以满足党和人民对干部能力的要求。"他感慨道,"书富如入海,百货皆有,广阔的视野、严谨的思维都能通过读书学习来获取。"

知行合一方致远

"读书是我生活的一轮阳光。"这是黄国涛在获得"武汉读书明星"称号后的感言,也是他多年来的心得。

2014 年,黄国涛参与"武汉读书明星"评选活动,经过初评推荐、网络和短信票选、专家评审等环节的层层选拔,他成了武汉市检察系统唯一当选的检察官,并担任了"书香江城"阅读推广大使。

广泛而深刻的阅读造就了黄国涛看事物的敏锐眼光和对时事的深刻洞见,也培育出他处置人际瓜葛的练达胸襟以及知行合一的行动能力。

多年来,黄国涛坚持边工作、边思考、边总结,及时将实践经验转化为理论成果,在《中

黄国涛："文艺范"律师是如何炼成的？

国律师杂志》《武汉大学学报》等知名学术刊物上发表了多篇论文。

2000年，黄国涛运用犯罪构成理论的4个要件，对"九七刑法"中164对容易混淆的罪名进行逐一分析和对比，公开出版著作《容易混淆的罪名》，为"九七刑法"实务研究贡献了自己的智慧。

2011年，根据多年办理职务犯罪案件的经验和心得，黄国涛撰写的《办理渎职案的"堵"与"疏"》一文，被最高人民检察院《反渎职侵权工作指导与参考》收录，并被列为办案参考书；他的调研成果《办理职务犯罪案的抓捕和审讯十法》得到湖北省人民检察院敬大力检察长的高度赞扬，并在全省反贪局长培训班上进行了讲授。

2013年伊始，全国首部以检察机关反贪污贿赂工作为视角的纪实警示系列剧《意外》在武汉广播电视台播出，引发社会热议。该片的编剧正是时任江汉区检察院党组副书记、副检察长的黄国涛。

分管反贪污、反渎职工作十几年，黄国涛将工作中收集到的贪腐案例经文艺加工后写成剧本，用突发的"意外"揭露贪官落马的"必然"，他被媒体誉为"最文艺的检察长"。

黄国涛说，自己多年从事反贪污、反渎职工作，但社会现状让他困惑不已，党中央对反腐高度重视，预防职务犯罪力度也很大，但贪腐案例却在不断发生。黄国涛每年都要在各单位和大学校园进行20多场预防职务犯罪的讲座。为此，他搜集了国内兄弟检察院的大量真实案例，总结多年来侦办的腐败案件，得到启示："很多人贪腐时总是心存侥幸，不到东窗事发，总认为自己做得天衣无缝、不会被人发现。"

谈及电视剧拍摄的一些事情，黄国涛说："有多位企业家提出买断我所有剧本的拍摄、发行和放映权，但也有电视台需要我们给钱才能放映。"黄国涛谢绝了这些企业家的美意，在他眼里，这些作品公益放映是初衷，如果为了名利接受好意，那和电视剧里面贪污腐败的人又有什么两样呢？

2014年，由黄国涛担任编剧的微电影《重生》在金逸影城惊艳亮相。动人曲折的故事，情与法的冲突，直击观众们最柔软的内心。该微电影的素材来源于2013年的一起真实案例。江汉区检察院未检科通过人性化办案，化解了一起"母亲险杀子"的人伦悲剧，并通过多重救助让濒临破碎的家庭因爱重生。"这段曲折的办案经历，折射出当代检察官的奉献与担当，应该以某种方式被记录下来。"黄国涛灵感闪现，"何不利用业余时间自编自演，把这段检察佳话搬上荧屏？"于是，有过编剧经历的黄国涛亲自操刀，熬了5个通宵后，《重生》剧本出炉。该微电影荣获文化部特等奖及"中国梦 影响力"第二届中国（武汉）微电影大赛金鹤奖。

常伴书香浸翰墨

工作繁忙，读书学习都要挤时间，但黄国涛乐此不疲。"说忙得没时间看书，都是假话。只要想学，随时都有机会。"他的闲暇时光，大部分用来看书，每年读书笔记和掌故摘录都要记满三四个厚厚的笔记本。出差的路上、社交的过程中，但凡是他看到的、听到的，甚至是一丝感悟、一种情绪、一个梦境,都被他视为珍惜的财富详细记录着。这些语录和信息聚沙成塔,就是他讲座发言、文学创作取之不尽的素材宝库。"读书既快乐又清苦,只有以'打坐'的忘我状态,潜心静气、面壁十年,才可能有所收获。"

作为长江大学武汉校友会的会长,他总是能在活动的举办上提出很多新的创意。武汉校友会根据他的提议率先发起游学会、拜访企业、交流经验等活动,校友们直呼收获多多。近几年来,在黄国涛的倡导下,武汉校友会吸纳了更多的年轻人,校友会的活动也越来越丰富,如亲子活动、座谈交流等,活动举办得如火如荼。

在2017年长江大学各地校友会工作会议上,黄国涛发言说:"把分享工作经验、共享校友信息、互相帮助、解决外地校友在武汉的各种困难作为我们工作的主要抓手,把提高校友的修养和社会影响力、营造温暖共鸣的校友之家作为我们活动的目标。"

在长江大学武汉校友会论坛暨2017年年会上,黄国涛在致辞中说:"让校友的心贴得更近,让校友的手拉得更紧,让校友的情聚得更浓,是我们共同的心愿……人多了,活动勤了,人气就更旺了。因为有校友会,我们更充实、更快乐了!"

有人说,黄国涛喜欢即兴讲话,有感而发且出口成章;有人说,黄国涛讲话喜欢旁征博引,幽默生动;有人说,和黄国涛交流,他的语言永远充满着美丽,其意隽永,让人如饮甘霖,等等。黄国涛的文人气质与精神品位,正是植根于他"至哉天下乐,终日在书案"的读书生涯,博观约取、厚积薄发。

谈起读书的好处,他更是滔滔不绝。"读书是公务员最好的修身养性之法,它能使人宁静,并在潜移默化中修补人的心理缺陷。"在他看来,"陶冶性情,唯有读书"。一方面,以文会友、以诗会友,建立的是一个学习型的社交圈,身处其中的人都喜好舞文弄墨、赋词遣情。这样的社交活动干净而高雅,能安抚浮躁的身心而不落俗套。另一方面,从个人健康角度而言,读书更是养生之道,人的欲望从书本中找到出口,心境便能回归平和。"心静如水对身体有很多益处。"他笑着说。

"我们从事工作,要善用语言和人打交道。我讲的东西能不能打动人,靠的是逻辑性、知识量以及表达方式,只有书看得多,才能在这些方面有丰富的收获。总之,台上一分钟,台下十年功啊!"他自信地说。

如今的黄国涛虽已退休,但他没有赋闲在家,反而利用大量的时间专门从事刑法研究,他担任湖北省法学会刑法研究会副会长,在中南财经政法大学和武汉学院担任客座教授,讲授"司法实践意义"这门课。因为有着多年的实践经验,黄国涛在课堂上表现得游刃有余。他说,因为曾经的生活和工作经历,他对俗事始终保持清醒和警惕的状态,他愿意去尝试一些没有经历的事情,也希望自己能够做好。"衣食无忧,内心丰盈,追求的也只是梦想那点事儿了。"黄国涛说。

冯振兴/文

长大校友的"家园保卫战"

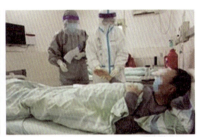

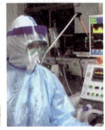

山感地恩,方成其高峻;海感溪恩,方成其博大;天感鸟恩,方成其壮阔。对在湖北荆州学习生活过的长江大学校友来说,他们对这个养育自己的第二故乡更是有割舍不掉的情感。

庚子之春,一场突如其来的新冠肺炎疫情,扰乱了春节的喜庆祥和,牵动了全球中华儿女的心,也使长江大学的海内外校友寝食难安。在这场"家园保卫战"中,遍布世界各地的47万长大校友时刻关注母校、关注荆州、关注湖北、关注中国的疫情变化,有许许多多感人的场面至今让我们"泪目",让我们骄傲,让我们难以忘怀。那一个个义无反顾、勇敢"逆行"的校友事迹,让我们懂得在国难当头,什么是一代人的责任担当,什么是长大人的家国情怀。

兵马未动,粮草先行

疫情防控背景下,医疗设备和防疫物资必须先行,疫情就是命令。

听说武汉封城,在长江大学校友总会的倡议下,深圳校友会会长熊政平、秘书长邓先青立刻组织校友捐赠,校友企业家联谊会秘书长刘运红多方联络抗疫物资的采购与运输,在不到3天的时间里,捐款人数达近300人,金额总计近40万元,另采买口罩63 200只(其中N95口罩10 000只)、防护服980套、消毒液10吨(200桶)、酒精5吨……

广州校友会会长谢振东(农学1986级校友)发起了向广东省钟南山医学基金会捐资的倡议,倡议得到了广州校友们的积极响应,校友们纷纷捐款、捐物,为一线战斗的医疗战士提供后勤支援。据不完全统计,有近百位校友参与捐赠,共捐赠近25万元。

在浙江,浙江校友会捐赠45 600元,购买了500套防护服,其中300套捐赠给黄冈市"小汤山医院",200套捐赠给鹤峰县中心医院。李健侃(园艺2010级校友)个人捐赠29 000元,他说:"很感谢我母亲生病时校友们真诚的帮助,这29 000元是母亲生病募集所剩,我时刻都想着一定要把它捐给有需要的地方。"宁波校友会捐赠近20 000元,会长温国睿(英语1989级校友)个人捐赠10 000元。

鼎力支持母校发展的杰出校友顾正先生(矿机1950级校友)情系母校,向长江大学教育发展基金会捐赠500万元,用于支持荆州市和长江大学因疫情遭受损失的困难人群。

还有身处大西北的校友常青个人捐赠20 000元。医疗系1994届51、52班自发组织捐款,54人共捐款16 300元,他们说:"我们是医学生,更要为奋战在前线的医护人员做点什么。"

2019年12月刚成立的长江大学校友企业家联谊会捐赠50 000元,深圳校友会理事会捐赠20 000元,上海校友会的众校友也积极响应,捐款捐物金额达44 400元。

远在大洋彼岸的长江大学美国校友会也心系祖国、闻讯而动,先后组织三批爱心捐赠。在第一批捐赠中,他们就向荆州捐赠了2000套防护服和10 000只口罩。为了让物资能够第一时间送达一线医护人员手上,他们采取私人捐赠的方式,以避免更多的周转流程。在物流上,他们特意选择没有物资积压的联邦物流。在他们的周全考虑和不懈努力下,荆州市中心医院和武汉市第四医院、蔡甸区人民医院先后在重要时间节点收到了校友们的关心和帮助。

做"最美逆行者"

疫情期间,说起感动,人们说到英雄,首先会想到的就是冲在前线的医护人员,他们如战士般勇敢坚韧,拼尽全力筑起战"疫"防线。据不完全统计,有上千名长大医学专业校友战斗在一线岗位上,为早日战胜疫情贡献着自己的力量。

千里驰援,书写人间大爱

没有华丽的辞藻,只有铮铮誓言:到湖北一线去、到最危险的地方去!贵港市第二人民医院援助湖北医疗队队长周时是我校 2002 级校友,他在出发援助湖北前宣誓:"在凶险的疫情面前,作为一名医务工作者,我们有责任与湖北人民站在一起,共克时艰,共渡难关。我们将全力以赴,坚决完成使命任务,坚决保障自身安全,牢记使命、不负重托,圆满完成自治区党委、政府交付的光荣任务。"

赴湖北医疗救援队队员、株洲市人民医院医生易亚辉(2002 级校友)在湖北黄冈大别山区域医疗中心负责管理和救治危重症病人。面对一个个与病魔抗争的病友,他总是提醒自己:"我一定要尽最大的努力,一定要把病人救回来。"只要穿上白色"战袍",与战友并肩战斗,他就感觉自己充满了力量。

赵志辉(医学 2001 级校友),山东省东营市河口区河安社区卫生院的主治医师,湖北松滋人。春节前,他带家人回老家探亲,年还没过完,就遇到了新冠肺炎疫情。2020 年 1 月 24 日晚,赵志辉请战湖北、保卫家园;2020 年 1 月 27 日,赵志辉接到通知去松滋市人民医院报到。"地不分南北,人不分老幼。"在赵志辉看来,不管是东营还是松滋,有患者的地方就应有医生,救死扶伤是医务工作者的天职,保湖北平安,让家乡人民祛除病痛,这更是长大医学专业学子的本分。

"我想,以后在从医路上,我会永远记得这段艰难而又难忘的岁月。"贺亚芳说,她是护理 2009 级校友,工作于中山大学附属第一医院,支援武汉协和医院西院。孙黎,工作于桂林医学院附属医院神经外科,是广西第一批援鄂医疗队队员,2020 年 1 月 27 日来到武汉市黄陂区,在新冠定点医院黄陂区中医医院参与护理工作。

……

一个个驰援者,最勇敢的"战士"们,你们辛苦了!

携手战"疫",只盼春暖花开

任艳蕊,毕业于长江大学医学院护理系,现任荆州市第一人民医院护理部副主任。从隔离病房启用开始,任艳蕊在这场战"疫"中,便发挥着重要的"枢纽"作用。她坚持每天深入隔离病区,联动内外、沟通上下,从保障最初的两个隔离病区的物资供应,到随时协调人员、各类物资进出及患者检查转运等工作,她都亲力亲为,只为保证用有限的病房资源及时收治更多的患者。自投入"战斗"以来,任艳蕊每天平均工作时长都在 14 小时以上。她和她的护理姐妹们用自己的行动诠释了护理这个职业的人间大爱,成为"最美逆行者"。

刘兴华(中医 2001 级校友),现工作于新疆维吾尔自治区莎车县人民医院,任肿瘤科主任。新冠疫情暴发以来,该院成为莎车县新冠肺炎疑似病例收治定点医院,刘兴华主动请缨深入一线,担任该院新冠肺炎疑似病例收治医疗组主任,为莎车县战胜新冠疫情做出了特殊的贡献,其先进事迹受到了县、市以及省级主流新闻媒体多次报道。

"最美村医"李志辉(中医 2002 级校友),就职于广西玉林市兴业县谭良村卫生室,每天早上 7:30,他戴着口罩到卫生室开门,穿上白大褂,做卫生、消毒,逐户上门为被隔离观察的人员测量、记录体温,上报疫情……这就是疫情暴发后李志辉每天的工作。他总说,乡村是最缺医疗资源的地方,村民看病难,因此他要回到最需要他的地方去。这就是李志辉,一名扎根农村的中共党员,一名奋战在农村卫生一线的执业医师。

2002 年毕业于长江大学医学院临床医疗系的王岱,现任荆州市第一人民医院办公室主任、应急办主任。疫情就是命令,时间就是生命。信息收集汇总、任务指令发布、工作流程落实、医护人员岗位安排、防疫物资集中调配等,这些时刻充斥着他的大脑。他只有一个信念:这场抗"疫"战,只能赢、不能输。

黎佰胜(临床 2004 级校友),一名 80 后脊柱外科医生。春节前夕,刚回到茂名老家的他,在接到医院应急支援队伍集结的号召后,毅然申请加入支援队伍,并连夜独自开车返回深圳。他所在的隔离医学观察点有 60 多个隔离人员,6 名医务人员实行轮班制,3 个人一班,每班 12 小时。他说:"每一项工作都充满挑战,我们是医务人员,做好自己的本职工作是我们对家庭的责任、对社会的担当。"

钟帆(临床 2011 级校友)负责广东省东莞市新冠肺炎防疫隔离点核酸采样工作。他说:"核酸检测对于新冠肺炎的诊断极为重要,我深知我的工作十分危险,肩上的任务也十分艰巨。当时,防护物资供应很紧张,防护服只能一次性穿戴,穿上后,我就不敢喝水,怕上厕所造成防护服浪费,也影响核酸采样的速度。我内心一直告诉自己:再坚持一下就好!"

就职于荆州市石首市中医医院的张静怡(临床 2011 级校友)一直在新冠肺炎患者定点收治医院隔离病区工作。"疫情一天不结束,我就时刻准备着!"正是这样的高度使命感、责任感,使她在这场与病毒的战"疫"中、在这场生死考验中彰显了医者的仁心、仁术,她由一个小姑娘快速成长为一名真正的白衣战士。

人称"抗疫侠侣"的陈小康、周冰雪(临床 2011 级校友)均在襄阳市中医医院(新冠肺炎患者定点收治医院)隔离病区工作。"'苟利国家生死以,岂因祸福避趋之。'没有谁是天生的英雄,我们都是普普通通的战斗者。'岂曰无衣,与子同袍。'有全国兄弟省市的无私援助,有全国人民的支持,相信荆楚大地必能早日战胜疫情,迎来'楚楚动人'的春天。"心怀"江湖"的他们在抗击疫情的岗位上风风火火地忙碌着。

湖北省中医院肺病科的张明(临床 2011 级校友)说:"这次疫情隔开了人与人之间的距离,却拉近了心与心的距离。在这样艰难的时刻,有很多暖心的人和事。全国各省市将自己最好的医疗团队不断地派往武汉支援,作为武汉本土医生,我们更加义不容辞。"

还有黄冈市中心医院的张春丽、随州市中心医院的吴兰兰、同济医院的闻琴、同济医院中法新城院区重症监护室的鄢慧平、支援武展方舱医院的贺娟娟、支援雷神山医院的严寒、支援武汉市金银潭医院的程台……

他们就是上帝派往人间的天使,他们把无限的爱带给了最需要爱的人。

抗疫也是我们企业的责任

沧海横流,方显责任担当。我们欣慰地看到,长大校友企业在抗疫战斗中不负众望,扮演了对内防控疫情、对外慈善捐助、稳定行业上下游以及动员和优化配置社会资源等的多种角色,积极投入整个抗疫的大潮之中。他们以高度的责任感和敏锐的判断力,释放大爱,表现出豪侠之风、决绝之气。

龙帝良运

长江大学校友企业家联谊会秘书长、龙帝良运运输公司(简称龙帝良运)董事长刘运红是长大经管 1999 级校友。一直以来,他正是以一个青年企业家对社会的担当和贡献赢得了领导和朋友的信任与尊重,这次抗疫也不例外。现在他已是校友中的"名人"了。

自 2020 年 1 月 24 日起,他就开始了抗疫保卫战。在得知武汉封城的消息后,他立刻向长江大学校友总会请缨,主动承担联系全球校友捐赠医疗物资的任务,同时向相关部门了解医护一线医疗物资供求情况,配合校友总会和校友企业家联谊会在微信朋友圈发出捐赠倡议。

在那个防控疫情的特殊时期,刘运红作为从事物流行业的创业者和引领者,主动调用公司车辆,从各地接回驾驶员(很多驾驶员都是因为对他的信任才说服家人投入防疫抗疫一线的),冒着被感染的风险,深入武汉各大医院。龙帝良运先后投入车辆,主动承担起医疗废物的协同转运工作,另外还参与荆州生活物资和防疫物资的保供服务。龙帝良运从 2020 年 1 月 25 日起,先后到公安、荆门、仙桃、武汉、山东等地运输蔬菜、手套、口罩、酒精、氧气、油品等物资。据不完全统计,龙帝良运累计有 46 名员工参与抗疫一线工作,投入运输车辆 18 辆,行驶超 14.45 万公里,运输物资 13 585 吨。同时,他还牵头成立荆州校友会志愿者组织,不顾生命安危,多次往返疫区,完成了市工商联安排的协助宁波等多家异地商会对接红十字会、慈善总会和医疗机构的医用物资运输及搬运任务。为不影响家人,也为更方便工作,整个春节期间他都是在办公室以沙发为床度过的。除组织参加一些公益捐赠活动外,他与人合伙经营的餐厅在本身承受巨大损失的情况下,坚持给荆州市第一人民医院和隔离点免费送工作餐,每天供应量都在 300~700 份。

回想起那个特殊时期,他说,作为一名 80 后企业家,在国家有难时我们必须挺身而出,打赢这场抗疫攻坚战更是我们自己不负韶华的使命担当。

雅斯特酒店集团

为配合武汉的疫情防控工作、阻断疫情传播,拥有4大品牌、500多家酒店、业务覆盖全国100多座城市、忠实会员超2000万人的校友企业——雅斯特酒店集团,发起了"医生驿站"活动。

雅斯特酒店集团紧急启动企业最高应急机制,成立了抗击新型冠状病毒疫情指挥部,由集团创始人兼董事长胡竞选(农教1989级校友)担任总指挥,统一领导、统一指挥、统一行动,全力协助各区域门店积极做好疫情防控工作,并紧急动员全国各地500多家雅斯特酒店、雅斯特国际酒店,为一线医护人员、部队官兵以及隔离在外地的湖北籍老乡提供免费住宿。

同时雅斯特酒店集团还积极参与防疫物资的采购与配送,累计发放口罩6万只、医用酒精600余瓶、消毒液600余瓶、医用手套2万双,防疫物资在第一时间运抵武汉,极大地支持了武汉的疫情防控工作。为保障一线将士的生命安全,雅斯特酒店集团为将士们买了100份泰康"爱心保",保额总数高达2000万元,保险责任涵盖因感染新型冠状病毒引起的疾病、伤残及身故,基本赔付额为每人20万元,保险费用全部由集团承担。

东呈国际集团

"湖北是我的家乡,也是东呈整体布局的重点地区。作为湖北酒店市场的头部企业,疫情面前我们应当作表率,承担起社会责任,把这件事情当成自己的事做。"面对突发疫情,东呈国际集团董事长兼CEO程新华(农教1989级校友)表现出迅速反应能力和应对疫情发展变化的组织策动能力。2020年1月23日,武汉封城,东呈国际集团(简称东呈)紧急动员全国各大区域和分公司,采购相关防疫物资近200万元,克服春节期间物流停运等诸多困难,驰援武汉。

当时,疫情的肆虐和蔓延让这场抗疫战的形势愈加严峻,为了更好地服务全国疫情防控大局,东呈启动"万房公益"行动,第一时间通知旗下酒店免费接待滞留在外的湖北旅客。随着疫情的发展,住宿安全也成为社会关注焦点,消费市场对国内酒店的产品服务标准和卫生安全标准提出更高要求。东呈推出了"无忧客房""零接触服务""在线问诊"等创新产品与服务,确保旅客在防疫期间的出行便利和安全。程新华回忆道:"随着疫情的发展,我们发现有那么多医护人员居住都成了问题。2020年1月25日,我们再次紧急调用旗下酒店免费提供给一线医护人员和湖北籍在外出差人员休息。"据了解,截至2020年2月23日,在此公益行动中,东呈调用超200家酒店作为省内外各级政府防疫指定接待酒店,同时调用武汉及周边城市酒店客房近1万间,在广东区域推出"无忧客房"9000多个间夜,累计接待68家医院一线医护人员2万人次以上。

"当代新农人"

还有一批被称之为"当代新农人"的长大校友——新型职业农民培训班的学员,他们虽然在长大学习时间不长,但依然有长大人的情怀与担当。

武汉封城不久,荆州市战友农业有限公司董事长兼总经理吴明龙(2017届学员)、荆州赵湖蔬菜种植专业合作社的杨顺海(2017届学员)等"当代新农人"就留意到网络上的言论:买不到吃的,菜价变贵了,菜品不新鲜……他们便和其他学员们商量着给荆州城区捐蔬菜。他们"登高一呼",立即有200多名培训班学员积极响应,大家都愿意将自家地里的蔬菜捐出来。他们一起出力,发动家人将自家种植的蔬菜采摘打包。数量不够,他们就向当地村民购买。吴明龙和其他学员们一日一餐,早上装货、晚上卸货,其余时间都奔忙在收菜、送菜的路上。整个疫情期间,除他自己捐赠了约40吨蔬菜外,他组织的抗疫爱心小分队总共捐了200多吨蔬菜。

杨顺海对居民说:"您信任我,我就一定把事情给您办好。"每份派送的农产品订单,都是杨顺海精挑细选的新鲜蔬菜。在为城市风景小区居民送去的400份订单中,细心的他还印制了400张微信二维码,放进蔬菜包装内,为的是让市民在菜品短缺时方便联系。没几天,杨顺海的微信便被新朋友"爆屏"。紧接着,找他供菜的荆州市民突破了4万人。杨顺海还给我们讲了一个小故事:平台保供的时候,由于物流问题,他将所有订单全按退货退款处理。后来,接到一个外地女士的电话,女士哭着说:"我人在北京,爸爸妈妈都80多岁了,我现在又回不来,我真的担心他们挨饿,退货退款太麻烦了,来来回回几个周转,我真的很担心他们……"听完这位女士的话,他赶忙想办法给两位老人送去了菜品并且还细心地自费购买了一些日用品送到老人家里。在他看来,这些只是小事:"特殊时期,大家都有困难,能帮一点是一点吧!"

校友企业展现责任担当

武汉呵尔医疗科技发展有限公司向中南医院一线医务工作者捐款50万元共抗疫情,曾捐资200万元在长江大学设立"奖教金"的校友任大龙(钻井1989级)任公司董事长。校友姜世强、张勇、卢宏海(物探1988级)所在公司——四川德源石油天然气工程有限公司为母校捐赠价值10万元的消毒洗手液。校友企业国创集团(农学1990级校友高涛任董事局副主席)联合控股上市企业国创高新向湖北省慈善总会捐款1000万元,等等。正是校友们如此这般的善举,汇聚成了一条条奔涌的战胜新冠病毒的充满大爱的大江大河。

传递温暖并肩前行

广播电视新闻学2009级校友王丹用青春彰显着不凡。在新冠肺炎疫情暴发以来,她作为第一批记者深入发热门诊、隔离病区,进入 ICU 近距离手机拍摄危重症患者情况,10 多次出入新冠肺炎定点收治医院,多次出入"红区"。在采访中王丹多次被问:"你不怕吗?""怕,当然怕,但作为一名记者就应该前往一线,这是一种责任。"她回答道,抗疫中,她用责任战胜恐惧,立足自身岗位,成为一位"逆行"的新闻战士。

自 2020 年 1 月 22 日以来,王丹从战"疫"一线发回新闻和专题报道、电话连线 60 多条,多条新闻在央视网《新闻联播》《焦点访谈》节目和新华网等媒体上报道。2020 年 1 月 23 日,王丹出现了发烧、腹泻等疑似新冠病毒感染症状,在独自隔离期间,她依旧每天为同事们提供采访素材。隔离期结束,她又立刻回到采访一线。2020 年 2 月 10 日,最后一批危重症病人要连夜转运进定点医院,王丹和同事龙科前往武汉大学人民医院东院区探访。王丹坦言:"即使穿了防护服,依然紧张到不敢大口呼吸。"但当患者转运过来时,她便立刻进入直播状态,为的是现场报道身后患者转运的一幕,让全国人民看到这场战"疫"胜利的希望。

2020 年 1 月 24 日(大年三十),来自广东和上海的医疗队作为第一批驰援湖北的医疗队抵达武汉。得到消息后,武汉朗狮隆商贸有限公司总经理李俊良(管理 2004 级校友)随即组建了一支志愿队,在为抗疫一线医护人员送餐的同时,还协助广东省人民政府驻武汉办事处接运救援物资,做好后勤服务。在这一个月里,李俊良的车经常停靠在大大小小的路口,随时准备接应各地驰援湖北的医护人员,或者把自己经销的饮料免费送往各大医院和方舱建设工地,帮医疗队送物资、免费给社区孤寡老人送食物、接医护人员下班。他才加满的油箱,三两天就见底了。他说:"面对突如其来的疫情,我们能做的不多,但我们所做的每一件事情都是很有意义的,我们一定会尽力做好。"

在抗疫的日子里,这样的故事数不胜数。"多难兴邦,泰山压顶不弯腰,危机来临有定力",这次"家园保卫战",让我们见证了长大人众志成城、共克时艰的果敢与担当,或许这些正是和平年代里最感人的故事!

单婷婷　张重才/文

四、育人楷模

韩晓乐：科普让她自信自强

韩晓乐，我校化学专业2002级校友。2012年毕业于武汉大学化学与分子科学学院，获得理学博士学位，现任中南民族大学化学与材料科学学院物化教研室主任、党支部书记。任教以来，先后获全国科普讲解大赛一等奖、全国科普工作先进工作者、湖北青年五四奖章、全国十佳科普使者、国家民委青年教学标兵等荣誉。在抗击新冠肺炎疫情期间，创作《我们距离拥有新冠肺炎疫苗究竟还有多远？》等有关新冠病毒防控的系列科普视频10余条，科普视频在学习强国、人民网、央视网等权威媒体上线，其先进事迹被《人民日报》《中国教育报》等多家媒体报道，她被科技部授予2020年网络科普专项活动特殊贡献奖。因科普抗疫成绩显著，受邀参加2020年全国科技活动周启动仪式，为党和国家领导人以及中央国家机关、中央军委科技委等38个部门领导做现场讲解。

韩晓乐：科普让她自信自强

她是国家民委"三全育人"模范、湖北省高校优秀共产党员，她将青年时期最旺盛的精力与热情奉献给"为党育人，为国育才"的壮丽事业；

她是全国科普工作先进工作者、全国科技系统抗击新冠肺炎疫情先进个人，她将青年时期最坚定的信念与追求植根于岗位、服务于社会；

她是湖北青年科技代表，2020年为党和国家领导人现场科普讲解，展现中国科技发展重要成就，为增强科技自信、实现科技自立自强贡献力量。

她是韩晓乐，我校化学2002级校友，现任教于中南民族大学。

热爱专业：让她的求学生涯"一路狂飙"

2002年的夏末，列车缓缓驶过江汉平原，风吹荷花十里香，莲蓬也随之摇曳。但车上的韩晓乐对于眼前的景色并不感兴趣，她望着窗外，思绪随着风越飞越远。

高考发挥失常的她，有一天收到了长江大学的录取通知书。从小就骄傲的她当然志不在此，一心想着复读。她的家人也理解并支持她的选择，看着闷闷不乐的韩晓乐，他们提议一家人一起旅行，目的地就选择了长江大学的所在地——荆州。

初入长江大学，这一家人便被化学系的辅导员张老师喊住了。张老师亲切询问韩晓乐的情况，在得知她要复读后，便推心置腹地说："读书嘛，不一定在清华读就是最棒的，在长江大学读就是不行。一切还得靠自己的努力。"这时，在一旁的化学系的党总支书记和另外几个老师也注意到这边的情况，便过来一起做韩晓乐的工作。大家你一言我一语，韩晓乐心里开始动摇了。

就这样，在千里长江浸润的初秋，这位来自天山脚下的小姑娘韩晓乐走进了长江大学的怀抱。在班里，韩晓乐就是那种闪闪发光的女生，长得漂亮、待人和善、成绩优秀。作为唯一一个来自边疆地区的女生，她受到了老师和同学们的额外关照。虽然是一个女孩子，但她把化学这门纯理学科却学得非常好。她从高中起就对化学产生了浓厚的兴趣，还曾获得中国化学奥林匹克竞赛二等奖。她深知："想学好任何一门课程，第一是要对它感兴趣，第二就是要清楚这个东西对自己的重要性以及对未来生活的作用。当你知道一件事情的重要性和它的作用后，它会推动你去学习。这正是驱动和反驱动之间的关系。"

在兴趣的推动下，韩晓乐一路读到了物理化学博士。她认为，在专业面前从来不分什么男女老少，考验的只是一颗认真的心和学无止境的科研态度。理工科是逻辑性很强的学科，学好后思维会变得更加理性。而女生相对来说会更感性一点，但是生活不只需要感性，适当理性能让你的生活更美好。

出于对化学的热爱，本科毕业后她选择继续留在长大深造。后来，她师从化学工程学院院长梅平教授与来自武汉大学的客座教授刘义，研究小分子与生物大分子的相互作用。刘义教授是享受国务院政府特殊津贴的专家、国家杰出青年科学基金获得者，对待学术非常严谨，自然对韩晓乐的要求也非常高。刘老师经常对她说："时间一晃就过去了，一定要珍惜啊！"而韩晓乐也没有辜负刘老师的期望，以优异的成绩硕士毕业，并被刘老师带到武汉大学攻读博士学位。

在刘老师的影响下，韩晓乐在获得硕士学位前就已经发表了SCI论文，且博士毕业时发的小论文影响因子是全课题组最高的。她深知时间是保证学生完成学业的关键因素，并且对刘老师心怀感激。毕业后，她还始终与刘老师保持着联系。在2020年，韩晓乐还将自己的研究生推荐到了刘老师门下读博。

当问到韩晓乐在20多年的求学生涯中有没有遗憾时，她微笑说道："我走过的路，我做的每一件事，在当时都是全力以赴去完成的，不论结果如何，我做过，我努力过，所有结果我都会坦然接受。"

"三全"育人：实现思政课与专业课完美融合

从武汉大学博士毕业后，韩晓乐来到中南民族大学任教。

"我的学生都很年轻，而老师作为学生的指导者和课程设计者，也要调整教学理念。发散思维强才会有创新精神；有了创新精神，做出来的课程才会有新意；有了新意，学生们才会更喜欢你的课程；学生喜欢你的课程，你就会想继续完善它。这是一个良性循环。"这是韩晓乐在十年教学生涯中总结出来的经验。

韩晓乐负责讲授的"科普·神奇世界的解密者"这一科普课程涵盖了化学、生物、食品、环境等多个学科领域，从纳米材料到食品安全，从垃圾分类到无人驾驶汽车，等等，她尝试用科普的方式让更多学生与科学"零距离接触"。"科学知识其实并不枯燥，换一种方式表达，能让学生更容易接受。"韩晓乐的这门课程在学生中颇受欢迎。

"作为文科生，我居然能听懂理工学科的知识。""老师浅显易懂的幽默语言让我沉浸其中！"这门课受到了学生们的一致好评。这门科普课程还上线了学习强国、中国大学MOOC（慕课）等在线学习平台，点击互动量高达500万次，获批2022年湖北省线上一流课程。

除了创新教学方法，科研工作韩晓乐也不落下。"我要把论文写在祖国大地上。"她是这么说的，也是这么做的。近年来，她先后主持或参与了多项国家自然科学基金项目，利用跨学科形式丰富传统课程，将正确的价值理念、精神追求等思政元素融入专业教学中，促进思政课与专业课有效融合。她主讲的"物理化学"获批湖北省一流课程，其教学成果《科普教育在民族高校人才培养中的作用与实践》荣获了2019年国家民委教学成果奖二等奖。

"科研是一个对知识再发现、再创造的过程，它能带来视角的转变和知识量的扩充，与课堂教学是相辅相成的。"韩晓乐说。

从教十多年来，韩晓乐不断见证一批批学生从青涩走向成熟。无论是学习还是生活，无论作为任课老师还是导师，韩晓乐总是对学生关怀备至。她常说："刚入学的孩子们还处于懵懂期，离开父母，即将步入社会，需要老师这样一个引路人。"她就把自己当作那位引路人。

她指导的学生曾获澜湄民族地区社会创业国际大赛二等奖、中国国际"互联网+"大学生创新创业大赛湖北省金奖等多项荣誉。她自己也因此多次荣获"优秀指导教师"称号。在新冠肺炎疫情期间,她认真开展线上、线下教学,确保学生专业学习不断档、不掉队。在她的严格要求、悉心指导下,她的硕士研究生、本科生均以优良成绩毕业,并在她的极力推荐下都顺利就业或升学。《人民日报》还对此做了专门报道,她被评为中南民族大学"三全育人"楷模、国家民委"三全育人"模范。

韩晓乐曾说:"站在讲台上10年了,讲课却越来越如履薄冰,也许是期望太高,但我希望给学生授课的每一分钟都是有效的,而学生可以在任意的、有效的每一分钟获得启发、觉知与顿悟。这是我作为一名人民教师的奋斗目标。"

科普之旅:把更多的科学知识"装进别人的脑袋里"

2019年12月,全国科普讲解大赛上,韩晓乐侃侃而谈,用专业的技术讲解《"纳"样神奇,走进神奇的纳米世界》,征服了现场观众,摘得了大赛桂冠。这是韩晓乐第一次参加全国性的科普大赛。

对于课程选题,韩晓乐从多个角度反复考量,挑选既有科普价值又贴近生活、让人们愿意进一步了解的选题。几番斟酌后,韩晓乐最终决定以纳米为切入点,开启科普之旅。韩晓乐坦言,之所以选择纳米,首先是因为纳米与我们的生活息息相关,其次便是大众对此大多一知半解。"不积跬步,无以至千里",想要讲好一门课程也需要大量的积累。韩晓乐研究了很多文献,查阅了相关资料和书籍,在国内外各类视频软件里精心挑选关于纳米的素材。她将这些素材收集起来,打碎原有的知识体系并重新组合创作,即"知识重塑",构建出一套适合科普的新体系。

这次经历,让韩晓乐对科普讲解产生了更加深入的理解和思考。"世上有两件事情比较难,一是把别人的钱放在自己口袋里,二是把自己的想法装进别人的脑袋里。"如何保证科普讲解的准确性和通俗性,成为韩晓乐主攻的方向。

"漫漫人类发展历史,也是一部人类与瘟疫斗争的历史。在有文字记载的3500多年里,疫病的流传成百上千,疫病的种类多种多样……"在2020年举办的全国科技活动周启动仪式上,她受邀为党和国家领导人以及中央国家机关、中央军委科技委等38个部门领导讲解题为《科技战"疫"》的科普知识。

作为此次科技周启动仪式上唯一一名受邀做现场讲解的讲解员,韩晓乐觉得这既是对自己的一种肯定,也是一次激励。虽然在启动仪式前两三天她才接到活动通知,讲解内容的编写、PPT的制作等准备工作时间十分紧迫,但是在疫情期间,韩晓乐已经进行了大量的科普工作,积累了不少内容,因此她顺利完成了任务。她感慨地说:"从接到任务到完成任务一共3天时间。创作、写作、制作、讲解,整个人感觉被掏空,但这是我最有意义的一次讲解。"

除此次讲解外,她深知人们对疫病的了解太少,有太多的误区,所以,她积极响应党中央号召以及学校党委关于党员干部下沉社区参加疫情防控的倡议,充分发挥专业优势、个人专长,积极参与疫情防控工作。针对群众关心的新冠肺炎疫苗、复工复产、无症状感染、病毒溯源、冷链食品等热点、难点、敏感问题,她及时完成了以疫情防控为主题的系列科普微视频及科普抗疫文章,引导广大群众更加深入地了解病毒、更加科学地防控病毒。

从查阅国内外文献、确定选题、整理视频内容,到最后剪辑,韩晓乐制作一条完整的科普视频要花费一周的时间。这些视频一经上线就受到了广泛关注,其中,《我们距离拥有新冠肺炎疫苗究竟还有多远?》收录在学习强国疫苗专题,《科学认识"无症状感染",坚定复工复产信心》《瘟疫历史照进现实》等作品先后被收录为学习强国和全国疫情防控科普作品荟萃封面视频。截至目前,视频累计观看量已经超过300万次。

为使科普防疫更接地气、走入寻常百姓家,韩晓乐自愿加入中南民族大学志愿者乡村学生辅导队,在线为河南省因疫情不能返校的200多名中小学生及家长科普防疫知识,帮助他们更加深入地了解病毒、更加科学地防控病毒。因在打赢新冠疫情阻击战中做出的突出贡献,韩晓乐被科技部授予2020年网络科普专项活动特殊贡献奖,被评为全国科技系统抗击新冠肺炎疫情先进个人。

虽然描述成果时属于韩晓乐的荣誉有很长的一串,但她并不是一个抱着获得荣誉的目的去做事情的人。在工作的10多年间,她很庆幸依旧保留着自己的本真之心。她说,长得再漂亮打扮得再漂亮,都没有把每一件事情做成功、每一场比赛获得好成绩漂亮,获得荣誉说明自己在不停地进步,这让自己的内心更加坚强和自信。

(部分素材来源于中国民族宗教网、中南民族大学官微。)

张赛田/文

关甜：边境线上栀子香

关甜，1982年生，湖北潜江人，我校音乐学（师范类）专业1999级校友。毕业后作为西藏山南市引进人才，在西藏边境洛扎县中学参加工作至今。历任西藏洛扎县中学广播站站长、校报主编、国检办主任、校长班主任、副校长、校长、党支部书记。2003年至今，分别获得山南市优秀党务工作者、全国青年教师选拔赛山南赛区一等奖、县级优秀校长、县级优秀服务型干部、县级民族团结进步先进个人等荣誉。因工作出色，当选为西藏洛扎县第三届政协委员。撰写的《浅析音乐融合下的初中语文艺术性》《愿你历尽千帆　不染岁月风尘》《灵动的文言　愉悦的课堂》等工作经验和工作感悟多次在《西藏教育》期刊上发表。

关甜喜欢用杜甫的《栀子》一诗形容自己："栀子比众木，人间诚未多。于身色有用，与道气伤和。"藏南边境线上的栀子花每年只开一季，而关甜心中的那朵栀子花四季飘香，常开不败，因为她已融入了洛扎这个边境小城，与这里的藏族同胞真正地气息相和、心理相通、唇齿相依。

关甜，女，1982年2月生，湖北省潜江市人，中共党员。2003年6月，关甜毕业于长江大学（原荆州师范学院）音乐学专业，作为西藏山南地区引进人才，到西藏边境洛扎县中学工作，现任该校党支部书记。

一颗锐意进取的"心"

在江汉平原长大的关甜从来没听说过洛扎这个边境小城，也从来没想过以后要到那里工作。父母得知她要去那里援藏后，不由得露出担忧的神色。关甜看在眼里，一句安慰的话也说不出口，心里沉甸甸的。

洛扎在什么地方呢？它是西藏自治区山南市（当时的山南地区）南部的一个县，全县人口不足2万人，县城只有一条街，长度不足500米。当时的洛扎县城没有网络，有手机也拨不出去电话，也没有长途直拨电话，对外联系得靠书信，一封信来回得一个月。街上没有路灯，也没有超市，商店里货物很少，很多生活用品都要到山南市区去购买。在这里，人们吃得最多的食物是土豆。在大城市常见的肯德基、麦当劳里，土豆做的薯条可能是孩子们偶尔品尝的美味，但在这里，土豆是主食，直吃得人反胃。

这是关甜从网络上了解到的洛扎，但她还是坚定地选择去了那里，她第一次坐上飞机，穿过云端，飞向那遥远的城市。

生活与工作环境不适应，加上语言障碍，与关甜一起过来援藏的30多位大学生，最后留下来的就剩一两位。但是就这一两位老师，在藏南高原上扎了根、开了花、结了果，在传播知识的同时，与藏族同胞建立了深厚的友谊，关甜就是其中一位。

关甜扎根边疆近20年，见证了洛扎县中学发展壮大的过程，目睹了学校从全市倒数第一到如今名列前茅。关甜学的是音乐学，但从事的是汉语文教学。虽然不是专门教音乐，但她还负责学校每年"三下乡"文艺节目的排演、学校体育艺术节和电子琴兴趣小组的各项工作。

在艰苦的环境中，关甜始终以一个党员的标准严格要求自己，保持一颗锐意进取的心。她先后获得全国青年教师选拔赛山南赛区一等奖、山南市"三优一先"优秀党务工作者、洛扎县优秀教师、县级优秀服务型干部、县级民族团结进步先进个人、县级优秀校长等一系列奖项和荣誉。

工作之余，关甜也十分善于主动思考问题，注重自身教育科研能力的培养，先后在《西藏教育》等期刊上发表《浅析音乐融合下的初中语文艺术性》《愿你历尽千帆　不染岁月风尘》《灵动的文言　愉悦的课堂》等文章。

在学校里,关甜的工作岗位一直在变,唯一不变的是她的援藏初心。她担任班主任,所带班级考试成绩位居全校前列;任学校广播站站长,把广播节目办得生动活泼,吸引师生们积极参与;任校报主编,把报纸办得图文并茂,学生们争相投稿和传阅。她又先后担任学校国检办主任、校长办主任、副校长、校长、党支部书记。随着工作职责范围的扩大和多岗位锻炼,关甜的参政议政能力和水平也在不断提升。2021年,关甜当选为洛扎县第三届政协委员。

一盏引航生命的"灯"

身为学校的党支部书记,不管峡谷的寒风有多刺骨,不管藏南的气候有多恶劣,关甜总是第一个起床巡查校园,迎接每一个早起的学生。在校园里,关甜既是学生的老师,也是学生的朋友,她经常跟学生谈心,学生也愿意把自己的心里话说给她听。

初一年级一个叫扎拉的孩子有着与这个年龄十分不符的老成与沉默,扎拉对待任何事情都特别悲观,他的这一细微表现当然被关甜看在眼里。于是,关甜对他进行了长时间的关注,加上适当的心理疏导,扎拉开始变得活泼起来,也愿意与人交往了。在课堂上,关甜想尽办法调动扎拉的学习兴趣,当扎拉主动回答问题时,她就及时予以鼓励。在关甜的关心下,扎拉的学习也在不断进步。可快要毕业的时候,扎拉却突然开始自暴自弃,成绩一落千丈。"你是不是遇到什么不开心的事了?为什么要这样对待自己?"关甜语重心长地问扎拉。扎拉难过地说:"家里没钱,考上又怎样,上不起学,我再努力有什么用?"望着小扎拉无奈的眼神,关甜的眼睛一下子模糊了。她压抑着激动的情绪一字一句道:"这个教室里的任何人都不能掉队。只要想上高中,你们的学费、生活费,我来出!"后来,扎拉调整了学习态度,考上了心仪的高中。如今,正在吉林大学法学院学习的扎拉,每每回到家乡,都会专程来母校看望关老师。

2021年的一天,有个学生逃学了,去向不明。关甜发动全校师生出去找,上山路,下水沟,找遍了整个县城,最后在民警的帮助下用了30个小时,终于把学生找到了。见到老师,学生哭得很厉害。关甜问他为什么逃学,还这么伤心,学生说他现在学习上遇到困难,成绩下滑了,怕这样下去同学们以后会歧视他。关甜得知这一情况后耐心地跟他说:"你能这么想,说明你是个要求进步的孩子,这很好。只要你肯学习,大家都愿意帮你。你看老师和同学们都在找你,说明对你很重视,哪会歧视你呢?没有人有理由歧视你,也不应该歧视你,你是我们学校大家庭里不可缺少的一分子呀。"听了关甜这话,学生不再哭了。后来,这名学生表现很好,学习进步也很大,成了班上品学兼优的好学生。

多年来,关甜将自己的责任与爱心,投入自己的事业中,至今已连续送走了8届初中毕业生。她认为每一个学生都是一个希望,自己要像一盏引领他们人生的明灯,照亮他们前行的路。

一片民族团结的"情"

关甜长期在洛扎工作生活,这里已然成了她的第二故乡,但她无法照料远在湖北的父母,无法陪伴身处叛逆期的孩子。虽然缺少了亲情的陪伴,但她收获了来自学生的暖意。

在偏远的洛扎县中学任教,由于语言不通,加上饮食与气候不适应,关甜在生活和工作中遇到的困难可想而知,但当很多同事陆陆续续离开时,关甜却从来没有心生退意。她告诉自己:"在洛扎,有友好温馨的民族氛围,有淳朴善良的师生朋友关心和支持着我,我能感觉到他们是需要我的,我不能离开这里,也没有理由离开这里,我只能把工作做得更好。"

在藏族同胞这里,关甜深深地感受到他们给自己带来的温暖。有一年冬天,关甜胆结石发作,躺在床上起不来。一位学生发现了情况,马上就叫来了一大堆同学,学生们帮着做饭、洗衣服、打扫卫生,一连好几天守在床边照顾。一些年纪小的学生还站在床边低声啜泣。问他们为什么哭,他们说怕老师会死掉,只能用哭泣来表示对老师最大的关切。听到这个解释,关甜有点哭笑不得,可又觉得,孩子们是多么淳朴啊!

还有一次,关甜也是胆结石发作,腹痛难忍,躺在床上不能动弹。达珍和边珍两位藏族老师知道后,立即把关甜送到医院。关甜考虑到工作多,又没人照料,决定输液,保守治疗。但达珍和边珍坚决要求她尽快进行手术,以免以后胆结石再发作。在她们的坚持劝说下,关甜住进了医院。她们一直轮流照顾,直到关甜康复出院。每当关甜想起这些,总有一种温暖涌上心头,这份民族友情历久弥新,也坚定了关甜扎根边疆的决心。

毕业于中国人民大学的达瓦罗布,只要回到西藏,就会赶到关甜家里,亲手做一顿民族口味的饭菜与大家共享;毕业于北京师范大学的达瓦次仁,常常用自己在关甜的鼓励下用一年时间成绩从384分冲到571分的例子,勉励学弟学妹们,只要努力,后来者也会居上;在阿里驻扎高寒县的嘎玛白珍,常常来信或打电话,告诉关甜自己取得的每一个进步;还有在林芝保家卫国的阿旺晋扎,在日喀则浇灌祖国花朵的白玛拉姆……他们的职业有医生、有教师、有公务员……关甜教导出的学生分布在各行各业、各个领域、各个地方。看到学生们学业有成,有的有了稳定的工作,有的有了幸福的家庭,关甜觉得自己的付出是多么值得,她感受到了如自己名字中的那个"甜"一样的甜蜜。

关甜说:"当你踏足一个地方,当那个地方有你曾教过的学生,当他们再叫你一声老师,再像当初一样簇拥在你的身边,这种幸福感,会化解所有的疲倦、所有的不甘和不耐烦。"

关甜最喜欢栀子花,而她本人就像一朵清新的栀子花,坚守扎根在边境线上,用一腔热忱一腔爱,无怨无悔地耕耘并眷恋着藏南峡谷这片土地,她赢得了学生和家长的赞誉。她说,她很庆幸选择了太阳底下最光辉的职业,她将一如既往地坚持与坚守,让坚韧的生命之花绽放在这片充满希望的高原上。

俞继东/文

徐华铮：三尺讲台的守望

  徐华铮，1964年生，湖北公安人，我校汉语言文学专业1981级校友。湖北省特级教师，湖北名师，全国人大代表，全国优秀语文教师，荆州市二八红旗手，中学语文高级教师，荆州市骨干教师，湖北省中语学会会员。曾两次获荆州市优质课竞赛一等奖；参编了《新课程——语文教学案例》（湖北科学技术出版社出版）；在《语文教学通讯》《中学语文教学参考》《中学语文》《语文周报》等报纸杂志上发表教研论文、教学设计20多篇；在各级报刊上发表教育杂谈、散文、随笔30多篇；指导学生在各级报刊发表作文数十篇。2012年4月随湖北省教育专家考察团赴美国孟菲斯大学研修，赴美培训的印象及感想《走近基础教育，感受校园文明》一文荣获湖北校园文化论坛一等奖。

初见徐华铮时,她宛若希腊雕塑般,让你有种莫名的悸动去靠近她,而她顾盼回眸间的温存与高雅背后依然存留着一种挥之不去的质朴与宽容。蜕变后的蝴蝶代表一种瞬间而扑朔的美丽,而她的美在流转的时光中能让你感受到时间的静止与安详!

她就是湖北省特级教师、湖北名师徐华铮,一个致力于教育事业、辛勤耕耘的园丁,一个用细心去发现学生的亮点、用爱心去包容学生的缺点、用正面引导去点燃学生生活激情的"妈妈老师"!

余光中在《寻李白》中说李白"绣口一吐就半个盛唐",在徐华铮的"绣口"里,满是自己的教育事业,是学生的成长与发展!

踏上讲台 自我的成长与蜕变

说起为什么会踏上讲台,徐华铮哈哈大笑。徐华铮起初是极不情愿当老师的,因为她觉得自身条件不够好:一是形象不好,二是生性胆小,三是嗓音单薄。她怕镇不住学生、教不好课,但阴差阳错还是读了师专,硬着头皮当上了老师。后来站在教师队伍中,她发现自己其实不过是一个承上启下的"过渡句"。面对这样的处境,徐华铮是如何一步步走来?她跟我们分享了几位老师的事迹,这些老师成了她教学生涯中的导航灯。

"在我们那个乡村小学,有一位美丽而可爱的女老师,我很幸运地成了她的学生。她身材高挑,穿着时尚,她脚上的皮鞋是我见过的第一双皮鞋。可她从不嫌弃穿补丁衣服的学生,从不嫌弃头上长虱子的学生,她的笑声总是银铃似的清脆而有感染力。后来她结婚、被调走了,班上的学生都自发地去送她,牵着衣角送她,流着眼泪送她,送了一程又一程。"每次想起这位老师,徐华铮心中就是满满的幸福感,她很受鼓舞:原来老师可以这么当!

后来徐华铮在与学生打交道时,也尽量放低姿态,亲近学生,用真诚在学生心中架起心桥,力争当一个让学生回忆起来有幸福感的老师。就是这样的付出,让徐华铮也收获了回报,每年寒暑假都有几批学生来拜访她,每年节日、生日时都有学生打电话问候。

"我的作文启蒙老师是一位回乡知青。他高中一毕业,就当了老师,他是边教边学的。我不记得他怎样讲课,但我记得他经常津津有味地念学生的作文。其实学生最初的作文大多是将摘抄的句子排列组装的。大家作文受表扬后,便更积极地准备下一篇,绞尽脑汁去收集语句,构思故事。倘若这位老师当初大笔一挥——'文章虽好,不可抄袭',我想,许多学生都会羞愧得不能动笔,不能成文,对语文学习也会了无兴趣的。"

直到今天,徐华铮说起这位作文启蒙老师的时候,满心都是感谢。他让徐华铮明白:欣赏和激励是学生进步的阶梯,是人生启航的风帆。他还让徐华铮明白:原来老师也可以这样当!

因为老师在徐华铮心中有了"模型",因而,她一步步向"模型"靠拢成长,一步步成为今天她想要成为的样子。现在徐华铮已然不是当年那个羞涩的小女生,她取得了卓越的成绩。可她依然谦虚,依然敬重她的老师,她说:"我没有他们那样的才气,成不了那样的老师,但广泛涉猎、不断探究、增强素养、提升自己,尽量让课堂生辉,这是我应该且能做到的。"

点亮心灯　拔掉学生心中的"杂草"

多年的教学生涯,使她遇到了各种各样的学生。谈及如何面对"问题学生"时,徐老师脸上洋溢着幸福的笑容,说:"做像妈妈一样的老师!"在思考具体的案例的时候,徐华铮陷入了深深的回忆中……

小A是一个绝对的"霸权主义者",是班上的头号"恐怖分子"。他身高力大,眼露凶光,满嘴脏话,浑身匪气;他打压男生,欺负女生,顶撞老师,以此为乐,就是这样一个出格的调皮生。一次上课他打瞌睡,徐华铮告诉他站一会瞌睡虫就溜了,让他站了一会儿。下课后,他的同桌跟徐华铮说以后别罚他站了,说小A可怜。徐华铮很吃惊,小A怎么会可怜?她一再追问,小A的同桌告诉她,小A晚上被他爸整到凌晨两点。徐华铮找到小A,问他缘由,他一边流泪一边恶狠狠地说:"我长大了要把他们都杀了!"徐华铮问他"他们"指谁,他说:"就是爸爸、妈妈和弟弟。"徐华铮感到震惊,想知道原因,也想掘出这颗仇恨的种子。虽然徐华铮不是班主任,但教育的责任是每个老师都不容推卸的。徐华铮发挥强项,利用作文的写作与评点来与他沟通:跟他谈话后,让他写了一篇作文——《成长的烦恼》。全文连标题仅120余字:

每个人一生中,都有不同的烦恼,有的使人高兴,有的使人痛苦……

我有一次因为跟班上的精神病某某打架,自己不搞学习,然后爸爸把我暴打一餐,先用绳子绑我7个小时,然后不给饭吃不给水喝,还让蚊子叮我,害我把手都搞肿了。

这是我最大的烦恼,家长使用暴力对我。

作为一篇中学生作文,这篇作文是不合要求的。当时徐华铮给他留下了这样的评语:

这是非同一般的烦恼。"暴力"也许给你的童年留下了太深的烙印,留给你的创伤也许不仅是肉体的,更是精神的。你那样的年龄承受了你难以理解、难以接受的痛苦,所以挤兑得你的快乐也变了形。多读点书吧,书中有快乐,有善良,有美好,有阳光,有空气,有故事,有真情。多读书,你就会明白每个人都会有过失、有懊恼,会明白父母当初的苦心和如今的期盼,会明白天地原来很宽广,生活其实也美好。多读点书吧,你也能拿起笔写出你与众不同的经历与感受。

徐华铮希望小A将心中的愤怒释放出来,转化为宽容,也及时多次跟他家长进行了沟通。后来,小A又写了一篇作文——《我心中的老爸》,全文700多字,描述了他经历的两次惨痛的皮带打击,结尾却写了这么一段:"爸爸从此以后就没打我了,变得温和了,还让我上补习班,天天晚上来接我,还买金思力给我吃,真的太好了,我真幸福,真希望以后再不挨打了。现在回想起以前还觉得鼻子有点酸,想哭。"

徐华铮又给小A写了很长的评语,同情、理解、帮助和鼓励终于使他找到了心理的平衡,他变得安静了、文明了。

小A的事例常警示徐华铮,要特别关注破坏型的学生,关注学生的人格与心灵,只有走进学生的内心世界,对症下药,才能解开心灵的死结,才能消除暴力,消除敌对情绪和仇视心理,引导学生行进在身心健康的正常轨道上。

经过多年与孩子的交往交流,徐华铮深深明白,每个孩子在成长过程中都会遇到各种问题,生活上的、经济上的和心理上的,作为老师,要平等地尊重每个生命,除了传授知识,还要教会学生做人的道理,能成为学生成长道路上的引路灯是件幸福的事情。徐华铮几十年都是秉承着这样的理念:捕捉容易忽略的信息,用正面引导去点燃学生生活的激情,让他们积极健康地面对生活。

杏坛春雨 "让孩子找到幸福的入口"

"让每个孩子找到幸福的入口,让每个孩子找到适合自己的坐标。"这是徐华铮在一次电视采访中说的话,也是她自己的教育理念和心愿。幸福,应该是人类一辈子的追求,多少人在这条路上跌跌撞撞,却始终与之擦肩而过。如何让孩子知道幸福是有方向的,幸福是可以找到入口的,徐华铮可谓煞费苦心。

在她的班级中,有个男生小明(化名)一直孤独、沉默,脸上没有花季少年该有的开朗与明亮,这个细节被徐华铮记在心里,她暗自地做了许多功课,试图去了解这个孩子。在一次家访中,徐华铮来到小明的家中,小明家四世同堂,挤在一间平房里,小明趴在低矮的玻璃茶几上写作业,连一盏台灯都没有,家庭的艰难似乎表明小明在校的表现"有迹可循"。原来,家境的困难,生活的压力,使这个淳朴敦厚的男生眼里充满了疲惫与迷茫,加上父亲的突然离世,孩子变得更少言寡语。

该怎样帮助这个孩子呢?在之后的家长会上,徐华铮动了"心思"。在为班级优秀小组发奖后,徐华铮讲述了去小明家家访的故事,并送给了小明一件特殊礼物——一盏台灯。她告诉小明:"贫困不是耻辱,不幸有时是另一种财富,请你记住,你身边不仅有家人、亲人,还有爱你的老师、同学及家长,有爱与你同行,你的未来一片光明!"徐华铮说完,教室里响起了长久的掌声,伴着一片抽泣声,学生及家长们眼里泪光闪烁。随后,校领导专门为小明送上了慰问金,并减免了小明的校服费、资料费等。之后的几个周末,几位家长相继为小明带去了大包的水果,还专门组织了一次亲子游活动,小明第一次在同学们面前开心地嬉戏玩耍。在之后两年的中学学习生活中,依然有很多热心的家长给小明买学习

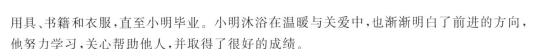

用具、书籍和衣服,直至小明毕业。小明沐浴在温暖与关爱中,也渐渐明白了前进的方向,他努力学习,关心帮助他人,并取得了很好的成绩。

是徐华铮的爱,让自卑的小明摆脱了孤独与迷茫,重新燃起了生活的希望和勇气,让他知道他面前其实是有条幸福的道路的!在徐华铮的开导与帮助下,他正朝幸福的入口走去!

这就是徐华铮,一个用爱燃起信心、用行动指明方向的老师!正如徐老师现在所教班级的张欣同学所说:"徐老师总是会让我们捕捉和感觉到身边的小幸福,她每天上课都有一段优美的导入语。我们同学带来的一瓶香水、一段音乐、一朵花,她都会和我们分享所感,从来不会随意呵斥指责我们,她是我们的'先生',也是'妈妈老师'!"

不忘初心　30 余年的传承

1984 年徐华铮初次踏上讲台,到现在已经过去 30 余年,30 余年的时光拂去了她当年的青涩,沉淀了她今天的从容,徐华铮也从一名初出茅庐的年轻教师,成长为湖北省特级教师、湖北名师,她用自己的勤奋、执着谱写着自己教育事业的华章。对着这一串串令人羡慕的荣誉,徐华铮非常淡然,她说,她以平常心走到今天,只想成为一个让学生回忆起来就有幸福感的老师,其他的荣誉头衔都是附加的。"成为一个让学生回忆起来就有幸福感的老师",不正是她少年时代的老师教给她的吗?"凡事包容,凡事相信,爱人如己,爱生如子",她用自己的行动一步步走向自己想要的目标。

在培养精英的 20 世纪 80 年代,长江大学到底给予了她什么?是什么样的品质铸就了她今天的成功?面对这些问题,徐华铮略做思考后说:"大学的影响是终身的,阅读习惯可以在这里养成,写作能力和学习能力能在这里提升。"直到今天,她都感恩那段大学时光,学识丰厚的专业课老师给她的理论学习打下扎实的基础;学习蔚然成风的校园也让她收获良多。当时的她会在排队买饭时拿着小本子记英语单词,会在睡觉前和室友探讨背诵古诗文。

徐华铮还提到了大学时期的两位恩师:李家宝老师和沈光明老师。徐华铮说:"李家宝老师是我的第一任班主任,当时教写作,他对工作充满激情,特别敬业,对学生特别亲近,像兄长一样关心学生,倾情投入自己的精力和时间,他的敬业精神对我的影响非常深远。沈光明老师是教现代文学的,他一直鼓励我们多读书。两位老师一直都是我现在学习的榜样。"即使现在做奶奶了,徐华铮爱阅读的习惯也一直保持着,每天睡觉前都会看书。现在,她也在鼓励自己的学生看书、爱上阅读,每周她都会在班级上推荐几本书,既不给学生造成负担又能使他们有所收获。当已经退休的沈光明老师被问及对徐华铮的印象的时候,沈老师显得很兴奋,说:"徐华铮,我记得,她当时刻苦认真、文静秀气,非常注重内在修养,是个有内涵的学生。"多么高的评价!可能就是认真让她更接近理想,是认真让她潜心教学,是认真让她在兼顾家庭和教学之余还能参加那么多的优质课竞赛,发表那么多教研论文,是认真让她的教育之花开得那么旺盛!

认真刻苦的徐华铮,在这30多年的教学生涯中,一直保持着这些优秀品质,她将自己的所得所获逐渐地传递给她的学生。在这个迅速发展的信息化时代,学生习惯于碎片化阅读,面对枯燥的课本难免会有消极态度,常常是敷衍了事,学习能力也很难有实质性提升,而徐华铮却用实际行动让学生从书本中找到乐趣,她回忆道:"比如在上《刻舟记》这一课的时候,为了让学生们更直观地了解到书本中所写的空间关系,我便买了十多个小的模型,一个小组分发一个,结合模型来讲解,这样学生就印象深刻多了。"在讲到如何激发学生的写作兴趣时,她也开心地给我们分享了一个典型事例。曾经有一个从来不写作文的学生,到了徐华铮班级后,徐华铮便引导他开始阅读优秀作文,让他从一段作文开始写起,每天给他点评,并会送一段祝福激励的话语。后来,这个学生每天的作文发展到两段、三段,每天的作文竟然成了他最快乐的作业。一学期下来,他的长篇作文竟可以被当成范文,他的写作水平突飞猛进。

  诚然,教育在于传承,就像是一场接力赛跑一样,徐华铮从她的老师身上学到了好的品质,她也努力将这种宝贵的品质传递给自己的学生,代代传承,薪火不断。

  在采访最后,被问到能不能给长江大学在读校友一点建议时,徐华铮不假思索地说:"在该学习的时候一定要抓紧读书,多读书,因为阅历生活还有很多机会,但读书的机会真的不是很多,尤其是工作之后。韶华易逝,一定要通过读书让自己的气质得到修炼。"徐华铮的话,让人不禁联想到余秋雨的一句话:"阅读的最大理由是想摆脱平庸,早一天就多一分人生的精彩;迟一天就多一天平庸的困扰。"爱阅读的徐华铮应该也是读过余秋雨的。

  这就是徐华铮,一个能点亮学生心灯、让学生回忆她时有幸福感的老师,一个以帮助学生找到幸福入口和人生坐标为宗旨的老师。她用自己的勤奋努力,执着于自己选择的教育事业,用心浇灌并让其开出绚丽花朵。

万丽芳/文

邓桂秀：乡村女教师的美丽绽放

  邓桂秀，1965年生，湖北钟祥人，1990年从长江大学（原荆州师专）毕业后，和爱人扎根当阳山区双莲中学，把自身的大爱和责任贡献给了当阳的教育事业。先后获当阳市"模范班主任"、"优秀班主任"、"课内比教学、课外访万家"先进个人、"最美党员"，宜昌市学科带头人、宜昌名师等荣誉称号；被评为湖北省"优秀英语教师"、"农村优秀教师"、湖北省"特级教师（初中）"。

桃李芬芳

"寸烛微光短,匠心师意长;无声春雨洗,润物秀风光。"

"大树立乾坤,千寻万丈根;落红化作泥,养护桃李情。"

这一组诗,正是邓桂秀的真实形象写照。

在明亮的教室里,孩子们的读书声此起彼伏,这是当阳市王店镇双莲中学一堂普通的英语课,正在讲台上给孩子们上课的老师名叫邓桂秀,今年58岁的她在这个三尺讲台上一站就是30余年。

在她30余载的教学生涯里,她用活了三尺讲台,把最好的教育理念钻深、研透。做最美乡村女教师,让生命之花在乡村教育的舞台上绽放出最美的色彩,这既是邓桂秀最初的心愿,也是邓桂秀孜孜以求的目标。

美在坚守乡村:热爱教育事业的情怀

邓桂秀1990年从长江大学(原荆州师专)毕业,本来是有机会回到家乡钟祥当老师的,但她选择了跟随爱人来到地处宜昌偏远小镇的双莲中学工作。那里群山环绕,交通也十分闭塞,巨大的环境落差让她一下就懵了。

"既然我选择了,那我就要接受。嫁给双莲人,也得'嫁'给双莲中学。今后我权当自己是一个地地道道的双莲人,双莲中学就是我的家。"邓桂秀坚定地说。

双莲这个地方经济条件落后,自主移民搬迁户多,留守学生、单亲家庭学生多。因为贫穷,教育根本得不到重视。这些邓桂秀都看在眼里。她说:"要改变这种现状,首先要给家长和孩子们进行精神上的'扶贫',让他们认识到只有知识才能改变命运,拥有知识才能走向更广阔的天地,才能看到外面更精彩的世界,乡村才能焕发出新的生命力,乡亲们才能早日脱贫,过上安居乐业的幸福生活。"

邓桂秀是这么说的,也确实是这么做的。30余年来,她扎根基层,坚守乡村讲台。她教过的学生有的成了企业白领,有的成了职场精英,有的成为优秀军人,更多的孩子因为她的教育拥有了不一样的人生。邓桂秀改变了学生们的命运,也改变了他们的整个家庭的命运。

30余年来,邓桂秀兢兢业业育新人。她曾有多次机会可以调到城区条件较好的学校,也有私立学校以高薪聘她去任教,但她都婉拒了。面对这些外来的"诱惑",邓桂秀丝毫没有犹豫:"这里更需要我,我爱双莲这片热土,爱着这里的孩子和父老乡亲。"

在邓桂秀的影响下,双莲中学许多年轻老师也放弃了进城的机会,守望着他们热爱的双莲。时间就像一个魔法师,总会让久别后的人们重逢。多年后,那些从双莲中学走出去的孩子们又回来了,他们带着对家乡的眷恋,带着自己丰富的学识,回到这个小山村,成了和邓桂秀一样的农村义务教育工作者。

美在关爱学生：乐于无私奉献的精神

邓桂秀自担任班主任以来，就给自己定下一个目标：凡是她教的学生，她每学期至少家访一次。30余年来，她对学生的家访就有上万次。

邓桂秀始终记得她曾经教过一个叫邹天文的学生。

七年级的时候邹天文多次无故旷课、逃学，经过邓桂秀多次家访劝说才勉强回校。

进入八年级，有天邹天文又不上课，邓桂秀听说他要去浙江打工并已买好车票，便不顾天黑，不顾连绵阴雨、道路泥泞，独自驱车赶往邹天文的家里。她晓之以理，动之以情，在给邹天文做了两个多小时的思想工作后，终于成功劝说邹天文返校继续学习。

九年级升学时，邓桂秀迟迟未见邹天文前来报名，她再次摸黑踏上家访之路。一到邹天文的家里，邹天文的妈妈便哭诉道："只怪我们穷啊！这段时间没有生活费，他天天吵着要去打工，我们不让，他就发狠把家里唯一的一台黑白电视机砸了，把门窗也砸烂了。"本来就是个一贫如洗的家庭，现在更是被邹天文闹得一片狼藉。邹天文一副铁了心要去打工的样子，让邓桂秀忧心忡忡。她想："如果邹天文辍学了，不仅我的班级流失一个学生，更重要的是这个家庭也就没有希望了，将来的社会极有可能多出一个不良少年。"邓桂秀沉思片刻后当场表态："我帮你申请学校的贫困生补助，剩下的生活费我包了。但是，你一定要保证读到初中毕业。"她的话深深触动了邹天文的心，这个逞强装横的大男孩当场就流下了惭愧的泪水，他向邓桂秀保证一定会读完初中。

中考结束后，邓桂秀劝邹天文读职业高中，希望他学得一技之长，能够在社会上立足。邹天文的父母完全赞同邓桂秀的观点，他们唯一担心的是就读职高的费用。邓桂秀又主动为邹天文垫付了一年的学费和生活费，还联系职高的老师，请他们帮扶教育，并主动加了邹天文职高班主任的微信。邹天文平常的生活费都是邓桂秀微信转账给班主任帮忙交付。精诚所至，金石为开。上职高后，邹天文像变了一个人似的，像跟班一样，每天跟着老师出入实验室，为的是学到老师的真本事。终于，在全国职高学生电焊技能比赛中，邹天文获得了一等奖。

上职高后，每年暑假邹天文都积极申请去工厂实习。在发工资的第一时间，邹天文给邓老师打电话，说要还钱并表示感谢。邓桂秀鼓励他道："这钱是你下半年的生活费和学费，等你毕业后找到工作挣钱了再还也不迟。"看到邹天文的转变，幸福和欣慰涌上了邓桂秀的心头。

邓桂秀的家访，可谓历经千辛万苦。她有时步行，有时骑自行车，有时和丈夫一起骑摩托车、乘汽车。有次在去学生付晓敏家的路上，她还不小心被狗咬伤。通过家访，邓桂秀亲近了学生，也亲近了家长，真正走进了学生和家长的心里。通过家访，她使学生们变逃学为好学，变懒惰为勤奋，变消沉为乐观。她曾经让号称"恶霸老大"的李元成变成班上的纪律检查委员，让失去父母的孤儿张文菊、胡丹丹感受到了家的温暖，让心理孤僻、对生活失望的贾天会变得开朗向上，让不爱喝水而经常便秘的邓鹏身体健康……

有一个叫樊佳颖的学生对邓桂秀尤其喜爱。她说:"邓老师是我们的英语老师,她经常耐心细致地教我们学习英语。记得有段时间我对英语不感兴趣,考试勉强及格,后来在邓老师的帮助下,我每次考试都能得一百多分。因为邓老师,同学们对英语的兴趣也越来越浓厚,都取得了不错的成绩。邓老师还关心爱护学生,经常给我们买衣物,赠送学习资料。她既是我们的严师,又是我们的慈母。"

1995年和2002年,邓桂秀两次被当阳市教育局授予当阳市"模范班主任"、当阳市"优秀班主任"荣誉称号;2012年、2013年连续两年被当阳市教育局评为当阳市"课内比教学、课外访万家"先进个人。

美在不甘人后:敢于奋发向上的斗志

在教学业务上,邓桂秀追求与时俱进、精益求精。因为在山村基层工作,邓桂秀深感自己知识不足、见识不广。她先后到北京师范大学、湖北大学接受英语教学能力培训,以提高业务水平。2015年作为农村优秀英语骨干教师,她被省教育厅选送到英国奇切斯特大学培训。在国外,她克服了年纪大、口语基础差、生活不习惯等困难,圆满完成了学习任务。

在市、镇和学校的教学研究中,她带头承担观摩课、研究课、示范课教学,引领课堂教学改革动向,推行科学教学理念,展示课堂教学特色。她不断总结教学经验、反思教学得失,在报刊上发表论文20多篇,辅导100多名学生参加各级各类竞赛并获奖。

作为特级教师,做好专业引领、带动全市英语教师一起进步,是邓桂秀义不容辞的责任。她把自己的教学经验分享给当阳市中小学英语教师,在教师进修学校,她做过多次新教材培训、课堂教学模式演练、教学方法指引等专题报告。她连续多年在当阳市中考备考研讨会上研究课,研究中考新方向,介绍复习备考经验。为了帮助师资薄弱学校,她还热心"送课下乡"到淯溪、建设、陈场、烟集等中学,了解学生们在课堂上存在的问题,解决老师们在教学中存在的困惑,为当阳市的中小学英语教育贡献了自己的力量。

作为一名磨炼了多年的英语教研组组长,邓桂秀清醒地认识到:一花独放不是春,百花齐放春满园;良好的教育效果不是一个人单打独斗得来的,而是团队精心合作的结晶。邓桂秀多方面地帮助青年教师成长,帮助他们解决工作中的困惑、思想上的问题、生活中的困难。

曾经有个青年教师喜欢抱怨,怨恨社会不公,埋怨领导不力,总觉得自己怀才不遇,却从不反省自己。邓桂秀经常主动和他谈心,像大姐姐一样,用自己的工作经历现身说法,正确引导。邓桂秀说:"我们身为乡村教师,没有多大本领挣大钱,也没有多大能耐干大事,只有脚踏实地、立足本职。如果你认为当老师委屈了自己,可以马上跳槽,是英雄就一定有用武之地。"功夫不负有心人,邓桂秀终于让这位青年教师认识到了自己性格中的偏执,之后,她又鼓励他努力去改变自己。现在,这位青年教师已成为学校的教学骨干。

邓桂秀先后参与并在学校组织实施了6个课题实验。自1998年以来,双莲中学英语中考教育质量综合评估一直稳居当阳市前列。邓桂秀所带领的教研组先后多人获国家级、宜昌市级、当阳市级优秀实验教师、优秀课题组长、校本研修先进个人等荣誉称号。双莲中学英语教研组被宜昌市教科院授予"金牌教研组"称号,被宜昌市总工会授予"工人先锋号"荣誉称号。

美在责任担当:修身立德,书写小家大爱

邓桂秀认为,身为老师要有家国情怀。她说:"一名教书育人的党员教师,更应该具有修身齐家、孝老爱亲的情怀,更应该具有和国家民族休戚与共的境界。"

工作之余邓桂秀非常注重个人修身立德,努力营造幸福温暖的小家庭氛围。"做人要有责任心,要有担当精神!撇开工作,我是地道的家庭主妇。"邓桂秀说道。她孝敬老人,爱护晚辈,婆媳、姑嫂之间的关系融洽。她对自己严格要求,努力向善、向上,用自己的言传身教,潜移默化地感染着儿子;用阳光、乐观的人生态度影响着家人。她默默为家庭付出,做到了任劳任怨,把家庭建设得温馨和睦。

作为史家大院的长媳,家族的长辈们对邓桂秀特别信任,一致推举她为史家大院的"群主"。邓桂秀不负重任,她温婉贤淑,规范自己的言行,处处传递正能量,让史家大院上上下下、里里外外76人团结友爱、同心同德、和睦相处。她被公认为好媳妇、好妻子、好母亲,她为史家大院老老少少做出了表率,堪称他们的楷模。

邓桂秀一直努力地践行着一个党员教师责任担当的诺言。她先后多次被当阳市委授予"最美党员"的荣誉称号,当选为中共宜昌市党代表;被评为湖北省"优秀英语教师"、宜昌市学科带头人、宜昌名师;被省政府表彰为"农村优秀教师",获评湖北省"特级教师(初中)",享受省政府专项津贴。

面对这些荣誉,邓桂秀表现得十分坦然。她说:"我知道,作为一名普通的农村教师,这些荣誉的取得并不是我个人的功劳。我应该感谢家人对我的帮助和支持,感谢双莲中学这个大家庭对我的呵护和扶持,感谢各级领导对我的教育和培养,感谢党和政府对农村教育的关怀和厚爱!"

展望未来时,邓桂秀坚定地说:"我生在农村,长在农村,工作也在农村。和我的学生一样,我也是农民的儿女。因此,我热爱农村教育,更加热爱父老乡亲的儿女。正是这份热爱,使我在农村中学坚守了30余年。30余年来,我和我的同事们一样,年复一年、坚持不懈地做着简单而平凡的工作。也正是这份坚持,成就了我的今天。我要继续努力,把这份爱心传递给我的学生,传递给我的同仁,回报给我的父老乡亲!"

冯振兴/文

刘朗：从"如沐春风"到"风雨同舟"

　　刘朗，1981年生，中级一级教师，湖北省教育学会会员，我校英语专业2000级校友，现任湖北省天门中学副校长。毕业后一直任教于湖北省天门中学，先后获天门市优质课竞赛一等奖、湖北省优质课竞赛二等奖和天门市高考备考优秀教师、第七届全国中小学外语教师园丁奖等荣誉。发表的论文《在WebQuest平台下的写作教学》获湖北省论文一等奖，多次参与编写高考二轮复习资料《专题讲与练》。

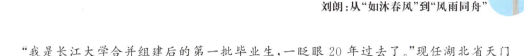

刘朗：从"如沐春风"到"风雨同舟"

"我是长江大学合并组建后的第一批毕业生，一眨眼20年过去了。"现任湖北省天门中学副校长的刘朗内心时常牵挂着母校。

2000年，在深思熟虑后，刘朗毅然决然地选择填报荆州师范学院（长江大学前身之一）外国语学院英语专业。"荆州师范学院在湖北乃至全国地方师范院校中还是蛮有名的，是很多学子向往的一所学校。"刘朗回忆起填报高考志愿时这样说，"当年报考师范专业，就业会更方便，前途也更广阔，教师这一职业同样令人期待。"也正如他所向往的，如今，他从一名承教的学生走上三尺讲台，成了一位施教的老师。

承教：如沐春风

"所有的青春记忆都属于那个没有喧闹的地方。"刘朗介绍说。那时他所在的校区修建好没多久，基础设施相对简单，城区内的大街小巷也没有如今繁华，学生们做得最多的事就是待在学校专心学习。

"没地方玩只能搞学习。"刘朗说，学生们的娱乐方式不多，一起听听录音机、一起看看录像带、一起参加各种集体活动就是很幸福的事情了。如是，坚实的专业功底也有了，深厚的同学友谊也有了。"'没地方玩只能学习'当然只是玩笑话，我们真应该感谢母校的严格要求。"从大一开始，学校就帮助刘朗制订了详细的学习计划和职业规划，包括早晚自习、课间操，以及学外语必备的口语、听力训练，甚至还有期中考试。有同学"吐槽"说，"上大学就轻松了"是骗人的话，殊不知来大学又继续读了个"高四"。在校期间，刘朗经常能看到同学们穿梭在教学楼和寝室之间忙碌的身影，没多久他也融入了进去。刘朗回忆说，后来才明白，学风不是口号，而是一批又一批这些身影的更迭，是这种"润物无声"成就了后来的"蔚然成风"。时至今日，刘朗仍保持着每日学习英语的习惯，他说自己永远怀念并深深感激这段学习时光，这是长江大学给予他的宝贵人生财富。

"母校的学风让我感到'如沐春风'，因为我遇到了一群好老师。"刘朗说。传道授业解惑的老师是执教者，他们在一言一行中影响着学生。刘朗印象最深的是教精读课的杨慧老师，他说："杨老师善于寓教于乐，无论是枯燥的语法知识，还是闻所未闻的外国历史，她都能讲得通俗易懂，课堂氛围好极了。"外国语学院的老师们除了教会刘朗专业知识，还会常常叮嘱他要学会思考未来，要做对社会、对国家有用的人才，学会本领的同时更要学会做人。

和谐愉快的寝室氛围也是刘朗记忆深处的一抹亮色。"我有一个'学霸'室友郝建军，他除了生活中很关照我们，学习上也总是能带着我们一起努力，以至于我们寝室都挺'内卷'的。"刘朗笑着说。他还列举了学校和学院举办的各项活动，诸如外语文化节、英语口语竞赛、元旦晚会等，他说："虽然那时候的硬件条件相对普通，但学校为学生准备的课余活动一点也不少。现在大家印象深刻的就是这些集体活动了，很感谢学校为我们留下这么多美好有趣的记忆。"

在竞相争先的环境里,同班的每个人都为自己的学习而忙碌着,时间紧张,而刘朗却愿意在繁杂的课业中挤出时间,竞选成为班长。21世纪之初的通信条件不像现在这样发达,作为学生干部,大多数的上传下达、部署安排都需要靠"跑"来完成。刘朗不辞辛苦,不管大事小事,他总是能在第一时间解决,对同学们的问题,他总能拿出很好的应对措施,并顺利完成老师交代的任务。时隔多年,同学们仍记得这位勤快而又负责的班长。刘朗坦言:"担任班长的经历极大地锻炼了我的组织能力、协调能力和管理能力,为我现阶段的高中校园行政工作奠定了一定的基础。"

施教:春风化雨

  从长江大学毕业后,刘朗选择回到家乡——湖北天门。一方面,他想留在家里多陪陪父母,承担起照顾家庭的重任;另一方面,他立志将母校外国语学院所教授给他的知识化为实践,将大学里老师们所给予他的师范技能带回家乡,帮助家乡培养出更多优秀的学子。就这样,2004年,刘朗以"笔试面试双第一"的成绩进入湖北省天门中学任教。

  从备好每一堂课做起,直到完成育人使命,刘朗脚踏实地,在教研领域找寻出了一条属于自己的道路。刘朗介绍说,自己做事情喜欢持之以恒,一笔一画认真书写教案这个习惯他一直保持着。他回忆道:"最初走上讲台,多少会有一点胆怯,担心准备的内容发挥不出来,担心没能真正教给学生知识,所以会把备课环节准备得非常充分。俗话说,'要想给别人倒出一杯水,自己就应有一桶水'。当年那些备课笔记,我一直留存到了现在,一方面是为了给现在的备课做一个参照,另一方面也是为了告诉自己不忘初心。"

  "抓住一切站上讲台的机会",秉持着这样一种信念,刘朗不断锤炼着自己的授课本领,他的努力也没有被辜负。2007年11月湖北省优质课竞赛拉开帷幕,刘朗肩负使命,代表天门中学参加比赛,最终获得湖北省二等奖。比赛结束后,刘朗充分反思与总结,不断琢磨其他同行的优秀之处,恰逢教材改革,他便理论实践两手抓,一边总结优秀同行身上的闪光点,一边投入新教材的研究。"题目都是常做常新的,从往年的高考题中也能摸索出一些门道。"为了加强对教材的熟悉与理解,刘朗将全国各地近10年的高考题反反复复做了几十遍。"从大学校园重返中学课堂,你会发现解题的视角发生了很大改变。"刘朗直言心声。

  努力付出终见收获。2008年,刘朗开始担任高三年级英语备课组组长。此时,刘朗需要做的不仅仅是自己一个人的教学工作,还需要负责整个备课组的教学活动,诸如教学计划的制订、教学任务的落实、教学习题的研制等。刘朗的身份从原来的教学者转变为了年级教学任务的督促者和带头人,他的统筹与协调能力在这一阶段得到了很好锻炼。在此期间,刘朗也不断提升自我,他于2008年考入华中师范大学攻读教育硕士学位,并在完成学业后继续返回天门中学任教。

  随着教学能力的逐步提升,刘朗也肩负起更多责任。2012年,刘朗担任校团委副书记,为学生工作以及日后的行政事务打下了一定的基础。2014年,刘朗进入年级办公室,担任高一年级的年级主任,如何兼顾好管理与教学便成了刘朗需要思考的问题。"就像当年在长大担任班长时和班委们交流谈心一样,我也尝试着和同事们多沟通,多问他们我能在对应的职位上帮他们做些什么,能为他们解决哪些需求。"刘朗一点点回忆在长江大学担任学生干部的经历,慢慢摸索着管理的门道。

"当时一个年级有1400多名学生,可是年级办公室的成员寥寥无几,繁忙得把办公室当家是常态。"刘朗回忆说。从早自习查班到午休的巡楼,从傍晚课间活动时的劝导到晚自习过后的深夜查寝,不论晴天还是雨天,不论高温还是寒冷,刘朗从没缺席过。"严"是学生们给这位年级主任贴上的标签,因为刘朗的管理模式是坚持"严抓严管",培养学生良好的学习、生活习惯。当然,刘朗对自己的要求也是如此,从不"双标"。"有的学生毕业时,来年级办公室领回去了6个被没收的手机。幸亏是严格管理,若是放松管理,那不知要影响多少学生的未来啊。"刘朗打趣地说。

"选择相信学生,期待一个转变",这句话是刘朗的管理宗旨。刘朗对待每一位学生都不会放弃,他认为,作为老师要学会容错并在之后鼓励学生改变,而不应该一味地惩罚。说到这,刘朗还分享了当时自己班上一位学生的故事。一位女生在高一时总是调皮捣蛋,不服从管教,对学习提不起兴趣。刘朗的管理事务虽然繁忙,但从未忽视自己班上的学生。他一遍又一遍地鼓励那位女生好好学习,并主张精细化管理,还发挥家校共育的优势,和学生家长反复沟通了解情况。在与刘朗长达一年的谈心之后,那位女生的成绩渐渐有了起色,最终她以高考620多分的好成绩成功考入中国政法大学。

在刘郎开始任年级主任3年之后,也就是2017年,刘朗所带的这一届学生交出了天门中学自搬迁新校址之后的最好的一份答卷:全年级一本过线人数达800多人,清华、北大过线6人,其中文科第一的那位学生还是全省总分第3名。刘朗自豪且欣慰地说:"这样的好成绩得益于当时我们实施的'严抓严管'模式,我们对得起学生们的努力,学生们也没辜负老师们的期望!"

一次次优秀的成绩证明了刘朗的教学能力与管理能力。2018年6月,刘朗开始担任校办公室主任,同年10月,他升任天门中学副校长。"学生的茁壮成长永远是老师心头最大的牵挂。"刘朗自上任后,提出了诸多创新性的教育活动,比如"校园光盘行动""教学楼禁止食品进入""15公里远足"等,使得校园的环境不断优化,学生们的学习、生活习惯得到了改善。

如今,在教育改革的大背景下,面对新高考,作为分管教学的副校长,刘朗仍旧选择继续耕耘在教学第一线。在他看来,只有常站在讲台上,才不会丢掉教师这份职业的魅力,也只有常围绕在学生们的身边,才能感受到教育事业的真正价值。"我时常都会回忆当年外国语学院的老师们日常教学的身影,从他们身上我逐渐懂得:基础业务要精进,专业知识要输入,终身学习要保持,为人处事要谦逊,愿意吃苦肯耐劳。"正是因为有大学时期前辈们的榜样力量,刘朗在教育领域收获满满,获得了身边同事的一致好评,也得到了各类奖项的表彰与肯定。

校校合作:风雨同舟

　　毕业多年后,刘朗回到长江大学,在参观完"长大长新"的校园后,他不禁感叹说:"现在的学习、生活环境比我们那个时候好太多了,现在很多专业都实现了重组,办学方向更加多元,涉及的领域也更加广泛。希望学弟学妹们珍惜学习时光,珍惜在长江大学的一分一秒,趁青春年华,成就更好的自己。"总结起长大对自己的影响,刘朗概括说,首先是让他在专业上有底气,其次是给他的学习、生活乃至教学方式都留下了深刻的思维烙印,最重要的还是给予了他踏入社会的无限勇气以及回首过去的处处精彩。正如他说的,母校初夏的荷花池暗香飘浮,沁人心脾,恰如这四年的记忆一样,都包含着学生时代里所有简单纯粹的美好,让他一生都难以忘怀。

　　2022年5月底,天门中学签约成为长江大学优质生源基地,刘朗代表天门中学与长江大学艺术学院副院长彭琛签署了两校合作的协议书。在日常的教学过程中,刘朗时常向他的学生们介绍长江大学,对他们讲自己在长大求学的难忘故事,鼓励学生们考上长大和他成为校友。刘朗也向长江大学的学生抛出"橄榄枝",希望天门中学能有更多来自长江大学的老师,他表示:"我真心希望我的母校和天门中学实现双赢,天门中学欢迎你们!"

鄢宇航/文

五、商界精英

徐锋:"奔腾"的人生

  徐锋,1982年生,湖北黄冈人,高级工程师,我校计算机科学与技术专业2001级校友。南开大学工商管理硕士,杭州市高级人才(E类),现任杭州煌诚科技有限公司总经理兼董事长。先后任职于高校担任大学老师,戴尔(中国)、新华三集团等著名IT公司担任产品经理、市场营销和高级管理岗位。担任的社会职务有浙江省湖北商会副会长、杭州市黄冈商会副会长、浙江省湖北商会IT行业委员会主任。2018年入选共青团第一届浙江省鄂籍"优秀青年",2020年入选共青团第三届在浙鄂籍"优秀青年企业家"。

徐锋："奔腾"的人生

冰心说："成功的花，人们只惊美她现时的明艳！然而当初她的芽儿，浸透了奋斗的泪泉，洒遍了牺牲的血雨。"这几句话与校友徐锋一路奋斗打拼的人生轨迹完美契合。这个出生于1982年的"湖北娃"，毕业10年后靠着自己的踏实和努力在异乡杭州站稳了脚跟，将一家科技公司做大做强。每一个成功者的背后，都有一段常人意想不到的艰辛历程。

"小镇做题家"的大学时光

徐锋一直说自己是地地道道的"农民的儿子"，跟大多数农村出生的孩子一样，在他年幼时父母外出打工，而他留在家里。徐锋比其他留守儿童更为艰难的是，他只能同患有癌症的奶奶和盲人叔叔生活在一起。家人给予不了他太多帮助，他每天还要给年迈的奶奶做好饭，喂养家里比他个头还要大的猪，然后再赶到几公里之外的学校上课。放学后，他还得马不停蹄地赶回家做饭。都说"穷人家的孩子早当家"，生活的磨难让他变得格外独立和早熟。这段经历让外人听起来莫名心酸，徐锋却显得有点云淡风轻。

家庭原因让徐锋分不出太多精力学习，靠着"小聪明"他总算顺利地度过了小学时光，接下来的初中生活，却促成了他的觉醒。

有次班主任挑选了10个成绩好的学生去免费补习，自认为学习成绩还不错的徐锋却没有被选上。这件事严重地打击了他的自信心，他下定决心一定要努力努力再努力，活出自己应该有的样子。

在那个年代，每个学生都需要从家里自带30斤大米去食堂搭伙度过一周。每天的伙食就是咸菜就米饭，有时还是那夹着沙子的夹生饭，难吃极了！艰苦的学生生活同时也唤醒了他内心的那头"雄狮"。

年少时的徐锋从这几件事突然意识到，只有靠读书才能彻底改变这种命运。徐锋跟父母进行了一番深入的交流，他向父母承诺，一定好好学习。

有决心、有目标还要付诸行动。从那以后，在晚上下课了一个宿舍三四十个同学挤在一起"高谈阔论"、打闹嬉戏的时候，徐锋便在教室点起蜡烛继续学习，累了困了就拥着被子睡在教室。"天将降大任于是人也，必先苦其心志，劳其筋骨，饿其体肤"，徐锋把这段经历概括为"秉烛夜读"。努力终有收获，中考时他考上了当地最好的高中——浠水一中。

高中3年，他仍然保持着认真刻苦的求学习惯。但就在高三那年，徐锋遭遇了人生第一个低谷。作为家里顶梁柱的父亲因病住院，生命垂危，被下了几次病危通知。为了不影响徐锋的学习，家人们选择了隐瞒。"天要塌下来了"，从小懂事的他怎么会不知道？他又怎能泰然处之？各种焦虑向他袭来。在各种压力交织之下，徐锋高考失利。我们总盼望命运能按照我们预想的轨道行驶，但现实就是这样残酷，让人猝不及防、始料未及。

在进入长江大学后，徐锋并没有一蹶不振。他迅速调整好自己的心绪，全身心投入学习。"既来之，则安之"是他常挂在嘴边的一句话。他丰富的人生阅历和从小养成的担当精神使他深受同学们的喜爱，他成了值得大家信赖的第一任班长。后来，由于各方面出色的表现,他也是最早一批学生党员。

在那段青葱岁月里,徐锋用两个字总结自己的大学生涯——"充实"。他担任了计算机科学学院学生会主席,靠着勤恳和踏实,他受到了辅导员的青睐,成了老师的"心腹爱将"。从大二开始,他每年都担任一个班的学生班主任。3年下来,他共担任了3个班的学生班主任。他做学生干部时,每年都要组织迎新活动,搬桌子搬椅子都是常事,还得带学弟学妹们去熟悉校园环境,开展入学思想教育。"一到开学瘦三斤。"他笑着说,"学生干部工作实在是太忙了。"得益于这段经历,徐锋也大大提升了自己的自信和表达能力,成功跻身当年的校园风云人物。

即使忙得脚不沾地,徐锋也没有把正常的学业落下。据徐锋回忆,当年西校区比较偏僻,离市中心较远,得益于这种"先天"的地理位置优势,学生们才静下心来,一有时间就去图书馆,周末图书馆的座位全靠"抢"。大学这种朴实踏实的学风也深深影响了徐锋,他一有空闲时间就去泡图书馆。徐锋英语基础不算好,在大三时才把大学英语四级考试通过了。徐锋认为坚持很重要,长江的精神就是百折不挠、勇往直前,而长江大学以"长江"命名,这种精神也是每个长大学子应该具备的。

聊起大学时对他影响最深的人,徐锋毫不犹豫地说是他当年的辅导员余华平老师。在徐锋的记忆里,余华平老师当年一边工作一边攻读博士学位,这种刻苦求学的精神,让他大受触动,就算毕业多年,两人也常有联系。余老师的谦和也让徐锋印象颇深。他说:"余老师没什么架子,学生们只要有困难就去找他。我没生活费了也管余老师借,还帮同学向余老师借过钱。"一直以来,对学生无微不至的余老师既是徐锋的良师益友,也是他学习的榜样。谈起自己的大学时光,徐锋一直是带着笑意的。他坦言,大学生活是他的人生开端,也是他人生中很精彩的一笔。

"奔腾"的创业人生

2004年徐锋毕业,顺利地进入长江大学工程技术学院(现荆州学院)成了一名大学老师。至此,他的人生轨迹已经算是较为圆满了。但是,成功者与普通人的区别就是前者敢于走出自己的舒适区。作家张德芬说:"当你脚下的那块安全毯突然被抽走的时候,这是人生的关键时刻,你的反应,都一再地左右着你此后的人生格局和布局。"3年后,正当一切走入正轨时,徐锋毅然决然辞掉了家人眼中体面稳定的大学老师工作。对于"农民的儿子"来说,做出这种颠覆性甚至有点疯狂的人生选择,是一种巨大的挑战。

2007年,25岁的徐锋怀揣着对生活的期待和对未来的向往,带着8000元和自己的好友来到厦门创业,做企业邮箱和域名的服务。他把办公室当成宿舍,买来电磁炉自己做饭,靠着青菜就馒头解决一日三餐,鸡蛋汤成了他唯一的"调味料"和营养品。徐锋称,在这段单调又充实的日子里,他每天靠着苦中作乐来丰富自己的精神世界。但生活并没有因为他年轻有朝气而偏爱他,反而很快给他上了扎实的一课。一年时间不到,徐锋创业失败。面对家人的不理解、创业失败的压力还有经济的窘迫,他找到了余华平老师寻求帮助,老师的一番话令徐锋受益颇多,他决定"及时止损"。但是这次失败的创业也成了徐锋一段难得的人生经历。在这个世界,没有什么捷径,通往成功的道路必将充满辛酸、苦楚和汗水。

由于创业欠下了债务,徐锋决定边找工作挣钱边还债。在曾经的学生会主席经历,还有之前创业经历的"加持"下,他很快收到了戴尔(中国)、海尔、阿里三家企业的入职邀请。海尔氛围偏向轻松,而他需要还债;相较之下,戴尔(中国)的薪酬福利制度更吸引他,很快,徐锋在戴尔开始了新的征程。

周围的同事都是"985""211"名校硕士,这给了徐锋不小压力,但能吃苦、踏实、沉得住气是他的优势,很快,他便在戴尔崭露头角,开始自己带团队做项目。当然,他也没有忘记之前那段失败的创业经历,他在工作中不断学习外企成熟的管理经验。在戴尔的3年多时间里,徐锋眼看就要跨进而立之年了。他正面临一个新的问题:要选择哪座城市定居安家呢?尽管戴尔的高管一再挽留,但还是没能留住有冲劲的徐锋。徐锋说自己是一个喜欢学习、喜欢折腾的人,3年的职场时间足够自己把一个企业的运作模式和管理经验学到手,3年时间对作为员工的他来说已经到了职业"天花板",他需要打破这种安稳的局面了。这和徐锋的微信名"奔腾"出奇一致。他解释这个微信名是国内较早的电脑CPU名称,同时也代表着奔腾不息、奋斗不止的含义,很符合他IT男的风格。

2010年,徐锋去杭州华为公司参加培训。本来想留在武汉发展的他,阴差阳错地留在了杭州。很快,三年一变动,徐锋被挖到杭州另一家初创公司担任高管。他用开玩笑的语气说需要自己改变的机会又来临了。到2013年,徐锋花了6年时间,从最开始的8000元身家涨到百万年薪。在这家初创公司里,他能够接触学习的东西更多,同时也因为是初创公司,什么事情都需要亲力亲为,徐锋称自己是"又当爹又当妈"。也是在这里,他学会了怎么跟资本打交道,怎样运作管理一家公司。

有了多年的积累,2016年,徐锋迈出了人生更重要的一步,他注入一大笔资金到煌诚科技,成了公司的大股东。这种决断和魄力也是一个管理者不可或缺的魅力与能力。这是一家专注于信息化和智能化建设与服务的国家高新技术公司。公司坐落于美丽的西溪湿地蒋村商务中心,旁边就是浙江大学紫金港校区。他说,在属于自己的写字楼里办公,自己踏实,员工也更有信心。公司名字源自"辉煌源于诚品"的初心,正如徐锋以往多年的行事作风:真诚、踏实。由于在大学有着丰富的学生干部经历,徐锋在招聘时也格外看重面试者是否有相关经历。查阅煌诚科技的官网会发现,公司研发的智慧导厕系统还曾被《杭州日报》报道,此外,还有其他数不胜数的荣誉和成就。

从容的生活智慧

徐锋并不愿意过多谈及自己创业的成功,相反,聊起过去的校园时光和创业失败的经历,他更兴奋。这或许是徐锋在提醒自己不要沉溺、得意于眼前的成功。老子《道德经》有一句话叫作"光而不耀,静水流深",意思是成功时也要学会以平常心待人。真正成熟的人一定懂得辩证,懂得"度"。煌诚科技官网上发布了企业核心价值观,其中有一条是"激情:舍我其谁;勇争时代和行业的旗手,为实现个人理想及公司价值像长江之水奔腾不息、百折不挠。"可见,长江大学的精神内核已经深深地融入徐锋的血脉之中,遍布公司每个角落,这是长大学风最好也是最有力的传承。

徐锋称,早年在戴尔他很焦虑,但是在他二次创业之后心态反而越来越放松了,人到中年却没了中年焦虑。他说:"经过这么多年的风雨洗礼和岁月冲刷,我内心越来越强大。"在我们常规印象中,企业管理者总有着无法分身的饭局和应酬,而徐锋不同,他现在修习王阳明心学,生活中的他会打羽毛球锻炼身体,每周坚持抽时间打两场球,这是他在大学就养成的运动习惯。

徐锋2022年的微信头像充满着少年气,是个可爱的哆啦A梦,让人难以想象这是一个处在不惑之年的CEO会用的头像。被问及为什么选哆啦A梦当头像时,他愣了一下,然后解释,有着百宝袋的哆啦A梦能实现所有愿望,这个头像代表着一种快乐和理想,同时也是一种对拥有强大心理和积极心态的期许。如今,他的头像已经变成了一张平静的山水风景照,也许是因为他内心状态又发生了变化,做到了知其然、知其所以然、知其所以必然。他成功地将黄冈和杭州两座城市的气质糅合在了一起,他身上有着黄冈人不服输的倔强,也有着杭州人的从容。

徐锋称荆州是自己的第二故乡。怀着对母校满满的爱,他担任了长江大学浙江校友会副会长兼秘书长,每年组织一次浙江校友聚会,目的是让校友们找到回家的感觉。关于对长江大学的学弟学妹的就业建议,他说:"不要一味地盲从和随大流,要学会判断自己适合走什么路,然后在这条路上坚持不懈,你就能收获成功。"

生命最伟大的光辉不是永不坠落,而是坠落后能够再度升起。徐锋的微信来电铃声是朴树的《平凡之路》,他的人生就如同歌词里写的:"我曾经堕入无边黑暗,想挣扎无法自拔,我曾经像你像他像那野草野花,绝望着,也渴望着,也哭也笑平凡着,向前走,就这么走……"他经历过生活的困苦、学业的不如意、创业失败的至暗时刻,却依然没有放弃寻找生活的光亮。用现在流行的互联网话语来说,他是"小镇做题家"努力走出寒门的典范,这个"小镇做题家"绝非贬义。他埋头苦读、奋斗拼搏冲出原生阶层,他赤手空拳为自己搏得机会。他是千千万万个"小镇做题家"的缩影,他像歌词里有韧性的野花野草,一时的挫折没能让他弯腰。面对低谷,他身经百般锤炼却依旧信心十足。他像他名字中的"锋"一样,等待时机积蓄力量、展露锋芒,在人生这条"平凡之路"开出了绚烂的花朵。

鸭子凫水的时候,人们只看到鸭子在水面上悠闲安逸地游动,却很少有人知道水下的状况是怎样的,其实鸭子的蹼一直都在拼命地划动着,没有一刻停歇。每一个光鲜亮丽的背后,都隐藏着常人无法想象的坚持和拼搏,只是简单的吃苦无法成就今天的徐锋,他对挫折的思考和对失败的琢磨才是徐锋区别于其他人、抢先一步成功的秘诀。

徐锋走出"小镇"后,没有把生养他的"小镇"抛诸脑后。人生因奋斗而升华,徐锋不但注重自我提升还很有社会担当。他在疫情期间组织向家乡捐款捐物、奉献爱心,为全面打赢防疫攻坚战贡献了一份力量。接受采访时徐锋还说,他正在听小米CEO雷军的年度演讲。正如雷军的分享，没有任何人会喜欢挫折、失败，但每个人不可避免一定会经历，甚至，不少人现在正在经历。既然这些痛苦难以回避，那我们能做的，就是直面这些痛苦，在痛苦中坚持前行，让痛苦来塑造更好的我们，这就是痛苦的意义、挫折的馈赠。

我们所经历的所有挫折、失败，甚至那些看似毫无意义消磨时间的事情，都将成为我们最宝贵的财富。人生很长，无论如何，让我们保持信念，永远相信美好的事情即将发生。

苏莹/文

李树光："一束光"的困境突围

  李树光，1982年生，我校工商管理专业2003级校友。2008年创立湖北中航世纪教育投资有限公司。公司秉承"诚信做人，用心做事"的理念，始终坚持"以质量赢市场，以市场谋发展，以发展求效益，以服务得人心"的服务宗旨，以教育为龙头，采取集教育、建筑、矿产、餐饮酒店等为一体的多元化经营模式，经过15年的奋斗历程，实现了跨越式发展。目前担任武汉光睿教育投资咨询集团、中问（湖北）建工集团、云谷地产等多家公司董事长。

李树光："一束光"的困境突围

任何一束光，都是从微弱的光粒开始。

李树光的创业历程就像是从一束光到一团火的过程。

微弱时，惠及身旁；闪耀时，照亮四方；熊熊燃烧时，汇聚成磅礴力量。

李树光就是这样的"一束光"。至今，他仍清楚地记得那个夏天的情景，村里终于通了公路，第一次有大卡车开进来。

"咦，你看这么大个家伙拉这么多东西，要吃什么才能有这么大力气啊？"……村民七嘴八舌，也没有议论出个所以然。年少的李树光也挤在人群里看热闹。那年，他刚满10岁。

这是发生在鄂西北山区谷城县一个村庄里的故事。谷城县的山绵延起伏见不到边际，梯田一层一层依着山势螺纹般地向卜盘绕，祖祖辈辈踩出的泥泞小路在田野里纵横交错。这里的人一辈子过着面朝黄土背朝天的生活，年景不好连温饱都很难保障。少时的李树光，一年四季早上只有玉米粥喝，要等晚上放学回家才能吃上一顿饭。因为长期挨饿，打小他的胃就不好。

在李树光的记忆里，他做得最多的农活就是砍竹子。他常将砍好的竹子捆在一起，扛到5公里以外的售卖点去卖，有时归来已是月上枝头了，看着青瓦土坯房窗户里闪着的煤油灯光，他觉得异常宁静与温馨。

后来村里通了电，黑夜一下变得亮了起来，但是人们还是很好奇，为何一个圆形的玻璃球就会发光呢？李树光也逐渐意识到知识的重要性。

要用知识武装自己，考一个理想的大学，用知识改变贫穷命运，成了他的理想和奋斗动力，就像一束光照亮着他前进的路。

困境中的那"一束光"

2003年9月，经历高考后的李树光揣着家里东拼西凑的3000元来到了长江大学。交完学杂费，买完生活用品，剩下的钱仅够他一个月的生活。作为家里的男子汉，他实在是没办法再向家里开口要钱，只能边读书边"自谋生路"。

学习之余，他想到做兼职赚钱养活自己、解决温饱。但相对学杂费以及其他生活开销来说，那只是杯水车薪。

生活的窘迫让他奋而起之、起而行之。他暗暗地鼓励自己："我必须闯出自己的一片天地！哪怕是'一束光'也要让它照亮我前行的路。"但没有本钱、没有人脉、没有经验、没有资源，能做些什么呢？李树光在心里一遍遍地问自己。他又反过来想，自己的专业不是工商管理吗？说不定将专业知识运用到实际中还能有所作为。那段时间里，他害怕失败，又不得不尝试，这种复杂的情绪在他的心里纠结了许久。"那就自己当老板挣钱吧！"下定决心后，李树光兴奋不已。

自己势单力薄、身无长物，他首先想到的是凭借团队的力量，招兵买马、借势造势。他从超市买来红纸、笔、墨、胶水,自己动手制作了招募海报。于是,一份份印有"本人李树光,来自贫困山区,现想自主创业,欢迎志同道合的有缘人加盟"内容的海报迅速出现在了校园学生生活区。很快,他召集到13名创业合伙人。不管学习多忙,李树光每天都会挤时间召集他们共商创业大计,研究投资项目,但万事开头难,过了很长时间都毫无进展。

就在大家一筹莫展的时候,幸运之神降临,校园内一家洗衣店由于经营不善濒临倒闭,这也许就是他盼望已久的那"一束光"!李树光从中看到了商机,创业团队决定接手这个门店,他们终于踏上了创业的道路。吸取上次招募海报的经验,这次李树光发起了传单,从食堂发到宿舍甚至教学楼。这个项目来之不易,而且李树光的学生证、身份证压在洗衣店原老板那里,转让费还欠着。"我必须成功,我已经毫无退路可言了,不成功就只能等死。"李树光这样提醒自己。

对于这个项目,他铆足了劲,结合实际对原本的服务项目进行升级。"原来洗衣服都需要自己送到洗衣店,我们就在价格不变的基础上增加上门服务,这样愿意洗衣服的同学不就多起来了吗?"李树光想。

就这样,他们在接手洗衣店的第一个月就盈利近 700 元,生意逐渐红火起来,达成了与原老板的转让协议。李树光还收到了原老板赠送的淘汰的手机,这也是他人生中的第一部手机。

但是,洗衣店一到寒暑假就被迫歇业,李树光不得不拓展新的业务。他带领创业团队从沙市洪城批发了一些枫叶纪念卡和姓名链在校园里售卖,一时间风靡全校。同时,他还带领团队在周边一些县区租房办培训班,对周边中小学生进行作业辅导。寒假前,他们又摆摊售卖荆州土特产,方便同学们带回家。

"荆州的冬天北风呼啸,看见生意那么好,我们心里也觉得温暖了许多。"李树光笑着回忆道。

回想起在校的那些日子,李树光坦言,他虽然在创业上花费了许多时间,但积累了一些创业经验,学校的育人文化和老师、同学们的质朴、奋进的精神面貌深深地感染着他,这也是鼓舞着他一路走来的精神力量。比如他还记得辅导员刘晓燕老师干练、积极、阳光,工作勤奋,加班加点是常事。刘老师说她从来没有在晚上12点以前睡过觉这件事至今依然让李树光备受触动。田立春老师丰富的人生经历、成功学中那些暖心的人生哲理,也一直是李树光创业路上迷茫、沮丧时的心灵之光。

宁可睡地板,也要当老板

2007 年李树光毕业,就在大家都以为他会继续创业的时候,他决定去别的公司工作。他凭着大学时期的创业经历成功应聘为荆州市祥龙化工有限公司的销售员。

"大学做的都是一些小买卖。要想创业做更大的企业,就必须去正规的企业历练自己。"李树光说。

他被分配到川渝地区售卖农药和种子。他自加压力,首先给自己定下铁律,要求自己每天必须拜访10个客户，这远高于公司的规定。为了高质量完成拜访任务，他从不去餐馆吃饭，饿了就吃包子、面包、方便面等速食；背包里除了几件换洗衣服，剩下的全是样品和名片。在人员流动的旺季，他成为绿皮火车上的长期"站客"，常常一站就是十几个小时。半年下来，他走遍了整个川渝地区大大小小的农资企业。年底结账，他签订的订单比公司其他5个人的订单加起来还要多，因此，他被公司提拔为销售总监，负责整个公司的销售业务。

2008年9月，就在李树光要施展抱负时，全球金融危机肆虐，物价暴涨，公司完全没有办法按照合同价格交货，最终走向破产，李树光也被迫失业，他好几个月的工资都没有拿到。

带着迷茫和不甘，他借住在武汉一个朋友的合租房里。一室一厅的房子里，还住着另外两位女生。他和朋友就只能在客厅里打地铺，生活有诸多不便。他在心里暗暗发誓："宁可睡地板，也要当老板。"

一想到前途黯淡无光，李树光的心里就充斥着难言的苦涩。但他深知，要遇到苦、不说苦，笑着去做。李树光很快就找到了一份与招生相关的工作暂时作为过渡，毕竟还要解决吃饭问题，但他始终没有忘记自己"要当老板"的事情。

2008年底，李树光拿着向朋友借的10万元，注册了武汉知拓时代有限公司。得知他要创业的消息后，大学期间和他一起创业的那些同学也纷纷辞掉工作来到武汉，要求"再续前缘"，加盟他的公司，团队很快就建立起来了。

由于创业初期各种手续亟待办理，李树光吃住都在办公室。几平方米的办公室，只能摆放一张办公桌，角落里还放着一个破旧的行李箱，旁边的小桌子上摆着锅碗瓢盆等生活用品，一张窄窄的沙发就是李树光每晚睡觉的地方。

虽然是一家刚起步的公司，但在他的带领下，公司很快走向正轨，效益也很好。年底分红的时候，大家一片欢腾。李树光这束"光"，让团队成员都看见了希望。

梦想越大，责任越大，背负的压力也越大。李树光连休息的时候脑子里都在想如何发展壮大公司。那些年，国内股市红火，他仿佛看见希望在翻滚。他决定赌一把，于是他把所有资金投向股市，但由于判断失误，股市投资很快失败，公司陷入两难境地。这是他创业人生中遭遇的第2次打击。作为公司的掌舵人，李树光自责万分，眼睛里一下子没了光芒。他每天躺在床上，眼神空洞，不说一句话。这突如其来的打击犹如巨大的石头压在他的胸口，使他喘不过气来。他当时的女朋友、现在的妻子看在眼里，安慰他说："你要不去上班吧，在哪儿跌倒就在哪儿爬起来。"

女朋友的话仿佛警钟一般，使李树光意识到了自己的问题所在：创业必须脚踏实地，投机取巧并不可取。他再次上班，新工作离家非常远，从家里到公司需要倒两趟公交车，全程将近2小时。李树光为了节省2元车费，每天都要走上6公里。他至今还记得那年冬天，他每天早上不到6点就起床，出门的时候天都没亮，肆虐的寒风呼啸而过，吹得他脸生疼，脊背像是被刀刮一样疼，但是他的内心极其坚定，始终有一团熊熊烈火在燃烧：此生一定要当老板。

某天,合作办学这个创业项目在他心里又亮了起来,他决定与武汉某职业技术学院开展合作。为了写好项目计划书,他每天通宵达旦,废寝忘食,一遍一遍地写,一遍一遍地改。有时候刚睡下,一个新的想法突然蹦出来,他就立马从床上弹起来投入工作。

其实与学校合作没有想象中那么容易。他第一次拜访时,正赶上这所学校的领导开会。后来的一个月,尽管他每天都出现在领导办公室门口,但结果都不尽如人意,反而越来越多的人对他产生反感,认为他这是死缠烂打。

李树光并没有放弃,他还是坚持每天都来,从一开始站在门外到进入学校领导办公室。他每次来就帮忙打扫卫生,做一些服务,慢慢地大家都熟悉了这个叫李树光的小伙子,学校领导最终被他的执着打动。

2010年6月18日,学校在校长办公会上通过了李树光的合作方案。自此,李树光踏上一条真正意义上的创业之路,他的事业一路"开挂",他先后与国内30多所高校建立起合作关系。目前,他已经是多家企业的董事长。

李树光说:"创业也好,工作也罢,生活中真正激励我一直向前的,一定是那些细碎但美好、真实有力量的微光。"

感恩是一个人最起码的良知

2022年暑假,"一束光学工奖"评比活动正在李树光母校长江大学火热进行。参评对象是在学生工作岗位上默默奉献的辅导员及长期担任班主任工作的教职工。

"一束光学工奖"资金的捐赠者就是李树光。他2022年3月21日向母校捐赠人民币100万元设立了此项面向从事学生工作的教师的奖励基金。

"感恩是一个人最起码的良知,向母校表达心意是我一直以来的梦想。"李树光说,"母校不仅教会我知识,更是一直关注我的成长,老师们的教导让我终身受益,愿母校青春不老、越办越好。"

李树光说:"这个时代最稀缺的是爱心和决心,最珍贵的是陪伴。我只是希望通过我的努力,让那些从事学生工作的老师们更积极地对待每一个学生,让那些暂时困难的学生在老师的陪伴和引领下,敢于正视困难,通过自己脚踏实地的行动去改变自己。"

李树光的仁爱之心不只体现在慈善公益上,同时也体现在对同事、员工的关心上。

"李总就像一束光,照亮着我们前进的路。太多人只看到他光芒万丈,却不知道他在创业的泥潭中拼命挣扎了多久……"李树光的同事蔡全权滔滔不绝地分享着他与李树光的故事。

"我们有时候要负责分公司的事情,每次见到李总,他首先关心的是我们生活顺不顺心、适不适应,工作上的事情反而问得很少。我们项目做得好的时候,他也不会特别地鼓励我们。但要是我们的项目没做好,他一定会安慰。他说,先有人公司才能发展。

"记得有一次下午6点多,李总要参加一个应酬。走的时候,他看见我在办公室加班。大概晚上11点多,他又回公司了。他那天原本可以不回来,但是为了给我送打包的饭菜,专程跑回来一趟。这个事情我会记一辈子。"

一位不愿意透露姓名的校友也忍不住称赞:"李总为人非常谦和,每次聚会,他都会事无巨细地安排好,会照顾到每个人的情绪,让大家都非常开心。

"李总总是做得最多、说得最少的那个人。和他接触久了,我们总会不知不觉地被他的举动所感动,学到他踏实、可靠、温和、善良的品格。他是我们真正的良师益友。"

像这样对他的称赞还有很多很多。李树光说,这些都是他应该做的。他说,创业多年最大的感触是,一个人单打独斗要想成功是不可能的,团队就是他创业路上最大的财富和依靠。

李树光说:"当你朝着梦想笃定前行时,一定会有越来越多的人开始理解你、支持你。"

是的,未来的路还很长,愿我们都以梦为马,在自己热爱的事业里闯出属于自己的那片天地,燃起自己的那一束亮光。

冯振兴/文

武鹏：奋斗者的青春最美丽

　　武鹏，湖北十堰人，我校国际经济与贸易专业2008级校友。在校期间，曾担任经济学院学生会主席兼辅导员助理，2012年成立浙江颂泽进出口有限公司，注册资本为5000万元，主营日用百货、礼品、赠品等。2015年成立宁波市温布利运动用品有限公司，主营大型国际体育赛事球迷用品、运动用品等。2017年成立浙江皓阳服饰有限公司，专门为世界杯、奥运会生产运动服饰。2020年，因全球疫情暴发，根据市场需求成立浙江颂泽实业有限公司，主营口罩等防疫物资。2016年回长江大学捐资20万元设立"武鹏资助基金"，2020年再次回长江大学捐资20万元，支持母校的建设和发展。2018年，他回到曾经就读的高中、初中，各捐资10万元。2020年，为老家的政府以及学校捐赠N95医用口罩，价值60万元。

武鹏：奋斗者的青春最美丽

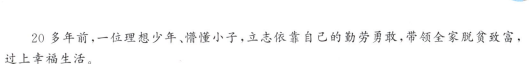

20多年前，一位理想少年、懵懂小子，立志依靠自己的勤劳勇敢，带领全家脱贫致富，过上幸福生活。

10多年前，一位大三学生、创客青年，在老师的指导下积极投身创业创新洪流，积累经验与财富，办起了自己的外贸公司。

如今，一位执着追梦、事业有成的青年企业家，心怀事业梦想，用新兴思维模式谋划着，着力打造运动产品供应链生态圈，让"中国制造"走出国门，走向世界。

他，就是武鹏，一位创业行者，一位时代弄潮儿。他用责任担当坚守事业初心，用使命情怀激荡奋斗力量，用励志青春筑就逐梦人生。

与其等待命运的安排，不如自己创造机会

湖北省竹山县大庙乡位于鄂陕交界，地处两省三县八乡镇交界处。这里地势起伏连绵、绿树成荫，山上野生动植物较多，地下矿藏丰富。在20世纪80年代，地处大山深处的大庙乡交通闭塞、贫穷落后。

武鹏1989年出生在大庙乡，他的父母只能靠务农的微薄收入养活全家。父母之所以给他取这个名字，就是希望他长大后能像鲲鹏一样展翅，飞出农家院，走向更广阔的世界。都说穷人的孩子早当家，自从武鹏懂事起，他就在心里暗暗发誓，一定要通过自己的努力走出大山，改变家庭贫困的命运。上初中时，武鹏就显现出超于常人的经商天赋，每逢长假他都要和亲戚朋友一起前往深圳、广州、西北地区卖水果、开饭店，赚取生活费。只要能赚钱，再苦再累的工作他都会去干。

2008年，他如愿被长江大学国际经济与贸易专业录取，不负厚望地成为村里人人称羡的大学生。似乎生来就有先知先觉，此时的他清醒地知道所谓的"大学生"光环，不足以支撑他走好这一生，要想飞得更高更远，就要刻苦学习，有充足的知识储备和丰富的人生阅历。

与其等待命运的安排，不如自己创造机会。武鹏说："起跑线跟别人不一样，但只要比别人跑得快一点，就一定能追得上。"笨鸟先飞的思维在武鹏的心里很快付诸行动。为此，他为自己制订了详细的学习计划和明确的职业规划，在保证不影响本专业知识学习的同时，他还辅修了商贸英语。

这两个专业的课程开设在两个校区，为了不错过每一节课，他把所有的时间都用在了学习上。为了不落下每一节课，他斥"巨资"购买了一辆摩托车，经常起早贪黑，穿梭在两个校区之间。每次下课，他总是第一个冲上讲台，拦住老师请教课上他不懂的知识点；他夜晚哪怕忙到再晚也必须完成当天的学习任务；他的周末也被各式各样的学习填充得满满当当。每晚回到宿舍，室友已经早早睡下，每天早上室友起床，他已早早上课去了，仿佛只有窗台上悬挂的湿衣服才能证明他确实回来过。

回忆那段刻骨铭心的求学时光，武鹏有些后悔地说道："同学情是一辈子的情谊，我很

遗憾上学期间和同学间的交流少了一些。"

同学们对他满是支持和理解,一致认为武鹏有韧劲,有目标,敢冲敢闯。他留给同学们的印象是:

"虽然现在联系得很少,但我还是很感谢他,在他的引导下,我至少没有荒废大学时光。"

"武鹏,就是那个习惯穿着黑色小西装、开着摩托车飞奔的'学习狂魔'。"

"武鹏床头上贴着他自己制订的计划,每天晚上睡觉前他都会对照看看,哪些可以完成,哪些需要调整。这不是一般人可以做到的。"

"以前他说他要自己创业做外贸我总觉得有些异想天开,可没承想,他最终成功了。"

"武鹏学长总是用自己的经历影响着我们,告诉我们做人要有目标。"

"他总说青春是用来奋斗的,不是用来挥霍的。"

"他经常来看我们上晚自习,我都不敢跑出去玩。他对我们要求其实挺严格的,不过我真的很感谢他。"

学习必须联系实践,武鹏知道自己作为一名学生,没有丰富的社会经历,而要想创业,必须做好万全准备,他经常找汪发元、殷善福、朱瑞海、毛德波、张涛等老师交流他对未来的规划。在多次的交流中,是汪发元老师让他坚定了从商的决定。殷善福老师说:"作为一个外贸创业者,熟知法律事务也是必要的。"武鹏把老师的话记在心里,疯狂地补习外贸所需要的法律知识。在用知识武装自己的同时,武鹏又想到还必须有管理的经验。在辅导员和班主任的支持下,他主动请缨,担任院学生会干部和新生班主任。

时至今日,武鹏最感谢的还是大学老师们对他的帮助。他说:"是这些老师的谆谆教诲让我少走了很多弯路,如果没有这些老师,我要到达今天这个事业的高度,最少要多奋斗5到10年。"

2010年春天,当大家都在思考毕业的打算时,武鹏正酝酿着成立自己的外贸公司。在他眼里,香港是中西方文化交融之地,也是全球贸易中心,不仅汇聚着来自世界各地的人才,也是众多国际企业设立海外公司的热门城市之一,在这样的环境里做国际贸易一定会有更多的机会。因此,他的内心冒出一个大胆的想法,那就是到香港注册一个自己的公司。

说干就干,武鹏很快就在香港成功注册了自己的外贸公司,成了长大经济学院史上第一个注册公司且在香港注册公司的学生。大三那年,他已经赚到了支撑他人生事业的第一桶份额不少的创业资金。

硬靠着一股韧劲,闯出了自己的一片天空

武鹏慢慢发现要想做活外贸,内地市场不能丢。他把香港的公司交给别人打理,自己独自来到内地做市场调研。

武汉的夏季总是炎热的,被汗水浸湿的衬衫贴在武鹏身上,奇痒难耐。在一个炎热的

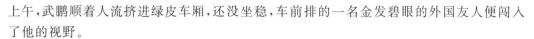

武鹏:奋斗者的青春最美丽

上午,武鹏顺着人流挤进绿皮车厢,还没坐稳,车前排的一名金发碧眼的外国友人便闯入了他的视野。

武鹏心里突然浮现出一个想法,他匆忙站起身,艰难地穿过人群来到这名外国友人身边,他与外国友人旁边座位上的人协商好了交换座位,然后就坐了下来。

"Hello!"武鹏向对方打起招呼。"Hello!"对方有些吃惊但也不失热情地回应了武鹏。

他们两人慢慢地交流,慢慢地熟悉。武鹏从交流中得知,对方是做球迷用品外贸的,专门在中国寻找好的货源,正在为货源发愁。武鹏从中看到了机会,当机立断,和对方说:"我是外贸专业的毕业生,我可以帮你打工,不要工资,只想学一些经验,为我将来自己创业做准备。"外国友人惊诧于他的坦白,当即答应了武鹏的要求。

武鹏先从产品的类型开始学习,再通过这些产品找到货源。三个月后,他把整个产业链摸得一清二楚。然后,武鹏自信地和外国友人通了电话,详细地介绍了他这三个月的情况,并询问能否担任公司的海外业务的负责人。对方被这个敢想敢做的中国年轻人打动,果断答应了他的要求。

宁波是一个放飞梦想、追逐梦想、实现梦想的创业风口、创新福地,这片土壤上天生孕育着创业创新的"因子",这与武鹏内心不安分的"因子"完美碰撞,产生火花。武鹏按照当地的要求注册了浙江颂泽进出口有限公司,并在鄞州区一栋办公楼租了一间小办公室。

万事开头难,创业之初,没有人脉和资源,没有强大靠山,面对着两台电脑不停地发邮件,打电话联系客户和代工厂基本成了他生活的全部。由于前期资金缺乏,他凡事需要亲力亲为,而询价的客户涵盖了日本、新西兰、德国、美国等众多国家,各个国家的时差不尽相同,因此从早上8点连续工作到半夜3点成了武鹏工作的常态。

"其实在我看来,问题、困难和挑战里都蕴藏着无穷的机会,从容应对困境、征服困难,是每个希望'逆袭'的年轻人都该具备的底层能力。"武鹏在讲述这段过往时,笑得云淡风轻。接着他还自信地分享了他的秘诀:"我最大的优势不是我的资金实力雄厚,而是我大学期间专注国贸和外语专业的学习,出了社会后一直在实践,一直在完善,很容易让别人对我产生专业、可靠的印象。"功夫不负有心人,他的专业为他的公司赢得了客户的青睐,回头客与订单越来越多,海外团队也顺势建立起来,他开始在客户和业界中慢慢打开局面,生意逐渐走上了正轨。

经营企业就像是下一盘漫长的围棋,既是为了企业的明天,也是为了自己的坚守。一个成功的棋手,往往善于发现棋势的变化,从而调整策略,进可攻,退可守,牢牢把握住大局。武鹏,显然就是那个在对弈中气定神闲的棋手。

浙江颂泽进出口有限公司作为一个服务型企业,所以武鹏认为最重要的还是做好服务。武鹏在长期的工作实践中总结出3个获得成功的要诀:一是拥有务实的团队,无论处于哪个发展阶段,都应该始终以客户为先,强调优质的服务,使客户的任何问题都能在第一时间解决;二是制订一套完善的流程及制度安排,如初次合作的客户只需要预付部分订金,三个月内付完尾款即可,以此来提升企业整体竞争力;三是领导者要不断学习,提升自己。

2020年,新冠肺炎疫情肆虐,武鹏已经做好了最坏的打算。顾全自己之余,他想到正饱受疫情摧残的客户,于是果断在国内购买了几十万元的防疫物资,送到了客户手中。

客户惊讶于武鹏的用心,感动之余,他们看到了更多商机——疫情肆虐,世界各地都缺少防疫物资。客户纷纷联系武鹏签下订单。

武鹏说,以前公司实行的是粗放式管理,现在开始注重精益求精,更加注重共同进步。"企业的发展也需要成就员工,让员工不断进步、变得更强大。这对我来说,没有威胁,而是一种相互成就,这也是一个企业该有的格局和战略手段。"

面对未来,武鹏信心十足:"未来,我想大力发展运动产品全产业链及周边产品,打造运动产品供应链生态圈,赋能企业高质量发展。"

"创业10年,坚守10年,在我看来,无非是秉着一颗笨鸟先飞的初心,早做准备,扎实学好理论知识,再在社会中学以致用。我没有想过成为谁或超越谁,能做好我自己、经营好我的企业,这就足够了。"在这个极易陷入纸醉金迷泥潭的环境里,始终保持清醒、冷静的武鹏,硬靠着一股韧劲,闯出了自己的一片天空。

感恩图报,是他成长的最好注脚

"青春似火,创业如歌。在路上,你挟着力量奔行,却总是回望成长的方向。滴水之恩,涌泉相报,是你成长的最好注脚。"这是"温暖长大"2017年度人物党委宣传部给予武鹏的颁奖词。

武鹏说大学四年是人成长最快、进步最快的时光,是人生重要的学习阶段。他对母校充满着感激,一直期待着有朝一日能回报母校,只是这样的机会让他等了4年。

2016年10月2日,在长江大学第八届校友节之际,也就是在他毕业满4年后,武鹏向长江大学教育发展基金会捐赠20万元,设立"武鹏资助基金"用于奖励成绩优秀、生活困难的学生。

对于一家正快速发展的企业来说,每一笔资金都至关重要,这个时候捐赠绝不是最佳的时期。然而,武鹏一脸轻松和诚恳,他说:"回馈母校更加重要、更有意义,回馈母校不能等。"

2020年9月28日,长江大学东校区文科楼505会议室电子显示屏上来回滚动着"欢迎武鹏校友回母校"的标语。又一次时隔4年,武鹏再次回母校。此行目的是再次为母校捐款20万元,并商讨与母校的合作事宜。

捐赠现场,武鹏一如既往地谦虚低调,他说:"没有母校,就没有我今天的事业,感恩母校是我们每一个校友的责任,我只是做了自己力所能及的事情。"学校党委书记王建平高度赞扬道:"武鹏校友始终心系母校,这种对教育的情怀和支持值得我们学习。"

武鹏感恩母校的同时,也没有忘记生他养他的那片土地。他用自己的朴素,诠释着一名在外创业的游子挥之不去的桑梓情怀。他说:"我出生在大山,深知知识的重要性,我只想用我自己的成长经历,鼓励大家努力学习。"

2018年1月23日,武鹏就向竹山县大庙乡九年一贯制学校和竹山二中各捐资10万元,并设立"武鹏资助基金",下设"武鹏助困金"和"武鹏奖学金",每年向两所学校各资助2万元,连续资助5年。

2020年1月27日晚,在全县疫情防控的关键时期,一辆厢式货车缓缓驶入大庙乡。这辆车上装载着武鹏向家乡捐赠的10万个总价值60万元的N95医用口罩,他委托他的小学老师全守根帮忙处理捐赠事宜。他希望这些口罩,能为家乡人民的健康添一分保障。顿时,整个乡村漆黑寒冷的冬夜变得暖意融融。

当感恩驻于心口,必有阳光温暖心头。经过10余年的发展,他执掌的浙江颂泽进出口有限公司,已经成为一家研发、产销球迷用品及促销品的外贸型企业,主要服务于世界500强企业,与英格兰足球超级联赛、世界杯等大型国际体育赛事有密切合作。如今,他正朝着他的目标前进,步伐如此笃定。就如他曾写给母校的《感谢信》中说的那样:"未来随着公司的发展,我还会加大公益性投入,希望能给母校乃至社会做出更多更有意义的贡献。"

冯振兴/文

李俊良：热心公益的暖心大哥

　　李俊良，我校工商管理专业2004级校友，现任武汉朗狮隆商贸有限公司总经理。2016年组建长江大学武汉校友足球队，作为队长团结在武汉的长大校友积极锻炼身体并与各机关、事业单位、企业每周进行1~2场友谊赛。率队获得2019年、2020年湖北高校校友足球联赛冠军，并获得2019年最佳球员称号。2020年个人组建抗疫志愿队协助广东省人民政府为援鄂医疗队、雷神山、中部战区医院、荆州市中心医院等运送物资。获得湖北省委、广东省人民政府、广东省援助湖北武汉医疗队前方指挥部、阿里巴巴集团等的感谢信和奖章。2021年参与东部产业转移筹建并投资安康毛绒玩具产业五大中心。2022年所在集体获评安康青年五四奖章集体。

李俊良：热心公益的暖心大哥

2020年10月2日，那是我第一次见到李俊良师兄。他说："来，帮我们拍个照吧。回学校，见到老师，见到熟悉的足球场，就想立马痛痛快快地踢一场。"记得那天，天下着大雨，李俊良和武汉校友足球队其他队员们在雨中踢了一个半小时。

出走半生，归来仍是少年。出于回"家"的放松、欣喜和对足球的热爱，这场比赛无关输赢，队员们只是想找回在足球场上挥洒拼搏的青春岁月。

以球会友，从广东踢到湖北

"从初中开始，我就踢起了足球。那时候，广东踢球氛围很好，一放学，男孩子们就自动成群结队去了足球场，踢到天黑才想起回家。"讲到足球，话不多的李俊良也健谈起来。2004年，他只身来长大求学，最觉安慰的便是那大大的足球场和一群同样爱好足球的朋友。如果说，远方有家乡，那么湖北也慢慢地成了他的"家乡"。

在老师心里，他是一个眼里有光的人。"课堂上声音最洪亮的是他，个子虽然不高，但是教室里坐得最挺直的一定是他。他渴求知识，愿意钻研，很有自己的想法，似乎有用不完的精力和问不完的问题。那时候我总是被他追着请教问题，这个孩子给我留下了很深刻的印象。"任课老师到现在都还记得他。

那时候的李俊良，娱乐活动不多，最喜欢的就是户外运动。在他前后几届的学生都知道，管理学院有一个痴迷足球的"广东靓仔"，那就是李俊良。那时，李俊良的名字传遍了整个学院。每到周末下午两点，新风宿舍就会走出一支11人的队伍——这是管理学院足球队要去练球了。李俊良说："学校每年都会组织共青杯足球比赛，各个学院之间互相切磋球技。为了打好每一场比赛，我们11个人白天练球，晚上夜谈会商量对策，很有默契。到现在，我们还保持着联系。"李俊良热爱足球，不仅因为踢足球时畅快淋漓，更因为下场后身边还有好友陪伴。那几年球场上认识的朋友成了他毕业后最大的财富：无论去哪个城市，都有长大的球友在等着他。

毕业后，几经辗转，李俊良最终选择定居武汉。用李俊良的话说："我喜欢湖北的'江湖文化'。待久了，他乡早已成家乡了！"热爱足球的他，扎根武汉后，就想办法组织起了长江大学武汉校友足球队，通过足球再一次把长大人凝聚在一起。长江大学武汉校友足球队成立于2016年，目前有球员150多人。近几年来，他带领着队员们每周组织两场足球活动，与校友企业、当地高校足球队都打过比赛。

以球会友促交流，强身健体谋发展。在武汉的校友们通过一场场足球赛，互相之间联系更密切了，情感也更深厚了。李俊良说："是足球给了我健康的身体和积极向上的心态，是足球教会了我如何做一个认真、坚持的人，也是足球教会了我如何做一个懂得合作的人。"这么多年，他踢了无数场球赛，刮风下雨、摔倒受伤、比赛失利这一切都不重要，重要的是他能与足球在最美好的年华相伴。以球为媒、广交球友、齐心协力、努力追梦的他，在工作中也有所成就。

热心公益，用爱心传递正能量

2008年从长江大学毕业后，李俊良去了中国地质大学读研究生，继续工商管理专业的深造。学习是一个永无止境的过程，他深知这一点。读万卷书，行万里路，关于理论学习和认知探索，他从未停下前行的脚步。

"读书，是为了成为一个有温度、懂情趣、会思考的人"，他一直用这句话警醒着自己。

自工作之后，他去了很多地方，大城市、小乡村，遇到过形形色色的人。他喜欢关注身边的人和事，是一个经常处于沉浸式生活状态的人。2015年，他和两个朋友来了一场"说走就走"的旅行，去了一次拉萨。本来想去感受一下慢节奏的生活，沐浴一下圣城温暖的阳光，可是因一个意外，他们误入了当地一个小乡村——达孜区章多乡。看着简陋的教室、翻得不成样子的书本和孩子们渴求知识的目光，那是第一次，他萌生了做公益的念头。没有迟疑，他立刻行动起来，和周边9个村的村长商讨后，联系了许多朋友和社会各界热心人士，为达孜区章多乡捐赠了一批新图书。在他和村民合力收拾好校舍后，伴随着新图书的购入，一座翻新的图书室就在当地建好了。他说："我希望所有的孩子都能享有越来越好的教学资源，随时都能读到想读的书。"一直到现在，他还在坚持资助达孜区章多乡的孩子们。用真心和行动去温暖每一个需要帮助的人，不求回报，这就是李俊良，一个关心他人、热心公益的新时代青年。

李俊良还加入广东狮子会，和志愿者们一起为孤寡老人、残疾人提供帮助，每逢节日都亲自上门为他们送去慰问品，每月做一次公益，从未间断。他毅然决然加入了武汉蓝天救援队，做起了防汛志愿者，参加防汛演习、训练，就算从早到晚在皮筏艇上抢险救灾，累到全身酸痛，他也没有想过放弃。从想做公益到真正去做公益，这中间一定有一条鸿沟，而他勇敢地迈出了那最艰难的一步，一跃而过，前面等着他的是诸多困难，但更多的是满足、充实和幸福。

年轻的他，敢想敢干，热心公益，敢于追梦，勇于突破自我。如果说足球是他的挚爱，那么公益活动便是嵌入他生活中不可分割的一部分。

"逆行"抗疫，做常人不敢做的事情

2020年1月24日，大年三十，来自广东和上海的医护队作为第一批驰援湖北的医护队抵达武汉。得到消息后，李俊良随即组建了一支志愿队，拼尽全力，打通防疫物资运输通道。在为抗疫一线医护人员送餐的同时，还协助广东省人民政府驻武汉办事处接运救援物资，做好后勤服务。

2020年2月14日，李俊良接到湖北省广东商会秘书长的电话得知，受广东省人民政府委托，商会需紧急接运一批物资至医疗队。放下电话，他通过朋友找来两辆货车，办理车辆通行证，随后赶往相关街道，加急办理了八名志愿者的抗疫工作证。

李俊良：热心公益的暖心大哥

2020年2月15日，受强冷空气影响，武汉气温骤降。安排好近几天的工作，已是凌晨，李俊良顶着寒风回家，心里还在盘算着货车装运物资的事。第二天6时许，武汉已经飘起了雪，他和朋友们分别从武汉各区赶到了武昌火车站，办理提货手续和分装、转运，忙得晕头转向。后来有人问及此事，他说："当时我就想着这些救援物资一定不能耽误，医护们都指望着这些来治病救人呢！"接下来的几周里，他们又先后给国家（广东）紧急医学救援队、移动P3实验室等11个医疗队下榻的酒店送去了洗衣机等生活物资。

在抗疫最艰难的时期，李俊良的车经常停靠在大大小小的路口，随时准备接应各地驰援湖北的医护人员，他把自己经销的饮料免费送往各大医院和方舱建设工地，帮医疗队送物资，免费给社区孤寡老人送食物，接医护人员下班，等等。才加满的油箱，三两天就见底了。"看着疫情好转，看着医护们、社区老人们脸上少了焦虑，多了笑容，我才开始觉得，这场抗疫战，我们打得真漂亮！"他欣慰地说。

"不是想当什么英雄，只因为有人需要我。"李俊良说这些话的时候，一种满足的幸福洋溢在脸上。2020年3月15日，广东医疗队和新疆医疗队终于完成了他们援鄂的神圣使命，李俊良带着长江大学武汉校友足球队给这些白衣天使们送上了最暖心的祝愿。"与他们打交道这么多天，还真是有点舍不得这些可爱的医护们。还记得每天接他们下班时，他们脸上总挂满了笑容，虽然还有被口罩勒出的印记。"与医护们相伴这么久，李俊良真切地体会到了他们的拼搏与艰辛。在他们撤离湖北之际，湖北合一花境景观工程公司的王进（园艺2008级校友）主动将花圃刚成熟的花捐出。李俊良和一些长大校友为医护们亲手送上美丽的鲜花，愿疫情尽早结束，更愿白衣天使们可以尽早与家人团聚，休整一下疲惫的身躯。看着疫情逐渐好转，李俊良和志愿队员们的心情也淡定了很多。他说："面对突如其来的疫情，我们能做的不多，但我们所做的每一件事情都是有意义的，我们一定会尽力做好。"

来湖北十几年，求学、工作、安家，这里早已成了李俊良的第二个家乡。疫情下，湖北的"江湖义气"让人记忆深刻，是封城时齐唱国歌的相互鼓励，是社区邻里间的互帮互助，更是像李俊良这样一批又一批的志愿者不顾危险、毅然决然坚守医护一线的人间大爱。

毕业15年，李俊良做过市场营销、酒类产品进出口、投资战略规划、电子商务配套服务，他现在是武汉朗狮隆商贸有限公司总经理。为了足球和公益事业，他坚定初衷、义无反顾地努力前行，身上那股子拼劲是他最明显的特质。年轻就要多奋斗，李俊良的青春是奋斗着的充满激情的"正青春"。

单婷婷／文

郭亮：影视"顽主"的创业传奇

　　郭亮，我校计算机科学与应用专业2002级校友，威万文化集团创始人、董事长。深耕影视文化行业19年，担任湖北省青年创业促进会执行会长、湖北省婚庆行业协会轮席会长、湖北省婚庆文化产业发展促进会轮席会长、长江大学及长江职业学院等数所高校的客座教授和创业导师。获评湖北省现代服务业领军人才、中国婚礼行业高峰论坛年度十大人物。威万文化集团旗下拥有8大产业板块，在武汉、杭州、沈阳等地投资建立了4个摄影摄像基地。

郭亮：影视"顽主"的创业传奇

学生时代，他凭借着对摄影的热爱和执着，开始涉足影视文化行业。初生牛犊不怕虎，他用一部简单的DV，自编自导了《涅槃》和《抉择见》两部电影，在当时的校园曾轰动一时。

步入社会后，他继续在摄影领域探索，从没有可借鉴的行业发展模式，到拥有7家城市直营公司、3个海外事业部，他拿到行业最高奖，成为省级行业领军人才。他带领主要由长江大学校友组成的核心管理层已走过10多年，逐步建立了一个综合性影视文化集团。

他，就是我校计算机专业2002级校友郭亮。历经多年奋斗，如今他已是威万文化集团董事长，旗下湖北星创影视文化传媒有限公司是省发改委和省委组织部授予的省级现代服务业领军企业，是湖北省电影家协会授牌的湖北影视拍摄基地，同时也是高新技术企业。

从影视细分市场起家，他走过了怎样的创业创新之路？成功的密码是什么？10多年"只做一件事"的郭亮究竟做了怎样"一件事"？他有着怎样的心路历程呢？

两部作品，锚定进军影视行业的梦想

少年自有一番天地。郭亮十来岁的时候，对港片和好莱坞大片非常痴迷，那时候看电影只能等社区播放露天电影，或者是租录像带。即便是露天电影，也只有盛夏时节能看上一两场。痴迷电影的郭亮便经常租录像带看，电影里精彩的片段总是久久地在他的小脑瓜里不停地回旋。

高中时期，家里买了第一台佳能DV。就是这样一台小小的摄像机，为他打开了一个全新的世界。经过父母同意，郭亮把它带到了学校，东拍一下，西拍一下，慢慢就摸索出了一些门道。他开始拍些小东西，比如去旅游的时候拍拍，别人打篮球的时候拍拍，没有概念，没有主线，只是觉得好玩。高中的学业繁重，也容不得他有更多精力去琢磨、去创作，拍摄只是作为一种爱好存在于他忙碌学习生活的间隙里。

2002年，郭亮考入长江大学，成为计算机专业的一名学生。父母为支持他更好地学习专业知识，给他买了一部手提电脑。那时候互联网虽然没有现在这么发达，但是也能搜到一些资料。大学的氛围比高中轻松自由多了，曾经的向往变成郭亮热切的追求。他在大学校园这片承载着梦想的沃土上肆意驰骋。郭亮在这个时候看了很多的视频，主要是好莱坞和获得金像奖的精彩大片，他一部接一部地看，如饥似渴、沉浸其中。跟其他同龄人不同，郭亮并不热衷追星，而是研究别人的拍摄技巧。那时候，宿舍网速非常慢，下载一部电影往往需要整个晚上。郭亮特别珍惜这些好莱坞大片和国内评分高的影片，还有获得金像奖的最佳剪辑奖、最佳导演奖、最佳编剧奖、最佳摄影奖等的影片，他认真地看，看完了就疯狂地学习。获最佳剪辑奖的影片为什么这么剪、镜头如何衔接、为什么这样构思、为什么这样打光、为什么用这个镜头，等等，他反复观摩、拆解，一遍遍研究推敲，还不时做笔记。

渐渐地，郭亮开始琢磨着正式拍点东西。他想，独木不成林，做作品，肯定是有个社团组织会更好，也能够把更多喜欢影视制作的伙伴集聚起来，所以在2003年大二时，郭亮向校团委申请创立了DV协会。成为长江大学DV协会的创始人后，郭亮开始跟着电教室的张鹏老师学技术。电教室有更好的设备，还有一些大的索尼Betacom机，郭亮就跟着老师一起拍摄，反复琢磨老师讲的推拉摇移和甩晃，慢慢练就前期拍摄和后期剪辑能力。

2004年，郭亮大二升大三的时候想尝试实践。于是，他利用暑假的时间拍了一部校园DV电影。所有演职人员折腾了一整个暑假，前期拍了两个多月，后期又剪了十几天，郭亮身兼导演、摄像和剪辑数职，最后完成的电影名叫《涅槃》，共有1个小时26分钟的播映时长。当电影在东校区大礼堂首映时，现场座无虚席，后来在西校区、南校区公映后也都反响热烈。

2006年，郭亮考上了长江大学的研究生。研一升研二的暑期，他又拍了第二部校园DV电影——《抉择见》。经过这两部校园DV电影的拍摄，郭亮的技术水平更加扎实稳定，他对影视梦想的追逐之心也更加坚定了。

研二开学时，郭亮的第二部校园DV电影《抉择见》在学校大礼堂首映。湖南卫视Happigo的一位总裁去长江大学出差，正好看到在放映郭亮的电影，他心想，一个学生竟然是导演、编剧、摄像、剪辑，并且拍摄完成了一部一个半小时的校园DV电影，这是非常了不起的，于是想让郭亮去湖南卫视发展。郭亮有自己的想法，早在大二时，郭亮就创立了自己的校园工作室——"一米之DV工作室"，主要是为学生拍毕业留念照，给周边的小商贩拍些小东西。尽管都是几百块钱的"小活"，但实际上他已经在学校里面开启了自己的创业生涯，所以当时他毫不犹豫地拒绝了湖南卫视抛出的"橄榄枝"。

2008年研三实习，郭亮来到了武汉，遇到了创业路上的第一个贵人——希格尔传媒的柴东亚。希格尔传媒是湖北地区的户外广告领域的佼佼者，尚未毕业就能担任希格尔传媒旗下中环传媒的总经理，郭亮感到非常荣幸。柴东亚当时说："这小伙子口才好，办事能力也强，精气神也好，各方面都很不错！"郭亮不负所望，2009年秋天就拿到了三环线白沙洲大桥的15块单立柱大牌广告业务。之后3个月的时间，摩尔城、美嘉置业、咸宁的碧桂园等的广告业务订单也都陆续被他揽入囊中。紧接着没多久，迎驾集团在白沙洲大桥两边的推广业务订单也被他拿下。初出茅庐就小有成绩，除了他人的帮衬和提携，校园创业数年积累的实战经验才是他最坚实的铠甲、最重要的底气。要说贵人是伯乐的话，郭亮就是不折不扣的千里马，当机会来临时，他能够稳稳地把握住。

在长大校园里打下的基础让他有底气抓住机会，勤奋刻苦钻研学习是郭亮创业路上的常态。在希格尔传媒和湖北青林传媒任总经理期间，郭亮每天都要奋斗十五六个小时，甚至更长时间，加之责任心很强，动手能力也很强，他像海绵一样疯狂吸收新的知识，学习新的业务，获得了很大的成长和进步。

2008年走出校园后，郭亮开始了真正的自主创业，召集一群年轻人成立了自己的公司。然而，一群年轻人，在大城市初来乍到，虽然和同龄人相比他们有着明显的优势，但是脱离了校园"滤镜",社会的残酷原形毕露。公司刚成立两三个月,没有接到任何单子。公司要存活,大家要生存,怎么办?好在他们是一群善于观察和动脑的年轻人。他们很快发现,加油站里总有人听 CD 音乐,而刻录高品质的碟片是他们的优势,于是大家纷纷将刻录的音乐碟拿去各加油站卖。一张碟片卖 15 至 20 元钱,足够维持生计了。

生存问题解决后,郭亮团队更加坚定、更加努力地投入影视创作中。活下来之后的郭亮团队,丝毫没有放慢逐梦的脚步。他们越挫越勇,很快便发现了更适合自己的"新赛道"——婚庆影像。虽然他们一直想要做高大上的影视创作,但是总结之前的经验教训,经过理性的思考,郭亮团队认识到自己毕竟刚出校门且核心能力并不突出,只能"低开高走",让脚扎到泥巴里面去创业。所以,他们选择了婚拍行业,因为这个行业的市场需求很大,门槛也较低,只要有设备、有技术就能干。说干就干!在产品和服务方面,郭亮他们最大的优势就是团队年轻有活力,大小生意通吃,拍摄起来也驾轻就熟。三四年后郭亮的婚拍团队在华中地区就小有名气了。到 2017 年,经过 6 年的勤恳耕耘,郭亮成了中国婚礼行业高峰论坛的年度十大人物,后续数年,他都是中国婚礼行业高峰论坛和全球结婚产业潮流峰会的颁奖嘉宾、特邀嘉宾和专家评委,成为婚礼影像这个赛道的绝对领跑者、佼佼者。

在婚庆行业站稳脚跟后,郭亮的事业进入了高速发展的黄金时期。2011 年到现在,12 年间,郭亮团队陆续完成了影视行业全产业链的布局,成立了威万文化集团,集团业务涵盖电影、电视剧、影视特效、影视培训学校、商业片、广告片、华中地区领先的摄影摄像基地、艺人经纪、创意短视频制作、MCN、直播基地、婚礼影像制作等。

他立志建成华中地区乃至全国领先的影视综合体,实现摄影+摄像+VR+特效+生态旅游+特色餐饮等高度融合、商业民用全覆盖的文旅产业矩阵,打造影像文化行业的"奥特莱斯"。正因为有如此开阔的视野和远大的梦想,他的事业才一步步走向成功。后来,他还整合了多方优质影视资源,如成龙影视传媒学院的优质师资力量、海宁北辰影视公司优秀的剧组创作人员、数码影像时代的影视行业高端人才等。

郭亮的影视帝国巍然崛起,傲立群雄,但他一直保持着创业时的初心,微信签名只有四个字"一者,专也"。从业近二十年,这位影视帝国的"顽主"始终坚守着这四个字,不偏、不散、不杂、至精、至专、至纯,大道几成矣!

郭亮有着广泛的兴趣爱好,这些爱好就像他逐梦路上的清风,助他吹散阴霾,摒弃繁杂,舒缓心灵。他喜欢音乐,公司有一个房间里放着他心爱的电吉他,遇到繁难的事一时解决不了时他就把自己锁到这个房间里,把音乐声音开到最大,边唱边弹,释放自己。他喜欢木工,自己做了几个小桌子、4 把吉他,通过做木工活不断磨炼自己的性子。他也喜欢金工,也做了一些手链、项链。玩音乐、弹吉他、唱歌、做木工和金工,这些都是郭亮排解工作压力的方式。他还喜欢骑哈雷,当他觉得自己需要休息一下的时候,他会一个人骑上哈雷,在周边转上个一两圈,然后深呼吸,调整节奏和状态,告诉自己继续向前!这些兴趣爱好,也让他结交到一群志同道合的朋友。郭亮性格开朗阳光,就像他的名字一样,真诚、敞亮。他的朋友也都性格豪爽,充满正能量,是他逐梦路上的好伙伴。

热心公益,为他人撑起一把伞

事业有成后,郭亮就寻思着做点有益于社会的事,自己淋过雨就想着为他人撑一把伞。2017年,以影视职业技术培训为主体的星创影视培训学校应运而生。郭亮认为,随着抖音、快手等自媒体平台的快速发展,影视人才的需求是巨大的,可视化时代已经到来,未来更是VR的时代;人与人的交互终端可能不再是手机,但一定会是可视化的,影视是一个朝阳产业。郭亮还说,学校必须讲"干货",练"干货",学以致用,让学员能够实用、实操、实践,他们的星创影视培训学校就是这样做的。每当看到学员们学到了最实用的知识,少走了很多弯路,脸上洋溢起明媚的笑容,郭亮都觉得特别幸福和感动。星创影视培训学校培养出了大量的影视人才,为华中地区的影视技术人才的培养贡献了力量。"去释放我们的光和热,真正去为这个行业做点什么。"郭亮如是说。长江大学"求实、进取、创业、报国"的校风并不是简单的口号,也绝非虚言,郭亮实实在在做到了。

2020年疫情暴发初期,郭亮毅然加入湖北抗疫公益组织"影子梦之队",并担任品牌部长,和队员们一起整合海内外物资资源,包括口罩、防护服、呼吸机,等等,除了防疫物资,还有一些生活用品,前前后后整合的物资金额高达几千万元。最危急的时候,队员们开着自家的车到金银潭医院门口送物资,在武汉市各个医院周旋,为抗疫尽力。在疫情肆虐、生死未卜的情况下,大家反倒跑到一线,将个人安危置之度外,众志成城,不落一人,这种精神催人泪下。当时的郭亮有感而发,即兴创作了一首歌曲,叫《白衣无名,逆风前行》。当他在办公室里哼唱这首歌时,"影子梦之队"的核心成员听了都热泪盈眶。直到现在回想起来,郭亮还是会感动不已。后来,这个民间公益组织在雷神山接受了湖北"抗疫先锋"授旗。

如今的郭亮,身上有众多头衔和荣誉,如中国婚礼行业高峰论坛年度十大人物、《数码影像时代》封面人物、军运会火炬手候选人、湖北青年创业促进会执行会长、湖北网商协会执行会长、湖北省现代服务业领军人才和高校特聘教授,等等,但郭亮并没有在这些荣誉面前驻足停留,更没有因为自己头上金光灿灿的头衔而洋洋自得。他时刻保持清醒和敏锐的头脑,从不敢松懈怠慢。他说自己只是一头抬头看路、低头拉车的"创业老黄牛",在创业路上一直埋头苦干,荣誉虽是一种认可,但那不是他所追求的。他觉得自己并不是成功者,而是一个持续创业者,活到老、学到老、创业到老,不懈努力、提升能力、激发潜力,为尊严而生、为荣耀而战、为理想而奋斗,最终取得个人和团队的无限突破。这就是威万集团内部核心价值观的缩影,也是鞭策郭亮一直向前的力量。

人为什么活着?在很多年前郭亮看的一部短片中,答案是一个字:梦!郭亮自认为是一个彻头彻尾的影视追梦人,在影视这个大赛道里,郭亮将一直在追梦的路上。

董根 龚婷/文

魏阿玲：她在皇菊丛中笑

魏阿玲，我校材料成型及控制工程专业2002级校友，长江大学江西校友会副会长。2006年毕业后在沿海做外贸，2014年回婺源创办江西省婺康源生态茶业有限公司。获江西省农业和农村工作先进个人、上饶市巾帼建功标兵、大学生返乡创业先进个人等荣誉称号，是大学生返乡创业、助力乡村振兴的典型代表。

桃李芬芳

"耐寒唯有东篱菊,金粟初开晓更清",世人赋予菊花坚忍顽强、高雅纯洁的品质,种植、加工并将婺源皇菊销行海内外的爱菊人魏阿玲身上也有这样的品质。

魏阿玲与丈夫江致富是江汉石油学院(现长江大学)材料专业2002级的同班同学,毕业后共同前往广东,于2010年喜结连理。2014年底,小两口把握乡村旅游兴起机遇与互联网电商风口,毅然辞职回到江致富的家乡江西婺源自主创业,从零开始做起婺源皇菊的生产研发和销售,成功将小小皇菊推向海外市场,带领当地村民脱贫致富。一路走来的风雨甘苦被魏阿玲凝练成八字成语——"辟在荆山,苹露蓝蒌"。

人生的重要抉择

魏阿玲出生在湖北孝感一个普通农村家庭,清苦的生活使她很早懂事,她学习之余总是主动帮父母分担家务与农活。2002年,她被长江大学(原江汉石油学院)录取,但还没来得及感受升学的喜悦,全家就开始为几千块的学费与生活费犯愁。在亲戚朋友和乡亲们的帮衬下,魏阿玲家终于凑齐1500元的学费和生活费。这也许是当时家里能提供给她的一年的所有开销,更是父母的满腔希望。这也使她明白在校期间必须自食其力,靠课外打工赚钱,以弥补学费、生活费的不足。

初来乍到,由于对助学政策不了解,魏阿玲没能申请到助学贷款。面对日常各种开支,她真是恨不得把每分钱都掰成两半花。除此以外,做家教、刷盘子、摆地摊、发传单、搞促销,魏阿玲把所有能想到的兼职几乎都做了,不仅没能缴清学费,生活上也还是拮据无助。万般无奈之下,她找到了自己的班主任王长建老师。王老师二话没说,当即为她介绍学校所有惠民政策,带她一个一个部门跑,终于把助学贷款申请下来。自此,魏阿玲生活有了保障,她暗下决心努力学习。一年下来,她如愿获得石油励志奖学金。2006年7月,魏阿玲以优异的成绩为自己的大学生活画上圆满的句号。

魏阿玲常说,江汉石油学院是她成长成熟的地方。上大学之前的日子虽然也苦,但总还是生活在父母的羽翼下,自从来到这里,所有的一切需要自己打理,遇到问题自己尝试解决,解决不了的问题拼命也要解决。四年大学时光教会她一个道理:自己的成长没有人可以代劳,自己的人生需要自己负责。

临近毕业,未来将何去何从?魏阿玲心中有些摇摆。一方面她凭借着自己出色的专业能力在校园招聘会中顺利签约四川石油管理局,将担任设备翻译;另一方面男友江致富未找到心仪的工作,决定去市场更为开放的广东闯荡。摆在魏阿玲面前有两条路:一条是选择"天府之国"的国有企业稳定工作,另一条是与男友在机遇与挑战并存的东南沿海城市共同打拼。经过几番权衡,这个外表柔弱的女孩选择了去广东,这既是对两人爱情的一种坚守,对自身实力的信心,更是对梦想的满怀热情。这是魏阿玲做出的第一个重要抉择。

事实证明,这条路走对了。8年后,夫妻俩在广东中山闯出了一片天地。魏阿玲在美资企业做销售主管,江致富在某大型民企担任高级工程师。时间一长,夫妇俩的心思又活络起来:"在外打拼,毕竟还是给老板打工。长期如此,不如回家乡自起炉灶,自己创业。"当时,正赶上江致富老家江西婺源乡村旅游的兴起,夫妇俩心中萌生出回乡创业的念头。事不宜迟,说干就干。2014年11月,夫妇俩辞去高薪工作,毅然从广东中山回到了江西婺源,这是魏阿玲在事业上做出的第二个重要抉择。

一波三折,咬紧牙关不服输

两台电脑,一根网线,这是魏阿玲创业初期的全部家当。由于茶叶是婺源本地特色产品,夫妇俩便注册了江西省婺康源生态茶业有限公司,魏阿玲为法人代表。他们开办香茗茶庄,通过线上、线下双渠道销售婺源绿茶,然而由于茶叶产量小而单一,缺乏市场竞争力,一年起早贪黑辛苦经营下来,实际获利并不多。夫妇俩原本想着回到家乡就能多点时间陪伴孩子、孝养父母,结果成天忙里忙外,家中的事情根本顾不上。至今仍让夫妇俩追悔莫及的是孩子突发重症脑炎,寻诊多地无果,最终抢救无效而夭亡。孩子的离世、陌生的行业、清零的积蓄,像一座座大山压在魏阿玲夫妇的胸口。她曾压抑迷茫得几乎抑郁,幸好有身边人的开导与帮助,才鼓起勇气慢慢走出阴霾。

痛定思痛,生活还得继续。他们调整销售主线,把目光瞄准全国市场,尝试代理网络上畅销的祁门红茶、云南苦荞茶等其他茶类以充收入,但是由于缺乏主导产品,销售业绩还是不尽如人意。"难道当初的决定真的错了吗?"魏阿玲在心里反复问自己。

回望一路走来,不乏坎坷与失败,但魏阿玲绝不轻易认输,她决定再给自己和"婺康源"一次机会。直到2015年夏天,婺源皇菊声名鹊起,魏阿玲才真正看到商机。她尝试售卖不到一个月,婺源皇菊单品就卖出了2000多盒,成交额竟达10多万元。和中国国家地理标志产品的婺源绿茶一样,皇菊的原产地也在婺源。李时珍《本草纲目》记载,菊花"其苗可蔬,叶可啜,花可饵,根实可药,囊之可枕,酿之可饮,自本至末,罔不有功"。位于赣、浙、皖三省交界的婺源,是全国有名的有机茶基地。相比县里4200多公顷的有机茶种植面积,婺源皇菊的种植面积微乎其微,其开发和推广还处于起步阶段。以当时的情况来看,婺源皇菊一旦成了抢手货,就会出现供不应求的情况。

这不正是魏阿玲期盼已久的转机吗?前面一年多的经验告诉她,想要脱颖而出,必须做出差异化产品,填补市场空白。一开始魏阿玲想继续从事"老本行"——做代售,但困难重重。国家逐渐加大食品安全监管力度,2015年新修订的《中华人民共和国食品安全法》规定,从事食品生产、食品销售、餐饮服务,应当依法取得许可。当时婺源大大小小的茶企600余家,有生产许可证的只有十几家,持有婺源皇菊相关许可证的企业更是寥寥无几。魏阿玲跑遍了所有获得许可证的企业寻求合作都未能如愿,这些老企业有自己的销售渠道,谁都不愿被分走一杯羹。

既然代售做不成,不如从根源解决问题——自己办证自己生产,她心想:这生意不仅要做,还要做到当地前三名。从电商到实业,从销售转生产,魏阿玲做出了创业路上的第三个重要抉择。

2016年,魏阿玲与丈夫商量后,选择了婺源县宝珠坑20亩荒田进行流转,并拜师学艺,她不怕苦累,细心参与每个环节。与陶渊明笔下"采菊东篱下,悠然见南山"的诗意生活、屈原口中"夕餐秋菊之落英"的清高出尘不同,事实上,从皇菊的种植、采摘、加工到销售,是一个繁复的过程。在经营初期,由于设备匹配不足,在烘干的过程中,鲜花与半成品干花容易混合,水汽渗透造成大量干花品质下降。"坚决不能以次充好砸了自己招牌!"夫妇俩一致决定将百十来斤的婺源皇菊销毁掉。当时,市面上皇菊是按朵卖,大朵的能卖到每朵50元,在茶楼一朵一杯可达198元。亲眼看着朵朵皇菊被销毁,两人的心如刀割般地疼,但他们没有丝毫犹豫,因为他们深切地明白始终如一的品质与诚信才是企业长久的金字招牌。

苦尽甘来,皇菊开出"致富花"

魏阿玲夫妇租下了村委会的茶叶初制厂,高标准改造了厂房,实行人流物流、内外包装、烘房冷库等分离管理。经过持续检测,他们的种植基地的水源、土壤、空气等指标全部符合标准,他们的产品也于2018年通过了专业机构有机产品认证。

功夫不负有心人,在婺源当地他们"婺康源"品牌质量过硬的口碑开始树立起来。从2018年起,"婺康源"品牌产品连续5年获得有机产品认证,还通过了欧盟500多项核心农残检测,取得了出口食品备案和出口食品种植基地备案,产品远销欧美等地,公司成为国内较早出口欧盟的皇菊企业。在国内,公司与广州茶里集团、杭州艺福堂集团等行业顶级品牌开展合作,线上在淘宝、京东、抖音等平台有旗舰店,建立起完备的产销链路。

随着对产品品控的严格把关,线上线下双渠道的销售,以及产品在香港茶叶食品展销会、东盟(曼谷)中国进出口商品博览会上的陆续亮相,"婺康源"有机皇菊品牌的知名度与信誉度不断提升,公司效益也逐年向好。2019年3月,魏阿玲参加了在英国伦敦举办的茶叶美食博览会。她积极发挥自己的英语专长与外商进行洽谈,达成了20万朵婺源皇菊的出口协议。至此,"婺康源"有机皇菊的身姿在国际市场上绽放光彩。

经过不懈努力,魏阿玲的企业于2018年获得婺源县创业大赛二等奖及省妇联创业大赛优胜奖,2021年跻身国家现代农业科技示范展示基地行列。"婺康源"皇菊基地被推选为江西省农业科技示范展示基地,被上饶市妇联认定为巾帼创业示范基地,被上饶海关认定为出口食品原产地种植基地。产品"婺康源"有机皇菊在2020年11月第二届江西"生态鄱阳湖·绿色农产品"博览会上获得金奖。

与企业一起成长的魏阿玲,2019年被评为大学生返乡创业先进个人,被长江大学校友总会任命为长江大学江西校友会副会长,2021年当选婺源县第十二届农业界政协委员,2022年当选为"上饶市巾帼建功标兵"。她的创业故事经由婺源籍著名作家洪忠佩执笔写成《山里开花山外香》一文,首刊在《江西教育》上。

魏阿玲又一次选对了。

回馈社会,将爱的种子播撒给更多需要帮助的人

  成功以后,魏阿玲还有更大的目标与追求:把个人的理想抱负融入乡村振兴的大背景下,融入江西婺源当地的经济发展中,尽己所能帮助更多的村民脱贫致富。公司在原有种植基地的基础上,逐步向周边地区拓展,基地总面积扩大到了135亩,解决了200多名村民的就业问题,同时带动当地20名贫困户顺利脱贫。魏阿玲担任婺源县农技推广服务皇菊产业特聘农技员,成了婺源、德兴等地区皇菊产业农技服务推广大使,她与丈夫共同受邀为陕西省榆林市榆阳区青云镇郑家川村股份经济合作社提供技术咨询服务。魏阿玲热心公益,制订长期捐助计划,将善款用于传统文化推广、疾病救助、幸存老兵赡养、儿童免性侵课、长大贫困生基金,等等,以回馈社会。当被问及为何这样做时,魏阿玲微笑着说:"多年前父母身体力行地教会我,在春天种下种子,秋天才可能收获果实。母校长大也让我体会到被帮助、被关心的滋味。我也想贡献出自己的微薄之力,将更多爱的种子播撒给需要帮助的人。"

  作为大学生返乡创业成功的代表之一,魏阿玲深感自己理应肩负起更多的责任与义务。"我希望以联盟的形式,把婺源本土返乡创业的大学生聚集在一起,开展创业培训,分享创业心得,做到优势互补。我的初衷是尽量让后来者在创业过程中少走弯路,减少他们的创业风险。"在筹办婺源县大学生返乡创业联盟时,魏阿玲如是说。

  正如她在公司电商直播中心的背景墙上亮出的"返乡创业、扶贫助农,我们在行动"标语一样,魏阿玲切切实实地做到了,并且一直在路上。

  一路荆棘一路歌。回首过去,魏阿玲有遗憾更有收获;展望未来,魏阿玲坚定信心、饱含期许。正因见识过车水马龙、灯火通明的繁华大都市,她更喜欢青山绿水、闲适安然的婺源,她将自己的心血与青春洒在了这个如诗如画的地方。如今的魏阿玲,有种陶公笔下"久在樊笼里,复得返自然"的返璞归真感。她靠一杯清茶、一朵皇菊找到了适合自己的创业之路,接下来将继续为更多的人带路、指路。

  一方水土养育一方人,一个特色产业富一方百姓。看到现在的婺源县一年一个样,家家建起小别墅,魏阿玲打心底高兴,对她而言,分享比独占更快乐。她说:"婺源的皇菊与茶叶是属于自然的,是属于大家的,家乡好了大家富了,我创业的目标就达到了,创业的初心就守住了,一切的努力与付出也就值了。"

  魏阿玲前行的脚步不会停歇,走过的路也必将留下满地芬芳。

张昕悦　徐世超/文

胡竞选：在放弃与选择中不断挑战自我

胡竞选，我校农教专业1989级校友。1995年下海闯荡，担任台资企业副总经理，2004年参与创办城市便捷酒店，2011年创办雅斯特酒店集团，现任深圳雅里数字科技集团有限公司、深圳雅斯特酒店管理有限公司创始人、董事长。获中国酒店行业十大杰出总裁、中国酒店行业新领军人物、中国经济新领军人物、"五洲钻石奖·2023中国文旅产业杰出企业家"等荣誉称号。

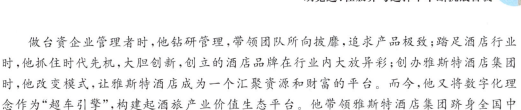

胡竞选:在放弃与选择中不断挑战自我

做台资企业管理者时,他钻研管理,带领团队所向披靡,追求产品极致;踏足酒店行业时,他抓住时代先机,大胆创新,创立的酒店品牌在行业内大放异彩;创办雅斯特酒店集团时,他改变模式,让雅斯特酒店成为一个汇聚资源和财富的平台。而今,他又将数字化理念作为"超车引擎",构建起酒旅产业价值生态平台。他带领雅斯特酒店集团跻身全国中高端酒店第一阵营,同时还建立起自己的酒旅"数智王国"!他就是胡竞选,中国经济新领军人物,也是一位在放弃与选择中不断挑战自我的企业家。

放弃铁饭碗,勇当时代弄潮儿

每一个成功的企业都少不了一位具有传奇色彩的领路人。2011年8月首家雅斯特酒店开业,12年后的今天,雅斯特从1家酒店发展成遍布全国各地的酒店数量超1000家的酒店集团,从1个品牌发展成如今的4大品牌体系,成为中高端酒店市场的主导力量。作为雅斯特酒店集团掌舵者,胡竞选依然保持创业时的勤奋与激情,而他的故事,要从20多年前的一个放弃与选择说起。

胡竞选出生于湖北省咸宁市的一个普通农村家庭。作为村里唯一考入大学的"农村娃",如家里人和家乡人所期待的那样,胡竞选在1992年从长江大学前身湖北农学院毕业后,就被分配进入咸宁市崇阳县农业局,成了一名"端上铁饭碗"的公务员。在村里人看来,他就是名副其实的"跳出农门"的"状元郎",是全村人的骄傲。

胡竞选在县农业局兢兢业业干了3年,从基层被提拔为干部,眼前的安稳对他而言并非一种安全感,而更像是一种束缚,他强烈渴望去探索人生更多的可能性。

所有的伟大都源于一个勇敢的开始。邓小平同志南行"谈话"后,深圳作为改革开放的排头兵,正如火如荼地创造着一个又一个经济奇迹。一个又一个造梦的故事传来,胡竞选越来越坐不住了。1995年6月,胡竞选毅然做出了一个令父母长辈和全村人惊掉下巴的决定——辞掉公务员,南下深圳自主创业!

十年锤炼,不忘初心求变革

铁饭碗被打破了。改变命运的寻梦之旅始于南下深圳的火车。深圳,给他带来的是未知的焦虑,却又是一种满怀激情的希望。

征程并没有胡竞选想象中平坦。为了找工作,在两个多月时间里,他辗转于各大人才市场,参加了几十场招聘会和上门面试,他带在身上的积蓄也慢慢花光了。他说:"当时有一次打车到15公里以外的一家公司应聘,返程时,身上仅剩下一块五毛钱,只够买一个面包和一瓶水,而坐公交返回临时住处也需要一块五毛钱,最终我选择了买面包和水,然后徒步回到住处。"

最初到深圳"找饭碗"的窘迫困境,胡竞选一直深深记得。这也让他更加明确自己的工作态度:"每一份工作都来之不易,对每一份工作都应当珍视并为之付出自己最大的努力。"

终于,胡竞选进入深圳一家台资企业工作。近10年锤炼与坚持,从公司基层员工做到企业副总,从负责基础业务线到负责整个公司的运营管理,他以最大的热情对待这份工作。在他眼里,这不仅是一份工作,更是一个学习与发展的平台,在这里,他完成了个人财富的原始积累,也塑造了积极向上的世界观与人生观,也正是这近十年的工作经历,让他熟悉了一个公司的架构管理与企业系统化运作模式,明白产品质量就是企业的生命,这段经历成为他后来创业的关键变量和重要保障。

台资企业有与日本企业类似的管理精神与要求,近10年的耳闻目睹与亲身经历,造就了胡竞选对待客户、对待产品质量和对待员工的细致,尤其是公司对待产品质量的态度对他影响深远。

有一次,公司向美国客户交付的一批货物到达美国口岸,美方验收人员抽检后发现不合格率超出交付标准,于是拒绝收货。在当时,一般企业的做法大概率是折价出售给对方,因为全部运回国内将造成巨大损失,甚至可能导致企业破产。但是,公司的老板做出了一个惊人的决定:把产品全部空运回深圳,逐一开箱逐个检验产品,比对客户验收要求,找出差距,并严格按照客户要求重新赶制一批货物交付到客户手中。

这个决定给公司带来了将近500万元的直接损失,但公司却收获了良好口碑。在这之后该客户的订单逐年翻倍增加,公司也更加重视质量管理把控,开始实行ISO9000、全员质量管理(TQM)等一系列举措,不仅从战略上、制度上有效提升了质量保障的各种机制,也让各个生产部门和员工的质量观念与意识得到空前的强化。

这个事件令胡竞选折服,他领悟到了:质量就是企业的生命,只有打造出极致的产品,才能在激烈的市场竞争中屹立不倒!

创立雅斯特,跻身中高档酒店第一阵营

打拼近10的,成为台资企业高管,胡竞选已然成为大家公认的"打工皇帝",他获得了老板的信任、员工的拥戴,可以说一切都是顺顺利利的。然而就像第一次打破铁饭碗一样,他又一次打破了那个很多人梦寐以求的"打工皇帝"舒适圈。

2004年初,胡竞选毅然决定从职场转战商海,在广西南宁与校友共同创建了市场前景一片"蓝海"的经济型酒店品牌,并大获成功,但胡竞选依旧没有满足。2011年,经济连锁型酒店市场已经进入成熟期,竞争愈发激烈,但是中高端酒店市场却一片"蓝海",胡竞选敏锐地嗅到了中高端酒店市场的创富机会,他再次果断放弃丰厚的投资回报,迅速投入中高端酒店市场,创立了中高端连锁酒店品牌——雅斯特酒店。

回过头来看,这番突破并非一帆风顺。由于打造中高档酒店属于陌生领域,没有成熟的经验可以借鉴,在雅斯特酒店发展初期,董事会决定以自有资金按直营模式稳步滚动发展。但是在实际的市场拓展与运营过程中,胡竞选发现市场的需求远远超出了预期,初创

的企业与品牌面临两难局面：如果继续按照公司董事会既定的战略目标发展，那么很可能在不久的将来错失市场的黄金发展窗口期，进而难免被淘汰；但是如果顺应市场去加快发展，又必将面临投资合伙人资金短缺的困境。

在这艰难的时刻，作为创始人的胡竞选当机立断，将品牌发展的风险与责任一肩挑起，进而消除投资合伙人的所有顾虑。他说："经营企业是一件既要担当又要顺应趋势的复杂之事，但不经历这种让人'生不如死'的过程，不经历这种艰难的放弃与选择，你就不会到达成功的彼岸。"

事实证明，胡竞选的这一战略决策是抢抓市场机遇、与时间赛跑的关键一招，为雅斯特酒店在中高档酒店市场的"跑马圈地"奠定了至关重要的发展基础。经过十余年的快速发展和抢滩卡位，雅斯特酒店已经跻身国内中高端连锁酒店的第一梯队，位列中国中端连锁酒店品牌规模8强、中国酒店集团规模15强，成为业界"弯道超车"的典型代表。

如今的雅斯特酒店已步入高质量快速扩张期，集团旗下拥有超过1000家酒店，覆盖湖北、湖南、广东、广西、云南、贵州、四川、重庆、山东、江苏、安徽、河北、河南、江西、福建、海南等地的200多座重点城市，旗下酒店每天服务客人超过6万人，每年超过3000万人。员工数量超过13 000人，会员人数超过2000万人。

洞察与先行，做酒旅产业生态平台的引领者

敏锐的市场洞察力是支撑雅斯特一路过关斩将的至关重要的因素。而作为掌舵人的胡竞选，早在2018年就已经洞察到数字化很可能是提升酒店品牌核心价值和核心竞争力的"风口"。2019年国家发布的《数字中国建设发展进程报告（2019年）》，让胡竞选从数据表现与趋势分析中更加相信自己的判断，对于酒旅行业的核心竞争力来说，这不但是一个另辟蹊径的全新赛道，更是一个"不做也得做"的大势所趋。

因为相信，所以看见。做先行者的信念，又一次鞭策着胡竞选冲在了数字化发展前线。2019年，雅斯特酒店集团与阿里钉钉达成战略合作，并通过阿里云技术打造了全新的酒旅行业数字化解决方案。在一番合作与探索中他发现，酒旅数字化可以覆盖酒店的运营场景、管理场景和顾客体验场景，从而拆掉组织运营与业务拓展里的"一面面墙"，这正是他理想中的推动酒旅企业规模成长和效率提升的利器。

前路的风浪此起彼伏。三年疫情对酒店行业的冲击，让胡竞选更深信并已经看到数字化赋能对行业的意义。市场告诉他，要想严控酒店运营成本，一个强有力的运维数字平台是必不可少的。很明显，数字化平台在组织效能和业务管理上，让低效与不可追溯成为历史，让降本增效在数据中成为现实。

2022年7月，深圳雅里数字科技集团（简称雅里数科）在中国饭店业协会的年会上正式宣布成立。在胡竞选的展望中，雅里数科的成立将为行业提供一种全新模式的去中心化转型路径，让酒店的运营管理能从传统的模式当中跳出来，将酒店的运营管理数据化、线上化、数字化，从而达到经营决策"数智化"的目的，并由此推动行业和中小酒旅品牌实

现敏捷管理、效能增速、价值革新，助力整个产业同频迈进"数智经营时代"。

"让天下没有难做的酒店"，是胡竞选的憧憬，属于胡竞选的酒旅"数智帝国"，正在拔地而起……

2023年，经济环境风起云涌，经历了疫情的洗礼，作为掌舵人的胡竞选又在谋划一个个新的目标：那些"百品千城万店"、那些"1357开发战略"、那一个个"恒星璀璨计划"……不仅如此，胡竞选没有忘记"做年轻酒旅品牌的加速器"的使命，他以"利他文化"为指引，以"TEAMS"价值模型赋能整个行业，努力成就每一个年轻酒旅品牌梦想。对于胡竞选而言，新的征程才刚刚开始。而梦想，在拼搏向前中终会抵达成功的彼岸。

罗明利/文

王川：一"川"奔涌直向前

王川，1977年生，湖北沙洋人，我校医疗专业1996级校友。2000年至2003年，就职于武汉健民药业西安市场；"非典"疫情过后，加入西安九州医药自主创业；2010年，创建西安静静胡杨医药科技公司；2014年，创办西安小树林医药公司，现任公司总经理。

他，大学立志从医，因一场意外被迫放弃，家庭经济困难，不能回校继续学习深造，他从鱼米之乡来到古城西安，穿越600多公里，从一名销售员起步，自主创业。

他，创业初成，因一场风波，一夜间身无分文，一年后东山再起，创造了让人敬佩的业绩。

他是谁？他究竟又是如何做到的呢？他就是王川，让我们一起走近他多彩的创业人生……

芳草犹忆当年事

"值此医学教育70周年之际，我再次回到母校，见到了很多老师，也认识了不少年轻的校友。我仿佛回到了那个让我魂牵梦萦的青春校园，又见到了诺尔曼·白求恩大夫塑像。"站在讲台上，王川深情地回忆着大学时光，分享着自己的创业人生。

王川，1996年考入原湖北卫生职工医学院（现长江大学）医疗专业。而今，虽已毕业20多年，但昔日校园生活的情景依然历历在目：

运动场上，飞奔的身影、旋转的篮球、欢快的笑声、额头上流淌着的汗水……

公告栏里贴着校级羽毛球比赛的成绩，王川喜获第三名。任老师说："小子干得不错！"同学们热情地喊着："王川，加油！"……

他赶早在食堂买一个5毛钱的大包子，站在晨曦中朝读；课上认真听讲，课下和老师探讨学术，聊聊人生；周末约上三五个同学，打打球、聊聊天……

"那个时候的生活真的很惬意。"谈起校园生活，王川依然十分留恋。

也是在长江大学，他遇见了一辈子都不会忘记的老师。"那是开学的第一堂课，同学们刚认识不久，十分兴奋，好像总有说不完的话，直到上课铃声响起也没察觉。任课老师安静地站在讲台上一言不发。过了好久，同学们才反应过来。等到大家全都安静下来的时候，老师开始讲话。她语重心长地说：'不管你们怎么闹，我都会等你们安静下来，等你们找到自己的位置。'其实，人生也是如此啊！"王川回忆道。

这位老师就是陈静。陈老师的话深深地打动了王川的心，"找到自己的位置"成了他的座右铭，受用至今。也正是因为陈老师的话，王川对大学学习、生活的感触格外强烈。王川寄语师弟师妹时也说，要找到自己的位置，努力学习，珍惜时光，耐得住寂寞，守得住孤独，世界再繁杂，都要保持一颗平静而纯净的心。

王川就是在这样平凡又充实的校园生活中感悟出了生命的真谛，找到了人生前行的目标。他也一直用实际行动与母校保持着联系，表达对母校的爱。

2016年的4月，正是草长莺飞的踏青时节。作为医学校友基金的发起人，王川首次向长江大学教育发展基金会捐赠10万元，用以支持医学院建设。

说起为母校捐赠的初衷，王川略显腼腆："我能够有今天，离不开母校的培养。在母校生活的点点滴滴一直深深地印在我的脑海里。尽管目前我的能力还很有限，但我愿意为

母校的发展献上自己的微薄之力。"

2018年,王川做客"校友讲坛",毫无保留地和在校学生交流自己的"创业人生",现场"金句"不断:"天行健,君子以自强不息;厚德载物,我的人生的厚度还没有到一定的程度,所以我要重新起航。""沙漠里的胡杨有一种精神,它生而千年不死,死而千年不倒,倒而千年不朽。""滚滚长江东逝水,浪淘尽天下英雄。长大依旧在,几度笑春风……"这一年,教育发展基金会又一次收到了王川的捐赠善款12万元。

2021年6月,长江大学教育发展基金会又收到王川的10万元捐赠善款。王川再次真情表白:"近20年的创业经历让我明白,是母校给了我系统的理论知识和实践技能,给了我面对挫折的决心和勇气。无论未来的我发展怎样,我都永远感激我的母校、我的老师。"

"作为校友,只要母校有呼唤,我们应该责无旁贷,为学校的发展尽自己的力量。"王川的话语掷地有声,他也在用行动践行着他的诺言,我们看到了他对母校发展的爱心、关心和责任心。

华山再险也要闯

1999年毕业后,王川在湖北荆门的一家医院当起了外科实习大夫。

"我的工作、生活都没有离开过医院,晚上也是住在医院里。虽然我只是一名实习大夫,但是想到我还能为患者做点什么,我就觉得很满足。"王川说道。

只要看到病人轻松的表情、家属开心的笑容,王川就会觉得一切都是值得的。也正因为这样,王川更加注重自己的业务学习。手术室里他对每一个手术步骤反复进行揣摩,下手术台后看书、做笔记,思考是否还有更好的治疗方案。

王川实习的这家医院已经很久没有让年轻医生留院了,但王川的刻苦钻研、认真努力得到了医院领导的认可,院方将王川列入了留院人员名单。不幸的是,在一次手术中,老师带他做腹腔镜胆囊切除时失误,造成了严重的医疗事故。作为这场手术的参与者,他最终也失去了留院资格。

家庭经济困难,回校继续深造也无可能。突然遭遇意外,加之临近年关,找工作更是难上加难。就这样,王川想做个好医生的梦想和他渐行渐远。

"那应该是我人生中最难忘的一个春节,除了对病人的愧疚外,亲戚的询问,父母的担忧,都让我很难过。"王川回忆道。

上帝给你关上一扇门的同时,一定会给你打开一扇窗。自古华山一条道,退却是没有出路的,华山再险也要闯!王川毅然决定从困境中寻机再起。

在这样的信念的支配下,王川决定去武汉找工作。汽车一路颠簸,他辗转几路公交才到人才交流市场。按照之前的预想,他将简历投给了一家医药销售公司。该销售公司看重王川的学医背景,认为让王川当一名业务顾问很合适,并把他作为派往西安市场的重要人选。

王川心想:"做医生已经无望了,那就换一种方式重新开始吧。哪怕是做一个医药销售,只要能帮助到患者,也不枉做了一回医生的梦。"

就这样,王川拖着沉重的行李箱,穿梭在熙熙攘攘的人群中,带着家里凑的 1000 元钱直奔西安。冷冷清清的火车站,除了疲惫不堪的人群,最惹人注目的就是坑坑洼洼的路。走在上面,王川的脚底被磨得生疼,行李箱在上面磨得铿铿作响。

在西安公司,他做起药品咨询顾问,每天守在办公室里,偶尔才有几个电话,业务十分萧条。西北地区干燥的气候、单调的饮食、寥寥无几的朋友、稀缺的火车票等种种艰辛和不适使得王川一度想到放弃,但他最终还是咬紧牙关坚持了下来。"没有别的路可以走,希望或许就在再坚持一下的机会中。"王川深有感慨地说。

回想起那段经历,王川感受颇深:"对外工作一定要格外认真、格外小心,也需要不断地努力和学习,说不定哪天机会就突然降临了。同时也要保持善良的本心,剩下的交给时间就够了。"

创业之路多坎坷

王川在西安一坚持就是两年。有了一定的积累后,他便勇敢地开始了自己的创业之路,积极主动地跑市场打开局面。"我虽然是一个销售,但是我和医生面临的是同一个事情,就是为患者创造良好的医疗条件。要说难,大家都同样地难。"王川告诫自己不忘初心,一切都要把病人的健康放在首位。

王川所代理的药品大多用于肿瘤、血液病、乙肝等疾病的治疗。他利用自己的专业知识,仔细分析每一种药物的成分和疗效,然后再推荐给客户。王川的专业知识、一心为病人着想的意识、热情周到的服务,使他逐渐得到客户的认可和好评。

2003 年,全国暴发"非典"疫情,胸腺肽、干扰素、静丙等药品成了"紧俏货",各大医院、诊所都供不应求。

"那个时候,我每天基本上就是接电话、记药品数量、联系发货等,没时间喝水,没时间吃饭,更谈不上睡觉了。发出的药品一天比一天多,收入也一天比一天高。"王川有些苦涩地说道,"说实话,我真的没想到,'非典'疫情出现后,药品的需求量是如此之大。可见当时'非典'是多么严重呀!"

虽然很辛苦,但一想到每多发一箱药品,就多几个患者早日康复,王川就觉得一切都是值得的。

然而,天有不测风云。有一次,王川发出的一批价值 30 万元的药品在火车站被盗。"得到这一消息,我第一时间想到的是,还有很多患者等着用啊,这该如何是好?"王川回忆道。

王川马上理清思路,查监控、联系物流公司、厘清发货环节,虽经多方努力,但药品还是没能找回。除保险公司赔偿的几万元,剩下的都得他自己贴,短时间积攒的"第一桶金"瞬间化为乌有,他的心情失落到极点。疲惫地站在举目无亲的西安大街上,看着来来往往的行人,还有迎面而来的黄沙,他满怀心酸和无奈,决定辞掉现有的工作,继续寻找东山再起的良机。

接下来的一段时间里,他每天除了吃饭、就是睡觉,重复着单调的生活,他好像陷入了永无止境的灰暗,偶尔心情好一点才会看看书。一天,王川看到俞敏洪谈如何创立新东方的视频,他深受启发,决定改变自己。

说干就干,王川仔细地规划自己的事业,试探着从头再来。经过认真考察,他决定加入西安九州医药有限公司,做医药代理。之后,他每天扛着一大箱药,骑自行车、挤公交车,访医院,和客户讲病理、药理,分析药品的药效、价格,吃快餐、喝凉水,10元、20元地赚。日子紧张又忙碌,但他感觉非常充实。他严谨的工作态度,高度负责的工作作风,诚信做人的风范,深受客户们的好评。王川的名气在西安各大医院渐渐传开了,他的销售团队也在逐渐地扩大。仅2004年,王川所带领的团队销售额就达到了180万元。渐渐地,王川凭着对市场的观察和对相关政策的理解,探索出一条符合当时市场环境的销售模式。

2013年,中国某大型制药集团十分看重这个有想法的年轻人。集团高层多次与王川交流沟通,认为王川的理念和价值观与集团一致,符合集团的长期发展战略要求,多次诚挚邀请王川加入,王川欣然应允。作为医药人的他,当年就拿到了这个行业的最高年收入。"我想这份回报是对我十多年积累的集中兑现,是对我这个学医人的专业奖赏,是对我有上过医学院校背景的肯定,因为没有一个人能得到他能力以外的回报。"对此,王川非常清楚。

以人为本践初心

虽然是一名销售,但王川从来没有放弃自己专业的学习。只要有时间,他就会钻研与他所代理药品相关的医学知识。"医学本身就是一门严谨的科学。药品是用来治病的,所以容不得半点马虎。自己一定要先了解、要懂,然后才能推销。"王川时常把这些话挂在嘴边,引导和带领自己的团队这样做。渐渐地,在他的团队里形成了"不断学习、以人为本"的团队文化。

王川还说:"在我眼里,销售并没有太多的技巧。作为一个合格的销售人员,素养非常重要,要能让客户先接受,然后交流,继而信任,最后交易。"

常年的销售工作,让王川目睹了太多基层群众的看病难、看病贵、病人因病受困的现象,病人和家属的绝望、医生的无奈,也让他深刻地感受到癌症患者对生命的渴望。他说:"我们医学生需要重新审视生命的意义和职业赋予我们的责任和使命。"

在王川看来,生命高于一切,他不能在手术室里挽救患者的生命,但找到真正意义上有治疗效果的药品,是他能做的事情。王川在销售之余,也踏上了寻药之路,他把寻找分子靶向药作为自己的追求。为了找到适合肿瘤、血液病等疾病的药物,王川常常请教专家,查看外文资料,找临床实用案例。他的电脑里,存满了关于疾病药物的资料,公文包里的笔记本,记满了一本又一本,换了一本又一本。

王川深知光凭自己的销售团队做这件事是远远不够的，于是他又果断辞职，先后成立了西安静静胡杨医药科技公司和西安小树林医药公司。其中，西安静静胡杨医药科技公司是一家医疗服务公司，针对具体医疗问题提供咨询服务；西安小树林医药公司更像是一个中转站，为合法的药品提供进货、出货渠道。正是因为王川怀着一颗医者仁心，为患者着想，他的公司以为人民健康服务为己任，以追求卓越作为使命，销售业绩逐年攀升，始终名列业界前茅。

　　2020年春，新冠疫情暴发，当所有人在四处寻购口罩时，王川当机立断，迅速让自己公司的所有门店及合作门店在门口挂上告示：60岁以上老人凭身份证可以在本店领取N95口罩一个。他还告诫门店的负责人，要按照社区的要求保证营业时间，所有的医药用品都不得涨价，在为居民做好服务的同时，也要积极地向大家宣传防范病毒感染的相关知识，并呼吁广大市民朋友提高防范意识，做好个人卫生和防护工作，平安过节，健康生活。

　　疫情期间，他还积极为当地环卫工人和陕西省肿瘤医院捐赠防疫物资。说起这些事，王川认为："世界再繁杂，我们都要保持一颗纯净的心。疫情当下，邻里之间守望相助、团结一致，这份情谊会随着时间流逝变得更加真挚而珍贵。"

　　不忘初心的人对生活也是充满了热情。周末，王川总会约上一群好友踢踢足球，偶尔他也会带着家人外出旅游。提到业余生活，王川仿佛有说不完的话："大学没踢成的足球，没想到在工作后得到了满足，这也是命运对我的一种眷顾。"在王川眼里，要把工作做好，必须要有一个强健的身体，还要学会享受生活。"每到周末，我只要有时间，就会带着孩子和妻子出去转转，陶冶性情，感受大自然的雄伟和对人类的馈赠。"

　　岁月静好，应该就是王川最想要的。

冯振兴／文

吕新河：从"麋鹿之乡"到"东方巴黎"

　　吕新河，1972年生，湖北石首人，1993年毕业于我校英语专业，先后获澳大利亚弗林斯德大学国际经贸关系硕士、上海交通大学MBA，2009年任上海市中青年知识分子联谊会外企分会副秘书长，现任上海彼特化工有限公司董事长、中国商事调解员、中国医保商会药融圈分会理事兼副秘书长、南京安享丰誉一号创业投资合伙企业（有限合伙）合伙人、全球工商管理博士联合会理事、法国尼斯大学博士校友会副会长、长江大学上海校友会副会长、南开大学华东理事会理事、第一经济联合会副会长等职务。

桃李芬芳

中国大上海,黄埔江畔,车水马龙,游人如织,高楼大厦,直插云霄。走进吕新河位于中国(上海)自由贸易试验区内的陆家嘴金融贸易区汤臣商务中心23楼的办公室,推窗而望,淡云可掬,霓虹闪烁,"东方巴黎"的繁华近在眼前。

面对年轻校友们惊美的询问,吕新河一边精心为大家调制咖啡,一边娓娓谈及发生在自己身上的故事。随着咖啡的浓香在室内弥漫开来,一本从"麋鹿之乡"到"东方巴黎"的精彩故事书也被慢慢打开。

学成在荆城

《劝学诗》有云:"三更灯火五更鸡,正是男儿读书时。"

石首,以"有石孤立于石首山"而得名,是全国长江干线主要港口城市,中国长江文化长廊的重要组成部分,是中华民族楚文化的主要发祥地之一,是湖北长江天鹅洲白鱀豚国家级自然保护区和麋鹿国家级自然保护区,被誉为"麋鹿之乡"。

1972年10月,吕新河就出生于石首焦山河镇的一个小山村里,在大家庭里排行第6,由于人口多,家里非常穷,加上山村消息闭塞,吕新河很少有机会了解山村之外的世界,然而"书中自有黄金屋,书中自有千钟粟",书籍为他打开了一片新天地。吕新河说:"我从小就喜欢看书,对世界历史很感兴趣。记得九岁刚读小学三年级时,老师送给我一本讲述世界文明史的书。有一天,在读到欧洲历史文化时,我突然有这样一个念头:欧洲在哪里?它真的那么美吗?我什么时候才能去看一看?"

"我那个时候,学习算不上特别用功,但有一些小聪明,学习成绩在同龄人中一直名列前茅,尤其是上高中后,我对英语有着特别浓厚的兴趣。"吕新河说道。1990年,经过紧张的高考和漫长的等待,18岁的吕新河考入了荆州师范学院(现长江大学)英语专业。

大学,是梦想开始的地方,吕新河开始发奋读书。出众的英语学习天赋和勤奋,让吕新河成为"风云人物",他不仅学习成绩位于前列,还组织了全校的英语角,成为英语角的"掌门人",专业上成为全系的佼佼者。

"那个时候,大家学的都是哑巴英语,笔下妙语连珠,嘴上却结结巴巴。为了提高大家的英文口头表达能力,我带领大家成立了English corner。我们每天早上就在英语系的大楼旁大声读英语,并相互对话。由于我的口语较好,很多同学都围着我说,有一种'舌战群儒'的感觉。"就这样,吕新河熟练地掌握了英语听、写、说的能力,以高分通过了大学英语六级、剑桥商务英语五级考试。

"由于各方面表现都比较突出,我还光荣地当选了荆州师专'十佳青年'。"谈及此处,吕新河一脸兴奋。

梦想的种子在生根发芽。在校园里,吕新河利用一切机会刻苦学习世界历史与各国文化,对世界各国的政治、经济与文化有了比较深刻的了解,这为他日后从事国际贸易工作奠定了坚实的基础。

吕新河：从"麋鹿之乡"到"东方巴黎"

奋进在楚源

《次北固山下》有云："潮平两岸阔，风正一帆悬。"

大学毕业时，吕新河有两个选择，一个是留校，一个是回到石首的家乡企业工作。留校，意味着安稳和"端上铁饭碗"；回乡工作，则意味着冒险和闯荡。

性格决定命运。喜欢到外面的世界走走看看的吕新河，放弃了留校的机会，毅然决然地选择了去湖北楚源集团进出口有限公司担任业务经理。"当然，一个刚走出校门的大学生能够进入知名大型企业，并担任如此重要的职务，这在当时足以令人羡慕了。"回忆毕业时的决定，吕新河感慨万千。

楚源集团当时是湖北化工行业较大的进出口企业。1992年4月，石首市化学试剂厂与香港建源公司合资，建成了合资企业——湖北楚源精细化工有限公司。何谓"楚源"？"楚"者，乃"极目楚天舒""惟楚有材"之楚；"源"者，乃"建源""财源滚滚"之源。楚源集团由此而得名。

进入楚源集团工作后，吕新河凭借在大学里养成的勤奋好学精神，抓住一切机会学习。"他在贸易方面刻苦钻研国际、国内贸易的各种形式，熟练掌握贸易风险的把控，较为全面地了解贸易与金融结合的技巧，在市场方面全面熟悉主要化工产品、原料药及营养品在国际、国内的市场及运用。"这是当时吕新河被授予集团"先进工作者"称号时公司领导给予他的评价。

海阔凭鱼跃，山高任鸟飞。在楚源，吕新河工作仅4年即被提拔为集团进出口有限公司副总经理，不久，又被委任为集团董事长助理这一要职，协助集团董事长全面处理集团事务，特别是营销方面的事务，重点负责集团产品在海外市场的销售、拓展及新产品开发等业务。由于工作勤奋、业绩突出，吕新河还多次获得集团授予的"先进工作者""生产标兵"等各类荣誉称号。1997年，吕新河被湖北省石首市化学工业局聘为高级经济顾问。1998年参加国际化工展览会期间，他又被国家石油和化学工业局及中国国际贸易促进委员会授予"先进个人"荣誉称号。

鲜红的荣誉证书见证了吕新河在楚源6年不平凡的奋斗历程，这段经历也为他铺就了一条花团锦簇的康庄大道。

创业在浦江

《论语·泰伯》有云："士不可以不弘毅，任重而道远。"

1999年，站在世纪之交的吕新河开始思考另一种生活。"何谓生命的主旋律？挑战！唯有挑战，生命才会有活力！"想到这里，吕新河毅然决然，在旁人不甚理解的目光中辞去要职，独自一人，带着当时家中仅有的千元现金来到了位于黄浦江畔的"大上海"。

"彼时的上海正如凤凰涅槃，焕发着鲜活的生命力，空气里都传递着新鲜的气息，绝对没有现在这么多的雾霾。"吕新河调侃道,"我非常适应这种催人奋进的环境和节奏。"

几经周折,吕新河加入了德国博特斯股份有限公司上海代表处,担任首席代表一职。凭借着丰富的国际贸易经验和外语交流优势,吕新河很快适应了外资公司独特的企业文化,全面负责该德资企业在亚太区域的各项事务,包括企业目标的制订、年度经营计划的制订、实施及行政、人事、财务相关事务,执行所代理的欧洲企业在亚太区域的销售业务等。

他秉持"关注、执着、感恩"的人生格言,从1999年到2012年,连续在德国博特斯股份有限公司工作了13年,其间,他取得了优异的工作业绩,被公司增补为全球董事。2012年6月,作为公司董事中唯一的中国人,为了业务发展的需要,他又力主把公司上海代表处升级为德国博特斯(上海)有限公司,公司决定由他担任公司总经理这一重要职位。

2013年,是吕新河人生路上不平凡的一年。他第三次挑战自我,毅然决然地放弃了德国大型外资企业显赫的职位和优厚的待遇,自主创业,成立了上海彼特化工有限公司(简称彼特化工)并担任总经理。从外资企业高管到创业型企业的创始人,吕新河再一次完成华丽转身。

彼特化工主要从事基本化工原料产品、以抗生素为主的原料药和以维生素为主的营养品的出口,并在美国注册有美国彼特化工实业公司。在吕新河的带领下,彼特化工成立三年来,客户已经遍及欧洲、北美洲和亚洲的几十个国家。由于该公司在全球拥有广泛的客户群体、较好的商业信誉和雄厚的优势,彼特化工已成为许多中国大陆知名企业在欧美及中国台湾市场的独家销售代理。

厚德在自身

《周易》有云:"天行健,君子以自强不息;地势坤,君子以厚德载物。"

"一个企业家的存在价值,不应该仅仅体现在追求利润的最大化,还应体现在创造社会价值,让弱势群体得到关爱,让社会更加和谐。"1992年就加入中国共产党的吕新河如是说,亦是这样行动的。吕新河的头衔众多,有中国商事调解员、中国医保商会药融圈分会副秘书长、第一经济联合会副会长、全球工商管理博士联合会理事、长江大学上海校友会副会长、南开大学华东理事会理事等。2008年,作为市知联的一员,他被选中参加中央组织部、市委统战部等部门针对外贸经济运行情况组织的专项调研。针对当时经济社会发展过程中出现的出口乏力、消费疲软等现象,在中央领导出席的座谈会上,他创新性地提出了"阶段性的浮动汇率制""家电下乡""农村社保"等可行性建议,获得了与会领导和专家的充分肯定。

2013年4月起,他积极参加市知联组织的建言献策小组,对雾霾成因及治理提出了许多自己的合理化建议。2014年8月,上海彼特化工被挑选为市知联创新创业调研对象,接受了市知联领导和各位理事的调研,获得了参与调研的领导和朋友们的一致好评。

此外,作为东方网等知名网站的特约评论员,他还经常以"吕文"为笔名发表《我为中国谋发展》《我看上海发展》《如何完善上海公共交通体系》等一系列为国家社会建言献策的评论性文章。吕新河说:"我这些年提出的很多建议,有的已经被政府部门采纳应用,有的仍然对上海今后的创新驱动发展、经济转型升级有着相当重要的意义。"

在取得瞩目成绩的同时,吕新河还积极承担自己的社会责任,竭力回报社会。他多次为云南、湖南等省市的贫困地区小学捐款,为汶川、雅安、玉树地震灾区捐款,特别是为故乡石首捐款修路,仅第一次就捐款15万元。

在吕新河的办公室里,最引人注目的是一张张和家人的合影照片,有和父亲的,有和妻子的,也有和孩子的,这些照片处处显示出身为儿子、丈夫、父亲应该承担的责任。他深情地说:"我离开石首来上海前,暂留在老家的妻子抱着尚小的孩子安慰我:在外不要太辛苦了,多保重身体,家里永远是你随时可以回来的港湾……这一幕场景经常出现在我眼前,我唯有给予他们更多的爱,才能尽到一个人子、人夫、人父的义务。"

这就是吕新河,他在国际经济贸易本职工作中,表现出一位中国企业家应有的仰望星空、脚踏实地、坚忍不拔、不断创新的优秀品质;在个人价值和奉献社会的结合点上,他用德行与爱心承担起作为中国特色社会主义事业亲历者、实践者、维护者、捍卫者的政治责任。

上善若水,方能生生不息。"随着中国(上海)自由贸易试验区的进一步发展,上海作为中国经济改革开放最前沿和最具活力的城市,必将给彼特化工的飞速发展注入新的活力、带来新的商机!"吕新河和他的团队信心满满。

如今,他的梦还在继续……

陈勇/文

席绍雄：诗意的"花匠"人生

席绍雄，1973年生，我校园艺专业1992级校友。毕业后先后在十堰市科技局、十堰某国企上班，随后离职南下广东，在外资知名花卉企业总部（广东）工作近3年，1999年在上海创业，经过20余载的积累，公司现已初具规模，平均每年向市场供应高档兰花40余万株，各种时令花卉200余万盆。

席绍雄：诗意的"花匠"人生

11月的上海略有些凉意，在虹桥火车站地下停车场里，我见到了此行的采访对象——1992级园艺专业校友席绍雄。

我们边走边聊。他平和、谦逊的话语让人印象深刻。

当我细数着对他的疑惑时，他只是轻轻地说了句："其实我就是一个花匠。"我想，这大概源于他对养花护花的执着追求和一直以来精益求精的处事态度吧？带着这样的猜测，我"走进"了他的"花匠"人生……

———

高中时，席绍雄成绩优异。填报大学志愿时，他本想学一个时髦、"高大上"的专业，早日改变自己贫穷落后的人生状况，岂料与心仪的专业失之交臂。一心想摆脱"农"字的他，没承想被园艺专业录取，还得继续跟"土"打交道。好在能从偏远的山村来到大城市，加之荆州古城的独有魅力，总算给席绍雄带来些许安慰。

"大一的学习生活似乎很单调，每天都过得浑浑噩噩的。"课堂学习并没有如他期望的那般拥有可喜的收获，他说："我感觉自己并不适合课堂上的学习，明明学得很好，可一转眼就忘了。"他有些挫败，也有些迷茫。升入大二，席绍雄在学习上还是摸不着门路，就连宿舍养的一盆花他都要一遍一遍地问才知道到底是什么品种。席绍雄执着于这样的问题，同学们都感到不可思议。

与黯淡的学习经历不同，他记忆里最鲜亮的色彩，莫过于每天抱着篮球、穿过梧桐树下的林荫道，在篮球场上打一场酣畅淋漓的篮球赛。席绍雄当时是校篮球队的主力，还练习过散打。在一次和警校学生的比赛中，他是唯一一个非警校生获胜方。

渐渐地，他从体育运动中收获了同学间的友谊，找到了上大学的乐趣。他的校园生活开始变得多姿多彩：学唱歌、学跳舞、去图书馆看书……过去沉默的他已然成了大家眼里活泼开朗的"多栖才子"。

"也许就是这样自由、开放的生活，才让我觉得这个古朴大气的学府有吸引力。"不知从何时开始，学习的种子悄无声息地发芽了。"理论知识学不好，还是需要把实践方面的知识学好。技术在手，将来毕业了还能找到一份工作。"说起课外实践活动，席绍雄打开了话匣子。

"我们那个时候在宜昌实习，其实就是修剪果树，不需要什么理论知识，我就跟着师傅，看师傅是从哪儿下剪刀，怎么剪下枝条，一棵树剪下多少枝……我全部记在心里。"席绍雄坦言，"亲身亲历专业实践时，一定要做个有心人，要总结一套适于自己的方法。不管在什么样的环境，一定要找到自己生活的态度，一种想做以及尽自己最大努力做好的态度，而这种态度最终一定会影响到结果。"

273

二

1996年,席绍雄毕业被分配到十堰市科技局,安逸和清贫的生活让他一度陷入苦恼。思前想后,他决定另谋出路,进而进入了当地的企业工作。

进入十堰的企业后席绍雄却并不轻松,作为农技工作者,不熟悉理论知识让他工作起来很是吃力。他说:"事实与想象之间总会有些偏差,那时的我感觉像是在经历一场不知道去向的旅行,那种心情很忐忑,永远都不知道下一秒会发生什么事情、会遇到怎样的难题。"

席绍雄只能硬着头皮干,毕竟路是自己选的。他把单位里关于农技方面的书全都找出来,晚上学习,白天实践,工作中遇到不懂的就虚心找同事请教。就这样,他一学就是3个月,理论基础打牢后,工作开始得心应手。

然而现实的问题又出现了。那时他一个月400元的工资,除去吃住剩下不了什么,大多数时候还需要家里补贴才能勉强维持生活。"这样的生活真的是我想要的吗?"席绍雄一遍一遍地在心里问自己。直觉告诉他,必须要改变这种现状。

经过再三考虑,席绍雄决定再度辞去工作,带着大姐资助的300元钱前往广州谋出路。那时的广州工作岗位少,求职者却遍地都是。为了等待合适的机会,他干过销售、做过工人、睡过大通铺。回忆起当时的情景,席绍雄深有感触:"在广州茫茫的求职大军里,我感觉自己就像一片小树叶飘在大海上。"

就在求职无望时,他发现了商机——当时内地的山货在广州很受欢迎。席绍雄当起了"倒爷",联合老乡从内地倒货到广州销售。刚开始,一切都很顺利,他赚到了"第一桶金"。怎料天有不测风云,送山货的货车在路上出了车祸,又恰逢年关,等席绍雄忙完理赔后,兜里已经不剩半分钱。

席绍雄想回趟老家,但连张火车票都买不起;想吃顿饱饭,但连买馒头的钱都没有;想睡个好觉,但连个落脚之处都找不到。很多企业都处在歇业期,找份工作十分困难。"难道真的山穷水尽了?"席绍雄不相信。

这时一家洗车行需要洗车工,他毫不犹豫地入职了。他自从到洗车行工作以来,没睡过一个好觉,天越晚洗车的人越多。虽说这份工作工资不多,又相当辛苦,但总算解决了他的一日三餐和住宿的问题,席绍雄很知足。

在外漂泊,梦想无法实现的困惑日日徘徊在他的心头。多少次辗转反侧,席绍雄迷茫着、思考着。

有一天凌晨三点,一个出租车司机来到车行洗车。寒风呼啸,水冷得刺骨,不一会儿,席绍雄鼻子就冻得通红,出租车司机看在眼里,多给了他20元钱,还请他吃早饭。席绍雄当时很缺钱,但他还是婉言谢绝了。后来出租车司机悄悄把钱放在桌子上就离开了,等席绍雄发现的时候,人已经走远了。在这样窘迫的时候,陌生人的关心温暖了他的心窝。第二天,席绍雄用这20元钱给家里打了一通电话,报了平安。这是他第一次在陌生的城市感到"踏实"。

席绍雄一边在洗车行工作,一边尝试着通过电视、报纸找一份有发展前景的工作。洗车行的老板也看出了他的心思。"年轻人要经得起失败。"老板鼓励他说。

机会总是留给有准备的人的,在坚持不懈的寻觅与学习中,席绍雄终于等到了一家大型的花卉公司招聘机会。他认真准备简历、面试、现场讲解,他在每一个环节都表现得非常出色,最终顺利通过面试,成功入职。

"其实我和很多人一样,也曾默默无闻,在最底层庸庸碌碌地干着枯燥的活计,也曾因为上天不公而失望难过。但回过头来看,正是这些经历让我明白,我过的每一天、做的每一份工作,都是为了不负自己。"席绍雄说。

在面临困难时,有什么比战胜困难的坚定信心更管用呢?

三

钻研园艺的过程就是吃苦的过程。席绍雄新工作并非在办公室看看书、指导一下种植技术,他一来就被安排到花棚搬花、上货、卸货,和搬运工没有两样。花棚里温度高,几百盆花搬下来,他早已汗流浃背。但是,他从来没有怨言,因为他明白选择种花这份工作就意味着吃苦。

正是因为他的这份吃苦耐劳,没过多久,席绍雄当上了组长,开始参与种植与管理工作。渐渐地,席绍雄变得越来越成熟,做事情也越来越严谨。

作为种花者,凡事他身先士卒,每天第一个到花棚,最后一个离开。"养花不得有半点马虎,一点要小心观察。因为它们不会说话,病了不会喊,饿了不会哭,所以我们一定要做有心人。"席绍雄说。"温度合适不合适?""肥力够不够?"几乎成了他的口头禅。

作为管理者,凡事他以身作则;作为好师傅,他教新来的员工种植技术,耐心安抚他们的情绪。除此之外,他一心想的是如何提高效益、节约成本。"作为一名管理者,一定要把公司的事情当成自己的事情,要学会站在老板的立场上看问题。"

他善于利用随处可见的花盆、毫不起眼的小瓶子或被人遗弃的花盆裂片进行二次加工改造,做成装饰品。

"养花其实就是一个发现美的过程,发现花本身的美,发掘人性中的美。"在枯燥的养花护花工作中,席绍雄用欣赏的眼光传递着他的独特认知。

不管什么时候,席绍雄总是神采奕奕,充满活力。当上组长不久,领导就把一个厂区交给他管理。从技术、人员到销售,他都严格把关。在他的管理之下,花棚里干净整洁、花朵鲜亮明艳、员工和谐友好,一切都井然有序,顾客好评如潮。席绍雄管理的厂区成了公司的典范,他也得到公司的充分认可。席绍雄觉得自己并不是能力有多强,只是肯努力。"经历了一系列不如意,还好我没有放弃。"

为了实现干大事的梦想,1999 年席绍雄从公司离职,带着几年来攒下的几万块钱和对养花事业的热衷,前往上海创业。

他没有贸然开始,而是先谋后动:到底养什么花才符合上海这座城市的需要?怎么做才能在保证花的品质的前提下最大限度地节约成本?

万事开头难,首先缺的就是资金。他先向亲戚朋友借钱,发动身边所有人脉筹集资金。资金到位后,他便开始找场地、买品种、招花工。他说:"在别人公司的时候什么都是现成的,自己负责种花和管理就够了,创业才发现什么都需要自己亲自参与,要考虑很多。水电工、设备采购、各种业务都需要有人做。做老板就意味着自己要学着做复合型人才。"

多年的养花经验,让席绍雄对市场的把握很准。经过一番考察,席绍雄发现上海种植的花都比较传统,于是他决定从其他地区引进蝴蝶兰、滴水海棠和绣球。他说:"刚开始创业不能什么都养,一定要有自己的特色花种。"他引进的这几个品种一上市,成了上海的企业争先恐后购买的对象,在市面上开始流行起来。

就在这时,席绍雄又开始冷静下来思考:目前很多花都是企业所需,并没能走进普通家庭,该怎么做才能改善这一局面呢?他决定从台湾引进薰衣草。薰衣草比较好养,繁殖又很快,很适合一般家庭的装饰需要。

事实证明他的决定十分明智,正当他公司的薰衣草在上海上市时,电视剧《薰衣草》在上海也掀起了一股热潮,他种植的薰衣草的销量乘着这股东风一跃而起。席绍雄回忆道:"根本就不需要上门推销,很多经销商都会主动找上门来,花根本就不愁销路。"市场就这样被打开了。2003年席绍雄开始经营第二个公司,也把借的钱都还清了。公司里花的品种也多了起来,有适合企业的,有适合家庭的,应有尽有。"让我最记忆犹新的是'非典'暴发时期,不知是哪家媒体报道常春藤泡水喝有预防作用,很多人都来买。"说到这里,席绍雄稍微有些停顿,"花卉市场其实也充满了变数,你永远都不知道明天会经历什么,但是同时也会给你带来很多惊喜。养花真的是一件很浪漫的事情。"

在公司发展势头一片大好时,席绍雄没有急于扩大规模。很多人不理解他的做法。有人说他保守,有人说他死板,席绍雄总是笑而不语。他有着更深的考量,他更加注重总结一路走来的经验,更加注重花的品质,想要打造高品质花卉基地。在他眼里,引进优质产品、优化产品组合、注重产业上行比什么都重要。

十几年过去了,席绍雄的名字在行业内广为人知。提起这些,他总会谦虚地说:"其实,每个创业者都会面临困难,关键是要有克服困难的勇气与决心,我只能说自己的运气比较好。"

都说创业者分两种:一种是敢做梦却不敢执着追梦的,一种是敢做梦而且"不破楼兰终不还"的。席绍雄就是后者,不管经历什么,他都一定要将追梦坚持到底。

四

不忘初心的人对生活也充满了热情。席绍雄从大学起,就养成了读书的习惯。即使再忙碌,他每天都会腾出时间来阅读,并做读书笔记。

一提到读书,席绍雄就有说不完的话。"读书就像开矿一样,'沙里淘金',书读得越多,就有更多的机会去接触、感受、品味、消化吸收别人的思想,你的思想可从中得到提升。尤其是养花护花,一定要多看书,这样才能了解最新的技术,不能故步自封。"

除了爱看书,席绍雄周末会约上同事、朋友、邻居到大学城去打一场球赛。"我们经常打球并不是我们的技术有多好,只是我们都喜欢快乐、健康的生活,必须要通过锻炼来放松自己。"他这个从大学养成的锻炼的习惯一直持续到现在。

在外面席绍雄是公司的掌舵人,在家里他完全是个慈父。陪孩子写作业,细心为孩子挑选书籍,他总是忙得不亦乐乎。"我有两个娃,都特别调皮,喜欢到处玩,我只要有时间,就会带着妻子和孩子出去转一转、玩一玩。"

对未来的生活,席绍雄总是充满着诗意的期许:"等我老了,我就回到老家,建一幢大房子,门前种上一大片花,再养点鸡、鸭,隔三岔五地约老友来坐坐,生活无聊了,就去大街上卖卖花……"

养花就是修心,静待花开,笑看花落。席绍雄多年以来以花为友,因花而兴,于万紫千红中始终坚持自己本真的人生格调,淡然自若地迈步向前。

冯振兴/文

郑玉鸿：跨境电商领域的"拓荒牛"

　　郑玉鸿，我校会计电算化专业1999级校友。为湖北"3551光谷人才"，APEC跨境电商创新发展研究中心专家委员会委员，国家商务部特聘跨境电商授课专家，《国际商报》跨境电商栏目特约专家，湖北省新的社会阶层人士联谊会副秘书长，九三学社湖北省基层第三支社副主委，华中科技大学硕士生导师，湖北大学硕士生导师，武汉大学领军人才班、长江大学、中南财经政法大学客座教授。高校教材《跨境电商概论（出口）》《跨境电商概论（进口）》《国别电商概论》的编著人之一，网来云商公司创始人，全球跨境云平台发起人之一。

郑玉鸿：跨境电商领域的"拓荒牛"

她，是儿子眼中的"女汉子"；

她，是商业领域的"女强人"；

她，是校友眼中的"学习狂"；

她，就是人称"传神 May 姐"的网来云商 CEO 郑玉鸿。

2017年4月12日至13日，在浙江省义乌市举行的"2017世界电子商务大会"上，郑玉鸿出席并做总结发言，会后，《国际商报》对她进行了专访。

从一个追梦女孩，到电商领域翘楚，郑玉鸿一路走来，有辛酸、有泪水。不怕苦、不畏难的性格品质让她品尝到了成功的喜悦。

青葱岁月　种下追梦的种子

2000年10月，在长江大学前身之一的江汉石油学院50周年校庆典礼上，优秀校友云集，当时的情景深深地影响了还是学生的郑玉鸿：时任校长在主席台上念着捐赠者名单，并授予部分校友"优秀校友"荣誉称号，颁发证书、合影留念……

在当天的活动中，郑玉鸿离那些优秀校友非常之近，但又感觉非常之远。她知道，她只能远远地看着他们、羡慕着他们，而这个距离不通过非一般的努力是无法缩小的。

当时她萌生出一个想法：希望有一天，通过自己的努力，母校也会邀请自己回到学校参加校庆。

"今日我以母校为荣，明日母校以我为荣"不再只是一句抽象的口号，而是作为一颗梦想的种子，在她心中悄然种下。

进入江汉石油学院，看到来自祖国各地的优秀人才聚集在"象牙塔"下，她开始意识到：想要得到什么，不是看你从哪里来、你的家庭如何、你有没有小聪明，而是看你有多努力！

郑玉鸿在大学期间打过零工、发过传单、端过盘子、卖过鲜花，做过很多力所能及的事情。

参加工作之后，她也一直用努力和汗水去获取认可，去实现梦想。

事业打拼　点燃奋斗的激情

事业打拼，从来不会是一帆风顺的；成功人生，从来不青睐任何一个没有激情的人。郑玉鸿就是一个富有奋斗激情的人。"女强人"，是透过她温柔美丽形象的外在展现，支撑她的，是背后孜孜不倦的努力和拼搏。

2001年，就在她毕业分配工作时，她放弃了学校分配的湛江油田的加油站出纳岗位，选择了一条非同寻常的道路：自主择业。

郑玉鸿选择了去北京，选择了自己想去做的工作。

在北京，一开始，她拿着自己做的厚厚的简历去投，简历上面写着她的座右铭"给我一点阳光，还您一片灿烂"。因为她只是一个专科毕业生，她几乎没有得到面试的机会，于是她决定直接去找企业，而不是去投简历。

"你面试什么岗位的？"

"你们招什么岗位啊？"

"那你想做什么啊？"

"你们都有什么事情需要做啊？"

"那你能做什么呢？"

……

一问三不知的面试尴尬经历让她至今记忆犹新。但是面试中的受挫，并没有让她逃离，或是降低预期。在挫折中，她不断吸取经验教训，功夫不负有心人，最终在一次面试中的良好表现让她成功地获得了一份工作。

郑玉鸿的第一份工作也不是一帆风顺的，她被排斥、被嫉妒、被冷嘲热讽过。

总监的"不待见"，让她决定直接去找当时的董事长推荐自己，幸运的是，她获得了董事长的认可。她很快转正成为总公司麾下北京分公司的销售经理。

在各种关于所谓"空降"的猜测和流言蜚语中，为了证明自己的能力，她比别人付出了更多的努力。

那段时间，郑玉鸿每天住在办公室。工作到很晚了，她才在洗手间里洗漱，然后拿出折叠床休息，像打地铺一样地在办公室住了半个月。最终，她克服重重困难，做到了公司其他人没有做到的事情：她完成了公司策划已久但未实现的一个产品线的包装。

这一次，郑玉鸿赢得了很多同事的刮目相看。优秀的表现，给她带来的并不全是祝贺，也有少数人更深的排挤，但有一个坚强的意念，压制住了郑玉鸿的心中怒火："我要更努力。"

又用了七个月的时间，她完成了从分公司的主任、分公司的总经理、大区总经理、总监到总部运营总经理的角色转变。

"每一步，都是我用汗水换来的。"她透露出来的更多的是对于努力的执着。

"努力很重要，但是努力和执着是为了什么？是为了实现目标！"

这让她回忆起曾经的一个小插曲。有一次，她为了收回一个全公司众多同事都无能为力的项目欠款，在对方家里被狗给咬了出来。即便如此，她也想方设法把欠款给收回了。

执着追求　做领域的领头羊

2017年3月22日，郑玉鸿收到学校邀请，受聘为长江大学管理学院客座教授。在接受聘书时，她难掩心中的激动。当晚，她与400余名师弟师妹相约"校友讲坛"第一讲，讲述了她"坚守初心，十年跨境电商创业路"，讲述了她一路打拼奋斗的励志故事。

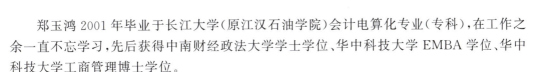

郑玉鸿2001年毕业于长江大学(原江汉石油学院)会计电算化专业(专科),在工作之余一直不忘学习,先后获得中南财经政法大学学士学位、华中科技大学EMBA学位、华中科技大学工商管理博士学位。

工作之余,她一直不忘为自己充电,只为能够让自己离梦想再近一步。她常说:"梦想一定要有,万一实现了呢?"她的梦想就是要做电商领域中的"拓荒牛"。

2007年,已是公司副总裁的郑玉鸿对电商形势进行了分析和判断,怀揣着对梦想的追求,进入了传神集团担任总监,那时的传神集团还是一个在地下室刚开始创业的小团队。

在北京奥运会期间,关于中华老字号和中国菜名的翻译,常常出现千奇百怪的表达。基于此,传神集团发起语言翻译标准化的活动,全球有近500万人参加。以此为契机,传神集团发起创立了语言翻译行业标准协会。

2009年,传神集团和中交集团合作研发出了一个语言翻译标准提交平台——完美协同工作平台,进一步深化了传神集团在语言翻译标准领域的发言权。当年,当国家大力向外推广中国工程类语言标准时,放眼望去,全国只有传神集团能做。郑立鸿说:"翻译不赚钱,翻译标准才是核心竞争力,才是国家走向世界最有力的助推器。"传神集团也成了被全球行业所认同的中国翻译公司。

"我翻译,我骄傲!中国的标准,中国说了算。"她回想起这段奋斗史时自豪地说。

2012年的时候,郑玉鸿发现翻译标准应该扩大它覆盖的行业领域范围,此时,她想到了国际贸易。2012年2月,她在传神内部创立了跨境电商事业部。

从那时起,她又开始了为事业拼搏奋战的时光,带着团队打拼,一路披荆斩棘,最终开创了网来云商的宏伟事业。

站在战略高位的郑玉鸿,时时紧跟国家发展战略,有着广阔的国际视野。这使得网来云商在她的带领下一路进发,由在行业内崭露头角发展成为行业内的领头羊。

2013年下半年,她受聘为国家商务部特聘讲师,开始为全国各城市做跨境电商的全球分析、数据分析、"互联网+"等课程培训,每年有20余场。她编著的《跨境电商概论(出口)》《跨境电商概论(进口)》也成为高校教材。

"所有的这些,都是我通过努力得来的。"郑玉鸿坚毅地说。

"用母语做全球生意,打造跨境电商软环境",这个目标,郑玉鸿在网来云商达到了,她开创了一种全新的跨境电商R2B模式,在领域内,她是"拓荒牛",也是领先者。

网来云商连接了全球各类电商平台和营销渠道,通过强大的语言转化能力,整合跨境全链条资源,打造一站式跨境电商综合服务平台——跨境云,让企业可以如同做内贸一样做跨境贸易。

一路进发　丹心从来系家国

"读书和旅行是放松的两种方式,那我到底要什么?我觉得要每一个当下的惊喜。"她说。现在的郑玉鸿,还在继续努力着,向着她的梦想一路进发!

郑玉鸿有着浓浓的家国情怀,同时也有着宽广的全球视野。她深知:变革不是目的,真正好的变革,是让民族的成为世界的!

她经常作为嘉宾应邀出席各种论坛和会议,为推广中国电子商务、打造跨境电商全球枢纽做出自己的贡献。

郑玉鸿创建网来云商的初衷是,基于移动互联网大数据、多语种信息处理技术及交换技术,通过大幅度降低跨境商业的语言障碍和文化差异,帮助全球企业用母语做全球生意,实现"卖全球、买全球"。公司在智利、迪拜等多国建设了海外仓,与亚马逊、Yeatrade等200多个平台建立了直接合作关系,并与湖北、安徽等10余个省份达成合作,在山东、湖北、安徽等地建设了20余家跨境电商产业园,服务中小企业超过46 000家。

2016年,郑玉鸿提出"一地多园"跨境电商产业枢纽建设计划:以地级市为中心,落地建设跨境产业园区,同时在下辖县设立卫星园区,根据下辖县当地特色和优势,提供文创商旅城市跨境电商综合解决方案;以"跨境"为核心,打造"展示中心、培训中心、跨境电商产业中心、文化中心、流量中心"这五大产业中心园区,带动整个城市乃至整个地区的发展;园区以跨境电子商务为基础,以创新创业为核心,全面打造科技、医疗、智慧城市、5G新基建等全产业综合枢纽国家示范级园区。

2017年,郑玉鸿启动的"全球合伙人"计划,旨在建立全球跨境合伙人机制,建立全球分销渠道,线上实现全球"本土化网店,本土化运营",线下实现"海外仓到城市馆"的全面升级。

2019年,网来云商启动"海外平台深度合作"模式,以境内+境外、品牌+渠道、线上+线下的"双跨模式",帮助国内企业走向海外,吸引海外平台落地国内,努力促成跨境电商共赢发展。同年,郑玉鸿还提出"跨境电商品牌年"的战略思路,帮助各个县市打响地域国际品牌,帮助生产型企业打响产品国际品牌,让出口产品拥有更强的国际议价能力。

2020年,郑玉鸿布局国际物流板块,在全球设立6个物流分公司,公司的全球货运网络覆盖155个国家和地区,为外贸型客户提供对外贸易综合解决方案,业务涵盖国际运输、仓储与配送、供应链管理、跨境电商物流、贸易促进和供应链金融等。2021年公司(国内部分)全年营业额达9.6亿元,运输货量分别为空运3 700 000公斤、海运15 000标准集装箱、铁路10 000标准集装箱,全球派送近700 000个包裹。在全球自营和合作的海外仓总面积达650 000平方米。

疫情期间,应商务部要求,网来云商成为医疗器械进出口责任平台,成为GE、强生医疗、美敦力、西门子医疗等品牌全线产品的进口代理,以及联影、迈瑞、东软、新华等国内高端医疗设备品牌代理。网来云商疫情期间代理国内外医疗物资供应合计金额超过百亿元,2020年为国内三甲医院医疗器械设备采供金额达5000万元以上。

网来云商打通了全球贸易的信息流。在国内端,网来云商已与湖北、湖南、河南等10余个省的300多个县、市达成跨境电商项目合作,在安徽滁州、安徽凤阳等多个城市投资园区、合作园区,帮助成千上万家企业实现转型跨境电商。在海外端,网来云商积极致力于拓展全球渠道,以创新的 M2R 模式为核心,打造全球性跨境电商综合服务平台,截至 2022 年底已与覆盖全球 180 个国家市场的 200 多家电商平台建立合作关系,覆盖全球绝大部分特别是新兴国家的"蓝海市场"。网来云商整合物流、清关、仓储、支付等跨境链条资源,形成了无障碍通达全球各个目标市场的跨境贸易网络。

作为湖北省高新企业、瞪羚企业,网来云商在郑玉鸿的领导下帮助中国好商品走出国门,树立区域品牌和产品品牌。如今,郑玉鸿正以区域产业发展为己任,以提升中国产品的全球竞争力和议价能力为目标,心怀强国志,逐梦新征程。

陆峰/文

刘运红：充满激情的"奔跑者"

刘运红，1981年生，湖北松滋人，我校市场营销专业1999级校友。2012年返乡创业，创办湖北龙帝良运运输有限公司（任董事长）；2017年参与投资荆州智谷创业园并担任总经理；2018年入选为湖北省第四期现代服务业领军人才（精品班），被评为湖北技术转移与成果转化公共服务平台建设先进个人；2019年荣获荆州青年五四奖章。2020年创办荆州市创学职业培训学校和创学人力资源公司，配合母校打造"校友经济"，助力荆州"荆才荆用"。2021年，引进小奈斯集团，参与投资打造荆州文旅产业夜经济。2022年成立荆州市应急产业研究院有限公司，以市场化运作应急产业，配合母校申报应急管理学院。目前担任长江大学校友企业家联谊会秘书长、沙市区科协副主席、长江大学荆州校友会副会长兼秘书长。

刘运红：充满激情的"奔跑者"

刘运红激情奔跑，气势如虹。他是一名"奔跑者"，跑道在他脚下、在他心里，他没有迟疑，没有彷徨，有的只是充沛的精力，有的只是澎湃的激情，他一路向前，一路向上，"跑"出了青春的绚烂，"跑"出了生活的精彩，"跑"出了事业的辉煌。

——题记

"跑"出青春的绚烂

这是一条青春的跑道，这条跑道缀满他的激情、热诚和率真。

"我是'跑'进大学校园的。"刘运红笑着说。2019年4月的一天，窗外的阳光正好，凝视着窗外的阳光，刘运红脑子里真切地浮现出那条最初的跑道。

踏上那条跑道时，刘运红才12岁。那年，他读初一，他开始了人生的奔跑。

"应该说，我不是传统意义上的好孩子，也不是家长嘴里的乖孩子。"刘运红回忆说，"小时候，我生活在江汉平原的农村，家境一般。父亲是瓦匠，四处行走，修屋子、建水塔，日日奔波；母亲在家务农，繁重的农活几乎都压在母亲身上，她天天操劳。日日奔波的父亲和天天操劳的母亲，根本无暇顾及我成长的细节，我就像江汉平原田野常见的一棵树，恣意生长着。随父母迁居松滋县城后，我的眼界开阔了，心眼也'变活了'，和小伙伴们相处时，一方面有着乡村孩子的自卑，一方面有展示自我的强烈愿望，在两种心理的交织下，我做出了一些荒唐的行为，如偷拿父母的钱，目的就是想在小伙伴们面前'充阔气'。"

为了改掉刘运红身上的坏毛病，父母将12岁的他送到了武术学校习武。武术学校地处乡村，十分偏僻、荒凉。学校管理十分严格，刘运红在这里学会了吃苦，增强了独立生活的能力，尤其是在这里开始跑步并每天坚持，从此爱上了跑步。

"之所以爱上了跑步，是因为每天的坚持增强了我的自律意识，头脑变得更敏捷，身体变得更强壮，尤其是从心底滋生出了一股不服输的念头。"刘运红说。

从武术学校回到松滋县城，刘运红有了一个固定的爱好，那就是跑步，渐渐地，跑步从他的爱好变成了特长。进入高中，刘运红的这个特长广为人知。高中老师也看中了他的这个特长，不仅让他担任学生会体育部部长，还单独为他"开小灶"补习文化课。"老师的重视、同学们的关注，让我变得越来越积极上进，不仅文化课成绩日渐攀升，体育特长生的训练也结出了硕果，我奔跑速度越来越快、成绩越来越好，'跑'出了学校、'跑'出了松滋、跑出了荆州、'跑'向了湖北省中学生运动会……"刘运红高兴地回忆道。

1999年，作为体育特招生，刘运红考上了荆州师范学院（现长江大学），就读经济管理系市场营销专业。初入大学校园，刘运红兴奋、充满渴望。"一定不负青春！"他暗下决心。那年初秋，校园运动场的跑道上新添了一个身影，那个在奔跑中迎来朝阳、在奔跑中送走夕阳的年轻身影，正是刘运红。

刘运红在大学里是活跃的，不仅活跃在跑道上、活跃在篮球场上，还活跃在学生会组织的各种活动中。"我大一时，由体育部副部长升职为部长；大二时，成为系学生会副主席;大四时,加入中国共产党,并担任新生班主任。"说起大学生活,刘运红脸上闪着光彩,侃侃而谈。

"担任新生班主任那年,是我成长最快、收获最大的一年。"刘运红说,"那个班有40多名学生,为了让每一名学生获得成长,我每天和学生一起出操,告诉他们及早树立目标,并为之不懈努力。一年时间,虽说不长,但每天与学生朝夕相处,自己的理解、沟通能力和组织、表达能力等都有了大幅提升。"

"在校园里做生意也是一件有趣的事。那时候,为了赚钱,也是为了响应创业的号召,我到沙市洪城商港进货,到学生宿舍推销,像活力28洗衣粉、袜子、镜子、肥皂等,货品还很丰富呢。正是因为当时挨个宿舍进行推销,我的胆子越来越大,脸皮越来越厚。"刘运红笑道。

2003年临近毕业时,刘运红对西方经济学产生了浓厚的兴趣,经常对一些经济现象进行思考,他打算出去闯一闯。"毕竟,外面的世界更广阔。"他说。

离别大学校园的那个夜晚,回望青葱岁月,刘运红感慨:青春绚烂,一切都是最好的安排!

"跑"出生活的精彩

这是一条职场的跑道,这条跑道缀满他的坚持、真诚和果敢。

2003年初秋,湖北随州的早晨凉风习习,走出职工宿舍,刘运红习惯性地看看手表,刚过7点,和往常一样,他开始奔跑。

宿舍在随州城区,单位位于市郊。从宿舍到工作单位,这条路,他每天奔跑两次:早上在奔跑中,回顾昨天的收获;晚上在奔跑中,思考今天的工作。"当初选择这家企业,是因为校招时,这家企业招聘人员的气质和风格打动了我,当时我毫不犹豫地想成为其中的一员。"刘运红说。

这家企业便是中国三江航天工业集团控股的湖北航天双龙专用汽车有限公司。初进公司,刘运红的岗位是汽车销售。为了尽快熟悉工作,他主动要求下车间。他的想法很朴实:只有熟悉了解基层,才能稳扎稳打,才能走得稳健,才能阔步向前。那个时候,他还经常用马丁•路德•金的话鼓励自己:"如果你不能飞,那就奔跑;如果不能奔跑,那就行走;如果不能行走,那就爬行;但无论你做什么,都要保持前行的方向。"

当时的同事都知道,有一个刚刚分来的大学生,每天跑步来上班,一进办公室,顾不得休息,立马扫地、拖地、打水、烧水,忙个不停,之后,便是全身心地投入工作,而且每天坚持写工作日志。"这个小伙子吃苦耐劳、事事抢着干,真不错!"说起刘运红,同事们交口称赞。

在销售部工作不到一年,刘运红的能力、作风被领导看在眼里,当时,山西销售市场还是一片空白,需要一个得力者去"开疆拓土",刘运红被委以重任。"或许是初生牛犊不怕虎吧,初到山西,我没有畏惧,没有退缩,我想,只要努力干,只要以热忱、以真诚去对待客户,一定会有回报的。"刘运红说。

那段日子,刘运红就像一个充满斗志的战士,奋不顾身,勇往直前,一个人跑遍了临汾、运城、长治等地,每到一地,便开始拜访客户、广交朋友。"看到销售数据在一点点上升,我就觉得所有的劳累和辛苦都不值一谈。"刘运红高兴地说。

在山西期间,有一件事让刘运红更加确定了真诚的价值、真诚的意义、真诚的力量。事情围绕着一辆油罐车的销售。得悉山西太原一个加油站的老板打算买一辆油罐车后,刘运红立即上门推销,老板也支付了定金。然而,在等候车辆运送太原期间,另一个厂家找到购车老板,以低于双龙公司1万元的价格出售。老板顿时感觉上了当,虽然双龙公司的油罐车已经运送到位,但老板一直拖着不支付购车款,而且还提出换车,甚至退车。"这下子,搞得我焦头烂额。怎么办?"当时的刘运红十分发愁,苦苦思谋着破解之道。想来想去,没有他法,唯有真诚以待。"那段时间,为了这辆车,我几乎天天跟着那个老板,他烦了,我就写信,讲述这辆车的物有所值,讲述年轻人的不易……久而久之,我们渐渐熟悉了起来、渐渐开始交心谈心、渐渐成了朋友。终于,有一天,老板拍板,油罐车不退也不换了,两辆车都买下。老板说:'我真是被你的真诚打动了。'听到这话,我的眼泪禁不住掉了下来。"刘运红说。

这件事同时也给了刘运红启示:做任何事都要真诚以待,遇到任何困难,不退缩,不推诿,只要捧着一颗真诚的心,一定能找到解决问题的办法。

审视自己走过的职场路,刘运红充满骄傲。从2003年开始,在随州工作7年,他从销售员成长为山西市场部经理、华北大区经理,2008年成为公司的营销总经理。"通过这7年的职场历练,我最大的收获是懂得了取舍,具有了战略眼光和全局意识。"刘运红说。

2010年,就在刘运红工作顺风顺水之际,他却果敢地做出了常人无法理解的决定——辞职。做出这一决定时,他的脸上散发着光芒。

"跑"出事业的辉煌

这是一条创业的跑道,这条跑道缀满他的坚韧、勇毅和力量。

"踏上创业这条跑道,是我自己的主动选择,原因很简单,就是要挑战自我,虽然前程未知,困难重重,但我还是希望试一试、闯一闯。"刘运红道出创业的初衷。

2010年,他成立武汉运鸿达实业有限公司,主要负责北汽福田在湖北地区的销售。"创业是很辛苦的,起步阶段,我每天几乎只睡3小时,每天都要分析市场,每天都要面对竞争,每天都在思考怎样从众多竞争对手中脱颖而出。"刘运红说。

刘运红从随州到武汉,从央企营销总经理到私企小老板,地点变了,身份变了,但一颗进取的心不变。经过两年的拼搏,刘运红不仅站稳了脚跟,而且不断拓展市场,业绩迅速攀升,骄人的业绩让刘运红名声大振,令许多同行对其刮目相看。"我的成功其实也没有什么诀窍,主要是赢在努力、赢在真诚。""还有一点很重要,"刘运红补充道,"在新的时代,推进企业发展,仅仅脚踏实地还不够,还需要一点天马行空、打破思维边界的创新精神,以及对于真诚等品质的坚守。"

2012年,带着创业积累的经验,带着人生的"第一桶金",刘运红回到荆州,他决定由汽车贸易发展领域向物流行业转型升级,成立湖北龙帝良运运输有限公司,同时实现集汽车金融、物流运输、保险、油品供应为一体的物流产业链。

"起初并不顺利。我先是经营一家4S店,亏了;后来成立搅拌站,从事搅拌业务,却不料出现了数百万元的亏空。幸亏几个朋友助力,我才渡过了难关。"对此,刘运红进行过反思:"问题就在于自己的心太大了。"通过反思,刘运红对自己有了更清醒的认识,思考问题、处理事情更加成熟了。

靠着不服输、不放弃的品质,靠着个人具备的创造力、包容力、进取心和洞察力,刘运红紧紧抓住时代赋予的机遇,坚毅前行。刘运红在2014年入选由湖北省发改委和省委组织部联合举办的湖北省现代服务业领军人才班,2017年底当选为荆州市道路运输与物流协会代理会长,2018年聚合协会力量牵头成立鸿业物流供应链(湖北)有限公司,聚合其他第三方物流企业,形成跨界资源云集成,共同构建智慧交通云平台。

"搭建荆州创新创业平台,目的是帮助更多年轻的创业者。"刘运红介绍,荆州智谷创业园是集众创空间、科技企业孵化器、加速器于一体的全功能高规格创业园。创业园自2018年5月正式运营起至今,已取得不俗的成绩,在荆州初步打开市场。一年来,刘运红及其团队组织各类创业活动30余次,邀请了一批国内省内优秀企业家进行创业分享,为700多人次提供政务、财税以及工商营业执照代办等咨询服务,帮助4家企业成功融资,在荆州市营造了良好的"双创"氛围。

曾任荆州市市长的崔永辉到智谷创业园调研时曾说:"不畏困厄,不惧挑战。刘运红是一位富有激情的创业者。"

同时,作为长江大学荆州校友会副会长兼秘书长,在联络校友、凝聚校友和服务校友的基础上,刘运红致力发展"校友经济",打造"校友商帮",助力校友发展成长,努力当好校友企业家回荆投资发展的"跑腿小弟"。

2018年,刘运红入选湖北省第四期现代服务业领军人才(精品班),被评为湖北技术转移与成果转化公共服务平台建设先进个人。2019年,他荣获荆州青年五四奖章。他的人生"跑"出了辉煌。

康群/文

夏林威：你好，世界！（哈乐沃德）

夏林威，1988年生，我校勘查技术与工程（物探）专业2008级校友。华中科技大学工商管理硕士，武汉哈乐沃德网络科技有限公司创始人、董事长兼总经理，湖北武汉第十批"3551光谷人才"，黄冈市大学生创业导师，鲸鸣奖2022年度卓越出海领军人物。

桃李芬芳

2022年,在哈乐沃德8周年庆上夏林威表示:面对不确定性最好的办法,就是对未来的确定性充满信心!

这位物探2008级的校友,面对充满嘈杂和变化的互联网时代,选择了一条行稳致远的长期主义经营策略和技术路线,并交出了一份价值和回报持续正向发展的答卷。

初心:Hello,Yangtze University News Online

Yangtze University News Online 是长江大学新闻在线平台(长大在线),是夏林威在校期间负责运营的新闻媒体平台,也是他的创业梦开始的地方。

"我印象最深的还是11教,因为长大在线的办公室在11教顶楼,那是我大学时期时间待得最长的地方,也是我互联网梦想开始的地方。"夏林威提笔写下的校园信笺,每一页都与长大在线有关。

"我上大学前连电脑都没接触过。"夏林威回忆道。还记得大一入学,学生社团"百团大战"招新时,夏林威去网吧自学PS和网页制作,在网上看视频教程,加入相关论坛和社群等,交出了自己的第一幅作品,成功加入了长大在线。彼时他还没有意识到,互联网新世界的大门正在向他缓缓打开。

"学习能改变一切,我没有上过相关的专业课,主要就是自学。"他坦然地说,"学习后,我对网站建设很感兴趣,一头扎进去就再也不愿意出来。有时候晚上学习到太晚,我就直接缩在办公室的沙发上休息。"校园的夜静默如斯,而他如倚马天涯的剑客仔细地收藏着每一轮新月。

在校期间,夏林威独立设计与制作网站30余个,其中他设计的长江大学新闻网获得第四届全国高校百佳网站。同时,他作为一名幕后工作者参与并记录着校园的大小事件:长江大学组建8周年校庆、长大"10·24"专题、长江大学理论翻译与精品实践课程、长江大学首届网络文化节等。

"一开始是建设学校的网站,后来我们就开始帮助学校外面的企业建设。"等到毕业的时候,夏林威已经可以养活自己并有了不菲的积蓄,但他并没有止步于在荆州做个普通网站建设者,而是把目光投向了互联网更广阔的世界。

回忆起大学时光,夏林威说道:"毕业设计选题时,导师说:'要不你就选择网站建设为毕业设计吧。'于是我的专业虽然是勘查技术与工程,但是最后毕业论文写的却是《全国高校门户网站建设研究》。"

"那时候我就觉得自己未来肯定是会选择创业,这不是一时的冲动和想法。"去大城市无疑是锻炼自己更好的选择,夏林威带着自己的简历到武汉各大高校和企业应聘,收到了包括腾讯、淘米网、迅雷等多家企业的入职邀请。"周围的同学也很惊奇,原来除了石油以外我们就业还可以选其他方向。我也很感谢大学四年在长大在线的经历,它不仅让我学习成长,更重要的是拓宽了我的视野。"随后,夏林威在淘米网(代表作《摩尔庄园》)、智明星通(中国最早的游戏出海公司之一,代表作《列王的纷争》)任职。也是在互联网企业工作期间,夏林威开始接触游戏和互联网出海业务。

修行:Hello,world

当问起公司为什么要取名"哈乐沃德"时,夏林威信心满满地说:"'哈乐沃德'是英文'hello,world'的音译,就是'世界,你好'的意思,可彰显公司的宗旨——冲向海外,问鼎全球市场!"

2012年,微信公众号这一新媒体横空出世,夏林威敏锐地意识到这个新型互联网产品是将带来"流量为王"的汹涌财富。他迅速响应,带领团队在微信公众号早期的市场里闯出一片天地:三个多月将公众号做到了近百万名粉丝,有些精品的公众号还注册了商标。来自流量变现的"第一桶金"为他创业提供了初始资本积累,夏林威却并没有沉溺于快速收益的收割中,而是及时"止盈"。他说:"短期的成功带有偶然性,有必然因素推动长期的成功才是我想要的。"

2014年6月,夏林威在北京参加谷歌大会,重逢了唐彬森(元气森林创始人,智明星通CEO)。"我和老唐聊了未来的规划、对产品的设想、过去的一些经历,还有对中国公司做国际化的看法等。"对这位毕业才两年但是有冲劲、有梦想、务实又勤奋的年轻人,唐彬森十分看好,并投了400万元天使轮支持他的事业。随后,夏林威又分别获得了汉太腾达、光谷人才的Pre-A轮融资。

2014年9月,夏林威带着他的团队从北京回到武汉建立哈乐沃德(武汉哈乐沃德网络科技有限公司),其谐音"Hello World"也是所有程序员编写程序的第一行代码,喻示世界最美好的开始。他们开始从事移动互联网产品的研发、发行及运营服务工作。而值得一提的是,初创公司的事业伙伴,都是来自长江大学的校友。

得益于之前负责海外互联网业务的经验,夏林威了解到当时巴西的移动互联网环境比较落后,缺少优质的互联网产品和服务,于是决定从巴西开始不断地探索和创新:搭建海外广告变现平台、开发短视频产品等。夏林威坦言:"当时的目标就是做一家国际化的互联网公司,把好的产品带给全球用户,也证明中国人是有能力做国际化的"。

选择互联网国际化方向创业并非一件轻松、容易的事情,夏林威把创业看成了一场修行,他说:"我会给自己设立一个高的目标,然后在具体执行的时候忘记这个目标。"经历了对短视频平台、浏览器插件等不同互联网产品的探索,2017年底,夏林威带团队再次"出征",开始转型做游戏出海。"因为它既突出产品,又注重用户。"他们团队一方面打造The Hot Games(海外游戏发行平台),将优秀的游戏推向海外市场,另一方面自研休闲游戏。他们团队2017年到2019年都在"踩坑",直到在Google Play上线《Tankr.io》(坦克进化大作战)才获得成功。这款游戏当年被谷歌推荐共计989次,累积用户超千万人,用户评分高达4.3分(总分5分)。

随后,属于夏林威领导的团队的荣誉也纷至沓来,他们团队先后荣获全国"技术先进型服务企业""高新技术企业"等称号,斩获权威机构和媒体颁发的2018年"胡润百富"中国最具投资价值新星企业湖北50强、2019年光谷高科技高成长20强等奖项。"第一次拿光谷高科技高成长20强的时候我印象很深刻,因为那时候我感觉我们还很渺小,成长的空间还很大,但是没想到在众多的企业中我们还能排名前20位。这使我们信心倍增,也使我开始用平常心来看待发展:只要脚踏实地,坚持做好自己的事情,慎终如始,我们就会越做越好。"夏林威说道。

随后几年,哈乐沃德多次获得光谷高科技高成长20强的荣誉。夏林威说:"创业初期,我与很多人一样,想着公司怎样能早日上市,到后来慢慢静下心来想想,公司发展只不过是'流水不争先,争的是滔滔不绝'罢了。"2020年初,哈乐沃德收到来自IMO Ventures创投的一笔融资。IMO Ventures是来自美国硅谷的一家致力于挖掘未来科技初创企业的投资公司,在国内曾投过瓜子二手车和晶泰科技。"创投人员在2020年3月份时通过Facebook新加坡平台联系到我们,我们提交相关资料后,于5月份就收到了千万元级投资,全程线上完成。"此时夏林威和他的团队已经在自己的领域露出锋芒。

在互联网的滔滔浪潮中,夏林威和他的团队始终坚持用创业者的心态、全球化的视野和数据化的思维来做产品。他们既体验过短期产品的快速变现,也经历过不断"踩坑"和试错的挫败,但最终选择坚持互联网国际化,着眼可持续的长远发展。夏林威说:"我以前做产品想着成功了能赚多少钱,而现在更关注失败了能获得什么,不会有意识地避免'踩坑',而是坚持做短期没利但长期有利的事情。"

经历了流量业务、视频社交业务、游戏业务经营的三个阶段,如今的哈乐沃德具有了稳定收入的业务线并不断突破创新:年营收超2亿元,在中国香港、新加坡等地区和国家陆续成立分公司,团队成员从4人发展到130多人;成功打造了The Hot Games,上线发行了4000余款PC端经典游戏和上百款移动端游戏,一年服务全球超过4亿位互联网用户,覆盖15个语种、遍及全球50多个国家和地区。公司不仅是武汉较早的互联网出海企业,也是武汉游戏出海的领头公司。

2023年初,夏林威受邀前往美国参加游戏开发者大会(GDC)。"交流中可以感受到我们行业在全球依然比较活跃。"他和他的团队沉心洞察行业,从输出产品到输出平台,从创收到不断地创造社会价值。"中途也有人想要收购哈乐沃德,我们都拒绝了。目前公司每年业绩翻倍增长,我们还制订了'双10亿'计划:未来3年为全球10亿位用户提供优质的内容服务,同时年度营收规模达10亿元。"夏林威对未来充满信心。

长大:Hello,team members

2021年5月,哈乐沃德成立了北京分公司,规模不断扩大,北京分公司事业伙伴中有10位是长大校友,其中6个来自曾经的长大在线。

谈到此处,夏林威兴奋地介绍道:"我十分感谢我大学同学刘汉仕十余年来的陪伴,他如今作为公司的COO独自带领团队做海外碎片化的、与娱乐相关的项目探索。我们的

CTO杜容健是长大2007级校友,在校期间是长大在线的副站长,毕业后去了百度,目前回到我们公司带领创研部进行新业务的创新和孵化……我做创业者时总是想着带领团队往前冲,强调的是自己能够拿结果,实现自我价值。成长为一名企业家后,我想要做的则是培养更多的创业者、造福社会,强调的是团队和组织拿结果,实现组织的社会价值。"

夏林威在公司采用以人为本的管理模式,尊重每一位同事的价值和努力,定期开展各类培训和学习分享活动,鼓励大家出去学习和交流、推进OKR等,让更多的人逐步具备管理能力并且参与决策,激发个人的驱动力和潜能。他和团队给公司定的目标是:提升全公司的信息流转速度和透明度,打造以自由和责任驱动的网状决策机制。

回忆母校,夏林威感恩地说道:"我曾经在那里通宵达旦做自己喜欢的事情,那里是我梦想起航的地方,在那里我找到了我的事业伙伴,也收获了我的爱情……"

多年过去,曾经的少年已成为成熟稳重、阳光自信的企业掌舵者。蓦然回首,在他记忆深处的场景依然清晰:开学时,校园里满是馥郁的芬芳,在长大东校区的桂树下摆着社团招新的宣传板,一个戴着眼镜、身着简单T恤的少年,停留在宣传板前……谁也想不到,那短暂的停留,将填满他往后的多彩人生,成就他一生挚爱的事业……

韦燕兰/文

李有坤：从行业追赶者到领跑人

　　李有坤，我校石油矿场机械专业1982级校友。长江大学深圳校友会会长，中国汽车保修设备行业协会副会长，国家标准《四轮定位仪》(GB/T 33570—2017)的评审专家，交通运输部《四轮定位仪产品质量行业监督抽查实施规范》的评审专家，国家标准《四轮定位》(英文版)的审查专家。2004年创办深圳市米勒沙容达汽车科技有限公司，现任董事长兼总经理。

2004年,李有坤跨入汽车四轮定位这条赛道。在此之前,这条赛道上,只有外国玩家。一路走来,李有坤创办了米勒沙容达汽车科技有限公司,他从追赶者变成了行业领路人,演绎了一出国产替代、做大做强的励志故事。

练就基本功

1982年,李有坤考入了江汉石油学院(现长江大学)。在我国高考制度恢复不久的背景下,能考上大学,这在当时是轰动全村的事情。因此,几乎全村人都为李家出的这个大学生而感到骄傲,纷纷前来道贺。作为村里的第一个大学生,李有坤深知大学的学习机会来之不易:"唯有勤奋努力,学好基本功,才能不负老师和家乡父老的期望。"

在李有坤的眼中,彼时的大学课堂,既像一场美味的知识大餐,也像一场神圣的祷告仪式。四年下来,他收获满满,乐趣亦满满。

据他的老师回忆,李有坤从来都是第一个到教室找到前排座位,做好课前准备,等待老师的到来。每一门课程他都用心听讲并且提问,老师也最喜欢点他回答问题。他与老师的频繁互动,让老师对他的印象颇为深刻。

"努力学习,打牢基本功,这是你们未来奋斗的资本。"这是李有坤在学校收获得印象最深的教诲之一。也正是因为这句话,他对待学习总是一丝不苟、孜孜以求,每门功课中各个知识点都要弄个清楚明白。

课堂之外,图书馆是他最喜欢去的地方。大学四年,他每周至少会去图书馆两次。

李有坤说:"大学课堂只是答疑解惑的一个小场所,更多的问题需要自己去图书馆里寻找答案,因为那里才是更为浩瀚的知识海洋。只有自己经历了冥思苦想,获取的知识才更加可信和深刻,有的知识一辈子都难以忘却,受用终身。"因此,每当遇到一些问题,而课本上又没有相关答案的时候,他便会去图书馆找答案,那一本又一本的书籍,就是他寻求答案的宝藏。

不管是在课堂上,还是在图书馆里,千方百计寻求答案,既是一种态度,也是他多年来养成的一种良好的习惯。也正是大学期间养成的这个习惯,让李有坤在后来的创业当中,每当遇到困难,总是有底气和信心第一时间去寻求解决办法,而不是对问题茫然无措,甚至选择"躺平"和放弃。

四年的大学生活弹指一挥间即已过去,让人留恋不舍,但毕业后对更广阔世界的憧憬又使他兴奋不已。1986年的那个初夏,李有坤毕业了。在那个年代,凤毛麟角的大学生毕业包分配且是铁饭碗,但李有坤相信自己有更大的施展才华的舞台,并没有急着走上分配的工作岗位,而是想着进一步深造以打牢基本功,厚积资本待机而发。天遂人愿,这一年,他以优异的成绩考上了中国石油大学(北京)研究生,这使他能在更高的平台上提升自己。

乐观看世界

历经四年的本科学习和三年的研究生学习,李有坤 1989 年走出了"象牙塔",只身来到我国改革开放前沿城市——深圳闯荡。彼时的深圳,是经济特区中最耀眼的明星,是中国发展速度最快的城市。每一个普通人都可以在深圳找到实现梦想的方式,每一个梦想在深圳都可以更快更好地实现。当时,我国的制造业领域在很大程度上都落后于国外,李有坤心想,在深圳一定有机会接触到国外一流的专家与先进的技术,可以拓宽技术和产业视野。

然而,1989 年也是一个动荡的年份,哪怕是经济活力最旺盛的深圳,也难逃经济危机的影响。外资撤离、技术封锁,让中国刚刚起步的现代化瞬间蒙上了一层阴影,也让不少人再一次陷入迷茫之中。那时朋友聚会,大家聊到眼前的困难,少不了抱怨和失望,而李有坤总是其中最乐观的一个,他时常安慰大家:"困难是暂时的,前途是光明的,乐观看待,积极应对,才是现在最需要的。"李有坤的乐观,就如同黑夜的一株小火苗,总能给人以希望和慰藉。在他的感染下,朋友们也变得乐观起来。

初出茅庐的李有坤坚信困难只是暂时的,中国一定能够走出这段阵痛期。那段时间,深圳经济特区的天空总是阴天多、晴天少,但是李有坤总是笑盈盈地、饱含热情地对待自己的工作,对待每一位客户。在本职工作之余,他一有空就去听各种讲座、做调研。深圳是个学习之城,有各种各样的知识讲座,如外贸知识讲座、信用证专题知识讲座、财务知识讲座等。他积累的这些知识,在他后来初创公司的时候,都发挥了重要的作用。

没过多久,随着大环境的好转,深圳再一次驶入了发展的快车道。当很多心灰意冷的人还没来得及为深圳再一次的飞速发展做好准备的时候,李有坤已经做好准备拥抱新的时代了。

创立沙容达

20 世纪 90 年代,尽管国家提倡"汽车进家庭",但对绝大多数国人来说,汽车还是很少见的奢侈品,国产汽车产业也才刚刚起步,许多技术和管理知识主要通过合资来获取,许多汽车设备及器件主要也是依赖进口。对很多人而言,在汽车维保设备中,四轮定位仪更是一个高端复杂的神秘设备。它是集汽车技术、激光、机械、电子、软件(包括嵌入式软件)、数据通信等于一体的科技型产品,国产化的门槛比较高,相关设备也基本靠进口。

2004 年,在汽车维保行业打拼了十余年的李有坤,在深圳创立了米勒沙容达汽车科技有限公司,正式迈入了四轮定位仪国产化的赛道。"我是学机械的工科生,有扎实的理论基础,又有十来年的技术沉淀,所以,我就沉下心来,专攻这方面的技术。"这是李有坤创业时的想法。

公司创立之初,底子非常薄弱,资金不充裕,缺乏专业技术人员和管理人员,一切从零开始。他从零开始分专业招人"搭班子",搞产品研发,进行产品试制,开展产品定型、试生产、生产和销售以及产品的售后服务等。

现在回想起来,那段时光可能是李有坤人生最苦、最难的时光。无数个日日夜夜,他蹲在厂房里,跟公司员工一起研究技术、搭建企业框架,饿了就在厂房里随便吃两口面条,困了就在厂房里和衣而卧。

好在功夫不负有心人,拥有自主知识产权的四轮定位仪终于被他们研制成功,上市销售时,受到市场的钟爱并取得了骄人的成绩。

在接下来的几年里,公司继续加大研发投入,先后获得多项国家专利及国家高新技术企业认证。在产品技术越来越领先市场的同时,公司产品面也越来越广。短短十余年,公司从四轮定位领域的"小玩家"一跃成为行业的领导者,产值实现了上百倍的增长。

现在,米勒沙容达的汽车四轮定位仪在行业内覆盖面最广,产品包括乘用车四轮定位仪、商用车轮轴定位仪、特殊用途车辆专用四轮定位仪等;产品线也最齐全,包括红外蓝牙CCD四轮定位仪系列产品、3D四轮定位仪系列产品等。米勒沙容达是少数几个能为汽车生产线提供线上四轮定位参数检测设备和线下四轮定位终检设备的专业厂家之一。公司为中车集团研制的智轨电车底盘调校设备处于国际领先水平。

这一路,李有坤走过了从行业追赶者到领跑人的转变。回首创立米勒沙容达以来的近20年,李有坤感慨万千:创业九死一生,想要在激烈的市场竞争中站稳脚跟甚至脱颖而出,打牢基本功是基础,树立必胜的决心、乐观地面对世界是前提,夯实基础、把握前提,抓住时代机遇,努力拼搏奋斗,方能成就一番事业。

罗明利/文

占学平:"种"出一片有温度的"钢铁森林"

> 占学平,高级工程师,我校建筑工程专业1995级校友。重庆市民营企业杰出经营管理者,全国优秀青年建筑师。于同济大学及米兰理工大学分别获得学士、硕士学位。2008年就读于重庆大学,取得房地产工商管理工程硕士学位。从事规划、建筑设计及房地产投资运营管理二十多年,有着丰富的实战经验,善于将建筑设计和地产投资开发相结合,提出的设计思想"跳出设计而设计,建筑的经济属性为其第一属性"获得业界的高度认可。

占学平:"种"出一片有温度的"钢铁森林"

"我们与城市一起成长,我们与城市相互守望!"这是重庆市建筑工程设计院有限责任公司官方网站上的一句话,它既是董事长占学平及其团队不懈奋斗的方向,更是他们对大众始终践行的诺言。从构想到落地,从图纸到完工,占学平用几十年如一日的细心和耐心,在祖国的大地上"种"出了一片有温度的"钢铁森林"。

难忘江汉求学时光

1995年夏,随着江汉石油学院(现长江大学)的一纸录取通知书送到家,占学平如愿走出湖北麻城的一个小村庄。面对外面广阔的天地,他将自己当成一张白纸,时刻提醒自己要努力绘就一幅美丽的图画。

从上专业课开始,占学平的时间就被手工绘图填满了。为了尽可能让自己绘制的工程设计图细致工整、全面美观,占学平的作业总少不了涂涂改改,他在绘图上花的时间比别人多一倍。虽然他的每份作业都能得到老师的认可,但占学平自己并不满足,他觉得手工图不够精细,反复涂改不太干净。正当占学平苦思解决办法时,AutoCAD绘图软件恰好走进他的视野。当时,很多人觉得画好手工图就能"一招鲜,吃遍天",没有必要去吃力不讨好地学这个"新鲜事物",但占学平并不认同。那时候个人电脑尚未完全普及,作为农村走出的孩子,他对电脑了解甚少,为此他四处寻找书籍学习,除了上课、吃饭、睡觉,一有时间就往学校的微机房跑,一泡就是十多天。经过反复尝试摸索,他终于成功掌握AutoCAD软件的绘图技巧。占学平利用软件提交的工整规范的图纸作业,获得了授课老师的认可与赞赏,他的付出和努力也为他往后的事业奠定了坚实基础。

多年后,谈及自己做出的成绩,占学平将其归功于从江汉石油学院养成的严谨细致的习惯,这个好习惯的养成尤其得益于一位恩师——胡传孝。初见胡老师,占学平以为他十分和蔼,但没过多久就发现原来胡老师是个不折不扣的严师。原来胡老师每次上课都会念叨自己那句"至理名言":"当学生,做学问才是本分,不以学业为重的学生都是不务正业。"而且只要是他的课,考勤必定非常严格,缺一次课都会被狠狠批评。最"可恶"的是,他安排的课后作业又多又难,当时他教的学生没有几个不叫苦连天的。

起先占学平也颇有微词,渐渐地,他发现,原来胡老师不仅对学生要求严格,对自己更加严格。胡老师批改作业特别细心,不但注重计算结果,而且在意解题过程。他在批改作业时将每个人的错误点记录下来并认真分析,不用提问就知道班上每个学生每部分知识点的掌握情况。另外,胡老师虽然已经有近20年的教龄,但备课的认真程度不减,每年的教案都是厚厚几本,经他手的每本高等数学课本的每道题缝隙里都密密麻麻写着解题过程。在严师的言传身教、潜移默化下,占学平的学习劲头更足了,学习效果也更好了。

毕业后,占学平身边同学大多进入基建单位和油建单位担任施工员,或是去一线工地指导施工过程及坐办公室整理文件资料。占学平也不例外,可从小就爱挑战自我的他并不满足于现状。在积极投身本职工作的同时,他想创业的心一直在扑通扑通地跳动。在工作了两年后的2001年,占学平终于下定决心,辞去了这份别人眼中十分优越的工作,与大学同学夏萌一起前往重庆创办了汉宇工作室。

山城闯出一方新天地

创业初期,作为外地人,占学平和夏萌既没有深厚的人脉关系,也没有雄厚的经济实力,事业举步维艰,争取优质项目难,完成工作回款慢。二人不得不到其他单位兼职挣钱维持工作室的运转。占学平深知这并非长远之计。为了能给工作室争取一些业务,他"勇闯"设计院院长办公室。"院长好,我是小占。您手头有没有总院不想接的、难度大周期长或是没多少钱可赚的项目?您只要把信息给我,我都愿意做,绝不挑三拣四。"占学平对设计院院长讲明来意。院长被眼前小伙子的真诚所打动,于是把现有的几个项目信息提供给他,并鼓励他认真对待、积极准备。就这样,他成功争取到了一些项目。

有一年,占学平的汉宇工作室参与重庆市渝北区少年宫设计项目的竞标。当时参与竞标的有重庆市设计院、机械工业第三设计研究院、中煤国际工程集团重庆设计研究院等诸多资深设计院,相比之下,汉宇工作室几乎没有胜算。但占学平是个既然认定了就不会轻易放弃的人,他特意前往深圳请来专家指导设计,并独具匠心地将设计效果制作成视频带到评标现场进行演示。与其他单位传统的展示方式不同,汉宇工作室既展示了文本材料,又把整个建筑以视频形式全部展现给评审专家。作为现场唯一一个让设计效果实现了可视化的投标单位,汉宇工作室设计稿的严谨思路和对待竞标的用心程度打动了评审专家们。这个名不见经传的"小作坊"成功中标,后来更是通过这一项目获得了中国勘察设计协会颁发的建筑设计三等奖。回忆起这次经历,占学平自豪满满。这次中标改写了整个工作室的命运,让所有人对这个小小的工作室刮目相看,汉宇工作室的声名如同涟漪般扩散开来。

之后,占学平提出了设计思想"跳出设计而设计,建筑的经济属性为其第一属性"。他认为,做建筑设计不能只关注设计本身,更应看重建筑设计本身所应具备的经济属性。无法产生持续经济价值的设计,注定是空中楼阁、纸上谈兵,难以落到实处,获得认可。想投资方之所想,让建筑落地富有生命力,"将设计图画到对方心坎上",正是占学平团队多年来高中标率的"制胜秘籍"。建筑师要想更好实现这一目标,离不开综合能力的支撑他说:"只会把图画好的人叫画图员;只有掌握经济学、社会学、政治学以及人文历史等多方面知识,才能称得上一个好的建筑师。"

经过占学平与夏萌一点一滴的努力,汉宇工作室成为重庆市建筑工程设计院的分院,并于2018年收购了国有改制企业——重庆建筑工程设计院,重新组建为重庆市建筑工程设计院有限责任公司,成为中国勘察设计协会建筑设计分会理事单位及重庆市规划和自然资源局、住房和城乡建设委员会战略合作伙伴,与国内外众多优秀设计机构保持着广泛的联系与合作。

新组建的重庆市建筑工程设计院有限责任公司近年来成功服务了以西南地区为重点

占学平:"种"出一片有温度的"钢铁森林"

的全国18个省区、80多个城市。公司具有建筑甲级、景观甲级、市政乙级、岩土勘察乙级等相关行业资质,业务内容涉及策划、咨询、可研、规划、建筑及其各类专项、市政、景观、旅游、房地产等城市建设领域。占学平结合ISO9001质量管理体系和自身20多年的设计管理经验,走访国内各大型知名设计企业,带领团队编制出项目设计管理手册,针对项目的方案设计、施工图设计、后期服务三个阶段进行全方位的深入管理,服务于项目的整个实施过程。

占学平团队做出承诺:"小问题4小时、大问题8小时、重大问题24小时内解决,需现场解决的问题24小时内到达现场。"该公司历年来做出的各项规划、建筑及专项设计荣获国家级、省部级、地市级设计奖百余项。

在社会上摸爬滚打几十年,占学平打心里感激自己的家乡和父母给予的不信命、不服输、持之以恒挑战自我的优良"基因",每当他在遇到困难几乎要放弃时,他脑海中总会闪过从黄麻起义发起地走出的无数革命先烈,他们前赴后继为理想、为自由流血牺牲的画面。他常常说,"有些人因为看见而相信,有些人因为相信而看见",而他则是"因为相信而看见"的那种人,所以遇到问题和困难时,他总能坚定信心,咬牙坚持下去。

时至今日,占学平虽然已经事业有成,但他并不松懈,每天坚持学习,善待身边每一位优秀的年轻人,认真对待公司接到的每一个业务。他说,人生处处是考题,作答的机会只有一次,但机会只会留给严谨细致且时刻准备着的人,所以,他只有时刻准备着,才能从未来未知的挑战中脱颖而出。

当温暖的人,做有温度的设计

占学平说,温暖是可以传递的。他出生于一个不富裕但却十分温暖的家庭,从小到大他始终感受到浓浓的爱。步入大学校门,一位位老师从陌生到熟悉,再到逐渐走进占学平的生活,都让他念念不忘的,尤其是班主任胡新和老师。胡老师就像每个学生的大哥哥,课余组织大家开展集体活动,带大家走街串巷寻找美食。本来紧张的生活,在他的策划下,也有了不一样的色彩。再回首,那些曾在占学平生命里留下深深烙印的人已不再年轻,但他们热情善良的为人与对待生活的温情却在占学平心中万古长青。后来,占学平也一直致力于将这份温暖持续传递下去。

作为公司的一把手,占学平没有一点架子,只是全心全意把公司建成一个"家",让每个人都能从吃喝到娱乐、从工作到生活全方位地感受到如家般的温暖。为了让加班的员工能吃上热腾腾的饭菜,他从2006年就开始为员工提供免费餐食;2018年他更是斥资几百万元重建公司食堂,不仅依旧免费对所有员工开放,更是每天都开放到深夜。占学平晚上经常会去食堂看看,询问员工菜品口味及个性需求。

2008年开始,占学平将每周五下午3点到下班前的时间规定为公司体育活动时间,组织员工们打篮球。"加强锻炼、强身健体是工作好、生活好的前提。"占学平总是这样说。公司体育活动到现在仍在继续,球场上的碰撞不但撞出了年轻人的激情和热血,更撞出了奋勇拼搏的企业文化精神。

2010年,占学平在公司成立"孝道基金",综合考虑员工的工龄、职务、工作成绩等,每年都会为每个员工准备一个数额不等的红包,亲自交到员工父母手中,并面对面地表达对员工父母的感谢。他还时常鼓励每年回不了家的员工给家里寄一份家书、打一通亲情电话,让亲情不断线。

以上种种都被写入公司员工手册,以便更好地传承发扬下去。说到员工手册,占学平侃侃而谈:"员工手册公司每位成员人手一本,它详细记录了公司的福利制度、经营管理制度等,我们呼吁每位员工在做好本职工作的同时,都能监督这些制度的执行和落地。"这些年来,占学平与员工们"双向奔赴":他秉持着"快乐地工作,幸福地生活"的宗旨,努力为员工创造机会,成就自己;员工们也各司其职,为公司贡献自己的力量。建筑行业人员流动性很大,但重庆市建筑工程设计院却十分稳定,是重庆市离职率最低的设计院之一。

如今,占学平依然热情洋溢地爱着生活、爱着工作、爱着他的建筑行业。他尽自己所能为年轻人提供一个锻炼自己的平台,资助困难学生完成学业,带领员工参加志愿活动,看望慰问社区孤寡老人等,将自己感受到的温暖传递给更多人。

这种温暖也体现在占学平的设计图里。大家都说占学平的设计充满人情味:他为甲方提供设计服务时,不仅尽量压缩成本,减少不必要的开支,而且将自己代入设计,沉浸式地感受淋雨、吹风等细节,不断修改完善设计,让每个在他设计的工程成果中驻足的人,都能收获到关爱与人情温暖。

建筑从不只是冷冰冰的图纸、线条集合和水泥、沙土、砖瓦的堆砌,建筑有着属于自己的生命力。它有可能像长城一般防御外敌的入侵,有可能像堤坝一般守护一方安宁,有可能像博物馆一般承载千百年历史……设计的生命力不仅仅是满足需求,更是感受需要。一栋建筑生命起点不在揭牌典礼上,不在奠定地基时,不在设计图纸里,而是在设计师理清思路、将一切拼接成一个完整设计理念的时候。设计师是否将自己的爱融入作品,是能被感受到的,拥有爱的建筑是有灵魂、有温度的。

歌德曾说:"建筑是凝固的音乐。"占学平把自己定位成"搞艺术的人"。"坚定内心,持之以恒,开阔眼界,宽广心胸",这是占学平对年轻创业者们的建议,也是对自己一路走来的总结。热爱才是前行的不竭动力,始终坚持方能让每一片"钢铁森林"拥有温度。

张昕悦　张昭/文

贺荣：自动化行业的"贺大侠"

贺荣，我校工业自动化仪表专业1988级校友，长江大学北京校友会会长。1991年大学毕业后在新疆吐哈油田开发事业部工作；1996年进入外企工作，先后担任美国霍尼韦尔公司O&G（石油天然气）部门经理、美国Bristol Babcock公司（BB公司）中国区首席代表，在任期间，使得BB公司的RTU产品在中国油气田新建产能及管道阀室的市场占有率超过了80%。2008年创办北京龙鼎源科技有限公司，并担任公司董事长至今；2016年公司主体变更为"北京龙鼎源科技股份有限公司"，并于同年在新三板挂牌上市。

贺荣做事雷厉风行，说话掷地有声，充满绝对自信，极具领导力和人格魅力。50余岁的贺荣，还一身"腱子肉"，仿佛金庸笔下的大侠，与他交流便能从他身上看到干劲、闯劲和韧劲，以及持之以恒的创业精神。

一

"从小我就是'学霸'，学习上从来不用家长操心，很轻松就考上了省重点中学——沙市三中（现沙市中学）。"聊起小时候的经历，贺荣脸上充满自豪的笑容。他随后话锋一转："但是后来我特别痴迷于体育运动，尤其喜欢练武术和踢足球，忽略了文化课学习，长此以往功课就慢慢落下了。"20世纪80年代，电影《少林寺》风靡大街小巷，"少林，少林，有多少英雄豪杰都来把你敬仰"的歌声一响起，就点燃了无数热血青年的"武侠梦"，其中就包括少年时代的贺荣。从那时起，他心中就埋下了一颗做"大侠"的种子。

"武侠梦"是美好的，现实却是残酷的。进入江汉石油学院（现长江大学）后，贺荣依旧沉浸在自己靠拳脚行侠仗义的武侠世界里，足球场上留下了他满场飞奔挥洒的汗水，校园里常见他练习武术的身影，唯独教室里不见他刻苦学习的身影。直到上自动化专业课时，翁惠辉老师告诫他："学生的第一要务是学习，只有学习好专业课程，未来才能更好地在社会上立足，帮助更多人。"朴实的话语使贺荣从心中的"武侠梦"中清醒过来。他心想："是啊，只有在擅长的领域，用自己的专业技能去帮助他人，这样才算得上现实社会中真正的'大侠'！"从此以后，他奋发学习专业课知识，兼顾全面发展。除了继续保持体育运动的习惯之外，他还担任班长，组织能力与表达能力得到充分锻炼，一度成为当年的校园风云人物。

二

1991年的夏天格外燥热，同学们都在为工作而奔走，作为班长的贺荣却做出了一个令所有人惊讶的决定：前往新疆吐哈油田工作。面对老师和同学们的不解，贺荣充满自信地说："好男儿志在四方，我就是要到最艰苦的地方去建功立业。"那时，从湖北到新疆，要坐很久的火车。到了新疆，眼前浩瀚无垠的戈壁滩，一望无尽的塞外风光，让年轻的"贺大侠"深受震撼，他真正感受到了"大漠孤烟直，长河落日圆"的壮观。当年的吐哈油田还是新油田，正在搞"大会战"。成百上千的钻井平台同时开工，石油井架在塞外大漠上星罗棋布，苍凉的戈壁滩与热火朝天的钻井现场形成鲜明的对比。

正式上岗后，贺荣想象中的大展拳脚并未马上实现，因为他没有被分配到自己专业对口的自动化岗位，而是被安排到了采油厂液化气储装站。这对于贺荣来说是个全新的挑战。周围一些专业对口的同龄人"赢在了起跑线上"，贺荣在羡慕他们的同时，暗下决心努力学习。用他自己的话说："那个时候，我比高三考大学的时候还努力呢。"皇天不负有心

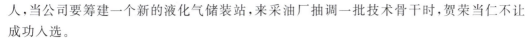

人,当公司要筹建一个新的液化气储装站,来采油厂抽调一批技术骨干时,贺荣当仁不让成功入选。

在液化气储装站的投运、建设过程中,努力学习积累的专业知识和在大学担任学生干部时锻炼出的统筹协作能力,让当时还是实习生的贺荣抓住机会"火"了一把,脱颖而出。在这个由油田领导亲自挂帅的重点项目中,贺荣作为一线的技术骨干,全面统筹现场作业,让这个从筹备到投产共历时8个月的重点项目一次性投运成功。

后期储装站要从吐哈油田采油厂划拨人员给销售公司,由于贺荣在作业现场的优异表现,领导专门把他留在了采油厂,并且重新分配到自动化作业班组。接触到了自己学习过的自动化专业知识,贺荣在工作上更加游刃有余,短短两年时间就获得了三个科技成果,其中有一项还获得了吐哈油田的科技进步二等奖。

在后来的日子里,总是会有一个又一个机会"眷顾"他。1994年底,吐哈油田要建设丘陵作业区,并且要建设成为自动化水平国际一流的作业区。步入工作岗位仅三年的贺荣勇挑重担,主动申请加入了该作业区筹备组。该作业区从筹备到1995年年中顺利投运仅耗费半年多时间,还如愿获评国际一流作业区。在此期间,作为核心技术骨干的贺荣,接受了多家国际一流公司组织的培训,其中就包括远在美国的霍尼韦尔公司的培训。贺荣被霍尼韦尔先进的管理理念和超强的技术研发实力深深折服。就像大侠发现了武林秘籍一样,贺荣无比兴奋。他说:"有朝一日,我一定要进入这家优秀的企业工作。"经过一番周折,1995年底,贺荣向霍尼韦尔公司正式递交了简历,并成功进入了霍尼韦尔的化工事业部,担任销售经理。

进入霍尼韦尔之后,贺荣经历了从技术岗位到销售岗位的转变。"一开始特别不适应。"贺荣坦言,"做技术的都是'完美主义者',要不惜一切代价把产品做到最好,而做销售的出发点是在满足客户需求的同时兼顾到产品的成本优势和竞争环境。"这种职业转换对于其他人来说是一个巨大的挑战,但是对于谦逊好学的"贺大侠"来说好像并非难事。他只用了几个月时间就成了公司的销售冠军,并且迅速迎来了职位上的晋升。

拿破仑曾说:"天下绝无不热烈勇敢地追求成功而能取得成功的人。"由于在霍尼韦尔面对的都是国际客户,为了完成销售任务,贺荣一边努力学习专业的销售知识,一边强迫自己不断提升英语听说能力。2000年初,贺荣带队做北京燃气项目。面对当时在业界数一数二的大客户,为了使项目顺利推进,霍尼韦尔专门从澳大利亚调派了两名方案专家参与其中。当时已经担任石油天然气事业部主任的贺荣,为了更好地与外国同事配合,专门去英语培训机构报名进行了口语班集中学习,确保该项目的顺利交付,获得了全公司的一致赞誉。北京燃气项目圆满完成,而这次成功的背后,是"贺大侠"无数个日夜持之以恒的默默付出。

在霍尼韦尔工作期间,贺荣不仅掌握了专业的销售知识,也融会贯通地学习着外企的文化和先进的管理制度,用外企的逻辑方法去思考问题、解决问题。在这个过程中,他发现中国的油气自动化领域大量采用的是外国品牌的设备。这让他发现了商机,更坚定了信念:"我们一定要有自己的东西,要有中国自主研发的民族工业品牌。"这个信念如此强烈,让贺荣回想起了学生时代立志要建功立业的"武侠梦"。当年大学毕业渴望仗剑四海的阳光青年,已经成长为一名乘风破浪的时代弄潮儿。"贺大侠"毅然选择了从知名外企中国区首席代表的岗位上离职,创立了北京龙鼎源科技有限公司。

三

"一个人若要享受成功,就得先学会如何去接受失败。"古龙在小说中这样说,贺荣在现实中这样做。由于缺少自主创新的产品,一开始龙鼎源主要依靠代理国外公司的产品,赚钱之后再投入研发。在很长一段时间里,贺荣团队研发的产品与国外先进的产品相比存在较大的技术差距。面对国外公司的技术封锁和缺少足够资金投入的困境,贺荣多次回到母校寻找灵感和帮助。他反复揣摩母校的校名,联想到气势恢宏的长江,而长江推陈出新、百折不回的精神让他看到了希望,也更加坚定了他的信念:一定要克服困难,做出自主创新的中国品牌。

后来,每当遇到困难时,贺荣第一个想到的就是自己的母校——长江大学。他与自己上学时候的恩师翁惠辉老师积极开展合作,走的并不是国内大多数人选择的那样仿制国外先进产品的路线,而是一条极其艰难的道路:从零开始自主研发。这是一条前人没有走过的道路,贺荣笑着说:"那真的是两眼一抹黑,没有一个人知道应该怎么干。"

谈及做自主研发的初衷,贺荣目光坚定且长远:"第一,我们要做真正的民族工业品牌,不想被国外公司'卡脖子';第二,我们也不想在未来陷入知识产权的纠纷当中,所以要做完全自主可控的产品。"从产品的功能定位、外观设计再到生产模具制作,贺荣都身先士卒,参与其中。为了与翁惠辉老师沟通方便,龙鼎源的研发团队直接住在了荆州。就这样,经过三年的摸索,他们终于生产出龙鼎源自主研发的过程控制 1.0 产品;之后针对这款产品不断迭代、更新、进行用户试用,终于实现了规模化量产。虽然这个产品对于整个行业来说只是技术创新的一小步,但是对于龙鼎源来说却是业务发展的一大步,它标志着龙鼎源从贸易时代进入了自主研发时代。回想那段激情燃烧的时光,贺荣用"没日没夜、废寝忘食"来总结。这款产品一经投入市场,就填补了该领域的国产空白,收到了客户的广泛好评。

2014 年,受到油气行业周期性的影响,国际油价急剧下跌。这对龙鼎源的业务也产生了巨大冲击,在短短两年时间里,龙鼎源的销售收入只有原来的 50% 左右。与此同时,一个极其艰难的抉择摆在贺荣的面前:面对公司经营上的困难,已经逐渐成熟的技术研发团队还要不要持续投入呢?像武侠世界中的大侠一样果断坚决,贺荣给出了他的答案:持续投入。"既然已经上了这趟车,我们绝不能停下,不仅要持续投入,而且要加大研发投入!"

在接下来的几年里,龙鼎源顺利研发出了过程控制 2.0 产品,并且在 2016 年组建了一个新的研发团队。后来,公司成功自主研发出了功能安全控制产品,所有的细节全部按照国际上最严格的标准把控。该产品获得了全球最顶尖公司做出的认证。这令整个行业非常吃惊,都对龙鼎源的技术研发能力刮目相看。

四

在龙鼎源取得的成绩背后是实打实真金白银的投入。在自主研发期间,公司每年在研发方面至少花费1000万元,累计投入近4000万元。为什么一定要走自主研发之路呢?"因为情怀和信念。"贺荣脱口而出。一边是公司近乎"腰斩"的营业收入,一边是巨额的研发投入,很多人都不理解贺荣口中的"情怀和信念",包括从创业之初就在一起打拼的合伙人。但是在贺荣心目中,他一直都在以霍尼韦尔这样的国际一流公司为标杆,他认为国外公司能做到的事情,中国公司同样可以做到。

从过程控制1.0到2.0产品,再到功能安全控制产品,贺荣用"十年磨一剑"来形容龙鼎源的自主研发之路一点也不为过。这看似平常的五个字背后,是坚持、是决心,更是持之以恒的工匠精神的极致发挥。为了纪念这段充满艰辛的开拓创新岁月,贺荣特意将功能安全控制产品取名为"USC8000",寓意着公司艰辛探索的"八千里路云和月"。

成功之路总是一波三折,就在2019年底USC8000产品投入市场后没多久,2020年公司又遭遇到突如其来的新冠疫情,一片大好的商业前景蒙上了一层阴影。不过眼前这些困难,对于已经见惯了大风大浪的"贺大侠"来说不算什么。他坦言:"从自主研发的第一天开始,我就知道这条路一定会遇到很多困难,但这是'难而正确'的事情,也是坚持长期主义的必由之路。真正的困难其实并不在当下,而在于我们最开始做过程控制产品的研发时完成从零到一的积累,以及后来的功能安全产品研发实现从一到十的跨越。这两步都非常艰辛,也非常关键。"经历了这些艰辛和磨砺的龙鼎源,已经建立了一套成熟的自主研发体系,仿佛一艘即将出海的巨轮,正待扬帆起航,迎接波澜壮阔的大海。回首龙鼎源近20年的积累和取得的成绩,贺荣依然保持着谦逊的态度:"在自主研发这条道路上,我们才刚刚从'游击队'成长为'正规军'。"

五

"千淘万漉虽辛苦,吹尽狂沙始到金。"龙鼎源的产品在研发阶段就考虑了油气行业应用的特点,与这个行业的适配性极高,向着成为国内油气行业首选的自动化品牌这一目标不断奋进。每次聊起这段创业经历,贺荣都非常感谢母校对自己的培养,正是因为有了在长江大学的求学经历,他才对油气行业有了如此深入的了解,这为他后来的职业选择以及创业成功都打下了坚实的基础。他把这段求学经历形容为修炼绝世武功必须要练习的"内功心法"。

贺荣的微信签名是"一生追梦,一世感恩",正是由于常怀感恩之心,他主动担任了长江大学北京校友会会长。他每年都要组织多场校友聚会,无私分享他的创业经历。他把肆拾玖坊这样优秀的企业引进北京校友会,"相逢一杯酒,天下皆朋友"的理念完美契合他的侠义豪情。他还非常关心初到北京的年轻校友的成长,让"北漂"的校友们找到回家的感觉。谈到对学弟学妹们的建议,他说:"所有人都要以提升个人价值为主,不要太在意初期的得失,首先,要定好目标,然后制订计划,严格按计划实施并定期检查落实情况。"这样中肯的建议可以帮助初入社会的年轻校友们少走很多弯路。

在忙碌的工作之余,贺荣依然保持着运动的习惯。从2005年至今近20年,哪怕工作再忙,他也会每天坚持站桩40分钟以上,风雨无阻。在评价自己为何能取得事业成功的时候,贺荣把这种持之以恒的精神放在了首位。因为持之以恒,曾经青涩的职场新人成长为上市公司的掌舵人;因为持之以恒,龙鼎源从小小的贸易公司成长为填补市场空白的民族工业巨头;因为持之以恒,曾经心怀"武侠梦"的小小少年成长为人人敬仰的"贺大侠"。

郑策/文

方世松：园林景观设计的追梦人

方世松，我校计算机专业1999级校友，长江大学东莞校友会副会长兼秘书长，东莞市晴雨景观工程有限公司创始人。曾就职于德国威利公司亚洲采购处深圳分公司，2005年创立晴雨陶瓷有限公司，2010年创立晴雨空间品牌，2012年创立广东晴雨景观工程有限公司。

很难用一两句话说清方世松这位园林景观设计公司的老总是怎样的一个人。他工作只专注一件事情,爱好也十分文艺安静,只有在景观设计面前,在讨论学习、生活感悟时,在热爱的诗词歌赋、书法面前,才会看到那个神采飞扬、充满活力的方世松。

有人称方世松是个"歪才",大学读的是计算机专业,毕业后竟干起了园林景观设计;有人说方世松是个文人,思想独到,诗词歌赋总能信手拈来;有人说方世松是儒雅的商人,公司里面总是伴着茶香和墨香。

但方世松自己却更愿意做一个园林景观设计的追梦人,做全国最优秀的景观设计师。十八年创业经历,是一部传奇,更是一首意味深长的励志诗篇。

一

方世松出生于湖北随州的一个小村子,村子不大,祖祖辈辈靠种地为生。在他幼年时,菜园子里番茄的软枝条上布满细密的白色绒毛,坚韧地托着一串串青红相间的、大小不一的番茄……这样的场景总让他难以忘记。

出生在农村,方世松从小就对花花草草情有独钟。尤其是夏季,他每天早上都要去田间看一看,当瞧见那些青红相伴的番茄果子时,他会觉得生活中充满着惊喜。他还会从山上挖一些奇花异草栽在院子里。他经常得到邻居们的赞赏:"经你这么一拾掇,还挺好看呢!"

在那个缺少玩具的年代,花草和为数不多的书籍就是他最好的陪伴。

1999年,高考填志愿时,他在老师的推荐下,报考了湖北农学院(现长江大学)计算机专业。那个时候,计算机专业特别流行,这个专业的学生一毕业就可以找到好工作,但初入大学的方世松对计算机专业并不是特别热爱。他时常在心里想:"我要坚持吗?人生那么长,不能做自己喜欢的事情吗?"最终,他心里的那腔热血让他选择了自己的"热爱"。除了完成计算机专业的课程学习外,他还选择了自修一直痴迷的园林专业课程。好在大学是开放式的教育,他时常能去园林班"蹭课"。

因为常常"蹭课",园林班的学生也乐意把他当成同班同学,老师们也会把他列为特别的"帮扶"对象,上课会喊他回答问题,课后主动和他交流。

有一阵子,在园林专业学生中流传着这样一个段子:背着包、上课匆匆来、下课匆匆走的人,一定是方世松。这个"写实"意味明显的段子,让方世松更加积极、更加名正言顺地去"蹭课"了。

园林专业本身就是一门涉及美学的专业,需要学习者有一定的欣赏水平和鉴赏能力。如何提升这方面的能力呢?方世松说:"我从小就热爱文学,喜欢看书,而大学语文老师胡成功老师给了我不一样的启发。"原来,胡老师的课程从来不照本宣科,他总是通过故事或是一段话语慢慢导入课程内容。他把课程设计得极具美感,语言也极具情调,还总会和学生耐心地沟通和交流。因为有了这样的引导,方世松大学期间只要有时间就会去图书馆看书。文学作品、人文地理、科技文苑等,他都看。"这些学习在无形中提高了我欣赏美的水平。"方世松说。

每逢放假,方世松就会到荆州周边的城市去游玩,看山看水,看花看树。"在园林的学习中还必须通过实践加深对知识的认知,一定要多看、多感受。"方世松说。

为了节省开支,他每天中餐和晚餐时间都去校外餐馆做服务员,餐馆会为他提供中餐和晚餐。夏天汗水顺着脸颊往下滴,冬天肆虐的寒风干燥而霸道,艰苦的条件让他没少吃苦头。但只要想到每天可以省下两顿饭钱,不仅能减轻家里的负担还可以外出游玩、感受园林知识的应用,他毅然选择咬牙坚持。

就这样,在专业知识、文学作品的滋养中,在校外兼职的支持下,他走遍了荆州周边的各个景点,并暗暗地确立了自己的就业方向。

二

在方世松眼里,要想实现梦想,还必须经过社会的磨炼。如何养花、养好花、养大众需要的好花,如何做出好的设计,如何进行好的管理,如何学习、在哪里学习等,一个个疑问在他的脑海里盘旋着。毕业那年,带着这样的疑问,方世松打算去广州找工作。

那是2003年2月6日的下午,新春的喜庆还没完全散去,空气中还夹杂着凛冽的寒气。方世松从鄂北小城随州出发,乘坐绿皮火车前往广州,火车上他看见满眼的彩条布、帆布袋、各色行李箱和无数攒动的人头。经过十七个小时的颠簸,到站的吆喝声撑开了方世松惺忪的双眼,他拖着僵硬的双腿在五排开外的座位角落里找到自己的行李包,上面布满了脚印。一出火车站,广场上耀眼的那八个大字"统一祖国,振兴中华"猛然映入方世松的眼帘,他眼睛一亮,路上的疲惫感瞬间一扫而光,仿佛这几个字是专门为像他这样追求梦想的青年人准备的。

大城市工作的机会还是很多的。很快,方世松决定在一家陶瓷礼品公司做销售。刚参加工作,方世松努力学习能为公司创造价值的技能,在最煎熬的夜晚,花腿蚊子和钻石牌电风扇陪伴着方世松。他时常回想起父亲的一句话:以前在农村找师傅学手艺,还要给师傅拜年,你们现在多好啊,啥都不会,还能一个月拿800元工钱。这样的"心灵鸡汤"让他每天干劲十足。

在平常人眼里,销售就是卖东西,可是他不这样想。他认为,一个销售首先应该对自己的产品非常熟悉,然后要学会和客户打交道,了解客户的需求。这份工作对他来说无疑是很好的学习、锻炼机会。

方世松的学习可以用细致来形容,连陶艺的材质、制造工艺、鉴定方法他都学。"你学习那么多有什么用啊?还不如出去跑市场多卖点东西、多赚点钱。"面对同事的质疑,方世松笑着回答:"多学点总是有用的。"他知道,每学习一次就意味着离梦想又近了一步。

后来他有了更高层次的追求,方世松入职了另外一家销售公司。他虽然还是一名销售,但是学习的东西并不相同。在这家公司,方世松负责下单、验货、跟单,对每一个流程,他都非常仔细地观察,用心地钻研。

某次,方世松在大股东的公司参观时,无意中发现公司人员配置存在着严重的浪费,现有的工人完全可以生产出更多的产品。他默默地记在心里,回去后制订了详细的解决方案。他找到股东,提出了自己的想法。股东一脸不屑地质疑:"我们的生产线是经过反复论证了的,怎么会出现你说的这些情况呢?"方世松不慌不忙,一条一条地解释,最后说:"那您就让我试试吧。我一定能证实自己的想法。"得到股东的同意后,方世松根据岗位设定人员,把多余的人员重新组队,提高了公司的生产效率,得到了股东的称赞。

面对股东的称赞,方世松说:"存在的不一定都是合理的,做事情一定要非常细致,只要眼勤、手勤、嘴勤,肯定能发现问题。"对于"三勤",他深有体会:"眼勤,提高观察能力;手勤,提高动手能力;嘴勤,提高沟通能力。"在方世松参与公司的管理之后,他逐渐发现每一天都会面临新挑战,但他一直信心坚定,把每一项事情当成自己的事情来做,从来不等领导吩咐,遇到问题总是主动寻找解决问题的办法。方世松说:"企业需要的就是能解决问题的人。只有不以功利的心来看待得失,才能找到提升自己的最好途径。"

方世松的优秀使他深得老板喜爱,然而,新的问题又摆在他面前:是安于现状,还是朝着梦想继续进发?要实现的梦想究竟还有多远呢?答案无从找起,他心想:提升自己的应变能力,让自己变得更加值得依赖,绝对是正确的努力方向。于是,方世松继续在学习的路上前进着。

2005年的一天,公司的老板找到他,对他说:"从一开始,我就知道你一直有你自己的梦想,也一直都很努力。以你现在的能力,完全可以有大作为,去实现你的梦想吧。"听了老板的话,很少闲着的方世松在狭小的出租屋坐了良久……

三

2005年6月18日,方世松正式踏上创业之路,他开了一家景观园林设计公司。就像华君武老先生的漫画所指,牛不下田怎能耕田?在方世松眼里,也许广东就是一块良田,他开始成为一个想要彻底改变自己的人。

他创业的第一单生意,是帮一个台湾老板给公司做景观设计。"为了节省开支,我提前几个小时坐公交车出发,没想到还是迟到了。"方世松回忆那天的经历有些无奈地说道。

由于他把大部分资金用于租厂房,又把从朋友、同学那里借来的钱拿去进货了,方世松手里能运转的资金实在太有限。当方世松汗流浃背地来到客户公司时,老板拖着行李箱正准备出差,看见他后毫不客气地说:"方先生,以你这个速度在台湾是没办法做成生意的。你打个出租车来也就只要50块钱啊!怎么这么慢啊!"方世松一脸的窘迫,来不及擦脸上密密麻麻的汗渍,赶忙道歉,好说歹说,老板才同意仍旧把公司的景观设计交给他来做。

50元钱可能对很多企业来说根本不值一提,但对刚刚创业的方世松来说还是很有节省的必要的。为了多赚点钱,他还兼顾做陶瓷代理;为了扩大规模,提升竞争力,他把所有的钱投进去租了一个35平方米的仓库,并进购相应货品;为了节省开支,他就天天把花生和大米一起煮粥来吃。这样的生活,他也不好意思告诉父母。"好在熬过去了。有一次卖陶瓷花盆就赚了340元,我赶紧打电话给他们报喜;这让我感到非常有成就感,总算是能够生存下去了。"他欣慰地说道。

四年的时光里,方世松跑遍了国内的十几个陶瓷原产地。从原矿泥料、拉坯成型工艺、釉面釉色温控、表满处理技法、烧制工艺、包装技术、市场应用推广到文化传播,都是他要学习的东西。"别人也做设计,也养绿植,也卖花盆,大多都是只做其中一种,在我这里全部都有,一站式购买服务才能适应客户的需要嘛。"经过对整个产业链的反复琢磨,他投资建起了一个6700平方米的中转仓,一边内销,一边出口。

谈及那段经历,方世松说:"之前的学习是非常有必要的,这不就用知识赚到了钱吗?"一步一个脚印,方世松的创业之路逐渐顺畅起来。就在这时,之前他帮助过的那个股东的公司转型,股东把公司积压的所有出口的陶瓷产品一次性赠送给了他。说到这里,他非常感慨:"做一个善良、踏实的人很重要,付出了肯定会有收获,只不过是时间早晚的问题。"

四

在不断努力下,他成了东莞市园林景观设计名人,还带出了一支技术过硬的攻关团队。对团队人员,方世松经常说的话就是:"不怕你的想法有多怪,就怕你没想法。有了想法之后,我们可以再来论证是否可行。我们一定要多学习,学习是进步的唯一方法。"

方世松也成了长江大学的名人,母校园艺园林专业的师弟师妹也慕名前来他的公司寻求发展。是公司员工同时也是长大校友的余巧合说起这位师兄,也是赞不绝口:"师兄对我们就像对待自己的亲人一样,手把手地教,他让我们在这里工作的每一天都有收获。"

余巧合回忆起在方世松公司工作的暖心事:"师兄把任务交代清楚之后,就明确地说,给我几天的时间,让我自己试着先做,做好了我们再一起讨论。有时候我自己设计的小盆栽,自己怎么也看不出问题,而师兄总会耐心地告诉我存在的问题,这样我一次比一次做得好,我自己都能看得见我的进步。"

在方世松的点拨下,大学毕业不久的余巧合,很短时间内就掌握了园林景观设计的技巧和绿植养护的方法,并能够独立设计一些作品。仅仅4个月的时间,余巧合自主设计的第一个小盆栽作品便成功售出。

让身边许多人印象深刻的还有方世松的多才。去过他公司的人都说:"那根本不是一家普通的公司,完全是一个小型的花园。"公司桌椅、柜台错落有致,盆栽点缀其间,不起眼的小角落还能看见小桥流水,甚至有一些电视节目也去那里取景。这些设计都是出自方世松之手。

公司大厅里有一张大大的书法台,那是他平时写字的地方。"练字不一定是要把字写得多么好,而是用来锻炼自己内心的一种气度,这非常有必要。"方世松说。

关于生活,他也有自己独特的理解。他注重自己孩子体形、气质的培养。他说,这样培养,其实就是为了能让他们更加自信。哪怕再忙,他也一定会抽时间陪家人一起锻炼身体、徒步旅行。他说,身体是革命的本钱,有一个好的身体才能更好地学习和工作。他自己每天都会抽时间看书和写作,他说,书籍是人类进步的阶梯,而写作是对自己生活、工作各方面的感悟的总结。

创业近20载,方世松的晴雨景观工程公司已经在东莞市园林行业里处于领先地位,方世松的名字被同行熟知。方世松总是说:"我们还在创业期,我们还有更远的路要走,我们要做最棒的园林景观设计。"

被问到品牌为什么取名叫晴雨空间时,方世松说:"因为我们的设计与植物有关,植物的生长需要雨水和阳光所以有"晴雨";"空间"留给自己,提醒自己要不断努力、不断学习。"

回忆过去创业的艰辛,方世松谈得更多的是心态和学习。他说,坚韧一些,平和一些,好的心态是很重要的,好的心态能使学习沉淀出知识,知识成长为见识,见识蜕变成认知,多维认知汇聚为智慧。

方世松就是这样一位在平凡中体悟执着、在执着中追寻诗与远方的追梦人。

冯振兴/文

陈俊勇：“专揽瓷器活”的“金刚钻”

　　陈俊勇，1963年生，湖北潜江人，我校钻井专业1979级校友。现任深圳新速通石油工具有限公司总经理。带领公司研发团队参与了10余项钻井提速研发项目，并获得深圳市发改委、深圳市科技创新委员会、深圳市宝安区人民政府、深圳市宝安区科技创新局奖励。其中，与中海石油（中国）有限公司湛江分公司共同参与的"南海高温高压钻完井关键技术及工业化应用"项目获2017年度国家科学技术进步奖一等奖；2021年3月，"深水油气田高效开发钻完井作业关键技术及工业化应用"荣获广东省科学技术进步奖一等奖；2021年12月，"南海深水钻探工程地质风险评价关键技术及应用"荣获海南省科学技术进步奖特等奖。

创业是一件难事，需要持之以恒的坚持，需要发现机遇的眼光；创业也是一件乐事，能够看到更为宽广的世界，磨砺自我心志；创业更是一场修行，在迎来曙光之前，必然要经历重重困难；这一切无不考验着陈俊勇的心态。

面对改革开放，陈俊勇紧追下海创业的浪潮，敏锐地抓住了市场的需求，在金刚石钻头产品及井下工具服务行业开辟出属于自己的一番天地。

一项南海深水钻探工程地质风险评价关键技术及应用，一种环流射吸减围压钻头，一颗金刚石取芯钻头……陈俊勇创办的企业——深圳新速通石油工具有限公司，多次创造、刷新了产品的使用记录和钻井技术指标，渐渐绘就了他的创业"版图"。

校园走出来的"金刚钻"

1979年7月的高考考场上，一位少年时而奋笔疾书，时而冥思苦想。经过3天的奋战，陈俊勇轻松地走出了考场的大门。7月，酷暑也挡不住他脸上洋溢的笑容，作为数学课代表的他显得尤为自信。

填报志愿时，他的第一志愿填报了向往的建筑学专业，第二志愿让他犹豫了许久，他陷入迷茫，当时他脑海浮现出在家附近几公里处石油钻井机打井和采油机不知疲倦"磕头"的画面，觉得也挺新奇的，于是他填报了钻井石油专业。接到高考录取通知书时，陈俊勇得知，他没能被建筑类高校录取，而是考入长江大学，即将成为钻井石油专业的一名学生。

与向往的专业擦肩而过，说他没有失落是假话，刚上大学时陈俊勇有些提不起精神。在一个阴沉沉的下午，他晃悠在操场上，看着操场上来回奔跑的身影，只见一人带球突破，接连晃过对方两名后卫直插对方禁区，突然一脚大力抽射，足球犹如划破苍穹的一把利剑，直扑对方球门左上角……"好球！"场边围观的学生不禁发出赞叹。他身躯微微一震，从没踢过足球的他被眼前的一幕震撼到了……从此，足球场上多了一个奋力奔跑、敢于拼杀、绝境求胜的身影。

那时学校还没有专门的足球队。后来有一位同样热爱足球的老师来了，校足球队才开始筹划组建。陈俊勇凭借着巧妙的跑位、超前的踩点规划被定为左边锋。渐渐地，足球让他重新找回了活力，他开始奋力补习以前落下的课程，成绩也慢慢好起来。

毕业时，他被分配到华北油田钻井研究所，进行钻头的研究。那时，国外掌握着尖端且核心的技术，卖到国内的钻头都非常昂贵。在与国际同行的交流中，他深有感触，明确了两件事：一是要更系统地学习外语，与外国友人交流沟通时需要，查看外籍文献研究资料时更加需要；二是进行金刚石钻头的研究。

1985年，他被任命为钻头项目负责人。他只身一人跑到北京第一机床厂开模具、加工钻头，一干就是几十天。功夫不负苦心人，经过不懈努力，他的金刚石钻头与国外的相比性能丝毫不差。

陈俊勇:"专揽瓷器活"的"金刚钻"

有时他也戏谑自己,要想研制出比肩国际水平的金刚石钻头产品,首先就必须把自己练成"金刚钻"。从此,他工作生活中便有着一种挥之不去的"金刚钻"情结。

再次把自己推向事业风口的"金刚钻"

面对改革开放的浪潮,手捧铁饭碗的陈俊勇心潮澎湃。广阔天地,不去搏一搏怎么知道外面的世界是怎样的?于是,他辞掉了工作,背着行囊,南下来到深圳,成为一名广东的"靓仔"。看着人头攒动的深圳,他加入了找工作的队伍。凭借着丰富的石油工作经历,幸运光顾了他,他顺利地成了招商局蛇口工业区控股股份有限公司的一员。

在公司,他长期往返海上石油钻井平台。细心的他发现给平台上工人做配餐是一门不错的生意。那时候做配餐的都是香港的公司,几乎没有内地公司,于是他大胆向公司建议成立新的配餐公司拓展这方面的业务。公司领导听了他的汇报后,采纳了他的建议并指定他负责这项业务。

然而,万事开头难。好不容易中标南海二号钻井平台的配餐项目,送餐几天下来,他负责的配餐公司却不断接到投诉。于是,他立刻驻扎到平台上开始整顿,从细节抓起,制定卫生标准,终于将投诉率降为0。完美的服务质量为公司赢得了长久的信赖,至今,这家配餐公司仍然在为钻井平台服务,并且合同一续约就是20多年。

为了公司的长远发展,他并不满足于现有的成绩,而是居安思危,把眼光投向今后的十年、二十年。他发现,海上石油钻井平台的工作船每个月需要大量的成品油,工作船返回码头加油一是时效慢,二是还需要交费。于是,他找到一家钻井公司尝试直接在钻井平台锚地加油,但这有一定的风险。经过他周密细致的工作部署,安全隐患被一一排除,公司接受了这种加油方式。慢慢地,有越来越多的钻井平台接受了这种加油方式,既为钻井平台降低了成本,又为公司带来了丰厚的利润。此后,他被提拔为公司的副经理。

随着国家政策的变化,许多业务运作模式都相应发生改变。"业无高卑志当坚,男儿有求安得闲",他觉得自己应该有更大的作为,站在人生的十字路口,在深圳闯荡了近十年的他再一次把自己推向事业的风口。

致力于"中国创造"的"金刚钻"

经过一年多的市场考察,陈俊勇发现石油钻头市场在国内越来越广阔。结合自己所学的专业,以及在研究所的工作经历,他听取了朋友的建议:1999年,他创办了深圳新速通石油工具有限公司(原深圳市兴沃实业有限公司),专注于为石油与天然气能源勘探开发钻井项目提供优质钻头产品和技术服务。

创业从来都不是一件容易的事。创业初期资金是最令他头疼的问题,好在多年工作的积蓄以及朋友们的慷慨解囊让他挺过了创业关。

在他的带领下,公司采购先进的加工设备,组建专业的研发团队,采用先进的设计手段,并加强国内外先进技术交流合作,不断进行技术创新,通过完整的计算机分析制造、测井数据分析、水力学分析和计算等多项先进技术,不断地创造和刷新产品使用记录和钻井技术指标。经过团队不懈努力,公司先后创新开发专利产品30多项,包括金刚石钻头、PDC钻头、取芯钻头、双芯钻头、扩眼器、PDC划眼器、复合冲击器等提速工具,产品质量先进可靠,得到中石油、中石化、中海油以及国际知名石油能源公司的认可,产品远销海内外20多个国家和地区。目前,公司现有专利共计38项(其中发明专利4项,实用新型专利31项),外观设计专利3项,逐渐成长为一家集研发、生产、销售、服务于一体的国家高新技术企业。

20多年来,公司为国内中石油、中石化、中海油属下各油田勘探开发钻井项目提供了优质的钻头产品及技术服务,并参与了大量国际客户项目竞标和服务合作,彻底改变了海洋石油钻采早期完全依赖进口产品的局面,全面实现国产化服务。在"十二五"规划期间,国家印发《中国制造2025》,为响应国家战略,公司在2015年推出具有自主知识产权且处于国际先进水平的复合冲击器和轴向冲击器,真正实现了从"中国制造"到"中国创造"的转变。特别是在"海洋石油981"南沙深水项目和南海西部高温高压钻井项目以及渤海重点油气田勘探项目中,公司做出了重大贡献,获2017年度国家科学技术进步奖一等奖。

"学其成时念吾师"的"金刚钻"

有些时光过去很久但不曾忘记,有些回忆存在脑海不曾退去。即使毕业多年,回忆起在校园的点点滴滴,陈俊勇仍觉得历历在目。在他的心中,母校就像一座灯塔,不管学子们走多远,都会为学子们照亮回家的路。

"饮其流者怀其源,学其成时念吾师。"他把对母校的热爱化成工作的动力,积极投身到自己的事业和母校的建设中。2018年12月22日,长江大学深圳校友会第三届理事会换届大会暨2018年年会在深圳顺利举行。会上,陈俊勇向母校捐赠50万元,用以支持母校的建设。

2019年5月11日,在长江大学深圳校友会能源分会首届校友论坛活动上,陈俊勇作为能源分会会长,向校友们阐述了建设分会的初衷:联络在深圳能源行业的长大人,搭建互相交流学习、资源共享的平台,为初入能源行业的长大学子分享不同领域行业的技术知识和个人职业规划。

2019年12月,长江大学深圳校友会校友论坛暨2019年年会在深圳举行。颁奖仪式上,时任学校党委书记的朱业宏、校友总会秘书长孙启军为陈俊勇颁发了校友突出贡献奖。一直以来,陈俊勇都在用实际行动支持深圳校友会的建设。他总是勉励师弟师妹们,不要放弃梦想,不要推卸责任,不要忘记母校。同时,他也寄语学弟学妹们,做人要不怕吃亏,一步一个脚印,干一行爱一行,在不断积累中实现自我价值,回报家人、回报母校、回报社会。

2020年10月,长江大学教育发展基金会召开理事会换届会议暨三届一次会议。此次会议上,陈俊勇当选为第三届理事会名誉理事。面对这一荣誉,他感慨颇多地说道:"我们在努力拼搏打造自己辉煌事业的同时,理应为母校和校友们做一些力所能及的事情,这是我们义不容辞的责任。"

一路走来,陈俊勇有困惑、迷茫和徘徊,更有创业的痴迷、热爱和勇气。他以研制金刚石钻头产品及提供井下工具服务为人生奋斗目标,并持之以恒地坚守着,奉献了满腔热血。我们相信,有这份初心和坚守,他和他的企业必将迎来更加灿烂的明天。

李宣扬/文

后　记

　　青春长大二十年,编辑出版校友通讯集《桃李芬芳》第三辑,无论是展示学校的办学成就,还是展示校友成就,确实是一件大好事。

　　在长江大学合并组建20周年之际,学校活动筹委会决定结集出版《桃李芬芳》第三辑。编写组在接受任务时,因能力有限且人手紧张,深感压力:一是因编者水平有限,担心文稿采写和编辑质量不能满足读者的阅读需求和鉴赏需求,而有失出版的意义和价值;二是担心不能恰当地反映优秀校友们的心路历程、人生智慧和成长轨迹,而失去其教育、引导和鼓励后学的楷模作用。但无论如何,编委会成员经过半年多的组稿、编辑、细读和打磨,终于编完了这本通讯集,希望能为学校合并组建20周年纪念活动奉献微薄之力。

　　本书在出版过程中,得到校领导的高度重视。党委书记王建平同志、校长刘勇胜同志欣然为本书作序,给编写人员以极大的鼓舞。孙启军同志负责本书的总体谋篇布局,并做了大量的协调工作。张重才、胡薇、冯振兴等同志参与各学院和相关校友会对采写对象的遴选确定、文稿采写、统稿和编辑工作。大家在编写工作中深感收获颇多,其中既锻炼了各自的写作能力,又体会到了每位校友背后踔厉奋发的成长故事、纵横商海的雄才大略、面壁功深的学术造诣,他们有热爱生活、拥抱社会、兼济天下苍生的人生睿智和博大胸怀,更有对母校的拳拳之忱、对同学的难舍之情。长大学子无论身处何方、身居何岗,他们总是以自己的出色业绩为家人添彩、为母校增光,以不同的方式支持着母校的建设与发展。他们是长江大学的骄傲,更是长大学子的榜样。我们祝愿所有长大人在各自的岗位上展翅高翔!

　　最后,本书定有纰漏或者美中不足之处,敬请读者批评指正。在此也谨向来稿的校友深表谢忱,向关心和支持本书编辑工作的领导、校友和老师们致以最诚挚的谢意!

《桃李芬芳》(第三辑)编写组
2023年4月25日